20세기
영국소설 강의

Joseph Conrad

James Joyce

Virginia Woolf

D. H. Lawrence

Jean Rhys

Doris Lessing

John Fowles

J. M. Coetzee

Kazuo Ishiguro

Ian McEwan

Angela Carter

20세기 영국소설 강의

한국근대영미소설학회

신아사

20세기 영국소설 강의

초판 1쇄 발행 _ 2019년 12월 30일

저　　자 • 한국근대영미소설학회
발 행 인 • 정 현 걸
발　　행 • 신 아 사
인　　쇄 • 대명프린팅
출판등록 • 1956년 1월 5일 (제9-52호)
주　　소 • 서울시 은평구 통일로 59길 4 (2F)
전　　화 • 02)382-6411 · 팩스 02)382-6401
홈페이지 • www.shinasa.co.kr
E – MAIL • shinasa@daum.net

ISBN 978-89-8396-373-4 (93840)

정가 17,000원

머리말

한국근대영미소설학회는 1992년 창립된 이래 지금까지 이 책을 포함 총 25권에 달하는 단행본을 꾸준히 발간해왔다. 이는 영미 소설 전공자들의 학문적 소통과 협업의 결과이자 부단히 일반 대중과 호흡을 함께 하려 한 우리 학회 노력의 소산이다. 그간 학회의 발간물들이 영문학계나 일반 대중으로부터 꾸준히 애독되고 있는 것도 지속적인 단행본 발간이라는 우리 학회의 전통을 굳건하게 계승하게 해준 힘이었다. 다시 한 번 독자분들께 머리 숙여 감사드린다.

그간 우리 학회에서는 『18세기 영국소설 강의』, 『19세기 영국소설 강의』, 그리고 『19세기 미국소설 강의』를 출판한 바 있다. 이에 시대를 확대하여 '강의'라는 카테고리로 묶일 수 있는 책을 출간하기로 했다. 그 결과물이 『20세기 영국소설 강의』와 『20세기 미국소설 강의』이다. 이 책에서는 해당 작가의 여러 작품을 짧게 개관하기보다는 대표작 한 작품을 집중적으로 여러 각도에서 분석해서 독자가 다양하고 풍부하게 사유할 수 있는 장을 마련하고자 했다. 이것이 이전에 나온 '강의' 책들이나 다른 기존의 개관서와 구별되는 면모이다. 이 책의 또 하나의 차별성은 개별작품을 분석할 때 지금, 현재의 관심사를 반영하여 시의성을 확보하려 한 데 있다.

이 책은 '강의'에 맞춰져 있기에 너무 전문적인 이론을 배제하고 보편적으로 인정받는 핵심적인 내용을 담으려 했다. 이와 함께 일반 독자도 편하게 읽을 수 있는 문체로 기술하여 가벼운 마음으로 읽어나

갈 수 있게 했다. 다른 한편으로는 작품을 깊이 있게 이해하는 가운데 삶에 대한 성찰로까지 이어지는 생각 거리를 제공해주고자 했다. 학문적인 전문성과 대중성 그리고 인문학적 사고의 고양이라는 세 가지 목표 사이에서 균형을 이루면서 독자에게 삶에 대한 의미의 뜻깊은 발견과 이로 인한 보람을 안겨주고자 한 것이다.

이 책에서는 먼저 작가의 생애와 작품 세계를 개략적으로 소개한 후 이어 한 편의 대표작을 심도 있게 분석한다. 대표작에서 가장 핵심이 되고 작가의 위상 정립에 공헌이 컸던 내용을 3, 4개 분야로 나누어 강의하듯이 일목요연하게 설명한다. 그리고 평가와 의의로 마무리한다. 이로써 독자가 시대별 개관을 통한 문학사적 안목을 확보함과 동시에 해당 작가와 작품을 충실하게 이해할 수 있도록 했다.

이 책을 통해 영미문학을 전공하는 대학생이나 대학원생뿐 아니라 영미 소설에 관심이 있는 일반 독자들 또한 20세기 영국소설을 심도 있게 이해하고 각 작품을 시대별로 일별해볼 수 있기를 기대한다. 이 책이 심화 된 소설 분석의 길잡이뿐 아니라 일반 독자들이 편하게 20세기 대표적 영국소설을 감상하는 가운데 인생이나 우리가 살아가는 작금의 여러 사회 문제를 생각해보도록 이끄는 친근하고 유익한 디딤돌이 될 수 있다면 더 바랄 바가 없겠다.

이 책의 체제를 구상하고 필진을 섭외할 때 바쁘신 가운데서도 집필에 흔쾌히 참여해서 이 책을 빛내주신 여러 교수님께 먼저 깊은 감사를 드린다. 원고를 수집하고 상호 교정작업을 주관하는 등 편집에 관한 일을 맡아주신 건국대학교 박선화 교수님과 목포대학교 배현 교수님, 그리고 이 책을 최종 출판하기까지 마무리 작업을 해주신 신아사의 편집진께도 심심한 감사의 마음을 전하고 싶다. 또한 그간 우리 학회에서 준비한 여러 단행본을 언제나 흔쾌히 발간해 주신 신아사의 정현걸 사장님께도 이 자리를 빌려 감사드린다.

2019년 12월
한국근대영미소설학회 제13대 회장
고영란

목차

20세기 영국소설 강의

20세기 영국소설 강의 개관

전수용

우리는 보통 20세기 영국소설의 흐름을 생각할 때, 모더니즘과 포스트모더니즘으로, 혹은 제2차 세계대전 전과 후, 혹은 1950년대 이전과 이후 정도로 대별하는 경향이 있다. 외국인으로서 영문학을 가르치고 배운다는 한계 때문에 20세기 영국소설 학부강의실에서는 흔히 모더니즘 계열의 작품 한 권과 포스트모더니즘 계열의 작품 한 권 정도를 읽으면 한 학기가 지나가곤 한다. 그러나 정작 20세기 영국소설은 그보다는 훨씬 다양한 흐름을 포함하고 있다.

최근 학자들의 연구에서는 20세기 전반은 모더니즘이 지배하는 시대로, 그리고 20세기 후반은 포스트모더니즘이 지배하는 시대로서 두 시대를 양분해서 보는 경향은 수정되어 가고 있다. 일례로 레베카 월코윗츠(Rebecca Walkowitz)는 『세계주의적 양식』(*Cosmopolitan Style*)에서 크게 볼 때 포스트모던 시대에 속한다고 생각되는 가즈오 이시구로(Kazuo Ishiguro), 샐먼 루시디(Salman Rushdie), W. G. 제발트(W. G. Sebald)등의 작품이 조지프 콘래드(Joseph Conrad), 제임스 조이스(James Joyce), 버지니아 울프(Virginia Woolf) 등에서 시작된 국가주의를 초월한 비판적 세계주의의 전통을 계승하고 있다고 본다. 월코윗츠가 말하는 비판적 세계주의란 전통적 의미의 세계주의를 특징짓는 "전지구적 인본주의"로부터 두 가지 점에서 구별된다. 즉 "전유와 진보의 영웅적 논조에 대한 반감, 그리고 인식론적 특권, 보는 이와 보여지는 것 사이에 일관된 차이를 가정하는 위로부터의 혹은 중심으로부터의 시점에 대한 의혹"(2)이 그것이다. 월코윗츠에 의하면 모더니즘은 제2차 세계대전 전에 끝난 것이 아니고, 20세기 후반까지도 계속되고 있는 흐름이라는 것이다.

흔히 모더니즘이나 포스트모더니즘과 대척관계에 있다고 생각되는 사실주의는 20세기 내내 영국소설의 중요한 등뼈로 남아있다. 20세기 후반의 영국소설을 조명하는 그의 저서에서 도미닉 헤드(Dominic Head)는 1950년대나 60년대 초반의 영국소설은 1980년대 이후로 앤절라 카터(Angela Carter), 루시디, 자넷 윈터슨(Jeanette Winterson) 등의 소설에 지배적으로 나타나는 관심사—환상과 우화에 의해 지배되며, 포스트모던적 경향이 강한—와는 전혀 관련이 없는 소설들이라고 주장한다(51). 그는 현재의 문제를 다루며, 역사를 만들고, 또 재편하는 힘으로서의 소설의 사명을 강조한다(72). 자연히 그는 판타지나 역사를 다루는 하위장르들보다는 사회소설들에 집중하여, 20세기 후반부의 소설들에 대한 통찰을 제공한다.

로버트 L. 카세리오(Robert L. Caserio)가 편집한 『20세기 영국소설에 대한 캠브리지 지침서』(*The Cambridge Companion to the Twentieth Century English Novel*)는 다양한 필진의 글을 모아 놓은 저술로서 20세기 소설에 대한 좀 더 포괄적이고 종합적인 시각을 제공한다. 카세리오의 기획 역시 제2차 세계대전 이전과 이후로 20세기를 크게 이등분하는 대신에, 여러 가지 세분화된 흐름이 20세기 전반에 걸쳐 나타나는 현상들을 포착한다. 포스트모더니즘 이후 대중적 장르까지도 본격 문학 논의에 포함시키는 연구의 경향을 따라 그는 탐정소설, 스파이 소설, 판타지 소설 등의 장르까지도 포괄하는 개관을 펼쳐 보이고 있다.

이 장에서는 먼저 20세기 소설의 흐름을 카세리오의 체계를 따라 전체적으로 정리한 후에, 본권에서 구체적으로 논의되는 작가들에 대한 논의를 덧붙이고자 한다.

I. 20세기 영국소설의 경향들

20세기 영국소설은 퍼시 러복(Percy Lubbock)의『소설의 기술』(*Art of Fiction*, 1921)로 대변되는 소설의 기법적 완결성에 대한 논의를 신호탄으로 새로운 국면에 접어드는 듯했다. 소설의 가치가 그 도덕적 내용에 의해서 평가되던 빅토리아시대의 전통을 뒤로 하고, 러복의 이론서는 자율성을 지닌 예술로서의 소설을 부각했다. 그리고 조이스의『율리시즈』(*Ulysses*, 1922)나 울프의『댈러웨이 부인』(*Mrs. Dalloway*, 1925),『등대로』(*To the Lighthouse*, 1927) 등의 소설들은 이러한 새로운 국면의 전개를 확인하는 듯했다. 그러나 대다수의 영국 소설가들과 대중은 이론은 위대한 예술작품의 창작과 아무런 관련이 없다는 태도를 견지했으며, A. S. 바이엇(A. S. Byatt)은 이런 것이 영국인의 결함을 드러내는 것이 아니라 예술로서의 소설의 승리를 의미한다고 평가했다. 그리하여 소설은 새로운 미디어들과의 경쟁에서 밀리는 대신에 학계 대가들의 간섭을 벗어났고, 대신에 인터넷망이 제공하는 논의의 장에서 대중의 관심 대상으로 자리 잡게 되었다. 소설의 미학적 힘은 형식적 완결성에 있는 것이 아니라 그것이 재현하고 창조하는 삶에 있다는 견해는 소설기법의 변혁가 중 한 명으로 간주되는 울프에 의해서도 설파된 바 있다(Hale 11–12).

기법과 삶의 현장과의 연계성은 모더니즘의 조망주의와 지각력에 대한 강조가 제국주의의 경험에서 비롯되었다는 주장에서도 나타난다. 모더니즘을 제국주의에 대한 저항과 연관시키는 베니타 패리(Benita Parry)는 모더니즘의 양식은 서구 제국주의의 "도덕적 자신감"의 붕괴를 가져왔다고 주장했고, 비슷한 맥락에서 에드워드 사이드(Edward Said)는 모더니즘에 지배적인 아이러니는 제국의 행위자인 유럽 부르주아지의 승리감을 침식한다고 말했다(Esty 23). 반면에 모더니즘의 조망주의와 불확실한 인식론을 제국주의의 상관물로 보는 견해도 있다. 프레드릭 제임슨(Frederic Jameson)에 의하면 메트로폴리스에 거주하는 서구제국의 예술가는 자신이 처한 현실에 대한 총체적 인식을 가질 수 없다. 제국주의에 의하여 전지구화된 분업상태에 들어간 생산 관계의 총체적 모습은 메트로폴리스에 거주하는 서구의 예술가에게 파악되지 않기 때문이다. 따라서 모더니즘의 파편화되고 심리화되고 불확실한 현실 인식은 여기서 기인한다고 그는 주장한다(3500–3602).

삶의 현장과 소설의 긴밀한 관계를 고려할 때, 울프가 모더니즘의 도래를 정의하기 위하여 물질주의자라 규정하고 매도해 버렸던, H. G. 웰즈(H. G. Wells), 아놀드 베넷(Arnold Bennett), 존 골즈워디(John Galsworthy) 같은 에드워드 시대(Edwardian period)[1]의 소설가들이 자신들의 사회에 대하여 가지고 있던 통찰과 문제의식은 재조명될 필요가 있다. 울프는 정신적인 조지 시대(Georgian period)[2] 소설가—D. H. 로렌스(D. H. Lawrence), 울프, 조이스—들이 에드워드 시대의 소설가들보다 우월하다고 주장한 바 있다.

그러나 사실 에드워드 시대의 소설가들은 울프의 주장과는 달리 조지 시대의 소설들과 확연히 구별되지 않는다. 에드워드 시대 소설가들은 콘래드를 자신들의 동료로 받아들였으며, 조지 시대의 소설가로 분류되는 초창기 로렌스의『아들과 연인』(*Sons and Lovers*, 1913)은 산업자본주의 하에서 인간성의 붕괴를 치열한 리얼리즘적 기법으로 보여주고 있다. 에드워드 시대의 소설가들은 결혼과 노동법, 재산권과 여성의 참정권, 아일랜드 자치권, 그리고 식민통치 같은 구체적인 문제들을 다루면서 감성보다는 이성에 호소하여 사회의 변혁을 기도하고 있었던 것이다. 그들은 사실 보수주의자들이 위험하다고 여긴, 반항적 작가들이었다(Battista 40). 단지 그들은 기법적 혁명이 사회적 변혁에 도움이 되지 않는다고 생각하여 기법적 혁명에 동참하지 않았던 것이다.

웰즈는 자신이 모든 일에 대하여 빠짐없이 쓰는 이유는 그렇게 함으로써 "천 가지의 위선과 만 가지의 사기가 우리가 제시하는 설명의 맑은 공기 속에서 쪼그라들"(Battista 40–41)게 하기 위해서라고 밝힌다. 웰즈는 소설이 "사회적 중재자, [···] 자기성찰의 도구, [···] 관습의 생산공장, 법과 제도 그리고 사회적 독단과 이상의 비판자"(Wells 168)임을 설파하였다.

모더니즘이 언제 시작되었는지에 대해서는 다양한 논의가 있지만, 울프가 1910년을 기점으로 시작되었다고 판단한 시대는 제1차 세계대전에 의하여 양분된다. 제1차 세계대전 이전에 활동했던 모더니스트들로는 콘래드, 울프, 로렌스를 들 수 있으며, 모더니즘 시대의 절정은 제1차 세계대전 후에 오게 된다. 제1차 세계대전에 관한 소설들은 하나의 하위장르를 형상한다. 제1차 세계대전은 항공기술과 대량살상무기의 발달로, 민간과 군인을 합하여 1,600만 명의 인명 희생을 낸 유례없는 전쟁이었다. 3년간 계속된 서부전선에서의 참호전은 병사들의 삶을 비참하게 만들었다. 이 전쟁은 루퍼트 브룩(Rupert Brooke), 로버트 그레이브즈(Robert Graves), 지그프리드 새순(Siegfried Sassoon), 윌프레드 오웬(Wilfred Owen) 같은 전쟁 시인들을 배출했을 뿐 아니라, 레베카 웨스트(Rebecca West)의 『병사의 귀환』(*Return of the Soldier*), 포드 매독스 포드(Ford Madox Ford)의 4부작 『행진의 끝』(*The End of the Parade*), 윈댐 루이스(Wyndham Lewis)의 『킬더마스』(*Childermas*), 서머셋 모옴(Somerset Maugham)의 『아셴덴– 영국 첩보원』(*Ashenden: The British Agent*) 등의 소설의 소재가 되었다. 울프의 『댈러웨이 부인』이 제1차 세계대전의 파괴를 벗어난 생명의 부활과 동시에 전쟁의 상흔에 시달리는 정신적 외상의 문제를 다루고 있음은 주지하는 사실이다. 그 전통은 전쟁이 일으킨 정신병리학적 문제 및 사회병리학적 문제에 천착하는 우리 시대의 주요 소설가 팻 바커(Pat Barker)의 『갱생 삼부작』(*Regeneration Trilogy,* 1991–1995)으로 이어진다(Edwards 56–70).

전후의 모더니스트들은 전통의 활성화와 비개인성의 기준에 의거한 가치의 재정렬 작업을 수행하였으며, T. S. 엘리엇(T. S. Eliot), 에즈라 파운드(Ezra Pound), 윈댐 루이스는 이러한 작업의 추동력이 되었다. 반면에 무상한 순간에 대한 관심과, 다변적 유아론적 경험은 도로시 리차드슨(Dorothy Richardson)과 울프의 관심사였으며, 조이스는 이러한 양면적 얼굴을 가진 모더니즘을 포괄하는 독특한 특징을 보인다(Mengham 71).

모더니즘은 칸트의 무목적적 목적성 개념으로 대변되는 예술의 자율성 이론과 인간은 물자체의 인식에 결코 도달할 수 없다는 주관주의 인식론을 기반으로 하는 예술운동이라고 할 수 있다. 모더니즘이 언제 시작되었는가에 대해서는 여러 가지 이론이 있지만, 모더니즘의 도래를 가져온 것은 19세기 후반 전반적인 사회상의 변화이다. 산업혁명에 의한 도시화는 인간을 자연의 순환으로부터 분리했다. 도시에서의 생활은 자극적이고 흥미롭기도 했으며 동시에 위협적이기도 했다.

기술적 발달도 경험의 변화를 가져왔다. 전기, 전보, 전화, 휴대용 카메라, 영화, 자전거, 자동차, 비행기, 기관총 등의 발명은 삶의 속도를 가속화시켰으며, 시간의 경험을 변형시켰다. 1884년 확립된 그리니치(Greenwich) 천문대를 기점으로 하는 시간의 표준화는 사적 경험의 시간과 공적 시간의 거리감을 심화시켰다. 미래파 같은 일부 모더니스트들은 산업자본주의의 창의성을 기꺼이 받아들였으며, 속도감 있고, 좀 더 산업적인 유형의 예술을 생산하고자 했다. 반면에 블룸즈베리 그룹의 모더니스트들은 엘리트주의적인 대량생산 산업에 대한 대안으로 생각했다(Lewis 11–12).

귀스타브 플로베르(Gustave Flaubert)는 사실주의의 대가로 알려져 있지만, 정확한 표현의 추구 그리고 완벽한 표현과 문장에 도달하기 위한 심오한 노력은 그를 모더니스트 미학주의의 선구자로 볼 수 있게 한다. 또한 세기말의 예술지상주의 운동, 그리고 리얼리즘적 재현으로부터 거리를 둔 상징주의 운동에서 우리는 모더니즘의 기원을 볼 수 있다.

샤를 보들레르(Charles Baudelaire)(1821-1867)에 의하면 모더니티라는 것은 "순간적이고, 덧없으며, 우발적인 것이다"(Lewis 5). 클로드 모네(Claude Monet)(1840-1926)가 루앙(Rouen)성당이 새벽, 오후, 혹은 일몰의 시간에 따라 각각 다른 빛의 효과를 보이며, 전혀 다르게 지각되는 것에 주목하였듯이 – <루앙 대성당>연작((Series des Cathedrale de Rouen) 1892-3년에 걸쳐 제작되었다 – 모더니스트들은 순간적으로 지각되는 인상을 표현하고자 애썼다. 또한 즉각적 경험을 포획하려는 노력은 앙리 베르그송(Henri Bergson)의 기계적 측정이 불가능한 지속으로서의 시간, 내면의 시간 개념의 도움을 받아 '의식의 흐름' 기법으로 발전한다. 모더니즘에 영향을 준 또 하나의 요소는 무의식의 발견인데, 인간의 이성이나 의지, 주체성보다도 큰 힘으로 인간을 지배하는 지그문트 프로이트(Sigmund Freud)의 무의식 개념은 논리적으로 정리된 서사 대신, 마음속에 떠오르는 생각과 감흥의 편린을 그대로 따라가는 의식의 흐름 기법을 정당화시키는 또 하나의 축이 되었다. 그러나 애매모호한 표현 대신에 정확한 표현을, 감상성보다는 아이러니를 추구한 파운드나 엘리엇 류의 모더니즘의 성향을 고려할 때 모더니즘의 이성성에 대한 크나큰 회의에도 불구하고, 모더니즘은 인식에서 지성의 역할을 배제하지 않았다.

모더니즘은 또한 로맨티시즘에서 시작된 사회로부터 유리된 외로운 천재, 규칙에 구애되지 않고 자신의 영감만을 따르는 예술가, 예술의 정신성에 대한 믿음, 그리고 예술가와 사회 사이의 기본적인 적대성의 전통을 이어받는다. 대부분의 모더니스트들은 성과 윤리적 자유, 사회적 변혁에 대하여 긍정적인 입장을 보였으나, 엘리엇은 스스로를 왕권주의자라 정의했고, 파운드는 파시즘을 옹호했다(Lewis 7).

양차 세계대전 사이에 양산되었던 주요장르 중의 하나는 지역소설이다. 지역소설의 부상은 기울어가는 대영제국의 운명과 관계가 있다. 위험하게 탈식민화되어 가는 해외의 이야기보다는 풍요로운 영국 내부의 차별성으로 눈을 돌리게 된 것이다(Hart 94). 1922년 독립을 쟁취한 아일랜드를 제외하고, 영국의 일부로 남게 된 북아일랜드, 그리고 북아일랜드 이외에도 스코틀랜드와 웨일스는 그 민족적 문화적 차이를 드러내는 지역소설을 생산해 내었다. 민족적, 문화적 차이에 의한 지역의 분화 이외에도, 계급적 차이에 의한 지역성을 드러내는 조지 오웰(George Orwell)의 『위간 부두로 가는 길』(*The Road to Wigan Pier*, 1937)은 영국이란 나라가 부자와 가난한 자에 의하여 양분되어 있는 모습을 보여준다(Hart 93). 이스트앵글리아(East Anglia) 지방의 독특한 습지 환경이 그 지역 사람들의 삶과 역사를 형성해 가는 과정을 그린 그레엄 스위프트(Graham Swift)의『습지』(*Waterland*, 1983) 또한 지역소설 전통을 잇는 소설로 볼 수 있다. 외국인으로서 영문학을 공부하는 우리로서는 전통적 의미에서의 지역소설에 대한 관심을 가지기는 어려우나, 오웰이나 스위프트류의 좀 더 보편적 관심사로 확장되는 지역소설에는 관심을 기울일 만하다.

영국의 식민지배를 받아오다가 1922년 독립하게 된 아일랜드는 영문학에 주요한 기여를 하였다. 버나드 쇼(Bernard Shaw), 오스카 와일드(Oscar Wilde), W.B. 예이츠(W.B. Yeats), 제임스 조이스, 사무엘 베켓(Samuel Beckett), 그리고 최근의 시머스 히니(Seamus Heany)에 이르는 아일랜드 출신의 문인들은 독특한 상상력과 감수성 그리고 풍자적 재능으로 영문학에 크게 기여하였다. 17세기부터 소설의 전통이 확립되었고, 번성하는 부르주아 사회에 의하여 자양분을 공급받았던 영국소설과는 달리, 아일랜드 소설은 그런 여건을 갖추지 못했으며, 19세기에 진행된 영국과의 정치적인 갈등 때문에 사실주의의 관례는 아일랜드에서 뿌리를 내리지 못하였다. 대신에 부조리적 우화, 정치적 알레고리, 고딕 로맨스, 농부의 이야기, 그리고 아일랜드 신화 이야기(Fogarty 102)가 리얼리즘을 대신하여 문학적 전통으로 기능하였다.

아일랜드 문예부흥 운동에 참여했던 문인들이 전통문화와의 접맥을 강조하며 주로 시와 희곡의 창작에 주력하였던 데 반하여, 조이스는 소설의 정치적이고 윤리적인 힘을 이용하여 침체된 아일랜드를 일깨우고자 하였다. 그러나 그는 아일랜드의 언어나 전통문화의 부활에 많은 관심이 없었을 뿐 아니라, 그 신화를 기괴하고도 다루기 어려운 이야기로 이해하였다(Joyce 152). 따라서 아일랜드 신화나 농부의 이야기를 조이스의 소설의 모태로 보기는 어렵다. 그의 문화적, 언어적 코스모폴리타니즘이 시사하듯이 그의 상상력의 모태는 그리스, 로마로부터 시작되는 범유럽적 전통이라고 볼 수 있다. 그럼에도 불구하고 그의 소설은 식민지로서의 아일랜드의 역경에 대한 인식을 곳곳에서 드러내고 있다. 소설 『율리시즈』는 소설을 재현으로부터 어느 정도 독립시키는 데 성공하지만 보어전쟁이라든가, 제1차 세계대전이라든가, 피닉스파크의 살인 등에 대하여 언급하고 있다. 『피네간의 경야』는 좀 더 급진적으로 모방적 형태의 관례를 깨뜨린다. 그는 정복자의 언어인 영어를 사용하여 글을 쓰지만, 언어의 창의적 사용을 통하여 영어의 지배로부터 벗어나고 있다. 조이스의 저술방식이 백과사전적인 확장성의 특징을 가지고 있다면, 그의 모더니즘 전통을 이어받은 베켓은 좀 더 축약적이고 환원적인 방식의 모더니즘을 구사하여 『몰로이』(*Molloy*), 『말론 죽다』(*Malone Dies*), 『명명할 수 없는 것』(*The Unnamable*)의 삼부작(1950–1952) 소설을 썼다(Fogarty 102–05).

그 외에도 아일랜드 문학 중에는 대저택 소설이라는 독특한 장르도 존재하는데, 영국계 아일랜드인 신교도 지주들이 소유한 저택을 배경으로 하는 소설이다. 이러한 종류의 소설은 『래크렌트 성』(*Castle Rackrent*, 1800)이라는 작품을 쓴 마리아 에지워스(Maria Edgeworth)에게까지 그 근원을 거슬러 올라갈 수 있는 장르이다. 20세기의 엘리자베스 보웬(Elizabeth Bowen), 몰리 킨(Molly Keane), 제니퍼 존스톤(Jennifer Johnsoton) 같은 여류작가들이 이 전통을 이어받아, 한때 향유했던 지위와 특권을 내려놓을 수밖에 없는 몰락해 가는 계층의 이야기를 쓰고 있다. 이 소설들이 다루는 사랑과 가족의 이야기가 조화로운 종결에 이르지 않는 것은 당연한지도 모른다. 대저택은 과거의 트라우마의 폭력적 잔재들이 출몰하는 고딕적 공간이기도 하다(Fogarty 107).

페미니즘 소설도 물론 20세기 소설 논의에서 빼놓을 수 없는 부분이다. 20세기 페미니스트 소설의 기초를 놓은 소설가들로는 웨스트, 리차드슨, 그리고 울프를 들 수 있다. 리차드슨은 현대 여성의 경험을 표현하는 새로운 형식을 상상함으로써 문학을 풍요롭게 할 수 있다고 믿었다. 13권이나 됨에도 불구하고 1957년 리차드슨의 죽음과 함께 미완성작으로 끝난『순례』(*Pilgrimage*)연작은 새로운 여성소설을 발명하려는 리차드슨의 노력의 결정체이다(Bluemel 114). 리차드슨은 의식의 흐름 기법의 창안에도 공헌했고 여성이 천재적인 문학을 생산할 수 없었던 역사적 원인에 대한 논의에도 기여했으나, 그 공은 주로 울프에게로 돌아갔다(Bluemel 118). 결혼이 여성에게 지우는 짐이 여성 천재작가의 출현을 어렵게 했다는 주장으로 역시 같은 논의에 참여했던 웨스트는 제1차 세계대전의 경험을 여성의 시각에서 조명한『병사의 귀환』으로도 유명하다.『자기만의 방』(*A Room of One's Own*)과『금화 세닢』(*Three Guineas*)에서의 페미니즘에 대한 이론적 기여와 더불어, 울프는 남근적이거나 상징계적이 아닌 상상계적 언어, 즉 어린아이의 언어, 시적 언어, 정신병자의 언어, 음악과 같은 비언어적 표현에 가까운 언어, 여성의 몸을 표현하는 언어를 구사하는 여성적 글쓰기(2736–64)를 실천한 대표적 페미니스트 소설가라고 할 수 있다. 울프의『등대로』와『막간』(*Between the Acts*, 1941)은 자신의 삶을 어떻게 고안할 것인가 하는 기대에 부풀어 있는 삶의 초창기, 혹은 삶에 대한 만족할만한 평가를 기대하는 인생의 막바지에 처한 여성들이 아닌, 그 중간시기에 처한 여성들을 다룬다. 이 작품들은 적대적인 사회 환경에도 불구하고, 예술가로서 자신을 확립하는 여성들의 모습을 보여준다(Bluemel 123).

도미니카에서 웨일스계 아버지와 크레올 어머니 사이에서 태어난 진 리스(Jean Rhys)의『드넓은 사가소 바다』(*The Wide Sargasso Sea*, 1966)는『제인 에어』(*Jane Eyre*)의 전편으로 씌어 졌다. 다락방에 갇힌 로체스터(Rochester)씨의 아내 버사 메이슨(Bertha Mason)의 시각에서 그녀의 생애를 재조명한 이 소설은 성과 인종이라는 이중적 억압의 고통 속에 살아가는 여주인공의 삶을 그려 페미니즘 소설에 독특한 기여를 하였다(Bluemel 118). 백인이었던 리스와는 달리 아프리카 식민지의 경험과 여성의 문제를 중첩시킨 소설로는 치치 당가렘가(Tsitsi Dangarembga)의 『초조한 상태』(*Nervous Conditions*, 1988)가 있다.

도리스 레싱(Doris Lessing)의 『황금 노트북』(*The Golden Notebook*, 1962)은 개인의 심리적 와해를 인종주의 혹은 성차별주의로 나타나는 사회의 와해와 연결시키며, 사실주의적 틀을 사용하여, 혁명적인 사회 변혁의 가능성을 탐색한다(Bluemel 124). 5권의 소설로 이루어진 『폭력의 아이들』(*Children of Violence*, 1952–1969)연작은 마사 퀘스트(Martha Quest)라는 여성의 성장 과정을 그린다. 부모의 가치관에 반항하던 소녀가, 두 번의 실패한 결혼을 거쳐, 공산주의에서 해결책을 모색하다가 실망하고, 독립적 여성으로 발전하는 과정을 다룬 이 소설은 가정과 사회적 모순 속에서 자신의 정체성을 찾아 분투하는 여성의 모습을 잘 그리고 있다.

앤절라 카터(Angela Carter)는 『피로 물든 방』(*Bloody Chamber*, 1979)에서 동화 다시 쓰기라는 전략을 통하여 독자들에게 페미니즘의 쟁점들을 가까이 접근시킬 수 있는 통로를 만들었으며, 지배적 질서의 재구조화를 시도하였다. 『서커스의 밤』(*Nights at the Circus*, 1984)은 알에서 태어난 여자곡예사라는 마술적 설정을 통하여 가부장적 지배에 도전한다. 『현명한 아이들』(*Wise Children*, 1991) 역시 가부장적 혈통지배에 대한 도전으로 비합법적 아버지와 알 수 없는 어머니에게서 태어난 아이들에 의한 가계의 계승이라는 페미니스트 판타지를 구현한다(Bluemel 128).

여성소설이 소수자 소설의 한 축을 이룬다면, 노동계급의 소설 또한 사회적으로 소외된 집단의 견해를 표현한다. 이 소설들은 중산계층의 소설이 단지 관찰할 수만 있었던 노동자의 삶의 결을 특정적으로, 국소적으로, 그리고 생기 있게 표현한다. 이 소설들은 부르주아 소설의 한정된 시각을 넘어서서 산업화의 실제적인 경험과 피부로 느껴지는 결과를 명료하게 드러낸다. 맑시즘에 의하면 노동자는 물화된 자신의 노동과 존재를 통하여 자본주의의 모순을 느끼고, 의식의 발전을 통하여 변화를 초래하게 된다고 한다. 그러나 실제 노동계층 소설에서 이들은 "모든 견고한 것이 공기 속으로 녹아버리는" 자본주의 사회에 저항하는 힘의 근원을 공동체의 영속성과 안정성 속에서 발견한다 (Fordham 131–32).

노동계층의 소설에서는 부르주아 소설의 내면적 초점화보다는 노동자가 자동인형이나 기계부품 등으로 표현되는 비유화가 종종 등장한다. 또는 사실주의보다는 로맨스나 뮤직홀 공연과 같은 대중적 장르의 관례를 차용한다. 그 형식적 속성들은 문학의 주류 바깥에 있는 유형이나 전통에서 비롯되는 경우가 많으며, 이런 관점에서 볼 때 사실주의는 노동계층 소설을 분석하는 데 가장 유용한 도구는 아니다 (Fordham 132).

1930년대에 극심했던 노동계층의 결핍과 고투는 해결되고, 1945년에는 노동당 정권이 들어섰으며 복지국가 체제가 수립되었다. 그러나 상대적으로 번영을 누리게 된 노동계층의 상황에도 불구하고, 노동계층은 자신들의 삶에 대한 오래된 기억을 보유하고 있었으며, 계속해서 상당량의 노동계층 소설을 써냈다. 작가들은 반문화적인 방식으로 그들의 투쟁을 전개하였는데, 잭 코몬(Jack Common)과 시드 채플린(Sid Chaplin) 같은 작가들은 그들의 전임자인 헤슬롭(Heslop)의 풍자적인 어조를 발전시켜 문학성을 긍정하면서도 부정하는 희가극(보드빌, Baudeville)의 요소들을 차용하였다(Fordham 140).

근래에 이르러서는 계층, 성별, 혹은 정치적인 신념과 같이 근대 문화에 의하여 굳건하게 정립되었던 갈등의 전선들이 흐려지기 시작했고, 원자화되어 '차이', '복수성', '파편화'의 수많은 결절로 재편되었다. 바커의 『유니온 가』(*Union Street*, 1982)는 이와 같은 노동계층의 사회적 단결의 와해를 여성 노동자를 중심으로 그리고 있다. 노동계층 여성에게 남아있는 유일한 공통분모는 물화의 요소—즉 가사, 출산의 도구, 그리고 성적 만족의 대상—로서의 여성이다. 바커는 이러한 노동계층의 인식을 바탕으로 후에 계층과 성별, 남성성, 그리고 폭력성에 대한 날카로운 분석을 담고 있는 『갱생 삼부작』과 『또 다른 세계』(*Another World*, 1998)를 집필한다(Fordham 142).

제2차 세계대전과 그 후 성립된 복지국가 그리고 전후의 인본주의는 또 다른 소설군을 생산했다. 헨리 그린(Henry Green)의 『사랑하기』(*Loving*, 1945)는 제2차 세계대전에 대한 최고의 영국소설이라고 볼 수 있는데, 히틀러와 그의 기습대원들을 지배하는 가치관은 저 바깥에만 있는 것이 아니고, 영국 안에도 있다는 인식을 표현한다. 이것은 울프가 『막간』에서 관심을 보였던 주제이기도 하다.

그레엄 그린(Graham Greene)의 『공포국』(*Ministry of Fear*, 1943)은 억압과 의심, 공포와 음모와 조작으로 점철된 전쟁 중의 런던에서 정체성의 불안을 느끼는 인물이 위장된 정체성과 음모의 와중으로 끌려들어가는 이야기를 다루고 있다. 이러한 연극적이고 일관성 없는 정체성의 문제는 전후의 소설에서도 종종 등장하는데, 새로운 정체성의 수용을 가능하게 만드는 전쟁이란 배경은 자신의 신분을 속이는 사기꾼 이야기의 등장도 가능하게 한다. 그러나 어차피 전쟁이란 격렬한 사건은 그 누구도 전쟁 전의 자신으로 돌아갈 수 없게 만들었다.

한편 전쟁의 파괴력이 무의식을 해방하고 예술의 초월적인 힘을 선언하게 한다는 주장이 있는가 하면, 그린의 『사랑의 종말』(*The End of the Affair*, 1951)은 전쟁의 파괴력 속에서 나타나는 구원적인 종교적 요소를 다루고 있다. 폭력의 와중에 정신적인 선함이 나올 수 있다는 생각은 전쟁문학에서 지속해서 등장하는 주제이다.

전후 복지국가의 길을 가게 된 영국에서 작가들은 사회주의의 평등성이 제공하는 획일화된 평범성에 대한 불안을 표현하기도 했다. J. B. 프리스틀리(J. B. Priestly)는 그의 『새 양복을 입은 세 사람』(*Three Men in New Suits*)에서 전후 사회주의가 약속하는 천국은 "문명화된 취향을 가진 사람은 절대 살 수 없는"(Waugh, 70. Mackay 재인용 154)곳이리라는 우려를 표명한다.

전후에는 인본주의에 대한 재검토 작업도 이루어졌는데, 인본주의적 가치가 역사적 현실에는 적합하지 않다는 생각이 앵거스 윌슨(Angus Wilson)의 『앵글로 색슨의 자세』(*Anglo-Saxon Attitudes*, 1956)의 주제이다. 인본주의자가 그들과 공통점이 전혀 없는 자들의 악의에 찬 이해관계를 위하여 이용될 수 있다는 윌슨의 아이러닉한 지적은 후에 이시구로의 『남아있는 나날』(*The Remains of the Day*, 1989)에서 재연된다. 제2차 세계대전에 대한 이언 매큐언(Ian McEwan)의 소설 『검은 개들』(*Black Dogs*, 1992)과 『속죄』(*Atonement*, 2001) 또한 기대하지 않았던 악과의 조우가 진보적이고 부유한 계층의 구성원들과 그들의 인본주의적 인식에 기초한 안락한 세계가 얼마나 박약한지를 보여준다(Mackay 159).

그 외에도 전후에는 수많은 젊은이의 죽음 때문에 생긴 노동의 공백을 메꾸기 위하여 서인도제도에서 많은 이민을 받아들였는데, 이때

유입된 소설가들을 '윈드러쉬(Windrush) 세대 소설가들'이라고 부른다. '윈드러쉬'는 이들을 실어 나른 배의 이름이다. 이러한 소설가 들 중에 대표적인 인물은 V. S. 나이폴(V. S. Naipaul)과 윌슨 해리스(Wilson Harris)이다. 그들은 영국소설에 새롭고 이국적인 소재를 보태었다. 그들은 영국에서 활동하고 있었지만, 처음에는 독자들의 호기심에 부응하기 위하여 그들이 떠나온 본국의 이야기를 써야 했다. 그러나 점차로 그들의 소설의 배경은 인종적 긴장으로 들끓고 있었던 영국으로 옮겨왔으며, 모더니즘의 기법을 빌려오기도 했다. 그래서 결국 그들의 소설은 서인도제도의 소설 혹은 영국소설 이상의 소설이 되었다(Weiss 175).

역사를 소재로 한 소설도 20세기에 상당히 번성했던 장르이다. 한 작가가 일군의 인물들을 시리즈물에서 연속적으로 사용하는 형식의 소설들이 많이 등장했는데, 아마도 대영제국이 하나의 섬으로 축소되는 과정의 충격에 대하여 끊임없이 읽음으로써 그러한 충격을 완화시키려한 것이 아니었을까 하는 추론이 가능하다. 대영제국의 몰락 이외에도 사회주의적 세계질서에 대한 낙관의 쇠퇴 및 핵무기 개발에 대한 트라우마도 영국 역사소설의 주요한 소재로 등장한다(Acheson and Caserio 176).

올리비아 매닝(Olivia Manning)의 『발칸 삼부작』(*Balkan Trilogy*, 1960–1965)과 『지중해 삼부작』(*Levant Trilogy*, 1977–1980)은 제2차 세계대전과 대영제국의 몰락을 다룬다. C. P. 스노우(C. P. Snow)의 11권으로 된 연작소설 『낯선 이들과 형제들』(*Strangers and Brothers*, 1940–1970)은 역사를 움직이는 정치적 권력의 구심점이라고 생각되는 중산계층과 상류계층의 행정가들—의회에서, 공무원으로, 혹은 국립대학에서 세계를 운영하는—의 삶을 다룬다. 그런가 하면 앤소니 버제스

(Anthony Burgess)의 『말레이 삼부작』(*Malayan Trilogy*)은 제국의 몰락, 그리고 식민지 이후의 독립에 대한 현기증을 일으키고도 남을 끔찍한 그림을 보여준다.(Acheson and Cesario 180)

20세기 후반을 지배했던 포스트모더니즘은 고급문화와 대중문화 사이의 차이를 흐리게 하는 사조로, 모더니즘의 지성주의에 대항하는 사조로, 혹은 도덕적인 무책임성으로, 혹은 후기 자본주의의 문화적 지배요소로 정의되었다. 그러나 이런 정의들은 전후 영국 사회를 잘 설명하지 못한다. 오히려 전후 영국에서는 모더니즘 이전의 사조로의 회귀가 일어나고 있는 듯이 보였다. 소설들은 계급의 문제, 사회적 유동성의 문제, 혹은 당대의 성적 습속 등을 다루는데 몰두하고 있었다 (Gasiorek 192).

그러나 한편에서는 모더니즘의 실험주의를 활용하는 작가들도 있었다. 1940년대에 베켓, 아이리스 머독(Iris Murdoch), 윌리엄 골딩(William Golding), 뮤리엘 스파크(Muriel Spark) 같은 작가들은 모두 사실주의의 관례로부터 거리를 두었다. 레싱, 윌슨 등의 작가들도 사실주의의 한계에 불만을 갖기 시작했다. 데이빗 로지(David Lodge), 말콤 브래드버리(Malcolm Bradbury), 버제스, 존 파울즈(John Fowles), 머독 같은 작가들은 사실주의적 저술을 실천하는 동시에 모더니즘 혹은 포스트모더니즘의 영향을 받아서 상호텍스트적 장치나 메타픽션적 장치를 이용하여 사실주의의 환상을 노출시켰다. 카터나 윈터슨 같은 여성 작가들은 문학적, 문화적 이데올로기를 해체하고 다시 쓰는 작업을 통하여 전복하였다. 마틴 에이미스(Martin Amis), 알래스데어 그레이 (Alasdair Gray), 이아인 싱클레어(Iain Sinclair) 등의 풍자가들은 당대의 영국을 희극적 과장, 고딕적 과잉, 그리고 난폭한 기괴함을 가지고 해부하였다. 그리고 피터 애크로이드(Peter Ackroyd), 스위프트, 줄리언

반즈(Julian Barnes) 같은 메타픽션주의자들은 역사와 역사 기술학의 인식론적 문제에 관심을 보였다(Gasiorek 193).

포스트모던 소설의 특징은 다음과 같이 정리할 수 있다. 포스트모던 소설에서는 현실 세계와 작품세계의 경계가 범접되는 일이 많다. 작품 속의 인물들이 현실로 나와 작가를 축하해 준다든지, 혹은 앞의 작품에 나왔던 인물들이 새로운 작품세계 속에 다시 출현한다든지 하는 현상을 볼 수 있다. 허구의 세계 자체도 균열을 일으켜서 이야기의 몇 가지 다른 버전이나 두세 가지 다른 결말이 제공되기도 한다. 상당히 관례화된 장르인 서부 이야기나 탐정 소설 등의 관례들을 비신화화하고 유희의 대상으로 삼기도 한다. 그런가 하면 스토리텔링의 관례 자체를 조롱하고, 고급문화와 저급문화 사이의 경계를 넘나든다. 또한 소설 안에서 개인의 정체성 자체도 문제시하여 정체성 자체가 구축된 것임을 드러낸다. 또한 존재하는 이야기를 다시 씀으로써 기존의 이야기 구조를 만들고 있는 사회적 가치관을 노출시킨다. 포스트모더니즘의 인물들은 때로는 모더니즘적 혹은 사실주의적 깊이를 보이다가 때로는 표면만을 가진 피상적 존재로 표현된다. 현실감 있는 서사를 진행하다가도 갑자기 독자가 정통성 있는 현실을 접하고 있는 것이 아니고 구축된 현실을 접하고 있음을 일깨운다(Bertens, Loc.).

사실주의가 인식론적으로 너무 순박하고, 사회적으로 너무 편협하며, 미학적으로 한계가 있다고 생각한 영국의 소설가들은 일군의 메타픽션적 기법을 사용하는 극도로 실험적인 방향으로 갔고, 다른 이들은 사회적 모방과 언어적 자의식의 중간노선, 즉 사실주의와 실험을 결합하는 방식을 택했다. 일부 포스트모던 작가들은 사실주의와 반사실주의의 문제를 완전히 뛰어넘어 판타지, 고딕, 우화적 소설화, 신화, 카니발의 영역으로 손을 뻗쳤다(Gasiorek 208).

탐정소설과 스파이 소설도 20세기 영국소설 논의에서 의미 있는 위치를 차지하는 장르이다. 탐정소설과 스파이 소설은 그 소재에 의하여 명백히 구분되는데, 탐정소설은 영국 내에서의 혈통이라든가 상속을 둘러싼 적대행위들을 부각시킨다. 반면에 스파이 소설은 영국과 다른 나라들 간의 국가적 사건들에 초점을 맞춘다(Hepburn 210). 영국의 탐정소설과 스파이 소설은 19세기 찰스 디킨즈(Charles Dickens)의 『황폐한 집』(*Bleak House*, 1853), 윌키 콜린스(Wilki Collins)의 『월장석』(*The Moonstone*, 1868)과 같이 실제로 형사나 탐정이 등장하는 소설들, 혹은 라이더 해거드(Rider Haggard)의 『솔로몬 왕의 광산』(*King Solomon's Mines*, 1885)이나 로버트 루이스 스티븐슨(Robert Louis Stevenson)의 『보물섬』(*Treasure Island*, 1883)처럼 탐색과 추리를 요구하는 모험소설에 뿌리를 두고 있다. 먼 이국땅에서 발견된 보물들을 당연한 듯이 영국으로 실어오는 이 모험소설들은 영국의 제국주의적 소유인식에 바탕을 두고 있다(Hepburn 211).

코난 도일(Arthur Conan Doyle)의 셜록 홈즈(Sherlock Holmes) 이야기들은 종종 제국의 모험 이야기에 뿌리를 두고 있다. 홈즈는 영국을 떠나지 않지만, 『배스커빌가의 사냥개』(*The Hound of the Baskervilles*, 1902)에서 배스커빌가 사람들은 여러 세대에 걸쳐서 해외에 거주하며, 찰스 배스커빌(Charles Baskerville)경은 남아프리카에 대한 투자에서 이득을 얻는다. 범죄적 성향을 지닌 찰스의 동생은 남아메리카에서 모험을 하다가, 코스타 리카(Costa Rica) 여자와 결혼하여 천성이 악한 아들을 낳고, 이 아들은 배스커빌가의 유산을 찬탈하고자 한다(Hepburn 211). 한편, 애거서 크리스티(Agatha Christie)의 시리즈물의 주인공인 에르퀼 푸아로(Hercule Poiroto)형사와 나이든 아마추어 여자 형사 미스 마플(Miss Marple)은 개성 있는 성격과 상식에 근거한 추리력을 선보인다.

그린의 『오리엔트 익스프레스』(*Orient Express*)라는 제목으로도 알려진 『스탐불 기차』(*Stamboul Train*, 1932)와 『제3의 사나이』(*The Third Man*, 1949)에서는 정치적인 이유로 혹은 범죄를 밝히기 위한 이유로 추리와 추적이 수행되는데, 쫓기던 인물들이 결국은 살해당하는 결말에 이른다(Hepburn 218). 어려운 수수께끼를 잘 풀었다는 느낌과 합리성의 승리를 느끼게 하는 도일이나 크리스티의 작품들과는 달리 그린의 탐정소설은 도덕적 문제성의 여운을 남긴다.

한편 우리가 대중적인 장르보다는 높은 예술적 위상을 지닌 것으로 평가하는 작품들 가운데도, 탐정소설이나 스파이 소설의 관례를 차용하는 작품들이 있다. 그리니치 천문대 부근에서 일어난 살인사건의 해결과, 거기에 연루된 국제적 음모를 다룬 콘래드의 『비밀첩보원』(*The Secret Agent*, 1909)은 탐정소설과 스파이 소설 장르를 결합한 작품으로 볼 수 있다. 스위스에 망명 중인 러시아 혁명가들 가운데, 본의 아니게 러시아 정부의 비밀제보자로 심어진 라주모프(Razumov)의 이야기를 다룬 콘래드의 『서구인의 눈 아래서』(*Under Western Eyes*, 1911) 역시 스파이 소설로 읽을 수 있다.

20세기에 전 세계를 사로잡았던 이안 플레밍(Ian Fleming)의 제임스 본드(James Bond) 시리즈와 존 르 카레(John le Carré)의 스파이 소설들도 세계 속에서 변화하는 영국의 역할을 기록한다. 냉전 시대와 냉전 시대 이후의 스파이 소설들은 당연히 국제정치의 변모한 모습을 반영하고 있다.

1979년 마가렛 대처(Margaret Thatcher)의 보수정부는 보수와 진보의 오랜 협치를 끝내고 순수 보수정권으로 탄생하였다. 정권을 장악하자 새 정부는 이민 배척주의, 외국인 혐오, 국제적 사안에 있어서 대영제국의 중심적 역할에 대한 향수를 부추겼다. 그리고 이민자 공동체가 언어, 문학, 영국적 전통에 대하여 행사하는 영향력을 통제하려 하였다. 그러나 정치적, 경제적 보수주의의 융성에도 불구하고, 문화적 통제의 노력은 성공하지 못하였다. 그래서 대처의 시대에 이시구로, 티모시 모(Timothy Mo), 루시디, 나이폴 등의 소설가들은 영국소설의 지형을 바꾸어 놓게 되었다. 그들의 소설은 당대 영국소설에 국제적인 관심을 불러일으켰으며 '윈드러쉬' 세대의 영문학에 대한 기여를 병합하였다. 그리하여 영문학에서 인도, 중국, 일본, 그리고 서인도의 지리, 방언, 정치사가 지속해서 눈에 띄게 되었다(Weiss 223).

풍자소설도 20세기 영국소설 논의에서 빼놓을 수 없는 하위장르이다. 모더니즘은 사실주의와의 거리를 분명히 했지만, 모더니스트들의 기법은 어떤 면에서는 인간의 내면과 지각을 좀 더 사실적으로 묘사하려는 노력의 일환으로 볼 수 있다. 그러므로 그들의 노력은 디킨즈의 과장된 인물 묘사 등이 보이는 비사실적 풍자의 성향과는 거리가 있다. 모더니스트 중 루이스는 유독 기괴한 인물묘사를 통하여 영문학의 풍자적 전통에 접목한다고 볼 수 있다. 1930년대와 1940년대의 풍자적 소설가들인 올더스 헉슬리(Aldous Huxley)의 『멋진 신세계』(*The Brave New World*)와 오웰의 『동물농장』(*Animal Farm*)과 『1984년』(*Nineteen Eighty-Four*)은 디스토피아소설로서 역시 반사실주의적 면모를 보인다. 풍자와 반사실적 상상력에 의한 대안적 세계의 창조는 긴밀한 관계를 갖고 있다. 1920년대와 30년대에 활동하였던 이블린 워(Evelyn Waugh)의 『한줌의 흙』(*A Handful of Dust*) 또한 사실적 세계를 뛰어넘는 부조리한 상황을 연출하는 풍자소설이다.

킹슬리 에이미스(Kingsley Amis), 마틴 에이미스. 브래드버리와 로지도 같은 전통에 속한다고 볼 수 있는데, 이들은 보이는 것을 조롱하기는 하지만, 우리를 새로운 방향으로 인도하지는 못한다. 사회를 새로운 방향으로 이끌고자 하는 진정한 풍자작가의 비전을 가진 영어권 작가로는 루시디를 들 수 있다(Dasenbrock 248-9). 그의 이슬람 전통에 대한 풍자는 결국 1989년에 그의 목숨을 위협하는 호메이니(Khomeini)의 살해 명령을 불러오기까지 했다.

21세기에 판타지는 지배적인 장르가 되었다. 『반지의 제왕』(*Lord of the Rings)* 시리즈, 『해리포터』(*Harry Potter*) 시리즈의 압도적인 인기는 우리가 익히 아는 바이다. 20세기가 웰스의 과학적 로맨스로 시작되었다면, 공상과학, 공포, 로맨스, 판타지 장르의 혼합으로 대표되는 '영국붐'(British Boom)이 20세기를 마무리 지었다고 볼 수 있다. 판타지 장르는 도피의 장르가 아니고, 당대의 삶에 대하여 강력한 관심을 가지며, 무한한 상상적 가능성을 향하여 문을 엶으로서 현실 세계에서의 행동을 이끌어낼 수 있는 장르이다. 합리성이 극대화된 현대사회에서 판타지가 융성한다는 것은 상품화와 소비주의가 지배하는 일상의 세계 너머에 대한 갈구를 충족시켜주기 때문이다(Dasenbrock 251). 혹은 디지털 매체가 열어놓은 CGI(Computer Generated Image, 컴퓨터로 생성된 이미지)의 무한한 가능성—상상의 세계를 무한히 구현할 수 있는 가능성—이 쉽게 디지털화될 수 있는 판타지 장르의 소설을 부추긴다고 볼 수도 있다(Kirby 174).

웰스의 과학적 로맨스는 공상과학소설과 정치적 진보주의 그리고 유토피아적 추론을 결합하고 있다. 루디야드 키플링(Rudyard Kipling)도 인류가 자본주의적 근대화에 대처할 수 있는 낙관적 방법을 판타지 소설로 보여주었다. 제1차 세계대전에 이르는 불안의 시대에는 브램 스토커(Bram Stoker)의 『드라큘라』(*Dracula*, 1897)가 등장하였다. 이 소설은 세기말의 성성(sexuality)과 식민주의와 계급갈등에 관한 공포에 접목하여 사회적 논평과 감각적 자극을 병행하여 제공하였고, 판타지 장르 중 가장 잘 알려진 작품의 하나이다(Booker 259).

J. R. R. 톨킨(J. R. R. Tolkien)의 한창 시대에는 공상과학소설은 미국 작가들에게 지배되었다. 그러나 이 현상은 1960년대에 소위 '새물결'(New Wave) 운동에 참여하고 있던 영국의 뛰어난 작가들과 편집자들에 의해 수정되었다. '새물결' 운동이란 공상과학소설을 문학적 측면에서나 실제 세계 문제에 대한 관심의 측면에서 더 세련화시키는 운동이었다. 이후의 영국 공상과학 소설들은 미국의 월남 참전에 대한 비판, 환경오염에 대한 우려, 인구의 과도한 팽창 등에 대한 관심을 보이는 동시에 수준 높은 미적 완성도를 보였다. 영국의 공상과학소설과 판타지 소설은 1990년대 초부터 '영국붐'이라 알려진 현상 속에서 새로 탄생하였다. 새로운 물결의 지침을 따라 이들 작가의 작품들은 선행 작가들의 작품보다 더 문학적이며, 맹렬한 정치성을 보인다. 그리하여 그동안 높이 평가받지 못하던 판타지 장르는 웰스가 이 분야에서 높은 탑과 같은 존재감을 과시했을 때만큼의 특권을 회복하였다(Booker 259–62).

소설은 이와 같이 다양한 양태로 20세기를 살아왔으며, 시각 매체들의 강세에도 불구하고 소설 장르는 여전히 그 유효성을 가진 문화적 도구로 기능한다. 사회생활의 모든 구석을 샅샅이 살펴보면서도, 문학적 진지성을 유지할 수 있는 장르인 소설은 사회적, 문화적 문제들에 대한 성찰을 자극하는 힘을 지니고 있다. 그리고 시와는 달리 여러 인물이 등장하여 갈등과 논의를 통하여 플롯이 짜여지는 장르의 특징상, 사회 속의 여러 갈등에 대해서 생각해 보고, 타협점을 찾으며, 다른 의견을 가진 사람들을 이해하며, 그들과 균형을 이루며 살아갈 수 있는 능력을 함양한다. 그리하여 소설은 아직도 우리의 사회에서 불가결한 문화적 활동으로 오랫동안 남아있을 것이다.

II. 이 책에서 다루어지는 작가와 작품들

위에 열거한 다양한 흐름과 작품들 가운데서도 이 책에서는 한국의 대학교육이라는 특수한 교육현장의 여건에 맞는 작가와 작품들을 선별하여 해설하고 있다. 이들 작가들은 현재 한국의 대학들에서 가장 빈번하게 다루어지는 열한 명의 20세기 영국소설가들로서 조지프 콘래드, 제임스 조이스, 버지니아 울프, D. H. 로렌스, 진 리스, 도리스 레싱, 존 파울즈, J. M. 쿳시, 가즈오 이시구로, 이언 매큐언 그리고 앤절라 카터이다.

이들 중 모더니즘 계열에 속하는 작가로는 로렌스, 콘래드, 조이스, 울프가 있다. 조이스는 아일랜드 작가의 범주에서, 혹은 포스트모더니즘[3] 작가의 범주에서도 논의될 수 있으며, 울프는 페미니스트 작가의 범주 안에서도 논의될 수도 있겠다.

페미니스트 계열의 작가들이 또한 주요한 범주로 떠오른다. 울프 외에도, 리스, 레싱, 카터 등은 모두 고유한 여건 속에서 발생하는 여성들의 문제—억압에 의한 여성적 삶의 좌절, 사회적 편견의 수정, 자아발견 및 자아실현의 문제를 다루고 있다. 리스는 여성의 문제 위에 식민지 출신 백인에 대한 차별의 문제를 중첩하고 있으며, 카터는 포스트모던 계열의 작가, 혹은 판타지 문학의 작가로도 분류될 수도 있다.

파울즈는 텍스트 안에 작가의 개입, 세 가지 다른 결말의 사용 등으로 『프랑스 중위의 여자』(*French Lieutenant's Woman*)에서 포스트모던적 실험을 시도한다. 그러나 그의 텍스트의 대부분을 지배하는 사실성 때문에 그를 포스트모더니스트라고 분류한다면 보수적 포스트모더니스트라고 분류해야 할 것이다. 이시구로는 1980년대 영국을 지배했던 다문화주의 물결의 일부를 구성하는 작가로서, 과거와 현재를 오가는 그의 서사는 보수적인 모더니즘 기법을 포함하나 사실성이 지배하는 서사로 볼 수 있다. 매큐언도 두 개의 이야기 경로를 설정한다는 점에서 포스트모던적 장치를 일부 차용하고 있지만, 그 역시 일부 모더니즘적 기법을 사용하는 기본적으로 사실적인 서사의 작가라고 볼 수 있다.

작품의 주조가 판타지이며, 기존의 동화 다시 쓰기를 시도한 카터는 포스트모던적 성격을 가장 강하게 드러내는 작가라고 할 수 있다. 또한 다니엘 디포(Daniel Defoe)의『로빈슨 크루소』(*Robinson Crusoe*)를 다시 쓴『포』(*Foe*)의 작가로서의 쿳시 또한 상호텍스트성을 강조하는 포스트모던적 면모를 보이는 작가로 볼 수 있다. 그런데 이 책에서 다루는 쿳시의『야만인들을 기다리며』(*Waiting for the Barbarians*)의 기법은 일종의 역사적 알레고리로 분류할 수 있을 것이다.

20세기 영국소설을 다루는 이 책에서 논의되는 열한 명의 작가 중에 다섯 명의 작가가 영국 출신이 아니라는 사실은 오늘날 영국소설이라는 범주가 포괄하는 이질적 요소들을 단적으로 보여준다. 이중 폴란드 출신의 콘래드, 이란에서 태어나고 짐바브웨(Zimbabwe)에서 성장한 레싱, 일본 태생의 이시구로는 영국에 거주하며, 영국에서 작가 활동을 하였지만, 아일랜드 출신인 조이스나 남아공 출신인 쿳시는 영국에 거주하지도 않았고, 영국에서 작가 활동을 한 적도 없다. 그러나 이들은 모두 넓은 의미의 영국소설의 범주 속에서 논의되고 있다.

각 작가에 대한 깊이 있는 연구를 지속해온 학자들 가운데 선별된 필진은 각 작가와 작품에 대하여 섬세하고도 깊이 있는 분석을 명료한 표현으로 전달하고 있다. 각장은 다음과 같이 구성되어 있다.

1장에서는 보는 바와 같이 필자 전수용이 20세기 영국소설의 개관을 제시하고 있다.

2장에서는 길혜령 교수가 콘래드의 대표작『암흑의 심장』(*Heart of Darkness*, 1899)을 논한다. 콘래드가 러시아 제국하의 폴란드 출신이며, 부모가 러시아 제국에 희생되었다는 배경은 식민지를 바라보는 그의 시각을 복잡하게 만들었다. 이것은 그로 하여금 제국의 희생자가 되는 식민지인에게 공감할 수 있는 능력을 주었다. 그러나 폴란드가 미개한 전제성을 대표하는 러시아와 대조적으로 서구적 계몽성을 대표한다고 보았던 그의 소설 속에서 주인공들은 모두 서구 문화의 기반이 되는 '도덕적'인 이상을 좇다가 '미개'한 러시아 제국의 손아귀로 떨어져 버린 폴란드를 대변하게 된다. 따라서 주인공이 처한 어둠 속의 아프리카나 동남아시아는 작품 속에서 실제로는 서구의 식민지이지만 상징적으로는 동구 러시아 제국을 의미한다는 역설적인 상황이 된다.

필자는 이러한 콘래드 심리의 양가성 및 애매 모호성을 그의 기법과 연결시킨다. 서구제국의 식민지의 참상과 모순을 접하고 인정할 수도 부정할 수도 없는 그 현실을 독자에게 그대로 전달하기 위한 방편으로 사용한 서술기법이 그를 모더니즘 문학의 선구자가 되게 하였다고 필자는 진단한다. 화자의 해석을 거치지 않은 현상 그대로를 보여주기 위해 이미지의 축적을 그대로 전달하는 기법, 혹은 여러 화자의 판단력을 겹쳐서 보여주는 액자구조의 서사기법은 모두 콘래드를 당혹시켰던 애매모호한 상황을 전달하기 위한 방법이었다는 것이다.

3장에서 남기헌 교수가 논의하는 작품은 조이스의 초기 단편집인『더블린 사람들』(*Dubliners*, 1914)로서 "사실주의 혹은 자연주의적 전통에 맞는 서술을 기반으로 하면서도 새로운 시대의 변화인 모더니즘 기법을 함께 사용하고" 있는 작품이다. 더블린은 대영제국에서 두 번째로 큰 도시이긴 했지만, 경제적 낙후와 가톨릭 성직자들의 억압, 그리고 영국의 식민지배에 의하여 누추한 모습을 하고 있었다.

이 단편집은 낙후되어 더러운 더블린의 모습을 여지없이 노출하면서도 그에 대한 애정을 담고 있기 때문에 레이디 모건(Lady Morgan)[4]의 '다정하고 더러운 더블린'(dear dirty Dublin)이라는 표현이 적합하게 어울리는 작품이다. 이 작품들을 이해하는데 주요한 개념들로 필자는 마비(paralysis), 노먼(gnomon)[5], 성직매매[6]를 제시한다. 사소한 계기로 위대한 영적 각성을 하는 순간을 지칭하는 에피퍼니(epiphany) 역시 조이스 작품을 읽는데 필요한 핵심개념의 하나이다. 이 단편집에 실린 작품들은 1. 영국의 식민지 지배하의 아일랜드, 2. 가톨릭 사회와 가부장제도의 억압적 구조, 3. 문예부흥운동과 민족주의라는 세 개의 범주로 나누어 검토된다.

4장에서 이주리 교수는 울프가 "작가로서 자기만의 관점을 갖게 된 무렵"에 쓴 소설로서 내용과 형식면에서 완성도를 보이는 『댈러웨이 부인』의 분석에 집중한다. 이 소설에서 울프는 더블(double)을 이루는 한 쌍의 인물들을 중심으로 이야기를 엮어 나가는 창의적인 저술 방법을 시도한다. 울프는 상류층 여성인 클라리사 댈러웨이(Clarissa Dalloway)와 제1차 세계대전 참전병인 셉티머스 워렌 스미스(Septimus Warren Smith)를 더블로 설정하여 "광기와 자살"에 대한 사유가 지배하는 셉티머스의 세계, 또 한편으로 가족, 옛 친구, 파티, 젊은 시절에 대한 회상으로 구성된 클라리사의 세계를, 즉 "정상인이 보는 세상과 비정상인이 보는 세상"을 내러티브 안에 나란히 놓으며, 분리된 듯이 보이는 두 세계의 연관성에 주목한다. 울프는 클라리사와 셉티머스를 더블로 설정하면서 "삶과 죽음, 정상과 광기"를 다루며, 사회제도의 비판을 시도한다.

이러한 더블의 설정은 "나"의 확고한 정체성을 강조하는 자아중심성을 탈피하고자 하는 시도이기도 한데, 울프는 일인칭화자에 의하여 주도되는 "I"가 장악하는 소설은 자기중심적인 남성적 소설의 특성이라고 본다. 울프는 인물과 인물을 보이지 않는 끈으로 연결시켜 '나'와 '타인'의 경계를 해체하며, 이러한 글쓰기는 탈중심적인 여성적 글쓰기의 사례로 볼 수 있다. 울프는 또한 제국주의 이념이 지배하는 거대담론에서 '사소한' 것으로 여겨지는 사물과 생명체에 관심을 보이는 소설 쓰기를 통해 그들이 지닌 생명력과 아름다움을 표현하려고 했다.

5장에서 고영란 교수는 로렌스의 작품세계를 『연애하는 여인들』(*Women in Love*)(1920)을 중심으로 조명한다. 제1차 세계대전 중 몰락하는 문명의 현장으로서의 영국에 대한 "비판과 절박한 진단"을 담은 이 소설은 "긴 사색의 과정을 거치며 형성된 것으로서 하나의 철학 내지는 사상 체계로 보일 정도의 깊이"를 가진다.

현대 산업사회는 두 가지 극단적인 성향, 즉 관능의 맹목적인 추구와 눈처럼 차가운 추상적인 지식의 추구에 의해 지배된다. 이러한 양극성에 지배된 인물들—제럴드(Gerald), 구드런(Gudrun), 허마이오니(Hermione), 뢰르케(Loerke) 등—을 기다리고 있는 것은 파멸과 죽음이다. 반면에 버킨(Birkin)은 해체와 파멸에서부터 벗어날 수 있는 제3의 길, 자유의 길을 모색하는데, 그는 자유롭고 당당한 홀로 있음의 상태에서 진정한 남녀관계를 맺는 것이 자유의 길로 인도하리라는 희망을 품는다. 그는 섬세하고 민감하나 남성을 지배하고자 하는 욕망이 강한 어슐라(Ursula)를 파트너로 선택하여 이러한 관계를 실현해 보고자 한다. 자애로움과 자연스러움, 생명에 대한 사랑을 잃어버린 현대 사회 속에서 이들은 그러한 가치에 대한 믿음을 공유한다고 볼 수 있다. 그러나 두 사람 모두 이상적 결합을 위해서는 의지와 집착이라는 불순물을 정련해 내어야 하며, 두 사람은 대결과 말다툼 끝에 그러한 바람직한 결합을 이루어낸다.

필자는 기법의 측면에서는 이 소설이 인물들의 마음의 상태를 표현함에 있어서 비인성적 동소체, 즉 인간의 마음 상태를 비유적으로 전달할 수 있는 달, 호수, 꽃봉오리, 불꽃, 동물들의 이미지를 사용하고 있음을 강조한다. 사실 이런 비인성적 비유들은 이미지의 차원을 넘어서, 인물의 인격적 경계를 허물어서, 자연의 세계와 상호작용하는 흐름과 같은 상태로 인물을 이해하게 만든다.

6장에서 황정숙 교수는 리스의 『드넓은 사가소 바다』를 논의한다. 산드라 길버트(Sandra Gilbert)와 수잔 구바(Susan Gubar)는 『다락방의 미친 여자』(*The Mad Woman in the Attic*)에서 『제인 에어』에 등장하는 다락방에 갇혀있는 로체스터 씨의 아내 버사의 존재와 광기를 재조명한다. 그들은 그녀를 19세기 여성 작가 샬롯 브론테(Charlotte Bronte)와 소설의 주인공인 제인이 가부장제에 대하여 가지는 분노와 저항의식을 투영하는 존재로 읽고 있지만, 자메이카 출신의 백인 크레올[7] 버사가 함의하고 있는 인종적 타자로서의 특수성과 영국 제국주의와의 연관성에 대해서는 간과하고 있다. 리스는 이 소설이 식민지의 크레올을 '문명화'된 영국에 비하여 열등하고 이질적인 인종적 문화적 타자로 보는 19세기 제국주의적 관점을 반영한 것으로 읽는다. 버사라는 인물이 여성과 식민지를 "통제할 수 없는 분노와 광기의 장소"로 규정한 빅토리아 시대의 이념을 반영하여 구축된 것으로 보고, 리스는 『드넓은 사가소 바다』에서 그녀의 이야기를 페미니즘과 탈식민주의적 관점에서 다시 쓴다.

이 소설은 로체스터에 의해 버사로 명명되기 전 앙투아네트(Antoinette)의 이야기를 영국의 식민지였던 1830년대 서인도제도를 배경으로 풀어내며, 왜 앙투아네트가 다락방의 미친 여자 버사가 되었는지, 왜 그녀가 리처드 메이슨과 로체스터를 공격하고 쏜필드 홀(Thornfield Hall)에 불을 지르는지에 대하여 설득력 있는 설명을 제시한다.

7장에서 박선화 교수는 레싱의 『풀잎은 노래한다』(*The Grass is Singing*, 1950)를 논의한다. 레싱은 일부 작품에서는 내면 심리의 좀 더 심도 있는 천착을 시도하기도 하고 때로, 『클레프트족 이야기』(*The Cleft*)에서와 같이 상상적 세계를 그리기도 하지만, 그녀 작품의 기조는 자전적 경험에 기초를 둔 사실주의 소설들이다. 이 작품에는 아무런 계획 없이 로디지아(Rodhesia)로 이민을 간 아버지가 운영하는 가난한 농장에서 자라난 레싱의 어린 시절의 자전적 경험이 일부 반영되어 있다. 현실감 없는 소녀적 세계에 머물다가 노처녀가 되어 주변의 시선 때문에 애정 없는 결혼을 하게 되는 주인공 메리(Mary)는 생존 능력이 별로 없는 농장주 리처드(Richard)의 아내가 되어, 물도 부족한 척박한 땅에서 가난하게 살아간다. 숨 막히는 삶으로부터의 탈출구로 찾은 것이 집안의 하인인 흑인 원주민 모세(Moses)와 특별한 관계를 맺는 것이었다. 후에 메리는 모세에게 살해당하게 되는데, 백인사회는 추문과 도덕적 오염을 우려하여 흑인 하인이 귀중품을 훔치려다 살인 사건을 저지르게 된 것이라고 각색하여 진상을 덮어 버린다.

농장 감독으로서의 불안한 자신감을 극복하기 위하여 모세에게 채찍을 휘두르다가 처음 그와 눈이 마주치게 되어, 그를 주목하게 된 메리는 점차 그의 육체, 존재감, 그의 질문 등에 이끌려 그와 친밀한 관계가 된다. 모세가 메리가 옷을 입도록 도와주는 장면이 이웃인 토니(Tony)에 의하여 목격되어, 이제 메리는 백인사회의 금기를 깬 이방인이 된다. 그녀는 필연적인 죽음을 회피하기 위하여 최악의 결혼생활로 복귀하려고 생각하나 모세는 메리를 살해함으로써 메리의 불행한 회귀를 저지한다. 이 사건은 남로디지아의 백인공동체가 경험하는 흑백 갈등을 적나라하게 재현한다.

모세는 신문에 난 전쟁기사를 보고 "예수님은 사람들이 서로 죽이는 것을 옳다고 생각했을까요"라고 메리에게 질문한다. 이 질문을 좀 더 연장해 보면, 남로디지아 백인들이 저지르고 있는 부당한 행위, 그들이 피지배자에게 가하는 억압과 박해에 대한 질문이라고 볼 수 있다. 모세는 식민지 로디지아의 생활을 견디지 못하여 정신분열을 겪는 메리에게 그의 성서적 이름이 암시하는 해방자와 구원자의 모습으로 다가온다. 비록 그 구원이 살인의 형태로 구현된다고 하더라도 말이다.

8장에서 배현 교수는 파울즈의『프랑스 중위의 여자』를 분석한다. 1867년 3월 영국 남서부의 작은 해안 마을 라임 레지스(Lyme Regis)의 거칠고 황량한 바닷가를 몰락한 귀족 가문의 예비 상속자인 찰스 스밋슨(Charles Smithson)과 그의 약혼녀인 부유한 사업가의 외동딸 어네스티나 프리먼(Ernestina Freeman)이 산책하고 있다. 방파제 끝에 혼자 서있는 낯선 여인을 처음 본 이후 찰스는 이 신비한 여인 사라 우드러프(Sarah Woodruff)에게 자신도 모르게 매혹된다. 그녀는 난파되었던 프랑스 장교와 밀애를 했다는 소문 때문에, 마을 사람들에게 단죄되어 속죄의 삶을 살고 있다. 그후 그녀는 찰스의 제안을 받아들여 라임 레지스 지방을 떠나 엑스터(Exeter)로 간 뒤, 찰스를 자신이 묵고 있는 호텔로 오도록 청한다.

이러한 유혹에 대하여 파울즈는 세 가지 결말을 제공한다. 첫 번째 결말은 찰스가 사라에게 가지 않고, 약혼녀 곁으로 돌아가 빅토리아조 신사의 의무를 지키는 것이다. 두 번째 이야기는 두 사람이 육체 관계를 갖게 되는데, 그 결과 그는 사라가 순결을 상실하지 않았음을 확인하게 된다. 찰스는 신사토서의 의무감에서 어네스티나와의 약혼을 파기하고 사라를 찾지만, 그녀는 행방을 감춘 뒤였다. 2년 후 수소문 끝에 겨우 찾은 사라는 당대의 전위적인 화가 단테 가브리엘 로제티(Dante Gabriel Rossetti) 집에 있었고, 그곳에서 신여성 러프우드(Roughwood)로 변신해 있었다. 그녀는 라래쥐(Lalage)라 불리는 찰스의 아이를 기르고 있었고, 두 사람은 행복한 결합을 이룬다는 것이 두 번째 결말이다. 세 번째 결말에는 라래쥐가 등장하지 않고, 두 사람은 행복한 결합을 이루지는 않지만 사라를 통해 찰스는 자신의 삶의 의미에 대하여 실존적인 자각을 얻고 스스로의 길을 떠난다.

옥스퍼드 대학에서 프랑스 문학을 전공하면서 카뮈와 사르트르에 심취했던 파울즈는 실존적 탐색과 이에 수반되는 자유와 책임, 그리고 선택의 존재론적 의미를 작품에서 줄곧 탐색하였다. 필자는 이 세 번째 결말이 가장 파울즈의 실존주의적 가치관에 상응하는 결말이라고 본다. 사라는 빅토리아 시대의 도그마와 제도적 억압, 사회적 편견 등에 저항하여 자신의 실존적 자유를 추구하고, 종국에는 전위예술가 그룹과 공동생활하는 신여성으로 부활함으로써, 그 목적을 달성한다. 한편 찰스는 인습과 체면존중이라는 빅토리아 조 신사계급의 낡은 껍질을 깨고 자신의 존재 의미와 자유의지, 그리고 선택의 중요성에 대한 실존적 자각을 체득하는 현대인으로 거듭나며, 이러한 자각의 길에서 사라는 몇 발 앞서 그를 인도하는 셈이다.

9장에서 왕은철 교수는 남아공 태생의 작가 쿳시의 『야만인을 기다리며』(*Waiting for the Barbarians*, 1980)를 논한다. 필자는 그의 소설들이 일반적으로 강박에 가까울 정도로 타자의 문제에 집착한다고 평가하는데, 이 작품 역시 예외가 아니다. 실체 없는 허상인 야만인에 대한 막연한 기다림을 이야기한다는 점에서 이 작품은 베켓의 『고도를 기다리며』와 상호 텍스트적 관계에 있다. 이 소설은 또한 주인공 치안판사의 자기 고백적인 내러티브로 되어 있다. 변방의 행정, 사법권을 관할하는 최고책임자인 치안판사가 서술하는 내용은 야만인들을 "일종의 해결책"으로 제시하는 제국의 모순만이 아니라, 그러한 모순에 대한 반발과 저항에도 불구하고 제국의 일원으로서 제국에 봉사할 수밖에 없는 자신의 한계를 드러낸다.

이 소설은 남아프리카의 아파르트헤이드 상황에 대한 언급임이 분명함에도, 특이하게 남아프리카라는 공간을 의도적으로 배제하고 시간과 공간을 특정할 수 없는 제국의 변경이라는 추상적 공간을 배경으로 설정하고 있다. 그래서 이 소설은 쿳시의 말처럼 "식민주의, 탈식민주의 신식민주의와 관련이 있는 더 넓은 역사적 상황"을 표현한 알레고리적 소설로 읽을 수 있다.

10장에서 박종성 교수는 이시구로의 『남아있는 나날』을 분석한다. 이시구로는 일본출생으로 여섯 살이 되던, 1960년 해양 학자였던 부친이 영국에 직장을 얻게 된 것을 계기로 영국으로 건너가 성장하게 되었고 영국소설가가 되어 2017년 노벨상까지 수상하게 되었다.

『남아있는 나날』의 주인공이자 화자인 스티븐스(Stevens)는 달링톤 홀(Darlington Hall)이라는 저택의 집사이다. 그는 국가주의 이데올로기에 자신도 모르게 침윤되어 있어, 전원적 잉글랜드의 풍경과 절대로 자제심을 잃지 않는 영국적 위엄의 가치를 찬양한다. 그는 또한 귀족인 주인 달링턴 경의 판단과 인격을 신뢰한다. 계급주의를 적극적으로 수용하는 그는 집사로서 자신의 직분은 귀족들이 역사적으로 중요한 일을 수행할 수 있도록 성심성의껏 그들의 시중을 드는 것이며, 자신의 몫은 그런 역할을 해냄으로써 인류의 발전에 기여하는 것이라고 생각한다. 이시구로는 시대착오적인 영국적 전통과 이상에 대한 집착으로 제국의 몰락이 가속화되었다는 시각을 이 소설을 통해 표현한다.

소설의 프롤로그의 시간적 배경은 영국이 수에즈 운하에서 철수한 1956년 7월로 되어있다. 이 사건은 대영제국 몰락의 시작을 상징하는 사건이다. 물론 그 몰락의 과정은 보어전쟁, 그리고 제1차, 2차 세계대전으로 인한 영국의 손실과 파산 등으로 이미 서서히 준비되고 있었다고 볼 수 있다. 소설의 현재에서 달링턴 경은 이미 사망한 후이고, 저택은 패러데이(Farraday)라는 새로운 미국인 주인의 손에 넘어가 있는 상태이다, 부족한 하인을 고용하러 영국의 서부지방을 방문한다는 명분을 가지고, 스티븐스는 생애 처음으로 근무지를 떠나 여행을 하게 되고, 여행으로 확대된 시야의 도움으로 달링턴 경과 달링턴 홀의 삶의 양식을 새로운 시각으로 바라보게 된다.

자신이 존경하던 달링턴 경은 나치즘, 파시즘, 반유대주의에 일시적으로 경도된 전력을 가지고 있다. 후일 자신의 착오를 깨달았지만, 그는 순진하게도 나치의 배신에 농락당한 꼭두각시로 영국 내에서 반역자 취급을 당한다. 이런 주인에 대한 충성을 위해 자신의 사랑까지도 희생했던 스티븐스는 인생의 황혼기를 상징하는 여행의 끝자락에서 서쪽 바다를 바라보며 서글픈 허망함을 느낀다. 이시구로는 자신이 몸담아 살게 된 영국의 제국주의적 역사와 자신이 태어난 일본의 제국주의적 역사를 모두 거리감 있는 비판적 시각으로 바라본다.

11장에서 김일영 교수는 매큐언의 『속죄』를 다룬다. 단편소설과 엽기적이고 섬뜩한 내용이 주를 이룬 매큐언의 초기 작품들은 사회적 이슈보다는 개인의 이상심리에 초점을 맞추고 있었는데, 1987년부터 2007년까지 대표작을 많이 낸 기간 동안 매큐언은 정치적이며 동시에 역사적인 주제들로 그의 작품 영역을 확장한다. 속죄는 이 기간 중에 쓰여진 작품이다.

『속죄』에는 의도하지 않은 잘못, 즉 잘못된 판단이나 오해로 인해 무고한 사람에게 피해를 끼친 것에 대한 속죄를 하고자 하는 브라이오니(Briony)가 등장한다. 브라이오니의 언니 세실리아(Cecilia)는 집안 청소부의 아들이지만, 세실리아의 아버지 탤리스(Talis)씨의 호의로 캠브리지대학을 수석으로 졸업하게 된 로비(Robbie)와 사랑에 빠지게 된다. 이들이 서재에서 사랑을 나누는 모습을 목격하게 된 브라이오니는 소녀다운 무지 속에서 로비가 언니를 강간하고 있다고 결론 내린다. 브라이오니는 로비가 언니에게 쓴 편지–젊은 남자의 욕망을 적나라하게 표현한– 훔쳐보고, 자기 언니를 꼼짝 못하게 하는 알 수 없는 힘을 지닌 색마라고 단정한다. 그러던 중 부모의 불화 때문에 이들의 집에 머물게 된 브라이오니의 사촌언니 롤라(Lola)가 어두운 숲속에서 강간을 당하는 사건이 일어난다. 브라이오니는 자신이 강간범의 뒷모습을 흘깃 보았다고 믿고, 이것이 로비라고 확신한다. 이러한 브라이오니의 진술에 의존하여 로비를 범인으로 확정 짓고 선고를 내린 당대 영국사회에 내재한 왜곡된 계급의식에 의해 로비는 희생된다.

강간죄로 5년간 수감생활을 하던 로비는 감형을 조건으로 1940년 제2차 세계대전에 군인으로 참전하게 된다. 그러나 그는 됭케르크(Dunkirk)로 퇴각하는 도중 몸에 박힌 파편 때문에 패혈증을 일으켜 사망하게 된다. 세월이 흘러 자신의 실수를 깨달은 브라이오니는 죄의식의 트라우마에 사로잡히게 된다. 그녀의 트라우마를 해결할 수 있는 유일한 방법은 상징화가 불가능한 트라우마의 원인을 상징화하여 인지할 수 있는 대상으로 만드는 것이며, 이것이 작가가 된 브라이오니가 거듭하는 작업이다. 그녀는 6개의 다른 버전의 이야기를 쓰게 된다. 그리고 이것은 그녀의 속죄작업이기도 하다.

로비의 죽음 이후 같은 해 세실리아는 공습으로 런던 지하철에서 사망한다. 그러나 소설의 3부에서 브라이오니는 자신이 간호사로 근무하던 병원에서 외출허가를 받아 세실리아의 집을 방문하고 그곳에서 잠시 휴가 나온 로비를 만난다는 대안적 서사를 제공한다. 두 행복한 연인의 재회를 목격한 브라이오니는 안도하며, 이들에게 용서를 구하고 진실을 밝힐 것을 약속하고 이들과 헤어진다. 그러나 종결부에서 브라이오니는 자신이 3장에 기록한 로비와 세실리아와의 만남은 지어낸 이야기임을 고백한다. 이것은 브라이오니의 죄의식을 잠시나마 경감시켜줄 수 있었던 즐거운 상상이었다.

브라이오니의 잘못으로 촉발된 트라우마는 그녀 자신의 과오를 받아들였던, 더 나아가 부추겼던 사회의 문제이기도 하기 때문에 진실에 대한 증언은 개인이 아니라 사회적 차원에서 이루어져야 한다. 그래서 그녀는 개인적으로 사람들의 인식을 바꾸는 조치를 취하는 대신 모든 사람/독자들이 읽을 수 있는 소설의 형태로 증언하기를 택한다.

12장에서 이귀우 교수는 카터의 『피로 물든 방』을 분석한다. 카터의 작품은 환상적이고 시적인 경향이 강하긴 하나 그녀는 매우 정치적인 의식을 가진 작가로서 사회의 권력구조 문제에 큰 관심을 가졌다. 그녀는 유럽의 고딕문학, 프랑스 초현실주의 문학과 사드의 철학 등 과거의 문학과 전통에서 영감을 받아 이를 탈신화화하여 독자적인 미학을 만들어 냈다.

『피로 물든 방』은 카터의 작품 중에 가장 영향력이 큰 작품이다. 이 작품은 샤를 페로(Charles Perrault)의 작품을 포함한 전통적 동화를 다시 쓰는 작업을 통해 전통 동화에 나타난 성 정치학의 이데올로기를 탈신화화한다. 카터는 농민계층 민중들의 입을 통해 전해 내려오던 민담이 권력을 가진 남성들에 의해 출판된 텍스트로 변하는 과정에서 이야기에 담긴 가치관, 특히 섹슈얼리티와 성역할에 대한 가치관이 바뀌는 것에 주목했다. 구전 민담에서는 기지와 용기로 위기를 헤쳐 나가고 성적 욕망을 감추지 않는 독립적인 소녀/여성 인물들을 볼 수 있는 반면, 페로의 동화에서는 성적으로 순진하고 순종적인 여성은 좋은 여성으로 이상화되고, 성적으로 호기심 많고 체제에 반항적인 여성은 나쁜 여성으로 처벌받는다.

카터는 『피로 물든 방』에서 전통 동화에 담겨있는 여성의 섹슈얼리티와 성역할을 재고해 보고 있다. 그러나 전통적인 성역할을 단순히 전복하여 공격적인 여성과 수동적인 남성으로 변화시킨다면 현실과 유리된 또 하나의 신화가 될 것이며, 억압적 관계구조는 그대로 유지될 것이다. 카터는 『피로 물든 방』에서 인간과 동물 사이의 변신과 수용을 통해서 상대방의 근본적인 이질성을 서로 인정해 주며, 고정된 자아를 고집하지 않고 변화를 두려워하지 않는다면 상호적 사랑이 가능함을 보여준다.

Endnotes

1 에드워드 7세의 통치시대. 1901–1910.

2 조지 5세의 통치시대. 1910–1936. 역사적으로는 조지 1세부터 조지 4세가 통치한 1714년부터 1830년까지의 기간을 지칭하기도 하지만, 모더니즘 논의에서 언급되는 조지시대는 상기한 바와 같다.

3 조이스는 물론 시대적으로는 모더니즘 시대의 작가이지만, 『피네간의 경야』(*Finnegans Wake*)같은 작품은 그 극단적인 실험성 때문에 포스트모더니즘을 예견하는 작품으로 분류되기도 한다.

4 Lady Sidney Morgan(1781–1859)은 『야생적인 아일랜드 처녀』(*The Wild Irish Girl*)의 저자로 가장 잘 알려진 아일랜드 소설가이다.

5 기하학의 개념으로 독자에게 가시적으로 주어 진 부분 말고 작가가 말하지 않는 부분을 비유적으로 의미한다.

6 영혼의 가치를 물질적으로 타락시킨다는 비유적 의미로 사용되기도 한다.

7 카리브 해 지역이나, 미국 남부쪽으로 초창기에 이주한 유럽인들과 혈연관계가 있는 사람

인용문헌

Acheson, James and Caserio Robert I. "History in Fiction." Caserio 176–91.

Battista, Maria di. "Realism and Rebellion in Edwardian and Georgian Fiction." Caserio 40–55.

Bertens, Hans. *Literary Theory: The Basics*. 3rd ed. London, New York: Routlege, 2014. Kindle edition.

Bluemel, Kristen: "Feminist Fiction." Caserio 114–30.

Booker, Keith M. "The Other Side of History: Fantasy, Romance, Horror, and Science Fiction." Caserio 251–66.

Caserio, Robert L. ed., *The Cambridge Companion to the Twentieth Century Novel*. Cambridge: Cambridge UP, 2009. Kindle edition.

Caserio, Robert. Introduction. Caserio 1–9.

Dasenbrock, Reed Way. "An Absurd Century: Varieties of Satire." Caserio 238–50.

Edwards, Paul. "The Great War in English Fiction." Caserio 56–70.

Esty, Jed. "The British Empire and the English Modernist Novel." Caserio 23–39.

Fogarty, Anne. "Ireland and English Fiction." Caserio 102–13.

Fordham, John. "Working–class fiction across the century." Caserio 131–45.

Gasiorek, Andrzej. "Postmodernisms of English Fiction." Caserio 192–209.

Hale, Dorothy J. "The Art of English Fiction in the Twentieth Century." Caserio 10–22.

Hart, Matthew. "Regionalism in English Fiction between the Wars." Caserio 89–101.

Head, Dominic. *The Cambridge Introduction to Modern British Fiction, 1950–2000*. Cambridge Introductions to Literature series. Cambridge: Cambridge UP, 2003. Kindle edition.

Hepburn, Allan. "Detectives and Spies." Caserio 210–22.

Jameson, Frederic. "Modernism and Imperialism." *The Modernist Papers*. New York: Verso, 2007. Kindle edition. Loc. 3483–3874.

Joyce, James. *A Portrait of the Artist as a Young Man*. Oxford World's Classics. New York: Oxford UP, 2000. Kindle edition.

Kirby, Alan. *Digimodernism: How New Technologies Dismantle the Postmodern and Reconfigure Our Culture*. London, New York, Sydney, New Delhi: Bloomsbury, 2009. Kindle edition.

Lewis, Pericles. *The Cambridge Introduction to Modernism*. Cambridge, New York: Cambridge UP, 2013. Kindle edition.

Mackay, Marina. "World War II, the Welfare State, and Postwar Humanism." Caserio 146–62.

Mengham, Rod. "Postwar Modernism in the 1920s and 1930s: the Mammoth in the Basement." Caserio 71–88.

Walkowitz, Rebecca L. *Cosmopolitan Style: Modernism Beyond the Nation*. New York: Columbia UP, 2006. Kindle edition.

Walcowitz, Rebecca. "The Post–consensus Novel: Minority Culture, Multiculturalism, and Transnational Comparison." Caserio 223–37.

Weiss, Timothy. "The Windrush Generation." Caserio 163–75.

Wells, H. G. "The Contemporary Novel." *An Englishman Looks at the World*. London: Cassells, 1914. Kindle edition.

Woolf, Virginia. "Mr. Bennett and Mrs. Brown." *The Hogarth Essays*. Vol. 1. London: Hogarth, 1924. Kindle edition.

조지프 콘래드와 『암흑의 심장』

길혜령

I. 작가와 작품 세계

조지프 콘래드(Joseph Conrad, 1857–1924)는 20세기 영문학을 논할 때 결코 빠뜨릴 수 없는 작가로서 1890년대부터 작품을 쓰기 시작한 그는 영국 최초의 모더니스트 작가라고도 할 수 있다. 20세기 위대한 영국 작가들이 영국에서 태어난 영국인이 아닌 경우가 많지만, 20대가 되어서야 영어를 배운 폴란드 출신 뱃사람인 그가 30대 후반에 영어로 소설을 쓰는 작가가 되었다는 것은 특기할만한 사실이며, 콘래드 서사 기법의 한 특성으로 꼽히는 동일한 단어의 반복적 사용은 이러한 전기적 사실과도 관련이 있다. 콘래드는 당시 유럽의 지도에서는 이미 존재하지 않는 폴란드, 즉 러시아령 폴란드(현재 우크라이나 지역)에서 태어났으며,[1] 아버지 아폴로(Apollo Korzeniowski)는 러시아의 통치에 저항하는 정치적 혁명가이자 시인이며 프랑스와 영국 문학의 번역가로서 어린 콘래드에게 영국 문화와 문학을 소개하는 역할을 하였다. 콘래드가 다섯 살 때 아폴로가 가담한 혁명의 실패로 전 가족이 러시아 북부로 유배된 후 2년 만에 어머니 이바(Eva)가 병으로 죽고 다시 5년 후 아버지마저 사망하자, 콘래드는 외삼촌 보브로브스키(Bobrowski)의 보호 아래 크라쿠프(Cracow)와 스위스에서 교육을 받았다. 보브로브스키 역시 문학에 조예가 깊은 폴란드의 애국자였으나, 콘래드가 폴란드를 떠난 후 주고받은 편지에서 나타나듯이 자신의 여동생 이바와 스스로를 죽음으로 몰아넣은 아폴로의 열혈적 혹은 낭만적 정치성향에 대해서는 콘래드에게 늘 경계할 것을 강조하였다. 아폴로 혹은 콘래드 가문이 속한 귀족 슐라흐따(*szlachta*)의 전통적 낭만주의적 성향과 외삼촌 보브로브스키의 현실주의적 입장 사이의 갈등은 콘래드 작품의 두드러진 특성인 '양가성'(ambivalence)의 한 근거가 된다. 학업에 큰 뜻이 없었던 콘래드는 열여섯 살에 마르세이유로 떠나 프랑스 상선을 타면서 이후 20년에 걸친 바다에서의 새로운 삶을 시작했으며, 1886년 영국 국적을 취득하였고, 1894년 보브로브스키가 죽자 마침내 영국에 정착하여 작가로서의 또 다른 삶을 시작하였다.

콘래드를 작가로 태어나게 한 것은 1880년대 잠시 선원으로 일했던 보르네오 지역에서 그곳의 유일한 백인 올마이어(Almayer)를 만난 것이 계기가 되었다. 콘래드가 "올마이어에 대해서 잘 알지 못했다면 아마 틀림없이 이 세상에 내 글은 단 한 줄도 나오지 않았을 것이다"(Conrad, *PR* 88)라고 말하듯이, 그로부터 10여년 후 영국에 정착한 콘래드는 단편「올마이어의 어리석음」("Almayer's Folly", 1895)을 출판하면서 영국 문학계에 이름을 알리게 된다.[2] 역시 동남아시아를 배경으로 하는『군도의 추방자』(*An Outcast of the Islands*, 1896)와『나르시스 호의 검둥이』(*The Nigger of the 'Narcissus'*, 1897)를 연이어 출판하였으나 성공적이지는 않았는데 여기에는 영어가 외국어라는 작가의 특성이 한 몫을 했다고 할 수 있다. 콘래드에게 영어는 세 번째 언어로서, 그의 작품은 영국인 화자의 영국적 시각에서의 서사 전개에도 불구하고 원래 영어로 쓰였다기보다는 영어로 번역된 듯한 문장의 특성으로 인해 기존의 영국 소설과는 다른, 이질적인 분위기를 자아낸다. 바로 이러한 특성이, 즉 독자로 하여금 지금껏 알고 있던 세상이 뭔지 모르게 낯설게 느껴지게 한다는 점에서 콘래드의 작품은 영국 최초의 모더니즘 소설이라고 볼 수 있다.

콘래드의 대표작이라 할 수 있는 중편『암흑의 심장』(*Heart of Darkness*, 1899)은 그가 1890년 작은 증기선의 선장 직을 맡기 위해 콩고에 갔던 경험을 바탕으로 한다. 당시 벨기에의 왕 레오폴드 2세의 개인 소유였던 콩고자유국(Congo Free State, 현 자이레)에서의 경험은 그동안 유럽의 교역(trade)과 상업(commerce)의 루트를 따라 상선을 타고 다니며 유럽 강대국의 제국건설에 실제적으로 보조역할을 해왔던 콘래드에게 하나의 전환점이 된 사건이었다. 콘래드를 작가로 발굴하는데 기여한 에드워드 가넷(Edward Garnett)에 의하면, 콩고 방문 이전에 선원으로서 콘래드는 "아무런 생각이 없는" "완벽한 동물"이었다는 것과 "콩고의 사악한 음성"이 "그의 젊은 시절의 모든 환상을 앗아가고 거대한 암흑의 심장을 응시하게 했다"는 것을 강조했다(Conrad, *Letters from Conrad* 8). 보르네오의 백인 올마이어의 환상 혹은 모순에 대하여 강렬한 인상을 안고 있던 그에게 문명의 전파라는 명분하에 유럽제국이 아프리카에서 저지르고 있는 참상의 목격은 그가 비록 영국 국적을 취득했을지라도 폴란드인이라는 사실과 식민지 폴란드의 고통을 상기시킨 촉매제가 되었다. 동유럽 혹은 동구(East) 제국인 러시아의 손아귀에 있는 폴란드의 이미지는 식민지 콩고의 이미지와 중첩되는 한편, 콘래드가 폴란드를 "로마의 전통을 따르는 서구주의(Westernism)의 전초기지"라고 칭한 것처럼(Jean-Aubry 289),[3] 동구 보르네오에 외따로 떨어진 서구(West)의 상징적 존재로서 올마이어의 이미지와도 연결된다. 이러한 배경을 바탕으로, 자신이 폴란드인이라는 사실과 서구 전통을 가진 피식민지로서 폴란드의 모순에 대한 자각이 콘래드를 작가로 탄생하게 했다고 할 수 있으며, 콘래드가 영어로 작품을 쓰게 된 것도 서구문명을 추구하는 폴란드의 전통에 따라 당시 서구의 가장 강력한 대변자로 군림하던 영국을 신뢰한 때문이라고 할 수 있다. 콘래드의 작품세계가 불확실성과 양가성으로 특징지어지는 것은 바로 이러한, 영국인 화자를 통해 드러나는 영국적 가치에 대한 작가 콘래드의 믿음이 이상주의적 혹은 낭만주의적 폴란드의 전통에 의거하고 있으며, 피식민지라는 자멸의 상황에 이르게 한 폴란드 슐라흐따의 급진적 이상주의에 대한 콘래드의 태도가 양가적이라는 데에 기인한다.

『암흑의 심장』은 콘래드의 양가성을 가장 극명하게 드러내는 작품으로서 그가 더 이상 동남아시아를 배경으로 한 가벼운 해양모험소설 작가로 간주될 수 없음을 입증한 작품이다. 이 소설의 중요성은 『암흑의 심장』과 같은 시기에 집필되었으나 이후에 출판된 『로드 짐』(*Lord Jim*, 1900)이 모더니즘 소설의 대표적인 작품으로 평가된다는 데서도 짐작할 수 있다. 『암흑의 심장』은 그만큼 콘래드의 작가로서의 입지를 굳건히 한 작품이며, 이후에 집필된 주요 소설 『노스트로모』(*Nostromo*, 1904), 『비밀요원』(*The Secret Agent*, 1907), 『서구인의 눈으로』(*Under Western Eyes*, 1911)와 함께 그의 정치소설의 하나로 손꼽힌다. 콘래드의 소설은 본질적으로 이상주의적인 주인공의 자기파멸을 주제로 한다는 점에서 폴란드 슐라흐따에 대한 비유적 서사로 볼 수 있다. 이 비유적 서사는 『암흑의 심장』에서 커츠(Kurtz)가 가장 잘 대변하고 있지만, 남미 공화국의 분리주의 혁명을 배경으로 한 『노스트로모』에서 신뢰와 명예라는 이상에 사로잡혀 파멸에 이르는 노스트로모나 그리니치 폭파 미수 사건을 배경으로 한 『비밀요원』에서 자신의 현실을 인식하지 못하여 죽음에 이르는 비밀요원 벌록(Verloc)과 그의 아내 위니(Winnie)에게도 적용된다. 또한 『서구인의 눈으로』에서 전제주의와 혁명이라는 서로 상반되는 이상을 붙들고 각각의 파괴적인 현실을 보지 못하는 제네바의 러시아 혁명가 나탈리(Nathalie)와 첩보원 라주모프(Razumov)를 통해서도 이상주의적인 폴란드의 이미지와 그 파괴적 현실의 모순이 상징적으로 드러난다.

II. 『암흑의 심장』 읽기

1. 역사적 배경과 의미

『암흑의 심장』은 무엇보다도 영웅의 자기발견으로서의 모험담 혹은 내적 자아탐구의 여정이라는 원형적인 서사구조를 갖추고 있으며, 비록 다분히 회의적일지라도 제국주의 로맨스 요소가 가미된 모더니즘 소설로서, 20세기 영국소설의 강의교재로 거의 빠지지 않고 선택되는 작품이다. 콘래드의 이 중편은 이후 여러 작가와 작품에 의식적 혹은 무의식적 영향을 미치게 되는데,[4] 특히 엘리엇(T. S. Eliot)의 시 「텅 빈 사람들」("The Hollow Men", 1925)의 제사(epigraph)로 『암흑의 심장』에서 원주민 아이가 "경멸에 찬 말투"로 커츠의 죽음을 전하는 "커츠씨—그 사람 죽다"(Mistah Kurtz—he dead, *HD* 69)라는 문구가 인용된 후로 이 소설이 더 많이 알려지는 계기가 되었다.[5] 20세기 후반에 들어서 콘래드의 이 중편은 치누아 아체베(Chinua Achebe)가 『암흑의 심장』에 나타난 콘래드의 인종주의적 시각을 신랄하게 비판함에 따라 후기식민주의 비평(postcolonial criticism)의 대상으로 다시 학계의 주목을 받기 시작하였고,[6] 비슷한 시기에 프랜시스 포드 코폴라(Francis Ford Coppola) 감독의 『암흑의 심장』을 바탕으로 베트남전을 배경으로 한 영화 <지옥의 묵시록>(*Apocalypse Now*, 1979)이 개봉되면서 일반 독자에게도 지속적인 관심을 받게 되었다.

『암흑의 심장』은 1902년에 단편 「청춘」("Youth")과 한데 묶여 단행본으로 출판되었지만, 일반 독자에게 소개된 것은 1899년 『블랙우드 매거진』(*Blackwood's Magazine*)에 연재되기 시작하면서였다. 이 소설의 서두에서 템즈(Thames) 강에 떠 있는 『넬리』(*Nelly*) 호 선상에서 말로우(Marlow)의 이야기를 듣고 있는 무역회사의 관리자, 변호사, 회계사 그리고 화자, 즉 "바다라는 연대"(*HD* 7)로 묶인 네 명의 인물은 이 잡지의 주된 독자층을 대변하는데, 이 사실은 콘래드가 식민지 사업과 연관된 영국 중산층의 반응을 의식하면서 작품을 썼다는 것을 의미한다. 『암흑의 심장』은 "결론을 내릴 수 없는" 콩고 경험에 대한 말로우의 이야기를 또 다른 화자가 서술하는 액자소설 혹은 이중서사 구조로서, 유럽(벨기에)의 식민지 회사 소속 직원인 커츠와의 "악몽" 같은 만남에 대한 말로우의 이야기는 서술자의 개입을 통해 "악몽"의 신빙성이 약화되며, 이러한 요소는 불확실한 서사라는 모더니즘 소설의 특성으로 해석될 수도 있지만 커츠에 대한 태도란 점에서 볼 때는 콘래드 작품의 양가성을 보여준다고 할 수 있다. 말로우의 이야기 중에 문명사업에 대한 회의적인 태도가 드러날 때는 바로 누군가가 "예의를 지키도록 하시오"(36)라고 불만을 표현하는데, 이는 작가가 그러한 사업의 혜택자인 독자층의 공감을 의도한 것이라 할지라도 제국주의와 문명 사업에 대한 말로우의 태도는 여전히 양가적이라는 것을 부인할 수 없다.

『암흑의 심장』은 이와 같이 유럽 제국의 식민지 경쟁이 최고조에 달한 19세기 후반의 아프리카 콩고를 배경으로 한 탓에 문학사적 가치뿐만 아니라 역사적으로도 중요한 의미를 가지고 있다. 콘래드의 소설은 1885년의 베를린회담(The Berlin Conference)[7]을 통해 콩고자유국의 수장으로 취임한 레오폴드 2세의 아프리카 원주민 착취와 학살에 관한 무수한 소문의 진상에 대한 기폭제 역할을 하였다. 『암흑의 심장』에서 말로우는 버려진 원주민 노동자들이 엉켜 죽어가고 있는 것을 목격하고 "어떤 지옥"(some Inferno)에 들어선 것 같았다고 말한다.

> "그들은 천천히 죽어가고 있었습니다, 그것은 너무나 분명했어요. 그들은 이제 적이 아니었고, 범죄자가 아니었고, 이 세상의 그 어떤 것도 아니었고, 단지 초록빛의 어둠 속에 엉켜 누워있는 질병과 굶주림의 검은 그림자에 불과했습니다. 해안 지역의 모든 외딴 곳에서 기한 계약이라는 모든 합법적 절차에 의해 끌려와서, 적절하지 않은 환경과 익숙하지 않은 음식으로, 그들은 병이 들고 비효율적이 되었으며, 그제야 기어가서 쉬도록 허락 받았지요. 빈사 상태의 이들의 모습은 공기처럼 자유롭고 거의 그 만큼 여위어 있었습니다." (*HD* 20)

"질병과 굶주림의 검은 그림자"로 묘사된 원주민들의 생생한 이미지는 그 동안 여행가와 선교사, 저널리스트 등을 통해 전해진 콩고의 참상에 관한 소문을 구체화하는 역할을 하였고, 이에 영국정부는 공식적인 조사를 실시하지 않을 수 없게 되었다. 영사 로저 케이스먼트(Roger Casement)의 「콩고보고서」("The Congo Report")가 1904년 출판되었으며, 영국과 유럽 대륙에서 콩고개혁연합(Congo Reform Association)이 결성되어 마침내 1908년 콩고자유국은 레오폴드 2세의 사적 소유지에서 벨기에 정부의 식민지로 넘어가게 되었다. 이러한 역사적인 사건에 콘래드의 중편 소설 『암흑의 심장』이 단초를 제공했다는 것은 문학이 현실 사회에 미칠 수 있는 영향력을 다시 한 번 생각하게 한다.

한편, 자신의 작품과 관계된 이러한 인도주의적 운동에 대하여 정작 콘래드는 마치 말로우가 "표면적인 진실"(*HD* 38)에 충실하고자 하는 것처럼 다소 모호한 입장을 취했다. 콩고 조사 임무를 수행한 케이스먼트와 콘래드는 1890년 콩고에서 우연히 만난 적이 있는 사이로 케이스먼트가 콩고개혁운동을 위해 콘래드를 찾아갔을 때 콘래드는 개혁운동을 지지하면서도 적극적인 참여는 원하지 않았다.[8] 콘래드의 이러한 태도는 폴란드의 혁명운동에 대한 그의 생각과 같이 과격한 사회

운동에 대하여 지지와 부정의 입장을 동시에 취하는 양가성을 드러낸다. 이는 스코틀랜드 출신 커닝햄 그라함(R. B. Cunninghame Graham)과 콘래드의 관계에서도 잘 나타난다. 1885년 영국 총선에서 국제사회주의연합(International Socialist Association)이 득세했을 때 콘래드는 일기에서 "대륙의 뒷골목에서 태어난 끔찍한 교리들의 압력을 막을 유일한 장벽은 영국이었다. 이제 아무도 없다. [⋯] 사회주의는 반드시 필연적으로 전제주의(Caesarism)로 귀결된다. [⋯] 바보 같은 전 인간의 무리는 제멋대로인 악당들과 일부 진실한, 그러나 위험한, 미치광이들이 하라는 대로 그 방향으로 가고 있다"(Conrad, *CL* I 17)고 통탄했다. 그리고 1886년 영국의회 사상 최초의 사회주의자 의원으로 선출되어 급진적인 사회주의 운동을 펼쳐온 그라함이 1897년 콘래드에게 편지를 보내왔을 때 콘래드는 "당신은 가장 가망이 없는 이상주의자입니다. [⋯] 당신이 위험한 존재인 것은 당신의 갈망이 이루어질지도 모른다는 보증할 수 없는 믿음을 가지고 있기 때문입니다"(Conrad, *Joseph Conrad's Letters* 56)라고 그라함의 이상주의에 대하여 부정적인 반응의 답장을 보냈다. 그러나 콘래드가 자신이 "진실한, 그러나 위험한, 미치광이"라고 칭한 부류의 사람인 그라함과 평생의 친분을 유지하며 가깝게 지냈다는 것은 그의 작품의 양가성 만큼이나 역설적이라고 할 수 있다.

2. 콘래드의 양가성: 제국주의와 인종주의

『암흑의 심장』에서 두드러지게 드러나는 양가성은 콘래드의 회의주의적인 세계관과 관련이 있다. 이는 그라함에게 보낸 위의 편지에서 이 세계를 "쇳조각 더미에서 스스로 진화한" "편물기"(knitting machine)에 비유한 콘래드의 "엄격하게 과학적"인 설명에서 잘 드러난다(*Joseph Conrad's Letters* 56).

> 나는 이 기계가 수를 놓아야 한다고 생각합니다. 그러나 기계는 계속 짜나갑니다. 당신이 와서 말합니다. "괜찮습니다. 제대로 된 기름만 찾으면 됩니다. 이 기름, (예를 들어) 천상의 기름을 써봅시다. 그러면 이 기계가 자색과 금색의 가장 아름다운 수를 놓을 것입니다." 그럴까요? 아-, 아닙니다. 어떤 특별한 윤활유를 사용해도 편물기로 수를 놓을 수는 없습니다. […] 최후로 비통한 것은 당신이 이 기계를 깨 부술 수조차 없을 것 같다는 것입니다. […] 이 기계는 우리를 들여 짜기도 하고 내어 짜기도 합니다. 이 기계는 시간과 공간, 고통, 죽음, 부패, 절망 그리고 모든 환상을 짜왔으며 아무 것도 문제가 되지 않습니다. 그렇지만 이 무자비한 과정을 지켜보는 것이 때로는 재미있다는 것을 인정하겠습니다. (56–57)

세상을 "무자비하게" 짜 나아가는 "편물기"에 비유한 콘래드의 태도는 모든 종류의 개혁에 대해서 그가 부정적임을 드러낸다. 한편, 『암흑의 심장』을 포함한 그의 여러 작품에서 "소극"(farce, *HD* 17) 혹은 "비극적 소극"이라는 표현이 종종 등장하는 것과 같이, 인간의 노력과 무관하게 역사가 짜여가는 것을 바라보는 것이 "때로는 재미있다"고 하는 것은 그의 관점이 비관적이라기보다는 회의적이라는 것을 알 수 있다. 즉 인간의 끊임없는 시도에도 불구하고 역사는 인간의 의도와 무관하게 만들어지지만, 그러한 부조화가 재미있게 느껴질 수도 있다는 것은 그럼에도 불구하고 노력의 필요성 혹은 당연성을 인정한다는 의미로 볼 수 있기 때문이다.

이러한 맥락에서 볼 때, 콘래드의 작품에서 제국주의나 문명화 사업 혹은 인간의 숭고한 의도의 발현에 대한 그의 서사는 그 가치를 높이 평가하는 관점과 그러한 의도는 인간의 본질적인 약점에 의해 필연적으로 실패에 이르게 된다는 관점을 동시에 전개하는 양가성을 보인다. 이는 커츠가 숨을 거두기 직전 "어떤 모습"을 향해 "무서워! 무서워!" (*HD* 68)라고 속삭이듯 외친 것이 커츠가 자신의 행위에 대하여 내린 최후의 심판이며 "솔직함"과 "신념"(69)의 표현이고 "도덕적 승리"(70)라고 말로우가 말하면서 커츠는 "비범한 사람이었다"(69)고 인정하는 데서 잘 나타난다. 커츠 혹은 그가 대변하는 유럽제국의 문명화 사업은 그 필연적인 타락상에도 불구하고 본질적으로는 하나의 신념의 발로임을 보여주는 것이다. 이러한 이유로 말로우는 커츠의 약혼녀에게 커츠가 마지막으로 한 말은 "당신의 이름"(75)이었다고 거짓을 전하며, 진실이라는 "지옥과 같은" "어둠"을 막기 위해 이상에 대한 "신념"이라는 "어둠 속에서 천상의 광채로 빛나는 위대한 구원의 환상"(74)을 유지시킨다. 콘래드의 작품에서는 이와 같이 신념이나 빛나는 환상이라는 개념이 암울한 현실 혹은 진실과 대비되어 반복적으로 사용된다. 특히 『암흑의 심장』에서는 유럽 문명의 상징으로서 "연민과 과학과 진보의 사신"(28), 즉 "빛의 사신"(15)인 커츠의 이미지가 결국 "꿰뚫을 수 없는 암흑의 심장으로부터 흘러나오는 거짓된 한 줄기의 빛"(48)으로 드러남으로써 문명화의 양면성이 부각된다. 유럽 식민지 회사의 "일류 직원"(22)인 커츠의 상아 수집은 원주민과의 건전한 교역을 통한 문명화라는 신념에서 비롯되었을지라도 그 현실은 "저 야만인들을 모두 몰살하라!"(51)라는 그의 글귀에서처럼 원주민 약탈과 학살로 나타난다는 어두운 진실을 동시에 보여주는 것이다.

문명화를 내세운 유럽 제국주의의 양면성 혹은 그에 대한 콘래드의 양가성은 단순히 작가가 영국에 귀화한 유럽 제국의 주변인이기 때문이라거나 말로우와 같은 작품의 화자가 유럽 제국의 문명화 사업에 회의적인 영국인이기 때문에 나타나는 일종의 모더니즘 소설의 특성이라고 할 수만은 없다. 콘래드의 양가성은 앞서 언급했듯이 러시아라는 동구(동유럽 혹은 서유럽을 제외한 지역) 제국의 식민지이면서 서구(서유럽)의 전통을 따르는 폴란드 출신 작가로서의 특성이라는 보다 본질적인 문제와 관련이 있다. 콘래드의 작품이 주로 서구 제국의 지배를 받는 동구 식민지에 대해 다룬다면, 그의 조국 폴란드는 동구 제국의 지배하에 있는 서구 식민지라는 역전된 상황에 놓여있기 때문에, 서구 제국주의에 대한 콘래드의 태도는 양가적이 되지 않을 수 없다. 폴란드에서 콘래드가 속한 계층인 귀족 슐라흐따는 서구의 전통을 중시하여 자유민주주의적 이상을 추구하였으나, 이는 폴란드 민족이 러시아인과 같은 슬라브족이며 또한 폴란드가 러시아와 같이 평민의 완전한 예속에 기반을 둔 전제주의 체제라는 현실과는 큰 괴리가 있었다. 이러한 동구적 현실을 외면한 채 서구 민주주의적 이상을 극단적으로 추구한 슐라흐따는 결국 폴란드가 주변 전제국가들에 의해 강제 분할 당하는 수모를 겪게 하고, 개인적으로는 혁명가였던 콘래드의 아버지와 어머니를 죽음에 이르게 했다고 할 수 있다. 따라서 콘래드의 작품에 나타나는 양가성은 동구 제국의 식민지이면서 "서구주의의 전초기지"(Conrad, *NLL* 137)로서의 폴란드 혹은 극단적으로 이상을 추구하여 자멸에 이른 슐라흐따에 대하여 그가 가진 공감과 비판이 공존하는 이중적 태도에 기인한다. 어쩌면, 말로우가 "내 자신에게 그—그—커츠—커츠의 유령에 대해서 설명을 하려하고 있다"(*HD* 50)고 말하는 것처럼, 콘래드의 작품은, 낭만주의적 폴란드를 스스로에게 설명하고자 하는 노력의 산물이라고 할 수 있다. 다시 말하면, 보르네오의 유일한 백인(서구인)에 대한 최초의 작품 「올마이어의 어리석음」에서부터 동남아시아, 아프리카, 남미 등을 배경으로 문명과 동떨어진 동구적 식민지에 고립된 이상주의적 서구인을 주제로 하는 다른 모든 콘래드의 작품은 러시아령 폴란드에 대한 서사로 읽을 수 있다는 것이다.

폴란드의 동구적 현실과 서구적 이상의 갈등은 『암흑의 심장』에서 아프리카 식민지 현실과 유럽 제국주의 이상의 대립으로 나타나며, 이는 "완벽한 동물"이었던 선원 콘래드를 작가로 다시 태어나게 할 만큼 강렬한 경험으로서, 이 작품에서 서사적 양가성은 다른 작품에서보다 훨씬 심화된다. 식민지 사업과 관련된 일에 종사하고 있는 동료들에게 아프리카의 경험을 이야기하는 말로우의 서사는 서구 제국주의의 문명화 사업이 "고귀하고 정의로운 절차라는 위대한 대의"(*HD* 19)이며, 유럽의 회사에서 보낸 커츠와 같은 "도덕적인 사람들"(28)이 "교역의 장소이면서 드한 인도적인 삶과 개선과 가르침을 위한 센터"인 아프리카의 모든 "사무소"(station)에서(34) 이러한 문명화 사업을 수행하고 있다는 제국주의를 옹호하는 서사로 요약될 수 있다. 이는 특히 커츠의 약혼녀에게 커츠의 진실을 밝히지 않음으로써 더욱 강화되어 나타난다. 그러나 다른 한편으로는, 말로우의 이야기를 듣고 있는 동료들과 그 중 하나인 화자의 존재에 의해 커츠와 식민지 사업의 진실이 드러나기 때문에 말로우의 서사는 제국주의에 대한 옹호가 아닌 비판으로 볼 수 있다. 뿐만 아니라, 아프리카에서 소형 증기선의 선장직을 맡기 위해 찾아간 유럽의 회사에 대하여 말로우는 그 회사가 결코 숭고한 이상의 발원지라고 믿기는 어려울 정도로 암울하게 묘사한다. "회칠한 무덤"을 연상시키는 도시에 거대하게 자리한 "회사"는 "해외 제국을 경영하며 교역으로 엄청난 돈을 벌기 위한" 곳으로 알려져 있다(13). 말로우는 회사의 "뭔가 불길한 분위기" 속에서 "어떤 음모에 가담하게 된 듯한" 느낌을 받으며, 대기실에 만난 두 여성—방문객을 안내하는 젊은 여성과 검정 털실로 "열병에 걸린 듯이" 뜨개질을 하는 나이든 여성—에 대해 마치 "암흑(Darkness)의 문"을 지키고 있는 것 같은 인상을 받는다(14). 말로우를 검진하는 의사는 "죽은 자들의 도시"에 자리한 것과 같이 적막한 집에 거주하며(14), 항상 아프리카로 떠나는 사람들의 "두개골"의 크기를 측정한다고 하면서, 말로우에게도 "영국인"이 찾아온 것은 처음이라며 가족력에 "광기"가 있는지를 묻는다(15). 이와 같이 제국주의에 대한 말로우의 태도는 옹호적인 요소뿐만이 아니라 비판적인 요소도 다분히 내포한다.

말로우의 서사가 양가적인 것은 유럽 회사와 연관된 죽음 혹은 암흑의 이미지가 제국주의에서 비롯되는 것인지 아니면 아프리카에서 비롯되는 것인지가 확실하지 않다는 데 있다. 말로우의 잠재적 "광기"를 의심하는 의사는 "무지한 수백만의 원주민들을 그들의 끔찍한 관습에서 벗어나게" 하고 또한 "수익을 위한"(*HD* 16) 인본주의적 제국주의 사업을 위해 아프리카로 떠난 "일꾼들"(Workers)(15)이 아무도 되돌아온 것을 본 적이 없다고 말하는데, 이것이 제국주의 사업의 탐욕이라는 어둠 때문인지 혹은 아프리카의 미개함이라는 어둠 때문인지가 모호하다는 것이다. 의사가 아프리카에서는 절대 "냉정을 유지해야 한다"고 "경고"하듯이(15), 말로우의 전임자인 선장 프레슬레븐(Fresleven) 역시 누구보다도 "온순하고 조용한" 사람이었으나 아프리카에 간 지 2년여 만에 원주민 촌장을 무자비하게 채찍질하다가 창에 찔려 죽었는데 이 사건의 발단은 "암탉 몇 마리" 때문이었다고 한다(12–13). 이 사건은 "최고의 사무소", 즉 상아를 가장 많이 보내오는 사무소로 알려진 강 상류의 "내륙 사무소"(Inner Station)의 소장이며(28) "어떤 도덕적 개념을 갖춘"(33) 커츠의 광기와 죽음을 예견하게 한다. 말로우는 인본주의적 제국주의를 상징하는 문명화 사업의 일꾼들이 아프리카 밀림의 "적막" 속에서, "그 신비로움, 그 거대함, 그 감춰진 생명의 놀라운 실재성"을 뼈저리게 느끼게 되는 정적 속에서(28), "실제로 느끼는 감정은 상아가 들어오게 되어있는, 그래서 수당을 받을 수 있는 자리에 임명되고자 하는 욕구 뿐"이며 그 밖의 모든 "박애주의 구실"은 "실제가 아닌" 것이 된다는 것을 깨닫는다(27). 황야의 "정적"이 제국주의의 박애주의 명분을 비현실적이 되게 하는 것은 그 정적이 "평화로움"의 의미가 아닌 "어떤 불가해한 의도를 가진 완강한 힘의 정적"으로서 외부인을 향해 "보복적으로 바라보고 있다"(36)는 것이다.

이렇게 말로우의 서사는 유럽 문명으로부터 점점 더 멀리 떨어진 강 상류로의 여행으로 전개되면서 제국주의 사업의 비실제성 혹은 "꿈같은 느낌"(*HD* 30)이 강렬해지며, 동시에 커츠의 광기와 죽음으로 이어지는 "정적"의 의미도 좀 더 분명해진다. 상류로의 여정은 "마치 태초의 세계로 거슬러 올라가는 것 같은"(35), "아주 고요한" "암흑의 심장 속으로 점점 더 깊이 뚫고 들어가는"(37) 여정으로 묘사되며, 숲 사이에서 말로우의 일행을 향해 괴성을 지르고 광란의 몸짓을 하는 원주민을 보면서 말로우는 혼란에 휩싸인다.

> "우리는 족쇄가 채워진 정복된 괴물의 형태를 보는 데 익숙해 있었지요. 그러나 거기—거기에서 어떤 괴물 같은 자유로운 것을 볼 수 있었습니다. 그것은 이 세상의 것이 아니었고 그 사람들은. …아니 그들은 인간이 아닌 것이 아니었습니다. 그렇지요, 당신들도 알다시피, 그 것이 가장 끔찍했습니다—그들이 인간이 아닌 것이 아니라는 느낌 […] 그렇지만 당신이 전율을 느끼게 하는 것은 그들이—당신처럼—인간이라는 바로 그 생각, 당신이 이 사납고 격정적인 소란과

> 먼 친족관계에 있다는 그 생각이었습니다. 역겹지요. 맞아요, 충분히 역겹습니다. 그렇지만 당신이 진정한 남자라면 그 지독하게 솔직한 소음을 들으면서 당신 안에서 아주 희미하나마 어떤 반응을, 그 소리 속에 당신이—태고의 밤과는 아주 멀리 있는 당신이—이해할 수 있는 어떤 의미가 있다는 막연한 의심이 들었다는 것을 스스로 인정할 것입니다." (37–38)

광란하는 원주민을 "괴물 같고" "이 세상의 것이 아닌" 것이라고 묘사하면서 다른 한편으로는, 그럼에도 불구하고 그들이 "인간이 아닌 것이 아니라는 느낌"과 자신이 그들과 "먼 친족관계"에 있다는 생각에 말로우는 "전율을 느꼈다"고 한다.

위의 발췌문은 아체베가 위 내용을 포함한 더 긴 원문을 그대로 인용하며, 특히 원주민과 "먼 친족관계"라는 생각에 말로우가 "역겹다"고 표현한 것을 지적하며, 콘래드를 인종주의자라고 공격하여 잘 알려진 부분이다. 또한 아체베는, 말로우가 몇 달 동안 그의 조타수 노릇을 한 원주민이 강 상류의 원주민들이 던진 창에 맞아 죽어가면서 그에게 보인 "그 은밀하고 심오한 표정"에 대하여 "마지막 순간에 인정된 먼 친족관계에 대한 주장"(*HD* 51)과 같다고 표현한 것을 언급하며, 콘래드는 원주민과의 "*먼 친족관계*"가 아닌 원주민이 "그것을 *주장한다*"는 것에 대하여 우려한다고 비판하였다(Achebe 257). 그러나 이러한 아체베의 비판은 말로우를 통해 나타나는 콘래드의 양가성을 충분히 인식하지 못한 데서 비롯된 결과라고 할 수 있다. 먼저, 원주민의 인간성을 부정하는 것이라고 지적한 "역겹다"는 표현은 곧 바로 원주민들의 기이한 몸짓과 소리에 대하여 말로우가 "어떤 반응"을 느끼고 "이해할 수 있는" 것 같은 생각이 든다는 서사로 이어지며, 조타수의 "먼 친족관계에 대한 주장"이라는 문구도 그 친족관계가 "마지막 순간에 인정된" 것이라는 표현으로 한정되기 때문이다. 무엇보다도, 말로우는 그 광란의 소리에 담긴 의미가 그들도 자신과 같은 인간이라는 "진실—시간이라는 외투를 벗어버린 진실"(*HD* 38)이라는 것을 말하고 있기 때문이다. 이뿐만이 아니라, 내륙으로 들어가는 긴 항해 동안 계속되는 굶주림에도 불구하고 식인종으로 알려진 서른 명의 원주민 선원들이 고작 다섯 명의 백인 선원들을 공격하지 않는다는 사실에 대하여 말로우는 이들에게 "어떻게 자제심이 가능하다는 말인가?"(43)하고 놀라워하면서도 커츠는 "자제심이 없었다"(51)고 말함으로써 백인과 원주민에 대한 제국주의 담론이 잘못된 것임을 인정한다.

내륙 깊은 곳으로 커츠를 찾아가는 말로우의 서사는 원주민의 괴성과 같은 황야의 소리와 정적이 자신의 본능적 욕구에 귀를 기울이게 함으로써 백인도 원주민과 다르지 않다는 진실을 깨닫게 한다는 것을 보여준다. 그러나 동시에, 제국주의 담론의 근간인 인종적 우월의식을 뒤흔드는 이 위험한 진실에 대하여, 문명화의 일꾼들이 오로지 상아만을 갈구하듯이, 말로우 역시 배가 뒤집어지지 않도록 지켜보는 선장의 임무라는 "표면적인 진실"(*HD* 38)에 매달림으로써 그 진실을 외면하고자 한다. 커츠가 외부와 단절된 채 그를 따르는 원주민들과 지내면서 상아 수집 혹은 약탈에 전념해온 것도 황야의 적막함을 통해 직면하게 된 박애주의적 제국주의의 진실 혹은 그 허구성이라는 "내부적 진실"(36)을 거부하고자 하는 행위인 것이다. 제국주의의 진실이 아닌 허상에 대한 커츠의 신념은 결국 그가 뛰어난 언변의 "목소리"(48)에 불과한 "속은 텅 빈"(58) 존재라는 것을 드러내며, 허구적 우월의식에 근거한 제국주의 사업의 맹목적인 수행은 그의 원주민에 대한 잔인하고 탐욕적 행위로 이어진다.

> "황야는 […] 그를 받아들여서, 사랑하고, 안아주고, 그의 핏줄 속으로 들어가 그의 살을 먹었으며, 상상도 할 수 없는 어떤 사악한 가입 의식을 통해 그의 영혼을 황야의 영혼에 봉해버렸습니다. […] 그는 그 땅의 악마들 중에서 높은 자리를 차지하고 있었어요—말 그대로 […] 혼자라는 것에 의해—경찰이 없이 철저하게 혼자라는 것—적막하다는 것—철저하게 적막하여, 그 곳에서는 은밀히 여론을 일러주는 어떤 친절한 이웃의 경고의 목소리도 들릴 수 없다는 것에 의해서 말입니다." (49–50)

말로우는 "황야"의 삶에 빠져든 커츠가 그 곳은 어떠한 행위를 통제할 "경찰"이나 "여론"이 없는 "철저하게" "적막"한 곳이라는 사실, 자신이 "철저하게 혼자라는" 사실에 의해 원주민의 세계로 점점 더 깊이 들어가 그들이 경외하는 "악마"가 되었다는 것을 이야기한다. 제국주의적 문명화의 사신인 커츠가 원주민들이 "숭배하는"(56) 무시무시한 존재가 되었다는 것은 아이러니하게도 원주민을 백인과 같은 인간으로 인정하지 않는 제국주의 담론이 허구임을 보여준다. 말로우는 박애적 제국주의라는 명분은 커츠의 사무소 주위에 늘어선 "장대에 달린 머리들"(57), 소위 "반역자들"(58)의 머리가 조롱하는, "까맣고, 말라 있는, 움푹 꺼진 눈이 감긴 채" "미소 짓고 있는" 장대에 매달린 원주민들의 머리 안에서 벌어지는 "익살스러운 꿈"(57)과 같았다고 말한다.

그러나 말로우는 커츠가 원주민들에게 무서운 신적인 존재가 되었다는 것에 대해서도 양가적인 입장을 취한다. 그는 "커츠를 숭배"(*HD* 58)하는 떠돌이 러시아인이 커츠가 상아를 수집하고 약탈하는 행위로 인해 "너무나 고통" 받고 "이 모든 것을 증오"(56)했다고 한 말을 전하면서, 이 같은 커츠의 이미지는 제국주의의 위선이라기보다 제국주의에 대한 잘못된 신념을 보여준다는 서사를 펼친다. 말하자면, "미개 풍습 억제를 위한 국제 협회"에 보내는 커츠의 "모든 이타적 감성에 호소하는" 보고서 끝에 "분명히 훨씬 뒤에 불안정한 필체로 휘갈겨진" "저 야만인들을 모두 말살하라!"(51)는 문구는 문명화나 박애주의 의도와 위배되는 것이지만, 그 보고서의 "이타적"인 내용은 여전히 진실일 수 있다는 것이다. 마침내 말로우 일행이 커츠를 찾아 배로 데려왔을 때 "오래된 상아로 조각한 살아있는 죽음의 모습"(59) 같은 커츠는 거의 죽어가면서도 "아직 내 계획을 수행할 것입니다—난 돌아갈 것입니다"(61)라고 제국주의 사업에 대한 강한 집념을 보인다. 커츠는 실제로 다시 배를 빠져나가 밀림으로 돌아갔으며, 말로우는 그를 다시 찾아서 데려오는 과정이 사람이 아닌 "혼과의 몸부림"(65), "죽음과의 몸싸움"(69)이었다고 하면서, 커츠는 "원대한 계획들"(65)을 가지고 있었다고 한다. 즉, 커츠의 신념은 애초에 "옳은 곳"(50), 인도주의적 제국주의라는 데에 있었으나, 황야의 고독함 속에서 "자신의 내면을 들여다 본" "그의 혼이 미쳐버렸고"(65) 그래서 "더 많은 상아에 대한 욕구"가 "좀 더 물질적이지 않은 열망"(57)을 누르게 되고 결국 "온 하늘과 땅을 삼킬"(59) 것 같은 탐욕에 빠져 "자제도, 신념도, 두려움도 모르는"(66) "죽음"과 같은 존재가 되었다는 것이다. 그러나 말로우는 커츠가 "그러면서도 스스로와 맹목적으로 싸우고"(66) 있었으며 "무서워! 무서워!"(68)라는 그의 마지막 말은 결국 그 싸움이 "도덕적 승리"(70)로 끝난 것임을 의미한다고 말한다. 비록 커츠는 인간성의 "경계를 넘어가는" "마지막 걸음"(69)을 떼어 "꿰뚫을 수 없는 암흑"(68)의 바닥으로 떨어져 버렸지만, 마지막 순간에 그 행위에 대해 "무서워"라고 고백함으로써 인간성 혹은 인도주의에 대한 믿음이 회복되었음을 보여주었다는 것이다.

말로우는 제국주의의 실상을 보여주는 아프리카에서 목격한 여러

"악몽들 중에서" 커츠를 자신이 "선택한 악몽"(*HD* 64)이라고 하며 그는 "비범한 사람"이었다는 것을 "인정"(68)한다. 이처럼 제국주의의 사신인 커츠에 대한 본질적인 믿음은 말로우 또한 제국주의에 대하여 근본적으로 어느 정도 신념을 가지고 있다는 것을 보여준다. 그러나 말로우가 원주민이 백인과 다르지 않다는 "의혹"을 제시하거나 커츠를 "죽음"과 "암흑"의 이미지로 묘사하는 것은 제국주의 담론의 허구성을 드러낸다. 이러한 말로우의 태도는 작가 콘래드가 제국주의, 특히 영국적 제국주의에 대해서 가지고 있는 양가적 입장을 시사한다.

3. 콘래드의 영국/폴란드와 러시아: 서구와 동구

콘래드가 당시 러시아 제국의 식민지인 폴란드 출신이며 자신이 폴란드 사람이라는 것을 결코 잊지 않았다는 것을 상기하면, 그가 제국주의에 대해서 긍정적이었다고 기대하기는 어렵다. 그가 어려서부터 영국 문화와 문학을 접했고 결국 영국 시민으로 귀화하였지만 영국, 특히 19세기 후반의 영국이 세계 최대 규모의 제국으로 팽창하고 있었다는 사실은 그에게 충분한 갈등 요소가 되었을 것이다. 이러한 이유로 콘래드에게는 영국적 제국주의와 다른 유럽 강국의 제국주의를 구분하고자 하는 경향이 있었다고 할 수 있다. 『암흑의 심장』에서 말로우는 유럽의 "회사"에서 "온갖 무지개 색으로 표시된 [식민지] 지도"를 보며 영국의 식민지를 의미하는 "막대한 양의 붉은 색"에 대해 "그 곳에서는 어느 정도 진정한 일이 이루어진다는 것을 누구라도 알기 때문에 언제 봐도 보기 좋다"(*HD* 13)라고 생각한다. 또한 동남아시아를 배경으로 한 콘래드 소설에서도 유럽(대륙)인 교역업자는 주로 원주민을 착취하는 것으로 다루어지는 반면, 영국인은 선의의 교역을 행하는 혹은 적어도 행하고자 하는 인물로 묘사된다.『로드 짐』의 짐이나 '링가드(Lingard) 3부작'이라고 불리는「올마이어의 어리석음」,『군도의 추방자』,『구조』(*The Rescue*)의 링가드 선장과 같은 인물은 이러한 영국인 교역업자의 전형적인 인물로서 다른 부족에게 억압받는 원주민 부족의 보호자로 자칭하기까지 한다. 비록 이들이 예전에 악명 높은 해적(buccaneer)이었다거나 이들이 토산품의 독점적인 공납을 요구함으로써 원주민에게는 또 다른 압제자로 군림한다는 것이 암시될지라도, 영국인 식민지배자는 다른 유럽인에 비해 인도주의적인 의도를 가진 지배자로 묘사된다.

19세기 후반 영국의 제국주의는 그때까지 유럽인에게는 막혀있었던 중앙아프리카를 횡단함으로써 교역로를 개척한 선교사이며 탐험가인 데이빗 리빙스턴(David Livingston)이 주창한 기독교(Christianity), 상업(commerce), 문명(civilization)의 "3C"(Conradie 1), 즉 기독교와 상업을 통하여 원주민의 노예매매와 같은 미개한 관습을 근절하고 문명화한다는 박애주의적 제국주의를 표방하였다.『암흑의 심장』의 배경이 되는 콩고자유국의 수립도 벨기에의 레오폴드 2세가 자신의 개인적 이익을 위해 리빙스턴의 정신을 이용하여 영국을 비롯한 유럽 강국의 승인을 얻어낸 결과였다. 따라서 그 곳에서 말로우가 목격한 원주민에 대한 비인간적 "악몽"의 만행에 대해서는 콩고자유국을 감독할 의무가 있는 영국의 책임도 있었으며 그 사실이 말로우를 더욱 혼란스럽게 했다고 할 수 있다. 말로우는 아프리카에 대한 이야기를 시작하기 전에 영국도 문명화하기 전에 로마의 정복지였다는 것을 상기하며, "식민지배자"와 "정복자"(*HD* 10)를 구분한다.

"땅의 정복은 대체로 우리와 피부색이 다르거나 코가 약간 더 납작한 사람들에게서 땅을 빼앗는 것을 의미하며, 이를 너무 깊이 들여다보면 보기 좋은 일은 아니지요. 정복의 결함을 보완하는 것은 이상뿐입니다. 정복에 대한 이상, 감상적인 구실이 아닌 이상, 그리고 그 이상에 대한 이타적인 믿음—모셔두고 그 앞에 절을 하며, 제물을 바칠 수 있는 어떤 이상. …" (10)

말로우는 로마와 같이 "잔혹한 힘"으로만 정복하는 이들과 달리 영국은 "효율성"을 추구하는 식민지배자라는 것을 강조하며, 문명화라는 박애주의적 이상에 대한 신념을 가지고 그 이상을 실현하기 위한 "효율성에 헌신"(10)하는 영국의 식민주의를 유럽(대륙) 열강의 식민주의와 차별화한다. 이러한 관점에서 볼 때, 말로우가 아프리카에서 만난 다른 유럽인들과 달리 확고한 이상과 신념이 있었던 "커츠가 원래 영국에서 어느 정도 교육을 받았고" 그래서 제국주의적 이상에 대해서는 "옳은 곳에 공감하고 있었다"(50)고 말하는 것은 타락하기 전의 커츠를 영국적 제국주의의 상징적 존재로서 긍정적으로 묘사한다고 할 수 있다. 또한 커츠의 부모가 영국과 프랑스의 혈통이 섞여있고, "전 유럽이 커츠를 만드는데 기여"했으며, "미개 풍습 억제를 위한 국제 협회"에서 그에게 "협회의 미래 지침을 위한 보고서 작성"(50) 임무를 부여했다는 것은 커츠가 영국적 제국주의가 대표하는 인도주의적 서구 제국주의를 대변한다고 할 수 있다. 다시 말하면, 말로우가 커츠를 "비범한 사람"이라고 인정한 것은 단순히 그가 마지막에 자신의 행위의 "무서움"을 인식했기 때문이라기보다 그가 애초에 이를 인식할 만큼 강한 도덕적 이상과 신념을 가지고 있었기 때문이며, 또한 인본주의적 서구 제국주의는 이러한 윤리적 이상과 신념에 기초한다는 것을 암시한다.

이러한 측면에서 보면 작가 콘래드가 어느 정도 제국주의자라고 평할 수도 있지만, 그가 폴란드인이고 러시아 제국의 식민지 출신이라는 사실을 다시 상기하면, 콘래드가 제국주의에 대해 우호적일 수 있다고 보기는 어렵다. 콘래드는 세계 일차대전의 종식으로 폴란드가 독립된 후, 「분할의 범죄」(“The Crime of Partition”)라는 글에서, “러시아는 폴란드 공화국의 대부분을 합병함으로써 좀 더 문명국의 예의를 갖추게 되었고, 적어도 영토적으로는, 더 이상 아시아의 강국이 아니게 되었다. 러시아가 유럽에서 큰 역할을 하기 시작한 것은 오로지 폴란드 분할 이후였다”(*NLL* 115–16)고 말한다. 콘래드는 러시아가 “미개”(124)의 아시아(동구) 국가이며 폴란드라는 서구 문명국을 분할 합병함으로써 비로소 지리적으로나마 유럽에 속하게 되었다는 것을 강조한다. 이보다 앞서, 1905년 노일전쟁에서 러시아가 패한 후 저술한 「전제 정치와 전쟁」(“Autocracy and War”)에서는, 러시아 “전제 정치”는 그 안에 “매장된” 러시아인들을 “공기와 빛과 자신과 세상에 대한 모든 지식으로부터 차단”하는 “묘비”(86)라고 칭하며, “러시아 전제 정치의 어둠 속에서는 아무 것도 성장할 수 없다”(97)고 한다. 러시아는 “동구와 서구 사이에 입을 떡 벌리고 있는 깊은 틈”, “끝없는 심연”으로서, “모든 희망”과 “열망”과 “품격 있는 욕구”와 “구원의 속삭임”을 “삼켜버린”(100) 곳이며, 따라서 러시아에게 “상상할 수 있는 유일한 자기혁신은 자살”(101)이라고 선언한다. 러시아에 대한 이와 같이 어떠한 생명력도 희망도 없는 어둠의 “심연”으로서의 비유는 콘래드 작품에서 자신의 이상을 극단적으로 추구하는 주인공이 공통적으로 빠져드는 깊은 “어둠”에 대한 비유와 일치한다. 이는 콘래드의 이상적인 주인공이 낭만주의적 폴란드를 상징하며 그들이 빠져든 “어둠”은 전제주의 러시아를 의미한다는 것이다. 『암흑의 심장』에서 커츠가 “마지막 걸음”

을 떼어 "꿰뚫을 수 없는 암흑" 속으로의 "경계를 넘어가"(*HD* 68)버리듯이, 『로드 짐』에서 『파트나』(*Patna*) 호에서 뛰어내린 짐은 "어떤 우물, 영원한 깊은 구멍 속으로 뛰어든"(*LJ* 68) 것으로 묘사된다. 또한, 커츠가 궁극적으로 "비범한 사람"으로 인정되는 것처럼 자신의 이상 혹은 "꿈"을 끝까지 추구하는 짐도 "낭만적이지만 그럼에도 불구하고 진실한"(203) 인물이라고 서술된다. 이러한 콘래드의 주인공들은 모두 서구 문화의 기반이 되는 "도덕적"인 이상을 좇다가 "미개"한 러시아 제국의 손아귀로 떨어져버린 폴란드를 대변하며, 따라서 주인공이 처한 어둠 속의 아프리카나 동남아시아는 작품 속 실제로는 서구의 식민지이지만 상징적으로는 동구 러시아 제국을 의미한다는 역설적인 상황이 된다.

이러한 맥락에서 볼 때, 아프리카의 어둠에 빠진 커츠는 서구 식민 지배자라기 보다 동구 러시아의 전제 정치라는 무덤에 묻힌 폴란드를 상징하며, 말로우의 커츠에 대한 인정은 서구 제국주의라기보다 이상주의적 폴란드에 대한 뗄 수 없는 애착을 암시한다고 할 수 있다. 콘래드는 극단적으로 서구적인 이상을 추구하여 폴란드를 러시아의 식민 지배에 처하게 만든 슐라흐따에 대하여 "무서운" 커츠의 이미지를 통해 그들을 단죄하는 한편, 자신의 아버지를 포함한 그들의 "진실"함에 대해서는 드한 인정하지 않을 수 없는 것이다. 작품 속 서구의 경제적 식민지인 아프리카에 대해서도 폴란드와 같은 피식민지로서는 연민과 공감의 대상이 되지만, 아프리카가 커츠가 상징하는 폴란드가 묻혀있는 러시아를 상징한다고 하면 아프리카의 어둠은 공포와 동시에 경멸의 대상이 될 수 있다. 즉 말로우가 아프리카 원주민들에 대해 "먼 친족관계"라는 의혹이 들면서 그것이 "역겹다"고 말하는 것은 콘래드가 서구 문명을 추구해온 폴란드와 미개의 러시아가 같은 슬라브족으로서 같은 동구권에 속할지도 모른다는 의심에 대해 느끼는 역겨움으로 해석할 수 있는 것이다. 따라서 커츠와 원주민에 대한 말로우의 이중적 태도를 근거로 콘래드를 제국주의자, 혹은 적어도 영국 제국주의의 옹호자라고 비판하는 것은 영국이 콘래드의 모국인 폴란드가 추구한 서구문명의 가장 강력한 대변자였으며 그 폴란드는 동구 러시아 제국의 식민지였다는 콘래드의 모순된 상황에 대한 이해가 결여된 것이라고 할 것이다.

4. 인상주의적 모더니즘

동구 제국의 식민지배하에 있는 서구 문화권 폴란드 출신이라는 콘래드의 상황, 동구 식민지의 지배자적 입장에 있는 대부분의 당대 영문학 작가들의 경우와는 역전된 콘래드의 입장은 필연적으로 그를 모더니즘 문학의 선구자가 되게 하였다. 모더니즘 문학은 일상 세계에 대한 불확실성과 이질감을 특성으로 하며, 따라서 콘래드와 함께 대표적인 모더니스트 작가로 꼽히는 제임스 조이스(James Joyce), 버지니아 울프(Virginia Woolf), D. H. 로렌스(D. H. Lawrence)의 작품은 공통적으로 현실에 대한 불안과 회의를 주제로 하는데, 이는 이 작가들이 식민지 출신이거나 여성, 혹은 노동자 계층 출신으로서 영국의 기존 사회질서의 억압적인 상황에 좀 더 많이 노출되어 있었다는 사실과 관계가 있다. 러시아 전제주의의 억압에 처한 폴란드인으로서 서구 민주주의의 상징적 존재인 영국에 대해 옹호적일 수밖에 없는 콘래드의 경우, 그가 동남아시아나 아프리카와 같은 서구 제국의 식민지에서 목격한 잔혹한 실상에 대해, 마치 그의 화자 말로우와 같이, 그 의미를 정확히 이해하기 어려웠으며 더욱이 그 실상을 사실주의적인 작품으로 재현하는 것은 거의 불가능하게 여겨졌다고 할 수 있다. 따라서 인정할 수도 부정할 수도 없는 식민지의 현실을 독자에게 그대로 전달하기 위해, 화자의 해석을 거치지 않은 현상 그대로를 보여주기 위해 콘래드가 사용한 기법들이 그를 모더니즘 문학의 선구자가 되게 한 것이다.

콘래드는 모더니즘 문학의 특징인 의식의 흐름이나 서술자와 화자를 구분하는 액자구조의 서사 기법을 활용하면서 또한 당시 유행한 인상주의의 영향을 받아 이미지 묘사를 중시하였다. 세부적인 이미지의 축적을 통해 전체적인 의미를 이해하도록 하는 인상주의 기법은 화자가 확실히 이해하지 못한 경험에 대해 독자가 스스로 그 의미를 깨우칠 수 있도록 인상 혹은 이미지를 통해 그 경험을 묘사하는 것이다. 『암흑의 심장』 초반에 서술자는 말로우의 아프리카에서의 "결론을 내릴 수 없는 경험", 확실하게 이해할 수 없는 경험에 대한 이야기를 시작하기 전에 독자에게 다음과 같이 경고한다.

> 선원들의 이야기는 직접적이고 단순해서, 전체적인 의미는 깨뜨린 호도의 껍질 안에 있지요. 하지만 말로우는 전형적인 선원이 아니어서 (이야기를 장황하게 늘어놓는 경향을 제외한다면) 그에게 어떤 이야기의 의미는 호도 알맹이처럼 안에 있는 것이 아니라 밖에 있고, 꼭 뜨거운 빛이 뿌연 기운을 내뿜듯이 의미를 드러내는 이야기를 감싸고 있습니다. 달빛의 스펙트럼 빛으로 이따금씩 보이게 되는 그런 흐릿한 후광과 같이요. (*HD* 9)

말로우의 경험의 "의미"는 그 이야기 안이 아닌 밖에서 "흐릿한 후광"으로 드러나므로 그 "흐릿한" 이야기의 의미는 "후광"과 같은 이미지를 통해서 전달된다. 그가 『암흑의 심장』에서 늘어놓는 아프리카 경험 이야기도, 제목에서 드러나듯이, 저녁 무렵의 템즈 강에서 시작하여, 유럽의 회사, 아프리카, 그리고 다시 템즈에서 바라보는 밤하늘 아래 런던까지 실제와 상징적 어둠의 이미지로 둘러싸여 있다. 어떤 비평가가 지적하듯이, 작품의 처음 세 페이지에 걸쳐 "웅크리고 있는 어둠"(gloom brooding 7, 8)과 "음울한 어둠"(brooding gloom 7, 9)이라는 표현이 각각 두 번씩 사용되며, 마지막 페이지에서는 "너무 어두워요—전적으로 너무나 어두워요"라는 말로우의 마지막 말과 템즈의 물길이 "거대한 암흑의 심장 속으로 이어지는 것 같았다"(76)는 서술자의 서사로 끝난다.

이와 같이 콘래드는 불확실한 세계에 대한 경험의 의미를 전달하기 위해 경험의 이미지 묘사를 중시하였으며, 이는 그가 『나르시스호의 검둥이』의 「서문」에서 말하는 "예술가"의 "임무"와 연결된다. "예술가"는 "사상가나 과학자와 같이 진실을 추구"하지만 그들이 진실을 "개념"이나 "사실"(Conrad, "Preface" 145)로 표현하는 반면 예술가는 "감각을 통해 전달되는 인상"(146)으로 표현한다고 하며, 다음과 같이 예술가로서 자신의 "임무"를 밝힌다.

> 내가 이루고자 하는 임무는, 글의 힘을 빌려 독자에게 들리게, 느껴지게 하는 것이며, 무엇보다도, *보이게* 하는 것이다! 그뿐—더 이상 아니다. 그리고 그것이 전부이다! 내가 잘 해내면 […] 어쩌면 당신이 잊어버리고 요구하지 않았던 그 진실도 언뜻 볼 수 있을지 모른다. (147)

콘래드의 서사는 화자가 겪은 불확실한 의미의 경험을 화자가 받은 "인상" 혹은 이미지 그대로 독자에게 "*보이게*" 함으로써 독자가 이미 탐색하는 것조차 잊어버린 "진실"의 흔적을 발견하게 하고자 한다. 서구 문화라는 이상을 추구해온 폴란드 출신의 콘래드는 서구의 식민지에서 목격한 이해할 수 없는 잔혹한 상황에 대하여 그가 받은 인상을 통해 "진실"을 전달하고자 하였으며 그의 작품을 인상주의적 모더니즘 문학으로 평가받게 하였다.

III. 평가와 의의

1890년대부터 작품 활동을 해온 콘래드는 『암흑의 심장』을 포함한 그의 많은 작품이 주로 당시 서구의 경제적 식민지였던 세계의 오지를 배경으로 삼았다. 따라서 이러한 작품은 영국 근대 소설의 기원으로 간주되는 다니엘 드포(Daniel Defoe)의 『로빈슨 크루소』(*Robinson Crusoe*, 1719)로 시작하여 19세기 중후반 절정에 이른 제국주의적 모험소설의 맥을 잇는다고 할 수 있다. 특히 『암흑의 심장』에 대해서는, 콘래드의 강한 부정에도 불구하고, 당시 최고의 인기를 누린 모험소설 작가 H. R. 해거드(H. R. Haggard)의 영향을 받았다는 주장도 있다. 콘래드 작품의 제목이 해거드의 『그 여자』(*She*, 1886)에 나오는 문구 "그 암흑의 심장"(heart of the darkness, Haggard 206)에서 가져온 것이며, 커츠라는 인물이 외부와 단절된 아프리카 깊숙한 곳에서 절대적인 권력을 행사하는 주인공 "백인 여왕" 아이샤(Ayesha)를 모델로 한다는 것이다. 콘래드가 해거드의 작품에서 직접적인 영향을 받았는지의 여부와 별개로 『암흑의 심장』이 아프리카를 배경으로 한 모험소설로 분류될 수 있다는 것도 부정할 수 없다. 또한 『암흑의 심장』은 당대 유명한 또 다른 모험소설가 R. L. 스티븐슨(R. L. Stevenson)과 그의 양아들인 로이드 오스본(Lloyd Osbourne)의 공저인 중편 『썰물』(*The Ebb-Tide*, 1894)과도 관련성이 제기된다. 태평양의 한 작은 섬에서 기독교와 상업을 전파하는 영국 제국주의의 상징적 존재임을 주장하면서 실상은 원주민의 독재자로 군림하는 앳워터(Attwater)의 이미지는 극단적인 자기모순 속에 파멸하는 커츠의 모습과 연결된다는 것이다.

콘래드의 『암흑의 심장』이 해거드나 스티븐슨의 소설과 공통점이 있다는 것은 콘래드 작품이 모험소설의 특성이 있다는 것과 동시에, 제국주의 모험소설 작가로 알려진 해거드나 스티븐슨의 작품이 콘래드의 작품처럼 제국주의에 대해 어느 정도 양가적이라는 것을 의미한다. 이렇게 보면 R. M. 발렌타인(R. M. Ballantyne)의 『산호섬』(*The Coral Island*, 1858)이 19세기 제국주의 모험소설의 대표작으로서 대영제국의 청소년을 위한 교과서처럼 여겨질 만큼 영국 제국주의에 대하여 적극적으로 옹호적이라면, 해거드의 『그 여자』나 스티븐슨의 『썰물』 같은 19세기 후반의 모험소설은 상대적으로 회의적이라고 할 수 있다. 그리고 20세기 중반 윌리엄 골딩(William Golding)의 『파리 대왕』(*Lord of the Flies*, 1954)에서 태평양의 한 무인도에 불시착한 영국 소년들의 이야기가 상징하는 제국주의 모험은 "인간 마음의 어둠"(darkness of man's heart, Golding 182) 속으로의 모험으로 드러난다. 골딩은 『산호섬』의 세 주인공의 이름을 『파리 대왕』에서 그대로 차용하여 발렌타인의 제국주의적 모험소설을 다시쓰기 하면서 그 실상을 보여주고자 한 것이다. 이러한 맥락에서 콘래드의 『암흑의 심장』은 모더니즘의 선구적인 작품이면서 또한 해거드와 스티븐슨의 후기 작품과 골딩을 연결하는 가교적인 모험소설이라고 평가될 수 있다.

Endnotes

1 폴란드는 18세기 말 주변 강대국인 러시아, 프러시아, 오스트리아에 의해 3차에 걸쳐 분할되었으며, 콘래드가 태어난 지역은 러시아의 지배하에 놓이게 되었다. 폴란드의 분할은 급진적 민주주의를 표방하던 폴란드의 지배층 슐라흐따의 이상주의가 한 몫을 했는데, 16세기에 이미 자유주의적 공화국을 수립한 폴란드는 슐라흐따 개개인의 법적인 평등과 '무제한 거부권'(liberum veto)의 보장으로 인해 폴란드 전체가 무정부상태에 빠지게 되는 일이 잦았다. 이는 주변의 전제국가들에게 불안요소로 작용하였고, 결국 프랑스 혁명으로 유럽이 어수선한 틈을 타서 주변 강대국에 의해 강제 분할당하는 운명에 처해졌던 것이다.

2 당시 한 비평가는 "지금까지 어떤 소설가도 다루지 않았던 지역인 보르네오"를 "조지프 콘래드가 [영국문학에] 합병하였다"고 했으며, 또 다른 비평가는 콘래드를 "말레이 제도의 키플링(Kipling)"이라고 칭했다. Norman Sherry 50–51, 61에서 재인용.

3 가넷에게 보낸 편지에서 콘래드는 "당신은 내가 슬라브인(Slav)이라는 사실은 결코 잊지 않지만 내가 폴란드인(Pole)이라는 것은 잊고 있는 것 같습니다"(Jean–Aubry 59)라고 하면서 러시아와 폴란드는 다르다는 것을 강조한다.

4 예를 들어 윌리엄 골딩(William Golding)의 무인도에 고립된 영국 소년들의 변화 과정을 보여주는 『파리 대왕』(*Lord of the Flies,* 1954)은 골딩이 『암흑의 심장』을 읽지 않았다고 밝힐지라도 여러 학자들에 의해 비교 연구되어왔다.

5 「텅 빈 사람들」의 서두에 커츠가 죽었다는 원주민 소년의 전언을 인용한 것은 엘리엇 시의 특성상 다중의 의미가 있을 것이나 그 하나는 커츠의 본능적 욕구를 일깨우는 "[황야의 속삭임은] 그가 속이 텅 비어있었기 때문에 그의 내부에 크게 울려 퍼졌다"(*HD* 57–58)라는 말로우의 서술에 근거한다.

6 나이지리아 출신 작가이며 비평가인 아체베는 「아프리카의 이미지」("An Image of Africa: Racism in Conrad's *Heart of Darkness*" 1979)에서 콘래드를 "철저한 인종주의자"(257)라고 비판하였다.

7 1885년 베를린 회담은 벨기에의 왕 레오폴드 2세가 주관한 것으로, 인도주의적 문명화라는 명분하에 중앙아프리카에서 유럽 열강이 관세 없이 자유롭게 상업 활동을 하도록 보장하는 콩고자유국의 수립과 자신이 이에 대한 관리를 책임지는 것에 대한 열강의 승인을 얻었다.

8 케이스먼트는 원래 아일랜드 출신으로서 일찍이 아프리카로 건너가 여러 가지 일을 하던 중 1891년에 영사임무를 맡게 되었다. 1890년 콩고에서 콘래드를 만나 그의 거처에서 하룻밤을 보낸 적이 있었는데, 당시 20대 청년이었던 케이스

먼트에게 콘래드는 특별한 인상을 받지 못했다고 전해진다. 그러나 콘래드가 콩고의 경험을 통해 작가로 다시 태어났다면, 케이스먼트는 콩고 조사를 통해 아일랜드의 독립운동가로 다시 태어나게 되는데, 당시 일기에서 그는 아프리카의 원주민을 바라보는 자신의 시선이 "다른 인종의 눈"(the eyes of another race, Mitchell 41에서 재인용), 즉 영국의 식민지 아일랜드 사람의 시선이라는 것을 깨달았다고 기록한다. 케이스먼트는 이후 아마존에서 영국식민지회사와 관련된 비인도주의적 행위에 대한 조사 임무를 수행하였으며, 이로 인해 영국 내에서 더욱 불편한 존재가 되었고, 1916년 아일랜드의 '부활절 봉기'(Easter Rising)의 배후로 체포되었을 때 국제적인 인도주의자로서의 그의 명성에도 불구하고 급히 처형되었다. 이 때 케이스먼트의 사면을 위해 많은 사람들이 탄원서에 서명하였으나 콘래드는 동참하지 않았다.

인용문헌

Achebe, Chinua. "An Image of Africa: Racism in Conrad's *Heart of Darkness*." *Heart of Darkness*. Ed. Robert Kimbrough. 3rd ed. New York: Norton, 1988. 251–62.

Conrad, Joseph. *The Collected Letters of Joseph Conrad* I 1861–1897. [*CL* I] Ed. Frederick R. Karl and Laurence Davies. Cambridge: Cambridge UP, 1969. 1983.

______. *Heart of Darkness*. [*HD*] Ed. Robert Kimbrough. 3rd ed. New York: Norton, 1988.

______. *Joseph Conrad's Letters to R. B. Cunninghame Graham*. Ed. C. T. Watts. Cambridge: At The UP, 1969.

______. *Letters from Joseph Conrad 1895–1924*. Ed. and Introd. Edward Garnett. New York: Charter, 1962.

______. *Lord Jim*. [*LJ*] Ed. Thomas C. Moser. New York: Norton, 1968.

______. *Notes on Life and Letters*. [*NLL*] New York: Doubleday, 1924.

______. *A Personal Record*. [*PR*] Afterword by Albert J. Guerard. Marlboro: Marlboro, 1988.

______. "Preface to *The Nigger of the 'Narcissus*.'" *The Nigger of the* "*Narcissus*." Ed. Robert Kimbrough. New York: Norton, 1979. 145–47.

Conradie, Sas. "David Livingstone's Vision Revisited—Christianity, Commerce and Civilisation in the 21st Century." *Evangelical Review of Theology* 37.2 (2013): 118–30.

Golding, William. *Lord of the Flies*. New York: Penguin, 1999.

Haggard, H. Rider. *She* in *Three Adventure Novels*. Mineola, NY: Dover, 1951. 1–238.

Jean-Aubrey, G. *Joseph Conrad: Life and Letters* II, Garden City: Doubleday, 1927.
Mitchell, Angus. Roger Casement. London: Haus, 2003.
Sherry, Norman. *Conrad's Eastern World*. Cambridge: Cambridge UP, 1966.

출처 : 이 글은 "Conrad's 'Undying Hope' of the Polish Nation: Western Ideal and Eastern Reality" (*Mosaic* 39권 2호 (2006): 1–18), "Deepening Colonial Anxieties in British Adventure Fiction: from *The Coral Island* to *Heart of Darkness* to *Lord of the Flies*"(『현대영미소설』 16권 1호 (2009): 191–214), "Science, Commerce, and Imperial Expansion in British Travel Literature: Hugh Clifford's and Joseph Conrad's Malay Fiction"(『영어영문학』 57권 6호 (2011): 1151–71), "The Crisis of British Imperialism in Southeast Asia: The (Mis)Representation of the Indigenous in Clifford and Conrad" (『영어영문학』 58권 6호 (2012): 1041–61), "Lost in Central Africa: the Englishmen in the Congo Writing of Stanley, Haggard, and Conrad"(『영미영문학』 110호 (2013): 37–64), "Romance with the Veiled East: Ayesha in *She* and the 'Eastern Bride' in *Lord Jim*"(『영어영문학』 63권 2호 (2017): 317–37) 등 저자의 여러 논문을 바탕으로 재구성하였다.

제임스 조이스와 『더블린 사람들』

남기헌

I. 작가와 작품세계

제임스 조이스(James Joyce)는 20세기 초반을 주도했던 문학사조인 모더니즘을 대표하는 작가이다. 아마도 윌리엄 셰익스피어(William Shakespeare)가 17세기를 압도했던 것처럼 조이스도 20세기 초의 문학을 압도하였고, 그 영향력은 계속 지속될 것이다. 조이스는 1882년 2월 2일에 당시에는 더블린 근교였던 브라이튼 광장 서부(Brighton Square West) 41번가에서 존 조이스(John Joyce)와 메리 굴드(Mary Gould) 사이의 장남으로 태어났다. 증조 할아버지와 할아버지의 이름을 따서 제임스 어거스틴 조이스(James Augustine Joyce)로 붙였으며, 그의 아버지는 1849년에 코크(Cork)에서 태어났다. 조이스는 어린 시절 아버지에 대해 반항했지만, 자신의 작품의 등장인물들의 대부분이 아버지에게서 나왔다고 한 말처럼 아버지는 그의 문학의 원천이라고 할 수 있다(*LI* 312). 조이스가 태어났을 때 집안은 비교적 중상류층에 속했지만 아버지의 연이은 사업 실패로 가세는 기울어 점점 더 빈민가인 더블린 중심으로 이사를 하게 되었다. 이러한 경제적 쇠락의 궤적 끝에 더블린이 있으며, 조이스가 아일랜드를 떠나서 유럽에서 유랑생활을 하는 동안에도 조이스의 관심은 항상 더블린을 향해 있었으며, 그의 작품 전체가 오직 더블린에 관한 것이라고 말해도 무방할 정도이다.

1904년 봄 조이스는 당시에 핀스 호텔(Finn's Hotel)에서 일하던, 골웨이(Galway) 출신의 18세 노라 바나클(Nora Barnacle)을 만나게 된다. 이쯤에 조이스는 과음, 끔찍한 위생문제, 그리고 절망으로 가득했던 삶에서 노라를 만나면서 그녀와 함께 아일랜드를 떠나는 꿈으로 그의 삶의 목표가 바뀌게 된다. 물론 당시에 그들의 도피는 쉬운 일은 아니었다. 왜냐하면 양 집안을 어렵게 만드는 것이었기 때문이다. 이러한 도피에 대한 열망은 『더블린 사람들』(*Dubliners*)에서도 작가에 대한 인습적 규제와 더불어 그가 벗어나고픈 환경과 조건을 반증하는 것이었다. 조이스에게 있어서 예술적 망명은 필연적인 것이며, 그의 예술정신을 이끌어 가는 원동력이기도 했다. 이러한 조이스는 10월에 노라와 함께 예술가로서의 망명을 떠나게 된다.

처음 도착한 폴라(Pola)에서 오스트리아가 스파이 조직을 발견하여 외국인들을 추방했기 때문에 1905년 3월 조이스는 트리에스테(Trieste)에 있는 벌리츠(Berlitz) 학교의 영어교사로 가게 되었다. 당시 트리에스테는 동, 서유럽의 특성을 두루 갖춘 분주한 항구도시로서 원래 이탈리아 영토였지만 당시에는 오스트리아 령이었기 때문에 종종 이탈리아인들에 의한 실지회복운동(irredentism)이 일어나는 곳이었다. 조이스는 전통적이지 않은 교육방법을 사용했지만 영어교사로서의 명성을 얻었다. 1907년에는 벌리츠를 그만두고, 파두아(Padua)에서 교사자격시험을 보기도 했지만 아일랜드에서 취득한 학위를 인정받지 못했다. 트리에스테에서 조이스는 아일랜드 문제에 대해서 강연을 하기도 했는데, 트리에스테가 오스트리아의 식민지였기 때문에 같은 처지의 아일랜드의 정치적 상황이 강연의 주제였다. 조이스는 아일랜드의 정치적 상황에 민감했으며, 나름대로의 정치적 견해를 가지고 있었다. 스스로를 사회주의자로 지칭한 바 있듯이, 그의 정치적 성향은 진보적이라고 볼 수 있다.

조이스를 모더니즘의 대표적 작가로 인정받게 해 준 작품은 1922년에 자신의 생일에 맞춰 프랑스 파리에서 출판된 『율리시스』(*Ulysses*)이다. 이미 『리틀 리뷰』(*The Little Review*)에 연재되었던 이 작품은 출판되자마자 미국 내에서는 음란물로 취급되어 판매금지를 당하게 되었고, 1933년 랜덤하우스(Random House) 출판사가 소송을 제기하여, 재판에서 판사 존 울시(Judge John M. Woolsey)의 결정에 의해 판금에서 해제됨으로써 비로소 출판이 허용되는 우여곡절을 겪었다. 그 이후 조이스는 남은 생애를 『피네간의 경야』(*Finnegans Wake*)에 몰두하여, 1939년 5월 4일에 출판하게 되었고, 그 이후 수많은 조이스 연구자들이나 대중들은 이 마지막 작품의 난해성을 이해하려고 노력하고 있는 중이다. 그 자신의 말처럼 작품의 난해성은 결국 작품의 영생을 담보하고 있다.

『더블린 사람들』은 『아이리쉬 홈스테드』(*Irish Homestead*)라는 농업 잡지의 편집인의 의뢰로 쓰여 진 첫 단편인 「자매들」("The Sisters")을 시작으로 다양한 주제의 단편들을 모아서 1914년에 모음집으로 출판되었다. 첫 출판 본에는 3–4–4–3의 구조로 어린 시절–청소년기–장년기–공적 생활의 네 부분으로 구성되었으나, 나중에 「죽은 자들」("The Dead")이 추가되어 비로소 현재의 구성으로 완성되었다. 조이스의 또 다른 작품인 『젊은 예술가의 초상』(*A Portrait of the Artist as a Young Man*)에 나타난 모더니즘의 특징 중 하나인 새로운 예술에 대한 추구를 많은 비평가와 학자들이 주목했지만, 『율리시스』 출판 이후에는 오히려 초기 단편 모음집에 등장하는 인물들이 『율리시스』에 재등장하면서 더 주목을 받게 되었다. 또한 『율리시스』가 처음에는 더블린에 사는 한 유태인의 이야기를 단편으로 다루려고 했다는 조이스의 언급이 이 단편 모음집을 더욱 주목하게 만든 계기였다. 왜냐하면 『율리시스』가 주인공 레오폴드 블룸(Leopold Bloom)이 등장하는 단편에서 진화했기 때문이다. 『더블린 사람들』이 조이스의 초기 작품이긴 하지만, 조이스의 작품 전체와 깊은 연관이 있기 때문에 이 작품을 빼 놓고 조이스를 논의할 수 없다. 또한 다른 작품에 비해서 『더블린 사람들』은 접근성이 좋고 난해함도 덜 해서 조이스를 이해하는 안내서의 역할을 하고 있다.

II. 『더블린 사람들』 읽기

1. '다정스럽고 더러운 더블린'(dear dirty Dublin)

조이스는 『더블린 사람들』에서 사실주의 혹은 자연주의적 전통에 맞는 서술을 기반으로 하면서도 새로운 시대의 변화인 모더니즘적 기법을 함께 사용하고 있다는 점에서 시대를 앞서 가는 작가이다. 조이스 작품의 주 무대인 더블린은 영국 제국에서 두 번째로 큰 도시이긴 하지만, 영국의 식민지 정책에 따라 산업화가 이루어진 도시는 오히려 북부지역의 벨파스트(Belfast)였기 때문에 경제적 활동이 미약한 편이었다. 경제적으로 낙후했던 더블린을 떠나 북부지역이나 영국의 공업지대로 경제활동을 하러 나간 부모들로 인해 결손 가정이 작품에도 많이 등장한다. 더구나 19세기 말 영국으로부터 독립을 추구하던 아일랜드의 민족주의자들은 찰스 스튜어트 파넬(Charles Stewart Parnell)이 주도하던 자치정책(Home Rule)이 개인적인 일로 좌초되면서 겪게 된 독립에 대한 열망의 좌절이 남긴 상처로 힘든 영국의 식민지 통치 시기였다는 점을 주목해야 한다. 역사적으로 아일랜드는 오랜 기간 영국제국의 지배를 받아왔다. 공식적으로는 1800년에 합방안(Act of Union)이 통과되어 영국의 지배가 시작되었지만, 실질적으로는 16

세기부터 영국의 귀족들이 아일랜드를 지배해왔고 그 후손들이 신교도 지배층(Protestant Ascendancy)을 형성했고, 대니얼 오코넬(Daniel O'Connell)이 주도했던 가톨릭 해방운동(Catholic Emancipation)이 성공하기 전까지는 종교적 박해도 심했다. 조이스는 작품 속에 수많은 역사적 사건들을 인유함으로써 영국의 식민지 지배를 비판하고 있기 때문에 조이스의 문학 더 나아가 아일랜드 문학을 이해하는데 역사적 배경은 매우 중요하다.

아일랜드를 이해하기 위해서 고려해야 할 또 다른 요소는 종교이다. 영국은 헨리 8세(Henry VIII)이후 영국국교회를 기반으로 하고 있지만, 아일랜드는 로마 가톨릭이라서 생기는 종파적 갈등이 민족주의와 결합되어 복잡한 양상을 보인다. 조이스의 게일어 선생이었으며, 1916년 부활절 봉기(Easter Rising)를 주도했던 인물들 중 한 명인 패트릭 피어스(Patrick Pearse)는 독립을 위한 희생은 '순교'라고 주장하여 종교와 결탁된 민족주의의 파괴력을 보여준 인물이었다. 1921년 영국으로부터 독립을 쟁취할 때까지 아일랜드는 독립을 추구하는 민족주의 운동이 지속되었고, 때로는 합법적인 방법으로 때로는 전투적 민족주의자들의 과격한 방법으로 끊임없이 아일랜드 사람들의 정신을 지배해왔다고 볼 수 있다. 모건 부인(Lady Morgan)이 처음 사용했다고 전해지는 '다정하고 더러운 더블린'(dear dirty Dublin)이라는 표현은 낙후되어 더러운 더블린에 대한 애정을 담고 있기 때문에 조이스의 자연주의적 묘사를 통한 더블린의 재현은 문학 속에서 영원성을 획득했다고 볼 수 있다.

2. '꼼꼼한 장난기' (scrupulous meanness)

조이스 스스로 자신이 사용하는 스타일을 '꼼꼼한 장난기 스타일'(a style of scrupulous meanness)이라고 말했지만, 대부분의 조이스 학자들은 그 애매성을 지적한다. 조이스는 더블린을 '마비의 중심'(the centre of paralysis)으로 파악하면서 자신이 대담한 사람이라는 확신을 갖고 있음을 언급했다. 조이스가 『더블린 사람들』의 내용이 가톨릭 사회에 대한 비판을 담고 있어서, 출판업자였던 그랜트 리차즈(Grant Richards)가 작품의 사실적 묘사로 인해 명예훼손으로 고소당할 수 있다는 우려에 대한 입장을 표현하며 출판을 거부했다. 조이스의 동생인 스태니슬라우스 조이스(Stanislaus Joyce)의 회고에 따르면, 조이스가 아일랜드 시인인 윌리엄 루니(William Rooney)의 서평에서 사용한 표현인 "세심하게 비열한"(studiously mean)의 변형이라고 봐야한다(204). 서평에서 조이스는 루니의 시가 너무 부주의하기 때문에 성취도가 낮다는 것을 지적하면서, "주의 깊은 글쓰기"(careful writing)가 필요하다고 강조한다. 하지만 그가 루니의 시에 대한 긍정적인 언급은 바로 "그러나 가히 세심하게 비열한"(yet so studiously mean)이라는 지적이라고 본다. 조이스가 말하길, "자신의 펜을 인도하는 정신이 내게는 너무 평범하게도 장난스러워서[mischievous] 더블린의 비평가들이 자신들 방식대로 하게 내버려 둘 준비가 되어 있다"(*SL* 70)고 했기 때문에 그의 꼼꼼한 글쓰기는 때로는 비판의 대상에게는 "비열한"(mean) 태도라고 볼 수도 있다.

첫 이야기인 「자매들」에서 가톨릭 신부의 죽음을 다루었다는 사실만으로도 가톨릭 사회에서는 충격적인 일이다. 여기에 종교적 억압으로부터의 해방에 대한 조이스의 간절한 열망이 묻어난다. 특히 작품에서 주인공 소년이 이해 못하는 세 단어들—마비(paralysis), 노먼(gnomon), 성직매매(simony)—은 주제와 기법 면에서 시사하는 바가 크다. 마비는 조이스 스스로 언급했듯이, 『더블린 사람들』의 총괄적 주제라고 볼 수 있다. 하지만 주의해야 할 점은 이 단어가 병리학적 용어라는 것이다. 마비는 증상(symptom)이며 병의 원인은 다양하다는 것을 함축한다. 다시 말해서, 비록 각 단편의 주제가 마비라고 하더라도 그 증상의 병리적 원인은 다양하다는 것을 의미한다. 병의 원인은 쉽게 드러나지 않기 때문에 증상만으로 파악할 수 없다는 점에서 조이스는 독자의 적극적 해석을 요구한다. 그런 면에서 두 번째 단어인 유클리드 기하학의 용어인 노먼은 중요하다. 노먼은 기하학에서 이등변 삼각형에서 같은 모양의 조각이 떨어져 나간 나머지 부분을 의미하며, 해시계에서 생기는 그림자를 의미하기도 한다. 이 모양을 해석에 적용하면, 독자에게 가시적으로 주어진 부분 말고 도형에서 떨어져 나간 부분처럼 작가가 말하지 않는 부분이 있다는 것을 알아야 한다. 독자는 노먼을 기반으로 말하지 않는 부분에 대한 탐구를 통해서 완성된 의미를 찾아야 한다는 것을 의미한다. 예를 들어 「가슴 아픈 사연」("A Painful Case")에서 주인공 더피(Duffy)가 인용한 구절이 철학자 니체(Nietzsche)가 한 말이라고 하지만, 이야기에 언급된 책이 아닌 다른 책에서 인용된 것이다. 이는 작품의 해석에 실마리를 제공하지만, 직접적인 단서가 아닌 경우가 많다는 사실이다. 세 번째 단어인 성직매매(simony)는 '성직매매'라는 가톨릭 역사에서 사용되었던 용어이긴 하지만, 조이스는 종교적인 맥락에서만 사용한 것은 아닌 것 같다. 영혼의 가치를 물질적으로 타락시키는 것을 조이스는 '사이머니'라는 단어의 포괄적 의미로 보고 있다. 민족주의적 관점에서 보면 영국의 식민주의에 편승하여 경제적 이득을 취하는 것이 '사이머니'라고 볼 수 있다. 조이스의 작품을 꼼꼼히 읽어야 하는 이유는 그가 숨겨 둔 실마리를 찾을 때 새로운 의미를 찾을 수 있는 일종의 발견의 기쁨을 느낄 수 있기 때문이다.

조이스 문학의 논의에서 빈번하게 사용되는 용어인 에피퍼니(epiphany)도 주목해야 한다. 이 개념을 "언어나 행동의 통속성 혹은 마음이 기억할 만한 구절의 갑작스런 영적인 각성"(Jackson and McGinley ix)이라고 조이스 스스로 규정한다. 다시 말하면 사소한 사건이나 행동이 주는 영적인 각성이기 때문에 두 가지 주목할 사항은 사소함(triviality)과 통속성(vulgarity)이다. 기독교 달력에서 에피퍼니(Epiphany)는 동방박사 3인이 베들레헴의 말구유에 누워 있는 어린 예수에게 경배를 하러 온 사건을 의미한다. 누추한 존재로 보이는 어린 예수가 신의 현현이라는 것을 알고 찾아 온 동방박사의 방문인 것이다. 조이스는 여기서 사소함에서 위대한 영적 각성을 하는 순간을 에피퍼니로 보고 있다. 하지만 각 단편의 마지막 순간을 무조건적으로 에피퍼니의 순간이라고 획일적으로 분석하는 것은 경계해야 할 접근 방식이다.

초판본의 마지막 세 단편들은 구조적으로 공적 생활(public life)에 관한 이야기들인데, 이는 정치, 문화, 종교의 영역에 해당된다는 점에 주목해서,『더블린 사람들』의 접근도 세 가지 측면에서 보고자 한다. 조이스는 정치, 문화, 종교 담론들이 개인의 삶에 작용하는 방식에 관심을 두었다. 이념적인 대의명분보다는 한 개인의 삶에 작용하는 이념적 장치들에 주목하기 때문에 '꼼꼼하게' 세부사항에 주목해서 보아야 한다.

3. 영국의 식민지 지배하의 아일랜드

역사적 시점이 명확한 이야기들을 중심으로 살펴보면 시간적 배경은 1890년대부터 1900년대 초반까지 임을 알 수 있다. 「애러비」("Araby")는 1894년 5월 14일(월)부터 19일(토)까지 더블린에서 열렸던 바자회를 소재로 한다. 저비스 병원(Jervis Street Hospital)을 위한 모금을 목적으로 한 바자회로서 공식 명칭은 'Grand Oriental Féte'였다. 유럽 사람들에게 동양은 신비로운 영역이었고, 그 신비함을 입힌 것은 흔히 '아라비안나이트'라고 불리는 『천일야화』(*A Thousand and One Nights*)였다. 동양의 신비를 간직한 듯한 이 바자회의 프로그램을 보면 낙타 행렬, 아라비아식 텐트 및 각종 공연으로 구성되어 있다. 「경주가 끝난 후」("After the Race")는 1903년 7월 2일에 개최되었던 고든 베넷 배(Gordon Bennett Cup) 자동차 경주대회가 소재이다. 조이스가 전년도 경기를 관람하고 스스로 특파원 역할을 하며 취재를 해서 경주대회에 관한 기사를 썼던 경험을 바탕으로 하고 있다. 「파넬 추모일의 위원회실」("Ivy Day in the Committee Room")에서는 1890년 파넬의 몰락 이후 11년 후의 추모일에 다음 해인 1903년 에드워드 7세의 아일랜드 방문에 관한 결정을 내리게 되는 시의회 의원 선거를 다루고 있다. 다른 단편들은 명확한 시점을 명시하지 않았지만 대략 비슷한 시기의 더블린의 모습이라고 보면 된다.

조이스가 그려 낸 더블린의 모습은 아일랜드 독립운동사에 비추어 암울한 시기였다. 1800년 합방 이전부터 아일랜드는 끊임없는 독립운동을 벌였다. 하지만 수많은 항거에도 불구하고 성공하지 못했던 암울한 상황에서 신교도 출신인 파넬이 신교도 지주인 보이콧(Boycott) 경의 과도한 착취에 대항하는 가톨릭 농민이 주도하는 농지개혁운동에서 큰 역할을 하면서 그 덕분에 국회의원에 당선되었고, 의회를 통한 합법적 독립을 쟁취하려는 포부를 나타냈다. 지금까지 독립 쟁취를 위한 아일랜드의 민족주의 운동은 전투적 민족주의(militant nationalism)라고 부를 수 있으며, 폭력적 투쟁을 통한 독립의 쟁취를 목표로 했다. 가장 극단적인 사건은 조이스가 태어난 해인 1882년에 일어난 피닉스공원 암살사건이다. 더블린에 있는 피닉스 공원에서 산책을 하던 신임총독과 부서기관이 '무적자들'(the Invincibles)이라는 비밀단체에 의해 암살당한 사건으로 관련자들은 체포되어 처형을 당했다. 이에 반하여 파넬은 독립을 위한 전 단계 조치로 의회에서 합법적으로 자치(Home Rule)를 이루려고 했고, 통과에 근접했던 법안은 1890년 파넬의 동거녀 캐서린 오쉐어(Catherine O'Shea)의 남편이 이혼소송을 제기함으로써 비밀 관계가 드러나며, 그동안 파넬이 신교도였지만 그의 정책을 지지하던 가톨릭 신부들이 돌아서면서 몰락의 길을 걷게 되었다. 파넬의 몰락은 오랫동안 염원했고 거의 이룰 수 있는 단계에 왔던 자치를 실패로 끝나게 만들었고, 조이스는 그로 인한 좌절의 아픔과 무기력함을 겪었던 시점을 『더블린 사람들』에서 다루고 있다.

우선 정치적 상황의 이해를 통해서 접근할 수 있는 단편을 살펴보자. 「경주가 끝난 후」는 조이스가 1903년 4월 7일자 『아이리쉬 타임즈』(*The Irish Times*)에 앙리 뿌르니에(Henri Fournier)라는 우승 후보를 기자회견한 기사를 토대로 쓰였다. 고든 베넷배 자동차 경주대회는 다음 개최를 각 회의 우승자(운전자가 아닌 차량의 생산국 기준)의 국가에서 개최하는 규칙이 있었다. 따라서 1902년 경기에서 영국 선수 에쥐(Edge)가 우승하여 영국이 개최할 권리를 갖게 되었지만, 아일랜드의 인구밀도를 고려하여 아일랜드에서 개최하는 것이 더 적합하다고 결정되어 국회에서 한시적 특별법까지 제정하여 경기를 아일랜드에서 개최하게 되었다(Jackson and McGinley 41). 이는 아일랜드가 영국의 제국 아래에 있는 식민지였기 때문에 교통 혼잡을 우려한 영국에서 더블린 근교에서 개최하기로 한 것이다. 환영인파의 묘사에서도 "감사하며 억압받은 자들"(the gratefully oppressed, *D*91)이라는 구절이 암시하듯이 영국 식민지배에 대한 이중적 태도를 엿 볼 수 있다. 빈센트 쳉(Vincent Cheng)은 이러한 상황을 "식민통치자의 가치들을 내면화"하고 있으며, 이는 곧 "더블린 사람들의 핵심에 놓여 있고, 조이스가 마비라고 부르는 영혼의 죽음과 침묵은 이것의 결과"라고 주장한다(105). 아일랜드 사람들은 제국의 일원으로 혜택을 받고 있지만, 실질적으로는 억압받고 있음을 드러내 보인다. 자동차 경주에 참여했던 지미 도일(Jimmy Doyle)의 아버지는 처음에는 파넬 지지자였지만, 정치적 변절을 통해서 자신의 억압자들에게 협조함으로써 더블린의 신문들이 그를 "상인왕"(a merchant prince, *D*35)이라고 표현할 정도로 부자가 되었다. 도일의 아버지처럼 변절자 혹은 영국제국의 협조자를 아일랜드에서는 '쇼닌'(shoneen)이라 부른다. 그는 축적된 부를 이용해 지미를 영국에 유학시켜 케임브리지 대학에서 세구엥(Seguoin)과 루드(Routh)를 만나게 되었다. 지미의 친구들이 모여서 벌이는 카드놀이도 단순한 오락거리가 아니라, 경제이익과 정치적 이해관계의 각축장이라도 볼 수 있다. 지미는 계속해서 돈을 잃어가면서 차용증을 남발했고, 영국인 친구인 루드가 승자가 된다. 영국인의 승리를 강조하며, 로버트 애담스(Robert Adams)는 이 카드게임을 심지어 "아일랜드 역사의 축소판"(a thumbnail sketch of Irish history)라고 보았다(103). 또한 마지막 순간에 헝가리 청년인 빌로나(Villona)가 외치는 말은 아더 그리피스(Arthur Griffith)의 저서 『헝가리 제국의 부활』(*The Resurrection of Hungary*)을 연상시킨다. 새벽이 밝아 오는 순간은 부활의 순간이며, 조이스는 그리피스가 아일랜드가 헝가리의 이원군주제(dual monarchy)를 취하는 것이 바람직하다고 주장한 것을 염두에 두었다고 볼 수 있다. 영국이 국왕제를 운영하듯이, 아일랜드도 국왕제를 도입해서 오스트리아의 지배하에 있던 헝가리처럼 자치를 전제로 한 이원군주제를 획득해야 한다고 주장한 것을 조이스는 긍정적으로 보고 있는 것이다. 조이스는 그리피스의 경제적 독립을 우선해야 한다는 주장에도 공감을 보였다.

「두 한량」("Two Gallants")에서 코리(Corley)의 아버지에 관한 언급은 지미의 경우와 마찬가지로 아일랜드의 식민지 상황과 밀접한 관계가 있다. 코리의 아버지가 경찰 경감이라 그런지 코리는 종종 사복경찰과 함께 걸어가는 모습이 목격되기도 한다. 식민지 하의 아일랜드 경찰의 특성을 이해하지 못한다면, 이런 장면의 의미를 놓칠 수 있다. 영국의 식민지 통치는 주둔군과 더불어 경찰의 무장화가 필수적이었다. 원래 아일랜드 경찰은 단순한 치안의 목적으로 창설되었지만, 1840년대 대기근에 의한 가톨릭 농민의 농지폭동(land agitation)이후 점차 준군사적 기구로 변모하였다. 더구나 끊임없이 반복되는 독립을 위한 혁명시도 이후 아일랜드의 식민통치강화를 위해 경찰은 월급상승, 처우개선, 은퇴 후 생활보장 등의 정책을 통해 중, 하층민 가톨릭들을 대상으로 포섭정책을 폄으로써 결국 아일랜드의 가톨릭 공동체의 균열을 가져왔다(O'Hegarty 401). 정규 경찰뿐만 아니라, 사복 경찰이나 정보원을 활용하여 감시의 체계를 확립시킴으로써, 식민지배의 중요한 기틀을 형성했다. 결과적으로 아일랜드의 많은 독립운동은 밀고자들에 의해 혁명 자체가 사전 발각되거나 무산되어 주동자들이 체포되는 경우가 많았다. 따라서 아일랜드에서 경찰은 제국의 협조자들에게는 지미의 아버지가 지배계층과의 접촉으로 이득을 보았던 것처럼 권력에 대한 욕망의 대상이며, 동시에 민족주의자들에게는 혐오대상인 탄압장치였다. 감시체계의 강화를 위해 존재하는 사복 경찰과의 친분은 아일랜드에서는 밀고자로서 의심받을 여지가 충분하다. 이러한 만연된 불신은 아일랜드를 분열시키는 원인이었다(Duffy 23). 두 사람이 킬데어 거리(Kildare Street)에서 만난 하프 연주자의 묘사에서도 식민지배의 상황을 엿 볼 수 있다. 어떤 클럽이라고만 언급하고 있지만, 킬데어 거리에 있는 클럽은 바로 킬데어 클럽(Kildare Club)이며, 이 클럽은 프로테스탄트 상류층만 다닐 수 있는 사교클럽이다. 이 앞에서 연주하는 악기인 하프는 아일랜드의 상징 중 하나이다. 하프의 지주대(pillar)의 장식이 반나신(半裸身)의 여성이며, 연주되고 있는 노래는 토마스 무어(Thomas Moore)의 「피오누엘라의 노래」("Song of Fionnuala")이다. 아일랜드의 전설에 따르면 피오누엘라는 바다의 신 리어(Lir)의 유일한 딸로서 마법의 저주에 빠져 백조의 모습으로 변하였고, 아일랜드에서 최초의 성찬식에서 "성체거양"(the elevation of the Host)을 알리는 종소리가 울릴 때까지 떠돌아 다녀야 하는 운명의 여인이다(Gifford 58–59). 그러므로 영국이 합방 이후 가톨릭 신앙을 박탈당한 아일랜드의 운명을 상징하고 있지만, 그 장소가 신교도 신사들의 사교 클럽 앞에서 돈을 갈구하는 연주자의 모습은 경제적, 정치적으로 영국제국주의에 의존할 수밖에 없는 아일랜드의 현실을 상징적으로 보여준다. 코리가 사귀는 하녀에게서 얻어 낸 금화(sovereign–군주의 형상이 새겨짐)를 보여줄 때 여기에 동참하는 레너헌(Lenehan)은 평범한 아일랜드의 청년 백수이며, 코리가 신교도 거주 지역에서 일하는 하녀에게 갈취한 돈은 영국의 식민지 지배가 낳은 이중적 착취구조를 의미한다.

「파넬 추모일의 위원회실」은 아일랜드 정치 상황을 잘 보여준다. 이야기의 설정은 파넬의 추모일인 담쟁이날(Ivy Day)에 치러지는 시의

원 선거운동원들이 위원회실에 모여서 나누는 이야기로 구성되어 있다. 조이스가 의도적으로 '위원회실'을 제목에 넣은 것은 파넬이 오쉐어 부인과의 성추문으로 위기에 몰렸을 때 영국국회 위원회실 15호에서 열린 파넬의 지도력에 대한 논의를 상정하고 있다. 이 결정에서 파넬은 당대표에서 물러나고, 결국 이듬해에 사망하고 만다. 파넬의 몰락은 오랫동안 추구해 온 평화적인 방식의 독립운동이 좌절되고 말았다는 것을 의미한다. 『더블린 사람들』에 드러나는 마비의 증상은 이러한 좌절감을 투영하는 것으로 볼 수 있다. 담쟁이의 꽃말은 파넬에 대한 추모를 의미하는 '지속적 기억'(enduring remembrance)이라는 점에서 더블린 시의원 선거의 결과는 다음 해에 일어나는 영국 국왕 에드워드 7세의 방문에 대한 논의와 역사적으로 연결이 된다. 따라서 조이스는 시의원 선거를 실제와는 다르게 파넬 추모일에 맞춰서 아일랜드의 정치적 상황을 극명하게 보여주고 있다. 또한 운동원들조차도 진보진영인 티어니(Tierney)를 위해 일하는 사람들과 원래는 보수진영 후보의 운동원들이 사퇴로 인해 보수진영에서 일하게 되는 모순적 상황으로 설정되어 있다. 여기에 대항하는 콜건(Colgan)은 노동계층을 대표하는 후보로서 조이스의 사회주의에 대한 편향성을 드러내는 인물이다. 물론 조이스를 사회주의자라고 부를 수는 없지만 적어도 노동계층에 대한 관심은 분명히 드러내고 있다. 자본과 노동의 문제를 등장인물들의 논쟁에서 드러내고 있는데, 헨치(Henchy)의 경우에는 영국국왕의 방문이 경제적 이득을 가져올 수 있기 때문에 찬성하는 입장을 보인다. 다른 진보진영 운동원들은 파넬에 대한 기억을 상기시키며 영국의 국왕의 방문에 대해 부정적이다. 실제로 1903년에 에드워드 7세가 방문했을 때 시의회는 환영행사를 부결하였지만, 시 외곽인 킹스타운(Kingstown)에서 성대히 거행했다는 점은 명목과 실리를 챙긴 시의

원들의 입장을 알 수가 있다. 보수진영 운동원이었던 인물들은 마지막에 조 하인스(Joe Hynes)가 낭송하는 파넬의 추모시에 대해서도 긍정도 부정도 아닌 애매한 태도를 보인다. 추모시는 조이스가 9세에 썼다는「힐리, 너마저도」("Etu tu, Healy")라는 시와 유사하며, 아버지가 아들의 재능을 자랑스러워해서 복사를 해서 친지들에게 주었다고 한다. 이 시는 로마의 시저(Caesar)를 배신한 브르투스(Brutus)를 빗대어 파넬의 오른 팔 격이었던 힐리가 위원회실 15호의 결정에서 반대표를 던졌다는 사실에 분개하는 내용으로 전해진다. 아일랜드의 역사에 점철된 배신의 주제는 조이스 작품에서도 지속적으로 변주되고 있다.

「죽은 자들」에서 가브리엘이 할아버지의 말인 조니(Johnny)에 대한 일화를 꺼내는데, 방앗간에서 일하던 말을 타고 산책을 나갔던 할아버지는 윌리엄 3세(William III)의 동상에 오자 말이 갑자기 빙빙 돌았다면서 웃는다. 이 일화에 등장하는 윌리엄 3세는 영국의 아일랜드 지배의 역사에 중요한 역할을 한 인물이다. 가톨릭교도인 제임스 2세가 즉위하자 영국국교회의 수장인 왕이 가톨릭교도가 될 수 없다고 주장하며, 네덜란드 귀족이었던 윌리엄 오렌지 공(William of Orange)이 군대를 이끌고 침공을 하여 제임스 2세를 몰아냈는데, 프랑스로 도망갔던 제임스 2세는 군사적 지원을 받기 위해서 아일랜드로 왔다. 이에 오렌지 공은 아일랜드를 침공하여 제임스 2세의 군대를 격퇴시키는데, 오그림(Aughrim)과 보인(Boyne)전투에서 승리함으로써 후에 윌리엄 3세로 즉위하며, 아일랜드의 신교도 지배가 실질적으로 시작되었다고 보면 된다. 이러한 윌리엄 3세 동상을 맴도는 무기력한 말의 행동은 진전 없는 아일랜드 독립운동의 상황을 상징한다고 볼 수 있다. 신교도 거주지역인 북부 얼스터(Ulster) 사람들을 '오렌지맨'(Orangeman)이라고 부르는 이유도 오렌지 공의 지지자이기 때문이다. 1921년 영국으로부터 독립할 때도 북부지역 신교도들은 영국이 일부로 남기를 원하여 내란이 일어났다. 결국 북부지역은 현재 북아일랜드로 남게 된 계기였다.

4. 가톨릭 사회와 가부장제도의 억압적 구조

아일랜드는 영국과는 달리 가톨릭이 중심이다. 아일랜드에서의 종파적 갈등의 역사적 뿌리는 매우 깊다. 1800년 합방이전부터 영국은 아일랜드를 식민지화했다. 영국의 식민지 지배는 1169년 노르만족의 침공까지 거슬러 올라간다. 아일랜드에 정착한 영국인들의 대부분이 이 시기로부터 기원된 것이며, 기술적으로 말하면 1536년에 종교개혁으로 아일랜드에 신교가 전파된 것이 결정적 계기였다. 16~17세기에 걸쳐서 신교도들이 정착하면서 농지가 가톨릭교도에서 신교도로 넘어가게 되었다. 올리버 크롬웰(Oliver Cromwell)이 17세기 중반에 자신의 병사에게 월급을 지급하거나 빚을 청산하기 위해서 아일랜드의 토지를 몰수하는 정책으로 완성되었다고 본다(Potts 4). 다시 말해서 크롬웰의 정착정책은 단순한 농장운영이 아니라, 신교도들의 부와 권력의 원천이 되었다는 점이다. 구교와 신교의 갈등은 단순히 교리적인 차원이 아니라, 정치, 경제적 권력의 문제와 연결된다. 아일랜드에서의 영국의 식민지 통치와 종파적 갈등이 본격화 된 것은 윌리엄 공과의 전쟁 이후였다. 전적으로 신교도로 구성된 아일랜드 국회가 제정한 규제법(penal laws)이라고 불리는 일련의 법안을 통해서 영국의 아일랜드 지배는 합법화되고 가속화되었다. 특히 이 법안에 따르면 가톨릭의 중요한 교리들을 거부하는 서약을 해야 국회, 법률, 군사의 중요한 관직에 오를 수 있는 상황이 되었다. 더구나 1695년에 실행된 교육법안은 가톨릭 교육을 원천봉쇄하는 조치라서 가톨릭교도이면서 고위관리가 되는 것은 불가능한 것이고, 이에 따라 종파적 갈등은 더 첨예화되었다(McManus 15). 1795년 신교도 오렌지 비밀집단들(Protestant Orange Lodges)이 결성되어 종파적 갈등은 정치적 이슈에서 더 충돌하게 되었다. 1798년에 일어난 울프 톤(Wolfe Tone)의 혁명은 이러한 갈등의 충돌을 극명하게 보여준 역사적 사건이며, 아일랜드 독립 운동 역사에 큰 전환점을 맞이하게 해주었다. 이에 대응하여 영국은 1800년에 합방안을 통과시켜, 아일랜드를 대영제국에 편입시켜 식민지 지배를 강화하게 되었다. 하지만 대니얼 오코넬(Daniel O'Connell)이 1829년 영국인들을 압박해서 얻어 낸 가톨릭 해방(Catholic Emancipation)이후 가톨릭은 토지개혁 법안 덕분에 부를 얻게 되었고, 공직도 시험을 통한 경쟁으로 진출할 수 있는 길이 열리긴 했지만, 종파적 갈등은 사회 곳곳에서 드러나곤 했다.

아일랜드인들이 가난에 허덕이게 된 결정적인 사건은 1845년에서 1848년 사이에 일어난 대기근이었다. 주식이었던 감자의 흉년으로 가격이 폭등한데다 영국의 수출품목에 대한 관세 정책으로 값싼 수입품을 들여 올 수도 없어서 아일랜드 인구의 3분의 1이 굶어 죽었으며, 많은 사람들이 미국이나 호주로 이민을 떠나게 되는 상황이었다. 역사가들은 단순한 감자의 흉작이 초래한 비극이 아니라 영국의 식민지에 대한 차별적 정책에서 기인한 것으로 본다. 또한 영국제국의 산업화 정책도 대부분 신교도들이 모여 사는 북부지역에만 집중 투자함으로써 상대적으로 아일랜드의 다른 지역은 낙후한 경제 구조를 가질 수밖에 없었다. 『더블린 사람들』에서 어린 시절을 다룬 단편들에서 보이는 가정을 보면 부모가 등장하지 않는 경우가 많은데, 이는 직업을 찾아 얼스터라는 북부지역이나 영국의 공업지대로 갔거나, 아예 이민을 가서 생긴 가족해체의 상황을 암시하고 있다. 또한 19세기 후반에는 신교 성경학교들이 신교 성경공부를 하는 조건으로 굶주린 아일랜드 어린이들을 구제하면서 개종운동을 벌였다. 이 당시의 개종 전쟁을 '수프전쟁'(souperism)이라고 부르며, 서로 음식을 제공하고 개종을 유도하는 경쟁이 치열했다. 대기근 이후 가난한 가톨릭교도를 대상으로 한 개종운동은 종파간의 갈등을 더 부추기는 상황이었다. 마리아가 일하는 '등불 밝힌 더블린'(Dublin by the Lamplight)이라는 세탁소도 신교도들이 운영하는 창녀들의 갱생소였다. 몸과 마음을 정화시킨다는 상징적 행위인 빨래를 통해서 새로운 삶을 살게 해주는 동시에 신교로의 개종을 유도하였다.

영국의 정치적 지배 속에서 종교적 권위 집단인 성직자들은 종교적인 문제에 대해서는 영국의 식민통치를 반대했지만, 정치적 관점에서는 사실상 묵인했다고 볼 수 있다. 이러한 미묘한 공생관계는 조이스가 인식한 아일랜드 사회의 마비를 조장한 세력이 바로 가톨릭이라고 보는 단초이다. 종교적 이념의 경직성은 두 가지 측면에서 아일랜드 여성을 억압하는 장치로 작용했다. 남성위주의 가부장적 제도는 기독교 이념에 의해 강화되었고, 이러한 상황 속에서 유지되어 왔던 가족 이데올로기는 아일랜드 여성의 마비를 초래한 것이다. 조이스는 빅토리아 시대의 가족 혹은 가정 이데올로기에 의해 유지되어 온 남성우월주의가 종교적 신념과 결탁하여 더 강력하게 작용하였다고 보았다.

첫 단편인 「자매들」에서 신부의 죽음을 소재로 했다는 사실만으로도 아일랜드 사회에서는 금기시될 수 있다는 점을 주목해야 한다. 특히 신부가 죽기 전에 이상한 행동을 보이며 성당 안 어두운 고해성사실에서 미친 듯한 모습으로 발견 된 것은 신부의 죽음의 원인을 암묵적으로 보여준다. 시동(侍童, altar boy)이 실수로 미사에 쓰이는 잔을 깨뜨렸을 때 플린 신부(Father Flynn)는 자신의 죄에 대한 인식이 시작된 것으로 보인다. 잔에 포도주가 담겨 있지도 않았고, 신부의 잘못도 아닌데도 불구하고, 그 사건 이후 플린 신부는 왜 전전긍긍했을까 의문을 갖게 된다. 더구나 주인공 소년의 꿈속에서도 신부가 거꾸로 소년에게 고해성사를 하려는 모습에서 알 수 있듯이, 신부가 저지른 죄는 성적인 것이라는 암시를 준다. 고해소는 신도들이 자신의 죄를 고백하는 장소이며, 동시에 유일하게 성담론이 거론되는 장소이기도 하다. 고해를 해 본 사람은 알겠지만, 고해의 마지막은 자신의 성적인 죄를 고백하게 된다. 이웃집 아저씨 코터(Cotter)씨가 주인공 소년이 있을 때는 말끝을 흐리는 것은 흔히 어른들이 어린애들 앞에서 미성년자가 들으면 안 되는 내용을 얘기할 때 하는 방식으로, 노먼을 적용하면 말하지 않은 부분은 성적인 언급임을 추측할 수 있다. 가톨릭 교리를 소년에게 가르쳐 주면서 치명적인 죄(fatal sin), 용서할 만한 죄(venial sin) 그리고 인간의 불완전함(imperfections)으로 구별 짓는다는 신부의 설명은 결국 자신의 죄에 대한 설명이 되어 버린 것이다. 고해소가 성적 담론의 소통 장소임을 확실히 보여주는 장면은 「하숙집」(“The Boarding House”)에서 찾을 수 있다. 밥 도런(Bob Doran)은 가톨릭 신자이기 때문에 자신과 폴리의 관계로 생긴 문제를 해소하기 위해서 고해성사를 하게 된다. 하지만 신부님은 도런과 폴리의 관계를 너무 자세하게 은밀한 내용까지 물어 봄으로써 자신의 죄가 더 크게 느껴져서 보상(reparation)이 필요하다는 압박을 받게 된다. 폴리가 거울에 자신의 옆모습을 비춰보는 장면에서 임신의 가능성을 암시해준다고 볼 때, 혼전 임신을 시킨 도런에게는 가톨릭 사회에서 결혼밖에는 해결 방법이 없는 것이다. 그가 상상하는 것처럼 하늘로 솟구쳐 사라져 버리는 길이 아니라면 말이다. 가톨릭은 교구제를 시행하기 때문에 아주 긴밀한 공동체를 형성하고 있어서 이웃들의 내부 사정을 잘 알 수 있었다. 한 지역에 사는 사람들은 같은 성당을 다녔고 이웃들이기 때문에 주변의 시선을 무시할 수 없었다. 도런은 특히 상사가 가톨릭 신자이기 때문에 성추문이 알려지면 직장을 잃을 수도 있다는 걱정을 하면서 무니(Mooney) 부인의 제안을 받아들일 수밖에 없음을 깨닫는다. 「에블린」(“Eveline”)에서 집 벽에 걸려 있는 「성녀 마가렛 메리 앨러코크에게 바치는 서약」(“Blessed Margaret Mary Alacoque”)은 가톨릭 사회에서 여성의 이중적 억압을 상징한다. 왜냐하면 이 성녀의 덕목은 근검과 헌신이라는 점에서 각 가정에 비치되어 있는 이 서약은 가톨릭 여성에게 강요되는 가치라고 볼 수 있다. 반면에 그 아래 놓여 있는 깨어진 풍금(harmonium)은 가정의 파괴를 상징하며 극명한 대조를 보여준다. 가부장제와 가톨릭 교리의 이중적 억압 장치는 여성들에게는 힘든 삶을 의미한다. 에블린이 기억하는 죽어가던 어머니가 외친 알아들을 수 없는 절규는 아일랜드 여성의 한을 극명하게 보여주는 예이다. 죽는 순간에 잠재되어 있던 게일어인 듯한 말을 통해서 그 뜻을 정확하게 해석할 수는 없어도 아일랜드 여성의 절규로 볼 수 있다. 정확한 게일어가 아니기 때문에 해석이 다양하지만, 상황적으로 볼 때 아일랜드 여성의 삶을 요약하는 절규로 이해해도 된다.

공적 생활의 한 축을 이루는 종교를 다룬 「은총」(“Grace”)에서 앞부분에서는 교황의 업적을 얘기하다가, 대화의 관심은 1870년 바티칸 교황청의 「교황의 무결점성」(“Papal Infallibility”)에 대한 칙령으로 옮겨진다. 교황은 신이 정해준 존재로서 결점이 없음을 강조하는 이 칙령은 교황의 결정에 무조건적으로 복종해야 한다는 것을 의미하기 때문에 신교의 비판의 단초를 제공하였다. 가톨릭의 한 종파이긴 하지만 진보적인 성향을 보였던 예수회(the Jesuits)의 영향을 받고 자란 조이스는 받아들일 수 없는 개념이었다. 당시에 건강보조식품으로 인기가 높던 보브릴(Bovril)이라는 제품 광고에 교황이 보브릴을 마시는 그림의 카피가 「두 개의 무결점 존재들. 교황과 보브릴」("The Two Infallibles. The Pope & Bovril")이었다. 가장 성스러운 존재인 교황이 상업적인 광고에 등장했다는 사실은 더 이상 가톨릭교회가 현실적 조건에서 벗어 날 수 없음을 보여주는 예이다. 보브릴이라는 상품이 오히려 교황의 위상과 동등한 자격을 얻었다는 것을 반증하는 것이기도 하다. 조이스는 이처럼 지금까지 분리되어 있던 영역들이 중첩되는 현상을 통해 혼종의 담론에 주목한 것 같다.

「죽은 자들」에서도 줄리아 모컨(Julia Morkan)이 성가대에서 열심히 일했는데, 어느 날 교황의 칙령에 의해 쫓겨난 상황을 언급한다. 이는 여성이 교회에서 목소리를 내지 말아야 한다는 성경 구절을 과도하게 해석함으로써 성가대에서 여성을 배제하는 조치를 내린 것이다. 4부 합창인 성가곡을 부르기 위해서는 소프라노 목소리를 낼 수 있는 어린 소년들이 대신할 수밖에 없었다. 이러한 조치는 후에 거세한 남자들(castrato)이 성가를 부르는 상황에 이르게 되었다는 점을 놓치지 말아야 한다. 또한 신교도인 브라운(Browne)씨가 가톨릭 신부들이 묵언 수행을 하고, 새벽 2시에 일어나고, 관 속에서 자는 걸 이해할 수 없다고 하자, 가톨릭의 규칙이라고만 답변한다. 종파적 갈등이 잘 드러나는 「은총」에서는 술집에 바닥에 쓰러져 있던 커넌(Kernan)씨의 사고가 과음이 원인이라고 생각한 친구들이 금주 피정(temperance retreat)에 그를 데려가려고 집에 찾아온다. 사실 커넌씨의 사고는 단순히 음주로 인한 실수가 아니라 그를 찾아 온 고리대금업자인 아일랜드계 유태인인 골드버그(Goldberg)씨와 그의 동료에 의해 구타당한 것으로 보인다. 신교도인 커넌은 가톨릭의 피정에 가는 것을 꺼려하면서 특히 촛

불 사용에 대한 강한 거부감을 보이며, 환등기(magic lantern)에 대해서 언급하다. 그 배경에는 1879년 맥해일(MacHale)주교의 교구였던 메이요 주(County Mayo)의 녹(Knock)이라는 마을에 성모마리아가 환영(apparition)으로 교구 교회의 벽면에 나타났다면서 기적의 사건으로 알려졌다. 하지만 나중에 밝혀졌지만 환등기와 슬라이드를 활용한 사기극으로 드러났던 것을 커넌은 인지하고 있었기 때문으로 보인다. 결국 퍼든(Purdon) 신부가 주도하는 금주를 위한 피정에 모인 사람들은 신부의 설교를 듣게 되는데, 하필 성경 해석에 있어서 가장 논란이 큰 『누가복음』 16장에 등장하는 '정직한 청지기'의 비유였다. 청지기는 자신의 지위를 잃을까봐 빚을 진 사람들에게 자기 맘대로 탕감을 해주어 주인의 재산에 손해를 입혔는데도 주인도 예수님도 그 청지기의 결정을 칭찬하기 때문에 해석의 논란이 많다. 청지기의 행위는 자기 잘못을 덮기 위한 행동이었고, 주인의 재산에 피해를 입혔음에도 칭찬을 받은 이유에 대해서 확정된 해석이 나와 있지도 않다. 더구나 퍼든 신부는 영혼의 회계사라는 역할을 강조하며, 영적인 가치를 물질적 가치로 치환하고 있어 '사이머니'의 죄를 범하는 것으로 보인다. 참여자들이 주로 사업자들이기 때문에 맞춤형 설교라고 볼 수도 있지만, 설교로 선택한 비유나 내용도 종교적 신념보다는 경제적 가치가 우위에 있는 것처럼 보인다. 아마도 조이스는 가톨릭의 위선을 비판하고 있는 것으로 보인다.

여성을 억압하는 것은 종교뿐만 아니라 영국제국주의도 한 몫을 했으며, 특히 아일랜드의 여성성은 영국의 식민지 지배를 공고히 하는데 활용되었다. 영국의 전통적인 의인화된 인물은 브리태니아(Britannia)이며, 2세기경에 소개된 검투사의 헬멧을 쓴 여신의 모습으로 등장해서 영국을 상징하는 인물이지만, 유독 아일랜드와의 관계에서는 존 불

(John Bull)이라는 인물을 내세운다. 가부장제하의 남성-여성의 종속적 관계를 나타내는 동시에 합방(union)을 통해 부부로 묘사되는 경우가 많았다. 이에 대항하기 위해서 아일랜드는 오히려 남성성을 강조하는 대항담론이 형성이 되어, 스포츠에서 헐리(Hurley)같은 아일랜드 고유의 운동을 장려하고, 게일운동협회(the Gaelic Athletic Association)같은 조직을 통해서 강한 남성성을 부각시켰다. 역설적으로 아일랜드 여성은 이러한 강화된 가부장제적 남성성에 억압받는 존재로 남았다. 「어머니」("A Mother")에서 키어니 부인(Mrs Kearney)이 콘서트 프로그램을 열심히 준비했지만, 공연이 하루 취소되면서 계약에 보장된 돈을 받으려다가 오히려 쫓겨나게 되었을 때, 자신이 여성이라서 무시한다고 항변을 한다.

아일랜드의 전설에 등장하는 샨 반 보흐트(Shan Van Vocht or Poor Old Woman)는 민족주의 운동과 결합이 되어 아일랜드 사람들의 생각 속에 뿌리박혀 있는 존재이다. W. B. 예이츠(W. B. Yeats)가 희곡 『캐써린 공작부인』(*The Countess Cathleen*)에서 영국의 지배층인 공작부인이 가난한 가톨릭 농민을 위해서 영혼을 판다는 이야기였기 때문에 공연 당시 사람들이 항의를 하여 결국 공연이 취소되는 일이 벌어졌다. 예이츠는 나중에 『홀리헌의 캐써린』(*Cathleen ni Houlihan*)이라는 작품에서는 1789년 울프 톤의 혁명을 배경으로 한 가정의 두 아들이 마을에 나타난 불쌍한 노파를 만나게 되는데, 이 중 한 명이 노파가 아니라 우아한 걸음걸이를 가진 여왕의 모습을 봤다고 말한다. 전설에 따르면 진정한 애국심이 있는 사람에게는 샨 반 보흐트가 여왕의 모습으로 보인다고 한다. 나중에 피어스는 나라를 위한 희생을 '순교'라고 규정하여, 민족주의와 종교적 신념을 결합시켜 강력한 저항논리로 삼았다. 하지만 이러한 희생으로 인한 슬픔을 견뎌내야 하는 여성들의 삶에 대해서는 민족주의는 도외시 한다.

가톨릭 사회에서 존중받는 가치 중의 하나는 독신(celibacy)이다. 교리상 결혼이 금지된 성직자의 삶은 인간의 원초적 욕망을 억제한 것에 대한 보상으로 존경심으로 대체되고 있다고 볼 수 있다. 피임-낙태-이혼을 금지하는 가톨릭 교리는 남성들보다는 여성들에게 가혹한 현실 조건을 만든다. 조이스 부모도 가톨릭 신념에 따라서 생존한 10명의 자녀를 두었다. 이는 여성으로서는 임신과 출산의 반복으로 피폐화되고, 그렇다고 가정을 위해 일을 안 하는 것도 아니라는 점을 감안하면, 가톨릭 사회는 여성의 희생에 근거한다고 볼 수 있다. 그럼에도 불구하고 전반적으로 독신은 사회에서 인정받는 가치이다. 「가슴 아픈 사건」에서 더피는 시니코 부인(Mrs Sinico)과의 교제를 통해서 친밀한 관계로 발전하지만, 시니코 부인의 육체적 접근에 대해 강렬하게 거부함으로써 관계는 끝나게 된다. 더피의 삶은 질서라는 단어로 압축될 수 있는데, 예를 들어 책장의 책을 아래부터 위까지 책의 크기에 따라 배치해 놓는 습관이나 정돈된 방의 모습에서 마치 성직자의 엄격함이 엿보인다. 따라서 시니코 부인이 욕망이 표출된 순간 더피는 성직자적 태도로 거부한 것이다. 물론 두 사람의 관계가 발전했다면 불륜이 되긴 하지만, 더피의 강력한 거절은 시니코 부인을 타락으로 내몰게 된다. 몇 년이 지난 후에 신문에서 시니코 부인의 사망 소식을 접한 더피는 자신이 그녀의 몰락에 한 역할을 했음을 깨닫고, 피닉스 공원에 올라갔을 때 담벼락에서 육체적 사랑을 나누는 남녀를 보면서 자신이 "삶의 축제에서 쫓겨난 사람"(outcast from life's feast, *D* 104)임을 알아차린다. 또한 「진흙」에서 마리아는 할로윈 축제에 자신의 유모로 일했던 집에 방문해서 전통적 예측놀이를 하다가 손에 집은 것은 진흙과 성경이었다. 진흙은 죽음을 의미하기 때문에 잘 사용하는 물건이지만,

누군가의 장난으로 집게 된 것이라 다시 한 번 선택한 것이 성경이다. 성경은 수녀가 된다는 의미이므로, 두 가지를 합하면 독신으로 죽음을 맞이하게 될 것이라는 운명이라는 것을 암시한다. 11월 1일은 가톨릭의 달력에 따라 만성절(All Saints Day or All Hallows Day)이고 그 전날이 할로윈이며, 귀신들이 유일하게 다닐 수 있게 허락된 날이다. 이 하루만큼은 미신적 요소가 허용되는 날이라고 보면 된다. 마리아의 웃는 모습은 마녀의 모습 그 자체이다. 그러한 외모를 가진 마리아는 독신으로 살게 될 것이지만, 조이스는 이러한 삶이 갖는 불모성을 비판한다.

여성은 남성의 폭력에 시달리는 존재로 등장한다. 특히 「에블린」에서는 돌아가신 어머니를 대신해서 가정을 돌보는 에블린은 술에 취한 아버지의 폭력으로 인한 위험에 처해있기 때문에, 선원인 프랭크(Frank)가 접근해 왔을 때, 그에게 호감을 갖고 그가 부에노스아이레스(Buenos Aires)로 가자는 제안을 받아들이려고 한다. 프랭크를 따라가기 전날 에블린은 방의 가구들을 보면서 가정에서의 자신의 역할을 두고 고민한다. 프랭크와 떠나면 행복한 미래가 보장된다고 생각하면 당연히 떠나야 하지만, 여기에서 조이스가 언급하지 않은 당시의 사회상을 놓치지 말아야 한다. 아버지의 친구인 신부님이 멜버른(Melbourne)에 산다고만 할 뿐 다른 관련성은 없는 것처럼 보이지만, 당시에 리버풀(Liverpool)항은 백인노예시장(white slave trade)인 부에노스아이레스와 멜버른으로 가는 중간 기착 점이었다(Mullin 180). 에블린에게는 가정에 머문다면 견뎌야 할 폭력이 있고, 프랭크를 따라가서 백인노예시장에 팔려 갈 수도 있는 위험성의 사이에서 갈등해야 했고, 결국에는 가정에 머무르는 결정을 내리게 된다. 에블린에게서의 마비는 프랭크와 미래를 향해 가려는 용기의 부족이 아니라, 현실적 위험성 사이에 갇힌 나약한 여성이며, 어쩌면 아일랜드 여성의 숙명이었다고 봐야 한다.

『더블린 사람들』에 등장하는 많은 남성은 알코올 중독에 시달리고 있고, 이는 폭력성으로 드러난다. 「하숙집」에서 무니 부인의 남편은 장인 밑에서 푸줏간을 일을 하던 사람으로 장인이 돌아가시자마자 푸줏간 경영을 망치고 술에 빠져서 살다가 어느 날엔 칼을 들고 무니 부인을 협박하는 상황에 이르자 신부의 허락을 받고 별거(separation)에 들어간다. 아일랜드의 주요 산업은 농산물, 유제품 그리고 주류제품이 중요한 생산품인데, 술 소비가 많은 것은 당연했다. 정치적 독립의 좌절은 수많은 사람들을 술이 달래줬고, 알코올 중독은 심각한 사회 문제가 되었고, 민족주의자들은 금주단체(Temperance League)를 결성하여 금주 프로그램을 운영하기도 했다. 그들은 「술에 취하지 않은 아일랜드가 독립된 아일랜드이다」("Ireland sober is Ireland free")라는 표어를 만들어 아일랜드의 정치적 독립을 위해서도 금주가 필요함을 강조하였다. 「짝패」("Counterparts")의 주인공 패링턴은 'the man'이라고 지칭된다는 점에 주목할 때 남성성이 강한 인물이다. 하지만 일하는 중간에 아래층 술집에 가서 술을 마셔야 일을 할 수 있는 알코올 중독자이다. 일을 망쳐 놓고도 뻔뻔하게 상사에게 대꾸하는 인물로 일과를 마치고 친구들이 있는 술집으로 가려고 회계에게 가불을 하려고 했지만 실패하는 바람에 전당포에 시계를 맡기고 돈을 빌려서 술집으로 향한다. 술을 마시는 중에 티볼리(Tivoli)라는 극장에서 일하는 영국에서 온 곡예사와 팔씨름을 하게 된다. 여기서 국가의 명예(national honour)를 건 결투가 시작되는데 강한 남성으로 여겨지던 패링턴은 두 판을 다 지게 되어 자존심이 상하게 된다. 술집을 나왔지만, 술이 취하지 않은 패링턴은 집에 와서 자신에게 저녁을 챙겨주려는 작은 아이에게 폭력을 행사하며 자신이 술집에서 패배한 것에 대한 복수를 하는 장면에서 남성성이 내포한 폭력성이 극도로 심각한 형태로 나타난다. 아버지에게 맞으면서도 성모송을 부르는 아이의 모습은 성모의 중재자로서 역할을 고려할 때 무의미한 기도에 불과하기 때문에 종교적 위안을 받지도 못한다. 가부장제를 기반으로 한 가톨릭 사회에서 여성은 그만큼 이중 피해자일 수밖에 없음은 대부분의 여성에게서 찾아 볼 수 있다.

5. 문예부흥운동과 민족주의

18세기 후반의 '아일랜드 연합'(United Irishmen)이나 19세기 중엽의 '젊은 아일랜드'(Young Ireland)가 그랬던 것처럼 역사적으로 분화된 두 개의 문화 –아이리쉬 가톨릭과 프로테스탄트 친영파는 아일랜드의 분열적 상황을 간략하게 설명해 준다. 독립 운동의 일환으로 아일랜드의 문화를 재발견하려는 운동이 전개되었다. 조이스는 아일랜드 문예부흥 운동에 적극적으로 가담한 인물은 아니다. 이 운동에 적극적이었던 작가들은 대체로 신교도였다. 예이츠, 그레고리 부인, J. M. 싱(J. M. Synge) 등이 주도하는 문예부흥운동은 아일랜드의 전통적 문학과 언어를 복원하여 민족주의 정신을 고취시키려 시작되었다. 반면에 조이스는 신교도들이 주도하는 아일랜드 문예부흥 운동을 낭만적으로 여겼다. 조이스가 낭만주의 시인들을 중요하게 여기지만, 그것은 그들의 혁명정신이고, 현실성이 떨어진 이상주의적 접근은 반대하는 입장이었다. 그렇다고 문예부흥운동의 중요성을 부인한다고 말 할 수는 없다. 1904년 더블린을 떠난 후에 한 번 다시 찾아 온 이유는 트리에스티에서 목격한 새로운 매체인 무성영화의 등장에 주목하고 더블린에서 볼타(Volta)라는 영화관을 운영하려했기 때문이었다. 주로 이탈리아와 프랑스에서 제작된 무성영화를 상영하였던 이유는 자신의 조국인 아일랜드의 문화적 발전에 기여하고자 했던 생각에서 비롯된 것이었다. 이미 영화 산업에서 앞서가는 외국의 문화를 소개하여 아일랜드에서도 관심을 갖기 바랐지만, 결국 사업은 실패로 끝났다. 「애러비」에 등장하는 맹건의 누이(Mangan's sister)는 이름 없이 등장한다. 굳이 맹건이라는 이름을 부여한 것은 아일랜드 독자라면 당연히 아일랜드의 대표적 낭만주의 민족주의 시인인 제임스 맹건(James Clarence Mangan)을 떠올리게 된다. 그의 대표작인 「검은 로잘린」("Dark Rosaleen")은 아일랜드를 상징하는 여성으로 등장하며, 억압된 아일랜드의 모습을 그려낸다. 하지만 조이스는 이상주의보다는 현실주의에 더 가까운 입장이었다. 아일랜드의 민족주의자들 중에서도 그리피스(Griffith)를 가장 중요하게 여겼던 이유도 그의 독립에 대한 주장이 경제적 접근을 통해 이루고자 했다는 점이다. 조이스는 지나치게 이상주의적인 낭만주의가 과거회귀적인 점을 싫어했고, 이는 세계시민주의(cosmopolitanism)를 수용해야 한다는 입장이 반영된 것이라고 볼 수 있다.

「작은 구름」("A Little Cloud")에서는 꼬마 챈들러(Little Chandler)와 친구 이그나티우스 갤러허(Ignatius Gallaher)를 통해서 아일랜드의 문화적 위상을 보여준다. 친구인 갤러허가 런던의 신문업계에서 성공해서 더블린을 방문해서 자신을 만나준다는 사실에 감동받고, 챈들러는 그를 만나러 가면서 자신이 결혼 전에 꿈꾸었던 시인이 될 수 있을까 스스로 가늠해본다. 자신이 쓴 시가 아일랜드 특유의 우울함(melancholy)을 담고 있어서 영국에서는 '켈트파'(Celtic School)라고 불릴 수 있고, 따라서 자신의 성이 영국식이라 호소력이 떨어진다고 여기면서, 어머니 성인 멀로니(Malony)가 그나마 아일랜드인임을 드러낸다고 생각하여 챈들러를 빼고 멀로니를 강조하는 게 낫다고 생각한다. 이는 영국의 비평가에게 우호적인 이미지를 만들기 위해 어머니의 이름을 파는 '사이머니'라고 볼 수 있다. 영국에서 성공한 친구와의 약속 장소에 가면서 챈들러는 마치 이미 런던으로 가고 있는 듯한 착각을 하며 골목 입구를 지나치기도 한다. 하지만 친구 갤러허에게서 통속성을 발견하고 실망하면서도 그를 자신의 집에 초대했지만, 갤러허는 친구들과의 카드게임 선약을 핑계로 거절한다. 갤러허는 챈들러의 결혼 생활에 대해 물으며, 자신은 오로지 돈 많은 여자와 결혼을 하겠다고 말한다. 집에 돌아 온 챈들러는 아내의 사진을 보며 결혼 전 꿈꾸던 시인이 되지 못한 좌절감을 결혼 탓으로 돌리며, 안고 있던 애가 울어도 달래지 못하고 쩔쩔 맬 뿐이었다. 우는 아이에게 고함을 지르는 행위는 잠재되어 있던 분노의 표출이며, 그 대상은 완전히 어긋난 것이었다. 챈들러가 읽고 있는 시는 바이런이 쓴 시로 사촌누이의 죽음을 애도한 초기의 작품으로 다소 감정 표현이 넘친다. 조이스는 아일랜드의 문화가 과거에 회귀하여 낭만적 감정주의에 치우치는 것에 대해 불만이 많았던 것으로 보인다.

문예부흥 운동에서 가장 중요한 역할을 했던 단체는 게일어협회(the Gaelic League)였다. 식민지 지배자의 언어인 영어를 대신해서 아일랜드 고유의 언어인 게일어를 부활해야 민족주의 정신도 함께 부활할 것이라는 신념에서 출발한 운동이다. 오랜 식민지 통치로 인해서 게일어를 쓸 수 있는 사람들은 한정적이었다. 아일랜드 문예부흥 운동의 주역이었던 예이츠는 서쪽의 애란섬들(the Aran Islands)에 사는 사람들이 여전히 게일어를 일상생활에서 사용하고 있다고 친구인 싱에게 다녀오라고 권고하였다. 조이스의 아내인 노라도 서부지역인 골웨이 출신이라서 어느 정도 게일어를 알고 있었던 것으로 보인다. 조이스도 후에 부활절 봉기의 주동자였던 패트릭 피어스에게서 게일어를 배우긴 했지만, 게일어 운동에서 대해서 조이스가 부정적으로 본 이유는 게일어 사용이 민족주의자의 인증처럼 여겨지는 상황이 과도하다고 생각했기 때문이다. 「어머니」에서 주인공 키어니 부인은 피아노 연주자로서 딸이 성공하기를 바라며, 에이레 아부 협회(Aire Abu Society)라는 민족주의 단체의 사무국장인 홀로한(Holohan)씨가 제안한 콘서트에 참여하기로 하고, 가정교사를 들여서 게일어를 배우게 할 정도로 열성이었다. 이는 키어니 부인은 게일어를 할 수 있어야 민족주의자들과 어울릴 수 있고 또 성공의 열쇠라는 점을 인지했기 때문이다. 「죽은 자들」에서 아이보스 양(Miss Ivors)이 가브리엘에게 휴가에 무엇을 할 것인가를 묻자 가브리엘은 외국어 습득을 겸해서 기분전환을 목적으로 프랑스나 벨기에로 자전거 여행을 가려고 한다고 대답한다. 이에 아이보스는 자신의 조국의 언어도 모르는 몰염치한 지식인으로 폄하한다. 이에 가브리엘은 아이리쉬어(게일어)는 자신의 언어가 아니라고 답한다. 이는 오랜 기간 동안 식민지 통치자의 언어를 습득한 조이스에게는 난감한 문제였다고 여겨진다. 당시에 게일어를 부활하고자 하는 운동이 활발하게 전개되고 있었지만, 조이스는 국수주의적 고집보다는 세계시민주의적 포용성이 중요하다고 생각했던 것 같다. 인위적인 힘에 의해 강요되는 것이 아니라 자연스럽게 습득한 지배자의 언어로 그들을 공격하는 방법을 선택했다고 볼 수 있다. 그의 마지막 작품인 『피네간의 경야』를 통해서 지배자들의 언어를 해체함으로써 그의 반란은 성공한 것이라고 봐도 무방하다.

「죽은 자들」에서 가브리엘은 열정적인 민족주의자인 아이보스 양에게 『데일리 익스프레스』(*Daily Express*)에 서평을 기고했다는 사실로 비난을 받는다. 실제로 조이스가 이 신문에 서평을 썼던 경험을 소재로 하고 있는데, 여기서 주목할 점은 바로 신문의 정치적 성향이다. 아일랜드 발행되는 신문이 많았지만, 크게 두 부류로 나눌 수 있다. 민족지 아니면 친영 신문이라는 두 범주로 나누어 볼 때, 『데일리 익스프레스』는 친영계 신문이었다. 아이보스 양은 이런 "쓰레기" 같은 신문에 기고를 했기 때문에 가브리엘을 친영파인 "서부 영국인"(west Briton, *D* 173)이라고 비난을 한 것이었다. 이 시기에 많은 민족주의자들은 신문 발행을 통해서 독립을 쟁취하는데 중요한 역할을 했다. 파넬도 자신이 발행한 『아이리쉬 인디펜던트』(*Irish Independent*)를 통해서 해방운동에 대한 견해를 피력했고, 몰락 후에도 이 신문의 주도권 싸움이 벌어지기도 했지만, 파넬의 측근이었던 스미스 오브라이언(Smith O'Brien)이 그를 배신하고 신문을 장악했다. 아더 그리피스도 『통합 아일랜드인』(*United Irishman*), 『쉰 페인』(*Sinn Fein*) 등의 신문들을 통해서 적극적으로 아일랜드 독립의 필연성을 강변하였다.

마지막으로 초판 『더블린 사람들』이 아일랜드의 암울한 시기를 집중 조명하고 있었기 때문에 조이스는 후에 「죽은 자들」에서는 아일랜드의 긍정적인 요소인 환대(hospitality)에 대해서 쓰려고 한다고 했다. 마치 음악에서 종결부(coda)처럼 「죽은 자들」은 단편 모음집을 총괄적으로 집대성한 단편이 아닌가 생각한다. 또한 작품 곳곳에 다른 단편을 연상시키는 언급들이 많기 때문에 단편간의 연결성도 생각해 볼 수 있다. 예를 들어, 「애러비」에는 신부의 죽음에 관한 언급이 있고, 「어머니」에 등장하는 캐써린 키어니는 「죽은 자들」에서 아이보스 양이 언급한 민족주의자 모임에 동참하는 인물로 등장하기도 한다. 더구나 이 작품에 등장하는 인물이 다시 『율리시스』의 평범한 더블린 사람들로 등장하기 때문에 각 인물의 특징을 기억해 두는 것도 중요하다. 「하숙집」의 밥 도런은 폴리와 결혼 후에 늘 술에 취해 있는 모습으로 『율리시스』에 등장하기도 한다. 「죽은 자들」은 존 휴스턴(John Huston) 감독에 의해 영화화되기도 하였다. 감독의 딸인 안젤리카 휴스턴(Anjelica Huston)이 여주인공 그레타(Gretta)를 연기하였는데, 비교적 작품을 영상으로 잘 구현했다는 평가를 받는다. 영화와 함께 텍스트를 보는 것도 새로운 이해의 창을 열어 줄 것이다. 『더블린 사람들』은 사실주의 혹은 자연주의에 기탁하면서도 새로운 흐름인 모더니즘의 기법을 접목시켜서 다양한 군상들을 표현하는데 충실했다고 볼 수 있다. 20세 초반의 변화의 특징은 바로 다양성이다. 이러한 다양성을 초기 작품에서도 구현한 것이다.

III. 평가와 의의

조이스의 『젊은 예술가의 초상』이 대표적인 모더니즘 작품으로 소개되어 주목을 받았고, 이후에는 수많은 학자들에 의해서 난해한 작품으로 여겨지던 『율리시스』가 접근 가능한 작품으로 이해되기 시작하면서 모든 관심을 차지했고, 현재는 마지막 작품인 『피네간의 경야』를 이해하기 위해서 많은 조이스 학자들과 일반 독자들이 매진하고 있기 때문에, 『더블린 사람들』이 상대적으로 관심을 덜 받고 있는 것이 현실이다. 하지만 조이스 작품 전체(oeuvre)를 이해하기 위해서는 초기 단편 모음집인 『더블린 사람들』의 수많은 등장인물들에 대한 이해가 필수이다. 예를 들어, 『율리시스』에 등장하는 도런의 모습을 이해하기 위해서는 「하숙집」에서 일어난 일들을 알아야 하고, 10장인 「배회하는 바위들」("The Wandering Rocks")에서 1904년 6월 16일에 진행되는 총독의 퍼레이드 동안 수많은 인물들이 더블린 시내 곳곳에 등장하여 도시 전체를 조감하는 장면을 구성하고 있기에 이러한 등장인물들의 이해는 필수적이다. 이들은 초기 작품들에 등장하는 인물들의 이야기와 얽혀 있기 때문이다. 심지어 『피네간의 경야』에 등장하는 "창녀/하숙집"(boardelhouse, *FW* 186)이라는 표현도 '창녀'를 뜻하는 불어 단어인 'borde'과 '하숙집'을 합성한 단어로서 「하숙집」에서 무니 부인이 암암리에 포주로서의 역할을 하고 있었음을 암시했던 부분과 연결 지어 이해될 수 있다. 이처럼 『더블린 사람들』은 조이스의 이해에 있어서 기본적인 틀을 제공한다는 점에서 필독서라고 볼 수 있다.

『더블린 사람들』을 조이스의 작품 전체와 연결 지어 볼 수도 있지만, 개별적인 단편은 그 자체로 완성도가 높다는 점도 분명하다. 처음에 구상했던 구조는 「은총」에서 끝나지만, 나중에 추가된 「죽은 자들」은 조이스의 더블린에 대한 애정이 드러난 단편이기도 하고, 작가로서의 역할과 처해 진 상황에 대한 자기 변론이면서 이미 쓰인 작품들에 대한 성찰이기도 하다. 각 단편은 다른 단편을 연상시키는 요소들을 포함하고 있어서, 유기적으로 연결되어 있음을 알 수 있고, 조이스의 자전적 경험들이 치밀하게 묘사되어 있어서 조이스의 이해는 물론 전환기의 더블린의 식민지 실상을 사실적으로 보여주기도 한다. 조이스의 다른 작품은 일반 독자가 접근하기에는 부담스럽지만, 『더블린 사람들』은 몇 개의 단편만을 통해서도 조이스를 이해하는 시금석이 될 수 있다.

인용문헌

Adams, Robert. "A Study in Weakness and Humiliation." *James Joyce's Dubliners: A Critical Handbook*. Ed. Baker and Stanley. Belmont: Wadsworth, 1969. 101–04.

Cheng, Vincent J. *Joyce, Race, and Empire*. Cambridge: Cambridge UP, 1995.

Duffy, Edna. *The Subaltern* Ulysses. Minneapolis: U of Minnesota P, 1994.

Gifford, Don. *Joyce Annotated: Notes for 'Dubliners' and 'A Portrait of the Artist as a Young Man.'* Berkeley: U of California P, 1981.

Jackson, John Wyse, and Bernard McGinley, eds. *James Joyce's Dubliners: An Illustrated Edition with Annotations*. New York: St Martin's Griffin, 1993.

Joyce, James. *Letters of James Joyce*. Vol. 1. New York: Viking, 1966.

———. *Selected Letters of James Joyce*. Ed. Richard Ellmann. New York: Viking, 1975.

Joyce, Stanislaus. *My Brother's Keeper*. Ed. Richard Ellmann. New York: Viking, 1958.

MacManus, Seamus. *The Story of the Irish Race: A Popular History of Ireland*. New York: Chartwell, 2018.

Mullin, Katherine. "Don't cry for me, Argentina: 'Eveline' and the seductions of emigration propaganda." *Semicolonial Joyce*. Ed. Derek Attridge and Marjorie Howes. Cambridge: Cambridge UP, 2000. 172–200.

Murphy, William Michael. *The Parnell Myth and Irish Politics, 1891–1956*. New York: Peter Lang, 1986.

O'Hegarty, Patrick Sarsfield. *A History of Ireland under the Union, 1800 to 1922*. London: Methuen, 1969.

Potts, Willard. *Joyce and the Two Irelands*. Austin: U of Texas P, 2001.

출처 : 남기헌, 『'더블린 사람들' 다시 읽기』 경진문화사, 2004. 일부 내용을 재구성하였다.

버지니아 울프와 『댈러웨이 부인』

이주리

I. 작가와 작품세계

1882년 1월 25일 영국 런던에서 태어난 버지니아 울프(Virginia Woolf, 1882–1941)는 레슬리 스티븐(Leslie Stephen)과 줄리아 덕워스(Julia Duckworth) 사이에서 태어났다. 레슬리와 줄리아 모두 재혼이었고 자식이 있었다. 레슬리는 딸 하나, 줄리아는 두 아들과 딸 하나가 있었는데 재혼하여 네 명의 아이를 더 낳는다. 버지니아는 팔남매 중 일곱째이자 막내딸이다. 울프는 평생 동안 정신질환에 시달리면서 육체적이고 정신적인 고통을 겪었다. 가족력과 외상 후 스트레스 장애 등에 기인한 조울증과 우울증 증세가 발병되면 극심한 두통과 피로감을 겪었다. 줄리아가 첫 번째 결혼에서 데려온 덕워스 형제는 울프에게 치명적인 상처를 남긴다. 유년기의 울프는 두 의붓오빠에게 수년에 걸쳐 성추행을 당했다. 열세 살 나이에 찾아온 어머니의 죽음도 트라우마의 원인이 된다. 울프는 줄리아의 사망 후 병적인 신경쇠약을 경험한다. 울프는 전쟁과 파시즘의 광란아래에서도 고통을 느꼈다. 1940년에 남편 레너드 울프(Leonard Woolf)와 그녀가 살던 아파트는 폭격당했고, 그 후 영국 남부 서섹스(Sussex)의 시골 마을 로드멜로 이사를 간다. 전쟁의 한 가운데서 울프는 마지막 소설 『막간』(*Between the Acts,* 1941)을 힘겹게 썼다. 질병의 고통에 짓눌렸던 울프는 1941년 3월 28일 우즈 강(River Ouse)에 몸을 던져 스스로 삶을 마쳤다. 사후 울프의 서재에서 발견된 마지막 글은 인생의 동반자인 남편 레너드와 친구처럼 지냈던 세 살 위의 친언니 바넷사 벨(Vanessa Bell)에게 보낸 두 통의 편지이다. 편지에서 울프는 자신이 다시 "미쳐가는 중"이고 더 이상 아무것에도 집중할 수 없는 상태로 남은 선택은 죽음밖에 없다는 말을 남긴다(Bell 226). 유서를 남긴 채 산책을 나갔던 울프는 다시는 집에 돌아오지 않았다.

울프의 삶이 고통으로 얼룩진 것만은 아니었다. 우선 울프는 돈 걱정 없이 글을 쓸 수 있었던 몇 안 되는 작가 중 하나이다. 울프의 아버지 레슬리는 『18세기 영국사상사』(*The History of English Thought in the Eighteenth Century*, 1876)와 『영국인명사전』(*Dictionary of National Biography*, 1885)을 포함하여 30여권의 책을 출판한 저명한 지식인이다. 방대한 고전을 소장한 아버지의 서재는 작가가 폭넓은 독서를 할 수 있는 공간이었다. 어린 시절 울프는 휴양지 콘월(Cornwall)에 있는 별장에서 매년 여름휴가를 보냈다. 바닷가 콘월은 울프의 대표작인 1927년 소설 『등대로』(*To the Lighthouse*)의 실제 배경이기도 하다. 1904년에 아버지 레슬리가 암으로 사망한 후, 울프 가족은 블룸즈버리(Bloomsbury)의 고든 스퀘어(Gordon Square)로 이사를 간다. 이곳에서 오빠와 남동생은 케임브리지대학 친구들을 집에 초대하여 정기적인 모임을 가졌고 문학, 예술, 사회, 정치 등에 대해 토론하였다. 모임에 온 친구들로는 리턴 스트레이치(Lytton Strachey), 클라이브 벨(Clive Bell), 로저 프라이(Roger Fry), 존 메이너드 케인스(John Maynard Keynes)등이 있었다. 훗날 버지니아의 남편이 되는 레너드도 모임의 멤버였다. '블룸즈버리 그룹'(Bloomsbury Group)이라는 명칭을 얻게 된 이 모임에는 두 자매 버지니아와 바넷사도 합류했는데, 대학교육의 수혜를 받지 못했던 두 여성은 사적인 공간에서 지적인 자극과 영감을 얻을 수 있었다. 이 무렵부터 울프는 짧은 서평을 쓰면서 돈을 벌고 작가로서의 삶을 시작한다. 서른한 살이 되던 1912년에 울프는 정치비평가이자 작가인 레너드와 결혼한다. 울프 부부는 동반자로서 함께 일하고 성장한다. 둘은 1917년 런던의 리치먼드(Richmond)에 호가

스(Hogarth) 출판사를 차려서 1941년까지 공동으로 운영했다. 출판사 운영을 통해 울프는 여러 작가들과 교류하며 사회적 관계망을 넓혔고, T. S 엘리엇(T. S. Eliot)을 비롯한 문인들의 창작물을 출판했으며 본인의 작품도 발표한다. 울프는 일기, 편지, 서평, 단편 모음집을 비롯하여, 총 아홉 편의 장편을 남겼다.[1]

초기작 『출항』(*The Voyage Out*, 1915)과 『밤과 낮』(*Night and Day*, 1919)은 18–19세기에 유행했던 리얼리즘 소설과 형식상 유사하지만, 1920년대부터 발표된 장편은 실험적인 형식이 돋보인다. 『제이콥의 방』(*Jacob's Room*, 1922), 『댈러웨이 부인』(*Mrs. Dalloway*, 1925), 『등대로』(1927)는 의식의 흐름, 자유간접화법, 주관적 시간, 복수시점 등의 기법을 보여주는 모더니즘 소설이다. 『올랜도』(*Orlando*, 1928)는 1,600년대부터 수백 년을 사는 인물을 조명한 판타지 소설로 1992년 샐리 포터(Sally Potter) 감독이 영화로 제작하기도 했다. 애완견의 시점으로 서술된 『플러쉬』(*Flush*, 1933)는 빅토리아 조의 시인 엘리자베스 베넷 브라우닝(Elizabeth Barret Browning)을 주인공으로 한 가상의 전기이다. 실험소설의 정수를 보여주는 『파도』(*The Waves*, 1931)는 여섯 명의 인물을 화자로 설정하여, 내러티브 안에 다성적인 목소리를 혼재하게 한다. 후기작 『세월』(*The Years*, 1937)과 『막간』은 나치즘과 2차세계대전에 대한 불안 속에서 나온 글로 작가의 반전의식이 돋보인다.

소설가로서 울프의 주된 관심은 플롯을 치밀하게 짜는 것이 아니라, 인물의 안팎에서 일어나는 감정의 변화를 추적하고, 의식의 흐름을 드러내며 외부에서 흘러들어오는 인상을 감각적으로 표현하는 것에 있었다. 울프는 1919년 에세이 「모던 픽션」("Modern Fiction")에서 "작은 먼지들이 하나씩 마음에 떨어지는 대로 적어보자. 겉보기에 제 아무리 분열되고 관련이 없어 보이더라도 하나의 장면, 하나의 사건이

의식에 새기는 무늬를 따라가 보자"고 말한다(106–07). 울프가 강조한 것은 눈에 보이는 세상을 정밀하게 묘사하는 것이 아니라, 주관적인 인상과 느낌을 살아있는 언어로 생생하게 표현하는 것이다. 울프에 의하면 아무리 사소한 것처럼 보여도, 그 무엇이든지 소설에서 핵심 소재가 될 수 있다. 일상적인 삶의 풍경과 '사소한' 것들을 내러티브의 중심에 놓는 작가의 태도는 전쟁이나 영웅들의 이야기처럼 거대 담론을 문학에 적합한 주제로 여기는 기존의 글쓰기 관습에 대비된다. 울프는 생각하는 일과 글쓰기를 통하여 파시즘과 제국주의에 저항한 작가이다. 특히 1929년 에세이 『자기만의 방』(*A Room of One's Own*)과 1938년 에세이 『세 닢의 기니』(*Three Guineas*)는 전쟁, 파시즘, 가부장제에 반대하는 목소리를 픽션의 형식을 통하여 전한다. 울프에게 있어서 창조적인 글쓰기는 현실로부터의 도피가 아니라, 가장 강력한 정치적 행동이었다.

II. 『댈러웨이 부인』 읽기

1. '더블'(double) 인물 설정과 소설의 사회비판

울프는 마흔 살의 나이에 『댈러웨이 부인』을 쓰기 시작했다. 그 이전부터 소설에 관한 에세이와 평론을 썼고 단편집 『월요일이나 화요일』(*Monday or Tuesday,* 1921)을 비롯하여 장편 『출항』, 『밤과 낮』, 『제이콥의 방』을 발표했다. 『댈러웨이 부인』이 발표되기 한 달 전인 1925

년 4월에는 평론집『일반 독자』(*The Common Reader*)를 출판하기도 했다. 울프는 작가로서 자기만의 관점을 갖게 된 무렵에『댈러웨이 부인』을 집필했고, 내용과 형식에 있어 독창적인 글을 쓸 수 있었다. 1923년 8월 30일자 일기는『댈러웨이 부인』에 관한 울프의 상상력을 보여준다. 작가는 이 소설을 통해 "인물 이면에 있는 아름다운 동굴"을 탐험하겠다고 말한다. 울프가 명명한 '동굴'은 인간의 내면세계에 관한 은유로 볼 수 있다. 울프는 개별 인물 안에 있는 아름다운 동굴을 파고 들어가다 보면, 서로 떨어져있는 듯 보였던 인물이 결국에는 어디선가 연결되는 것을 보게 될 것이라고 말한다(*Diary II* 263). 작가로서 울프는 개별 인물을 창조하는 것과 아울러, 여러 인물이 함께 공존하는 지점에 관하여 깊게 사유했다.

1923년 6월 하루 동안 일을 다루는『댈러웨이 부인』은 제임스 조이스(James Joyce)의 1922년 소설『율리시스』(*Ulysses*)에 비교되기도 한다. 1904년 6월 16일 더블린을 무대로 삼는『율리시스』는 울프에게 영향을 주었을 수 있지만, 울프의 소설은 조이스와 차별화된 상상력을 보여준다.『댈러웨이 부인』의 독창성은 등장인물을 '더블'(double)로 설정했다는 점에서 두드러진다. 울프는『댈러웨이 부인』을 쓰면서 "나는 광기와 자살에 대해 모색하려고 한다. 정상적인 사람들이 보는 세상과 비정상적인 사람들이 보는 세상을 나란히 놓기 — 그 비슷한 무엇이다. 셉티머스 스미스 — 적당한 이름이 아닐까?"라고 기록한다(Dowling 재인용 33–34). 울프는 상류층 여성 클라리사 댈러웨이(Clarissa Dalloway)와 제1차 세계대전 참전병인 셉티머스 워렌 스미스(Septimus Warren Smith)를 '더블'로 설정하면서, "광기와 자살"에 대해 사유하고 "정상인이 보는 세상과 비정상인이 보는 세상"을 내러티브 안에 "나란히 놓는" 문학적 시도를 한다. 울프는 클라리사와 셉티머스를 더블로 설정하면서 "삶과 죽음, 정상과 광기"를 다루고 "사회제도"를 비판하려고 했다(*Diary II* 248–49).

클라리사는 오십대 초반의 여성으로 영국 보수당 정치인 리처드(Richard)의 아내이며 슬하에 열여섯 살이 된 외동딸 엘리자베스(Elizabeth)를 두고 있다. 댈러웨이 가족은 영국 국회의사당이 있는 런던의 중심가 웨스트민스터(Westminster)의 저택에 살고 있다. 클라리사는 영국의 수상과 런던의 유명 인사들이 참석하는 파티를 준비한다. 한편 셉티머스는 상류층 가정의 파티에 초대받을 가능성이 없는 '환자'이다. 서른 살쯤 된 셉티머스의 삶은 전쟁 전후로 판이하게 달라진다. 시골에서 자란 셉티머스는 시인이 되려는 꿈을 갖고 런던으로 상경한다. 그는 돈을 벌기 위해 사무직 일을 하고 밤에는 야학에 다니면서 셰익스피어의 문학을 공부하는 성실한 청년이었다. 회사 관리인 브루어씨(Mr. Brewer)의 총애를 받던 셉티머스는 제1차 세계대전에 참전한 이후 변화를 겪는다. 선임병사 에반스(Evans)가 폭탄으로 즉사하는 것을 목격한 이후, 정신을 놓고 일상적인 삶을 유지하는데 어려움을 겪는다. 이탈리아 여성 루크레지아(Lucrezia)와 결혼하여 런던에서 오년 째 결혼생활을 하는 중인데 자살을 예고하는 말을 한다. 클라리사가 파티를 준비하는 동안, 셉티머스는 아내와 동행하여 윌리엄 브래드쇼(Sir William Bradshaw)의 병원에서 상담을 받고 집에 돌아와 오후 세시 경 자살한다. 브래드쇼와 연계하여 자신을 요양원에 보내려고 찾아온 의사 홈즈(Holmes)에게서 도망치려다 창문 밖으로 뛰어내린 것이다. 클라리사가 '정상인'이라면 셉티머스는 '비정상' 범주에 속하는 인물이다. 셉티머스는 참새가 그리스어로 노래하는 환청을 듣고 죽은 에반스를 본다. 표면상 클라리사와 셉티머스는 다르게 보일 수 있지만, 울프는 두 인물을 평행하게 놓고 유사점을 드러낸다.

'폭력'과 '트라우마'는 두 인물을 연결시킬 수 있는 핵심어이다. 울프는 셉티머스와 클라리사를 더블로 설정하면서, 살육이 난무하는 전쟁터와 문명의 중심가인 1923년 런던을 교차시키고, 셉티머스를 통해 전쟁이라는 공적 폭력을, 그리고 클라리사를 통해 전쟁을 비호하는 사상과 언어가 일상에서 작동하는 현실을 각각 드러낸다. 비평가 마크 허시(Mark Hussey)는 『버지니아 울프와 전쟁: 픽션, 현실, 신화』(*Virginia Woolf and War: Fiction, Reality, and Myth*, 1991)의 서문에서 울프를 "전쟁 소설가"로 명명하고 울프가 쓴 대부분의 작품이 제1차 세계대전에 대한 적극적인 반응이라고 말한다(1). 허시의 주장은 『댈러웨이 부인』을 읽는데 있어 유효하다. 셉티머스가 전쟁의 희생양이라는 사실은 분명하게 표현된다. "런던은 스미스라는 성씨를 가진 수백만 명의 젊은이들을 삼켜 버렸다"(82)는 문장은 제1차 세계대전의 비극을 압축적으로 보여준다.[2] 셉티머스는 과학기술의 발전과 항공로의 개척, 신무기의 개발로 인해 가공할만한 파괴력을 행사하게 된 20세기 전쟁의 실체를 알지 못한 상태에서 전쟁의 비극을 겪었던 영국인의 전형이다. 셉티머스는 자신이 태어난 국가 영국을 셰익스피어의 작품을 탄생시킨 나라이자, 초록색 드레스를 입고 셰익스피어 문학 강의를 하는 미스 이사벨 포울(Miss Isabel Pole)이 사는 터전으로 본다(84). 로맨틱한 영웅주의와 기사도 정신은 제국의 일원인 영국인에게 전쟁의 실체를 보지 못하게 한다. 셉티머스가 겪는 전쟁 트라우마는 제1차 세계대전의 아이러니 성격을 강조한 역사학자 폴 푸셀(Paul Fussell)의 논의를 상기시킨다.

푸셀은 1975년 책 『제1차 세계대전과 현대의 기억』(*The Great War and Modern Memory*)에서 모든 전쟁은 예상보다 더 나쁜 결과를 가져오기 때문에 아이러니한 상황을 초래하지만, 제1차 대전은 영국 역사상 전후를 막론하여 아이러니의 상황이 가장 두드러지게 나타난 전쟁이었다고 말한다(7–8). 푸셀에 의하면, 제1차 세계대전은 "사회 개량론 신화"와 "진보에 대한 관념"을 송두리째 흔들면서 인류발전에 대한 기대감을 깨뜨렸고 전쟁을 미화하는 영웅주의의 허상을 폭로하는 사건이었다(8). 울프의 소설에서 셉티머스는 이러한 현실을 단적으로 대변한다. 1923년 6월 셉티머스는 여전히 '생존'해 있지만, 소통의 능력을 상실하고 고립되어 있다. 그의 '잘려진' 언어는 충격적인 기억이 가져온 부정적인 결과이다. 셉티머스는 "인간은 나무를 베면 안 된다. 신은 존재한다"는 "계시"를 종이에 쓰거나, 환청을 들은 후 "세상을 변화시켜라"와 같은 말을 받아 적는다(24). 셉티머스의 독백은 전쟁 트라우마의 징후이다. 셉티머스라는 존재는 문명의 중심지로 인식되는 런던 거리에 출몰하여 전쟁의 비극을 증언한다.

울프의 소설은 전쟁의 희생자가 고통을 겪는 동안에, 전쟁의 주범인 기성세대는 런던의 중심부에서 부와 번영을 누리고 있음을 보여준다. 의사 홈스와 브래드쇼는 위선의 중심에 있는 기성세대 영국인이다. "체격이 크고 혈색이 좋은"(89) 홈스는 피폐해진 셉티머스의 증상을 우울증세로 단순화하여 전쟁 트라우마의 심각성을 외면한다. 건강을 유지하기 위해 바깥 사물에 관심을 갖고 취미활동을 하라는 제안을 할뿐이다. 할리 스트리트(Harley Street)에서 개업한 의사 브래드쇼는 "거금"을 낼 수 있는 부유한 환자를 진료할 때는 고급차를 타고 장거리를 운전하여 왕진을 하지만 일반 진료시에는 45분으로 정해진 시간 동안 환자를 만난다(97). 아내 레이디 브래드쇼는 매주 상류층을 위한 파티를 열고 낚시와 사진 등의 취미활동을 하며 부유한 생활을 한다. 브래드쇼는 셉티머스에게 "균형감각"을 잃었다는 '쉬운' 진단을 내리고, 환자가 요양소에 격리되어 안정을 취해야한다고 주장한다. 소설의 화자는 "윌리엄 경"으로 대표되는 영국이 "균형을 숭배"하면서 개인과 국가 전체를 "번영"시켰다고 말한다. 또한 "영국의 광인들을 격리시키고 출산을 금지하고 절망을 처벌하고 부적응자들이 자신들의 견해를 퍼뜨리지 못하도록" 제도를 만들었다고 기술한다(97).

영국사회의 특권층은 전쟁의 비극을 목격한 이후에도, 폐허가 된 현실을 무시하고 진보와 번영이라는 이념을 숭배하면서 공동체의 돌봄이 필요한 사회의 구성원에게 정신적인 폭력을 행사한다. 의미 있는 소통의 기회를 얻지 못한 셉티머스는 죽음으로 내몰린다. 홈스는 브래드쇼와 합의하에 셉티머스를 요양원에 보내려고 집에 찾아오고, 셉티머스는 홈스에게서 도망치기 위해 창문에서 뛰어내려 사망한다. 소설의 뒷부분에서 클라리사의 파티에 참석한 브래드쇼는 셉티머스가 보였던 전쟁 후유증에 관해 말하고 법안에도 해당 조항이 있어야한다는 상투적인 말을 하면서 자신은 환자의 죽음에 아무런 책임이 없는 듯이 행동한다. 홈스와 브래드쇼는 한나 아렌트(Hannah Arendt)가 논의한 바 있는 '악의 평범성'을 일상에서 수행한다. 1963년 책『예루살렘의 아이히만– 악의 평범성에 대한 보고서』(*Eichmann in Jerusalem: Report on the Banality of Evil*)에서 아렌트가 밝히듯이 유태인 학살과 같은 역사의 죄악은 범죄의도가 명백한 '흉악범'에 의해서만 일어나는 것이 아니라 국가이념에 순응하고 인간의 존엄성에 위반되는 행동을 '일반적'이라고 믿게 된 평범한 사람에 의해 자행될 수 있다. 소설에서 홈스와 브래드쇼는 진보와 번영이라는 국가이념을 받아들이고 타인에게도 그것을 강요하면서 은연중에 제국주의의 수호자 역할을 한다. 일상에서 맛있는 음식을 먹고 취미생활을 즐기면서 '평범한' 행복을 누리는 두 명의 의사는, 국가폭력으로 인해 상처 입은 환자의 고통을 방관하고 전쟁 트라우마의 증인이 되기를 거부하면서 영국사회에 만연한 '악의 평범성'을 가시화한다.

셉티머스의 더블인 클라리사는 '자살'하지는 않지만, 트라우마를 말없이 겪는 인물이다. 클라리사는 "단 하루를 사는 것조차 참으로 위험한 일"(8)이라고 느낄 만큼 예민한 마음의 소유자이다. 소설에 클라리사에 관한 상세한 정보가 구체적으로 나오는 것은 아니지만, 여러 목소리를 통해 클라리사가 겪는 고통의 이유를 엿볼 수 있다. 클라리사는 결혼 전 충격적인 사건을 겪는다. 그녀는 부어턴(Bourton)에서 아버지와 살던 시절 언니 실비아(Sylvia)가 집 정원 나무에 깔려 죽는 것을 눈앞에서 목격한다(78). 비평가 엘리자베스 아벨(Elizabeth Abel)은 클라리사의 어머니가 부재한다는 사실에 주목하면서 모성의 결핍과 상실이 트라우마의 원인이라고 말한다. 실비아의 죽음 이후 클라리사가 친구 샐리(Sally)에게 특별한 우정을 느끼는 것도 모성에 대한 욕구와 관계된다는 것이다(Abel 31). 한편 클라리사가 앓았던 질병도 트라우마의 원인일 수 있다. 소설의 앞부분에서 화자는 클라리사가 병을 "앓고 난 후 몹시 창백해졌다"(4)고 말하는데, 이러한 구절은 클라리사가 생사를 넘나들 정도로 아팠을 가능성을 보여주고, 그녀가 감지하는 죽음의 위협이 실제적이라는 것을 암시한다. 클라리사는 전쟁이 남기고 간 폭력에도 민감하게 반응한다. 전쟁은 끝났지만, "어떤 이들에게는 꼭 그렇지만도 않다"(4)는 3인칭 화자의 언급은 제1차 세계대전이 영국인의 삶에 남긴 상처를 기록한다. 소설은 전쟁 이후 고통 받는 여성의 존재를 드러낸다. 클라리사는 꽃을 사러가는 길에 피카딜리(Picaddily)에 있는 서점을 지나게 되고, 이때 진열장에 놓인 펼쳐진 책 한권을 본다. 클라리사가 서점 창문을 통해 보는 글귀는 "더 이상 두려워 말라, 태양의 열기를/ 사나운 겨울의 횡포를"이라는 구절로 셰익스피어의『심벨린』(*Cymbeline*) 중 한 대목이다. "더 이상 두려워 말라"는 대목을 유심히 보던 클라리사는 전쟁터에서 아들을 잃고 "가슴 속에

눈물이 그득한"(9) 이웃 여성의 슬픔을 떠올린다.

이후 내러티브에서 "더 이상 두려워 말라"는 구절은 클라리사의 의식에서 되새겨진다. 이러한 언어의 반복은 클라리사의 내면에 두려움의 정서가 자리 잡고 있다는 것을 암시한다. 일상에서 일어나는 증오와 불친절한 행동도 트라우마의 원인이다. 예컨대 엘리자베스의 가정교사인 도리스 킬먼(Doris Kilman)의 정서적 우월감은 클라리사를 억압하는 요인이 된다. 여학교에서 역사를 가르쳤던 미스 킬먼은 1차 세계대전 당시 모든 독일인이 나쁜 것은 아니라는 발언을 했다가 학교에서 해고당한 이후, 리처드의 소개로 엘리자베스의 가정교사가 된다. 클라리사는 킬먼이 가난을 우월함의 조건으로 여기면서 자신을 속물 취급하는 것을 느낀다. 킬먼을 사로잡고 있는 "관념"과 "한밤중에 나타나 싸움을 거는 유령들"(12)은 클라리사의 '적'이 된다. 상류층 여성 밀리슨트 브루턴(Milicent Bruton)은 '전쟁'의 또 다른 얼굴로 그려진다. 브루턴은 화려한 오찬모임을 여는 것으로 유명하다. 소설의 배경이 되는 날, 브루턴은 리처드를 오찬모임에 초대한다는 사실을 전화로 통보하고, 클라리사는 이 사실을 하녀에게 전해 듣는다. "자신을 빼고 리처드를 점심에 초대했다는 충격"은 클라리사에게 상처를 준다. 자기에게 남은 "시간이 기우는 것" 같다는 느낌을 받기도 한다(29).

클라리사는 폭력에 민감하게 반응하는 만큼 일상의 순간들을 즐기고 삶 그 자체를 사랑한다. 클라리사의 감각은 주변의 모든 것에 열려 있다. 『댈러웨이 부인』은 아침의 상쾌함을 만끽하는 클라리사의 모습을 보여준다. 클라리사는 아침이 "마치 바닷가에서 뛰노는 아이들처럼 신선하다"(3)고 감탄한다. 꽃을 사러 가는 클라리사는 런던거리를 걸어가면서 도시의 활력에 흥분을 느낀다. 빅토리아 스트리트(Victoria Street)를 건너는 클라리사는 시계탑 빅벤(Big Ben)의 종소리를 들으면서 "왜 그렇게 삶을 사랑하는지, 어떻게 삶을 그렇게 보는지, 삶을 꿈꾸고 자기 둘레에 쌓아 올렸다가는 뒤엎어 보리고 매 순간 새로 창조하는지, 하늘이나 아실 일이다"라고 생각하며 삶에 대한 사랑을 표현한다(4). 클라리사에게 런던풍경은 삶의 활력과 자유, 그리고 미적인 쾌락을 준다. 초여름 햇살을 받아 반짝이는 나뭇잎들은 "클라리사가 사랑해마지않는 생명력의 파도"(7)와 함께 춤을 추는 듯 보인다. 생동감을 불러일으키는 소리와 풍경으로 가득한 런던거리를 걷는 것은 클라리사에게 있어 삶의 즐거움을 향유하는 행위이다.

일상적인 삶의 아름다움과 생명 그 자체에 대한 사랑은 울프가 『댈러웨이 부인』의 클라리사를 통해 드러내는 중요한 가치이다. 그러나 이와 동시에 작가는 삶과 맞붙어있는 죽음에 관한 진실을 보여준다. 울프는 클라리사와 셉티머스의 일상을 재현하면서, 독자로 하여금 삶과 죽음이 치열하게 다투는 이미지를 연상하게 한다. 셉티머스의 '광기'가 고조되고 죽음의 순간이 다가오는 동안에, 클라리사는 '파티'를 준비하면서 삶의 활기를 즐긴다. 클라리사에게 있어서 파티는 흩어진 삶의 경험을 한데 모으고 전쟁 이후 "남겨진 충격의 혼돈"을 극복하는 데 있어 필요하다(Froula 129). 또한 따로 떨어진 것들에 조화를 부여하고 "통합의 순간"을 만드는 기능도 한다(Henke 142). 다시 말해, 클라리사의 파티는 삶에 대한 은유로 작동하며, 샐리와 피터를 비롯하여 수년간 떨어진 사람들을 연결시키고 대화를 유도하면서 삶의 활기를 북돋아준다. 한편 작가는 파티에 죽음이라는 손님을 초대한다. 클라리사는 레이디 브래드쇼에게 "한 청년"의 자살 소식을 듣게 되고, "내 파티 한복판에 죽음이라니"라고 생각하면서 "파티의 찬란함이 땅에 떨어졌다"고 느낀다(179). 울프는 소설 후반에서 삶과 죽음, 그리고 클라리사와 셉티머스를 연결시킨다. 파티 도중에 클라리사는 사람들이 없는 조용한 곳으로 가서 셉티머스의 죽음에 관해 성찰한다. 이때 클라리사는 타인의 신체 고통을 마치 자신의 것처럼 느낀다. 소설의 화자는 평상시클라리사가 누군가의 사고 소식을 들었을 때 "옷에 불이 붙고, 몸이 타는 것"같은 신체 증상을 겪었다고 말한다(179). 소설의 배경이 되는 날에도 클라리사는 왠지 자살을 한 청년과 자신이 "아주 비슷하다"(180)는 알 수 없는 느낌에 사로잡힌다. 울프는 셉티머스의 고통을 자신의 것처럼 느끼는 클라리사의 반응을 보여주면서, 두 인물이 물리적으로는 만난 적이 없지만 보이지 않는 끈으로 연결된 '더블' 인물이라는 점을 암시한다.

『댈러웨이 부인』은 타인에게 비춰지는 클라리사와 실제의 클라리사 사이에 존재하는 간극을 보여준다. 주변 사람들에게 클라리사는 "댈러웨이 부인"이나 "매력적인 여성"(4)으로 보인다. 남편 리처드도 클라리사가 정말 원하는 것을 읽지 못할 때가 많다. 예컨대 리처드는 레이디 브루턴의 오찬모임에 초대받지 못한 클라리사의 상처를 보지 못한다. 하지만 클라리사는 '댈러웨이 부인'이라는 호칭으로는 표현할 수 없는 개성과 깊이를 가진 인물이다. 클라리사 안에 있는 '동굴'로 들어가지 않으면 볼 수 없는 감정의 결들이 있다. 삶을 사랑하고, 남은 인생을 살아가야하는 클라리사는 "태양의 열기를 더는 두려워 말라"는 구절을 떠올리면서 파티로 돌아간다. 새벽 세시 파티의 끝으로『댈러웨이 부인』은 끝나지만, 그 이후에도 클라리사는 파티에 찾아왔던 '불청객'의 존재를 인정하고 기억할 것이다. 아무런 관련이 없어 보이는 두 인물을 더블로 창조한 작가는 독자에게도 타인의 고통에 반응하기를 요청하고, 트라우마의 증인이 되기를 거부하는 공동체의 무책임을 고발한다.

2.『댈러웨이 부인』의 사물들: 기표의 의미를 찾아서

> 빅벤, 자동차, 마차, 비행기, 버스, 모자, 양산, 구두, 장갑, 침대, 타이프라이터, 전화기, 침대, 담배, 브로치, 거울, 가위, 비단실, 드레스, 손칼, 제복, 총, 목걸이, 뜨개질감, 실크스타킹, 포탄, 축음기, 매킨토시 코트, 페티코트, 분수대, 앰뷸런스, 편지, 메뉴판…

위에 나열된 단어는『댈러웨이 부인』에 등장하는 사물이다.『댈러웨이 부인』을 읽는 방법 중 하나는 내러티브를 구성하는 구체적인 사물에 초점을 맞춰 기표가 텍스트의 안과 밖에서 어떤 역할을 하는지를 살펴보고 확장된 의미를 발견하는 것이다. 예를 들어 시계탑 빅벤은 내러티브 안에서 상징성을 갖고 플롯 구성에도 중요한 역할을 한다. 소설은 등장인물이 떠올리는 과거의 순간들을 보여주면서 그들이 느끼는 주관적인 시간을 중요하게 다루는 동시에, 누구나 보편적으로 경험하는 객관적인 시간의 흐름을 빅벤이라는 장치를 통해 보여준다. 30분마다 울리는 빅벤의 종소리는 물리적인 시간의 경과를 보여주면서, 개인의 주관적인 시간 인식에 함몰될 수 없는 객관적인 시간의 흐름을 나타낸다. 클라리사는 "돌이킬 수 없는 시간"(4)의 흐름을 알리는 빅벤의 종소리를 들으면서 시간의 엄정함을 인식하고 삶에 대한 애착과 함께 두려움을 느낀다. 한편『댈러웨이 부인』은 19세기와 20세기의 사물이 기묘하게 혼재하는 특징을 보여준다. 소설에는 편지와 같은 아날로그 소통수단이 빈번히 활용되는 한편, 전화기나 타이프라이터 등의 기계가 일상에서 사용되는 모습이 재현된다. 버스와 마차가 길 위에 함께 있는 광경을 그려본다면 옛것과 새것이 함께하는 1923년 런던 풍경을 어느 정도 상상해볼 수 있다. 소설 앞부분에서 군중의 시선을 사로

잡는 비행기는 연기를 분사하여 하늘에 글자를 써서 상품을 광고하는 물체로 1922년 8월 런던에 첫 선을 보였고 1923년부터 중요한 광고수단으로 활용되었다. 비행기는 과학기술 발전과 소비주의와 도시군중의 형성 등을 특징으로 하는 모더니티의 징후를 분명하게 보여준다.

실험적인 소설『댈러웨이 부인』은 사물이 인간과 맺는 관계에 대한 새로운 상상력을 제시한다. 내러티브 안에서 사물은 인간과 더불어 세상을 구성하고 나름의 생명과 성격을 가진 자율적인 존재로 재현된다. 클라리사는 "런던의 길거리에서, 사물들이 밀려오고 밀려가는 흐름 속에, 그녀가 여전히 살아 있고, 피터도 살아 있으며, 서로의 존재 안에 살아 있다"(9)는 초현실적인 느낌을 받는다. 클라리사의 더블인 셉티머스의 시선에서도 사물이 가득한 세상은 비범한 아름다움을 발하는 것처럼 보인다. 그는 "이 모든 것은 있는 그 자체로 차분하고 합당하며 보통의 사물들로 이루어져 있었으니, 진실 그 자체였다. 아름다움, 그것은 이제 진실이다. 아름다움은 어디에나 있었다"(68)라고 말한다. 셉티머스는 전쟁터에서 경험한 포탄충격(shell-shock)의 후유증으로 정신적인 기능이 마비되지만, 그럼에도 불구하고 울프는 경제적인 목적으로 사물을 활용하는 자본주의 시스템 밖으로 밀려난 셉티머스에게 사물 그 자체의 본질을 느낄 수 있는 특권을 준 것이다. 울프가 클라리사의 침대를 묘사하는 방식도 눈여겨 볼 필요가 있다. 클라리사가 병을 앓았을 때 편히 잠을 잘 수 있도록 배려하여 리처드는 이층 다락방을 클라리사의 침실로 만들어준다. 화자는 클라리사의 침대가 "점점 더 좁아졌다"(30)고 서술한다. 클라리사의 몸과 밀착된 사물인 침대가 좁아진다는 것은 클라리사가 당면한 몸의 변화나 남편과의 관계에서 겪는 섹슈얼리티의 문제에 대한 은유적인 표현이다. 변화의 주체는 클라리사인데 주어를 클라리사가 아니라 침대로 제시한 것은 작가의 독특한 표현으로 사물과 인간 주체의 경계를 허무는 효과를 발생시킨다.

사물은 개인의 취향 뿐 아니라 공동체의 가치관을 형상화하는 역할을 한다. 사회문화적 취향의 표식으로 활용되는 사물의 예로 '장갑'과 '메뉴판'을 살펴볼 수 있다. 쇼핑의 중심지인 본드 스트리트(Bond Street)를 걷는 클라리사는 장갑 가게의 진열장에 멈춰 엘리자베스에게 예쁜 장갑을 사주고 싶다고 생각한다. 클라리사의 숙부가 "여성은 구두와 장갑을 보면 알 수 있다"(11)고 말했듯이 빅토리아 시대 영국 상류층에서 장갑은 여성의 액세서리로 분류된다. 19세기 후반에 젊은 시절을 보낸 클라리사는 상류층 '레이디' 취향인 장갑을 좋아하는 여성이다. 장갑에 대한 취향은 사회적 매너를 중요한 가치로 여기는 전통적인 삶의 태도와 연관된다. 『댈러웨이 부인』의 모티브가 된 1923년 단편 「본드 스트리트의 댈러웨이 부인」("Mrs. Dalloway in Bond Street")에는 장갑을 좋아하는 클라리사의 특징이 강조된다. 1923년 단편은 "댈러웨이 부인은 장갑을 직접 사겠다고 말했다"(19)로 시작한다.[3] 「본드 스트리트의 댈러웨이 부인」을 장편으로 확장시키면서 울프는 "장갑"을 "꽃"으로 바꿔서 첫 문장을 "댈러웨이 부인은 꽃을 직접 사겠다고 말했다"(3)로 수정하였지만, 『댈러웨이 부인』에서 장갑의 중요성은 여전히 크다. 클라리사는 장갑이라는 소품에 깊은 애정을 갖고 있지만 외동딸 엘리자베스는 "구두이든 장갑에든 전혀 관심이 없고" 집에서 키우는 개를 더 좋아한다(11). 20세기 초반 태생인 엘리자베스는 미래에 의사나 농부가 되기를 원하는 여성으로, '여성적'인 액세서리에 관심을 두지 않고 어머니의 파티에도 별 관심이 없다. 장갑은 모녀간의 취향 차이를 보여주는 것과 아울러 19세기 여성과 20세기 여성의 가치관 차이를 가시화한다. '메뉴판'은 사회계층의 차이를 드러내는 표식이다. 소설 후반부에서 피터가 호텔 식당에서 메뉴판에 있는 고급와인을주문하는 모습은 다른 테이블에 앉아있는 모리스(Morris) 가족의 눈길을 끈다. 전통적인 영국사회에서 엘리트 계층인 피터가 "메뉴를 보는 방식, 검지로 특정 와인을 가리키는 동작"은 상업으로 부를 축적한 모리스 집안사람들에게 선망의 감정을 불러일으킨다(156). 1920년대의 영국은 계급 간 이동이 활발하게 일어났던 시기이지만, 피터의 취향을 부러운 눈길로 바라보는 모리스 가족의 시선은 영국사회에 뿌리 깊이 내재된 계급의식을 보여준다.

사물은 사람의 성격과 숨겨진 욕망을 표현하기도 한다. 클라리사는 "바닥에 앉아 무릎을 감싸 안고 담배를 피웠던"(32) 샐리를 기억한다. '숙녀'답지 못한 자세로 담배를 피우던 모습이 샐리의 "첫 인상"이었다(32). 샐리의 담배는 자유분방한 보헤미안 여성의 표식이다. 매킨토시 코트와 페티코트는 미스 킬먼의 아이템이다. 클라리사가 눈엣가시로 여기는 매킨토시 코트는 킬먼의 경제적 궁핍과 전투적인 성향을 나타내는 표식이다. 3인칭 화자는 킬먼이 매킨토시를 입고 다니는 세 가지 이유를 설명한다. 매킨토시 외투는 "가격이 쌌고" 킬먼은 "마흔 살이 넘었으며" 더 이상 "다른 사람에게 어떻게 보일지"에 대해서 전혀 관심이 없었기 때문이다(120). 군복으로도 활용되는 방수 재질의 매킨토시 코트는 '레이디 취향'을 혐오하는 킬먼의 성향을 상징적으로 보여주는 아이템이다. 그런데 엘리자베스와 함께 쇼핑을 하러 간 킬먼은 뜻밖에도 여성의 전유물인 페티코트를 구입한다. 킬먼의 선택은 엘리자베스를 놀라게 한다. 매킨토시와 페티코트는 킬먼의 모순을 가시화하는 사물로써 인물의 복합적인 특성을 드러낸다. '여성성'을 함의하는 삶의 스타일을 혐오하는 듯 보였던 킬먼에게도 겉으로 표방하는 것과는 다른 욕망이 있다는 것을 알 수 있다.

사물은 상황의 아이러니를 드러내고 텍스트를 사회문화적인 맥락에서 읽도록 유도한다. 오후 세 시경 창문 밖으로 뛰어내린 셉티머스를 싣고 가는 앰뷸런스가 대표적인 예이다. 피터는 호텔로 가는 길에 앰뷸런스의 경적소리를 들으면서 "문명이 거둔 승리"와 "런던의 능률과 조직과 공공정신"(147)에 관해 생각한다. 앰뷸런스 안에 있는 셉티머스의 육체는 "문명이 거둔 승리" 뒤에 있는 폭력을 암시하지만 피터에게는 희생자의 현실적인 고통이 피상적으로 느껴진다. 앰뷸런스에 대한 피터의 반응은 타인의 고통에 거리를 두고 관객처럼 바라보며 사물의 겉모습을 보고 판단하는 성향을 드러낸다. 1918년부터 1923년까지 인도에서 행정직 일을 하던 피터는 현재 여자 친구이자 인도인 유부녀인 데이지(Daisy)의 이혼을 추진하려고 런던에 온 상황으로 영국에는 가족과 직업이 없다. 세인트 제임스 공원(St. James's Park)을 지나가는 피터는 제복을 입은 학군단 학생들이 행군하는 모습을 구경한다. 피터는 행군을 하는 소년들이 "아주 멋진 훈련"을 하고 있다고 생각하며 농담 섞인 감탄을 보낸다(5). 사물이나 현상의 본질에 대해 생각하기보다 외모와 인상에 치중하는 피터의 태도는 아이러니를 유발하고 비판적인 사유의 지점을 제시한다. 이안 바우콤(Ian Baucom)이 설명하듯이, 빅토리아 시대부터 영국 상류층 남성은 명문 퍼블릭 스쿨(public school)에 다니며 대영제국의 지도자가 되기 위한 정신교육을 받았을 뿐만 아니라, 체육과 신체훈련을 통해 "영국성"(Englishness)이라는 국가이념을 체화하도록 길들여졌다(138). 평상시 피터는 보수적인 영국사회를 '삐딱한' 시선으로 보면서 진보적인 지식인인 듯 행동하지만, 영국인의 '제복'이 함의하는 제국의 폭력을 냉철하게 인식하지는 못한다. 이처럼 작품에 등장하는 몇몇 사물들은 중요한 상징성을 갖는다. 또 다른 예로 여성인물의 뜨개질감은 '집안의 천사' 이미지를 환기하고 전통적인 의미에서의 모성을 상징한다. 이날 오전시간에 클라리사를 방문했던 피터는 리젠트 파크(Regent Park)를 지나가는 길에 잠시 휴식을 취하기 위해 공원 벤치에 앉고, 마침 옆자리에는 한 아이의 유모가 뜨개질을 하고 있다. 스스로를 "고독한 여행자"(56)로 인식하는 피터에게 "지칠 줄 모르고 조용히 뜨개바늘을 움직이는 유모"는 "잠든 이들의 권리를 수호하는" 어머니의 형상처럼 보인다(55). 뜨개질하는 유모의 모습은 피터에게 안락한 기분을 느끼게 하고 한낮의 낮잠을 유도한다.

한편 『댈러웨이 부인』에 등장하는 클라리사의 이브닝드레스는 여성의 몸과 밀착된 사물로써 소설이 제기하는 섹슈얼리티와 사랑의 문제를 사유하게 만든다. 클라리사가 파티에서 손수 고쳐 입는 초록색 드레스는 단지 타인에게 보이기 위한 옷이 아니라, 제2의 '몸'과 같은 기능을 한다고 볼 수 있다. 드레스와 몸의 관계를 이해하기 위해서는 클라리사의 드레스가 "처녀성"(virginity)을 상징한다는 것을 기억해야한다. 흥미롭게도 울프의 소설에서 '처녀성'은 사회에서 통용되는 일반적인 의미가 아니라 새로운 의미를 갖는다. 클라리사는 "아이를 낳았지만 여전히 처녀성이 새하얀 시트처럼 자신을 감싸는 것"(30)을 느낀다. 클라리사의 '처녀성'은 여성의 성경험 유무와는 관계가 없다. 여기서 처녀성은 젠더화된 사회구조 밖에 있는 사랑 혹은 사심이 없는 순전한 감정과 연결된다. 클라리사는 리처드와 결혼한 후 물질적 풍요를 누리고 혼자만의 시간을 보낼 수 있는 '사적'인 공간도 얻었다. 결혼 전 클라리사는 부부사이에 "어느 정도의 자유와 독립성"이 있어야 한다고 보았고, 리처드는 자신이 인간관계에서 원하는 '거리'와 자유를 줄 수 있는 남성이었다(7).

결혼 후 클라리사는 자신이 원했던 물질적 삶의 조건을 갖추었지만, "무엇인가 중심에서부터 번져 나가는 것, 표면을 깨뜨리고 남자와 여자 혹은 여자들 간의 차가운 접촉에 설렘을 일으킬만한 따뜻한 것"이 없다는 것을 느낀다(31). 그리고 부어턴에서 샐리와 함께 했던 기억을 떠올린다. 의식의 흐름은 샐리와의 키스 장면에서 방점을 찍는다. 클라리사는 샐리가 자신의 입술에 키스했던 때를 "기막히게 황홀했던 순간"으로 기억한다(35). 클라리사에게 있어 샐리와의 키스는 "타는 듯 한광채, 계시, 종교적인 감정"(35)을 일깨운 사건으로, 여성 간의 사랑 이상의 의미를 갖는다. 클라리사는 샐리를 통해 강렬하면서도 "따뜻한" 접촉을 경험한 적이 있기 때문에, 현재 자기에게 없는 것이 무엇인지를 인지한다. 샐리와의 키스를 떠올린 후 클라리사는 초록색 드레스를 파티에서 입기로 결정한다. 일전에 열린 대사관 파티에서 누군가 치맛단을 밟아서 단이 뜯어졌었는데 수선하여 입으려는 것이다. 클라리사는 드레스를 무릎에 펼쳐 놓고 가위와 비단실을 찾아 들고 수선을 시작한다. 드레스는 "여름날 파도들이 층층이 쌓였다가 균형을 잃고 무너져 내리는 것"처럼 보인다(38). 클라리사가 바느질하는 드레스는 파도에 비유되는 동시에 리듬에 따라 움직이는 몸을 연상시킨다. 클라리사의 드레스 수선은 샐리를 매개로 경험했던 삶의 환희를 회복하려는 시도이면서, 사회규범을 넘어서는 섹슈얼리티와 사랑에 대한 추구를 나타낸다.

드레스를 매만지던 클라리사는 피터의 방문으로 방해를 받는다. 오랜만에 클라리사를 만난 피터는 늘 갖고 다니는 주머니칼을 꺼내어 수선 중인 드레스를 가리키면서 "이게 다 뭐요?"라고 묻는다(40). 부드러운 질감의 드레스와 날카로운 칼날이 만나는 장면은 클라리사와 피터로 표상되는 여성과 남성의 대립을 보여준다. 클라리사에게 있어 드레스를 고치는 일은 삶의 "기막히게 황홀했던 순간"을 회복하려는 마음과 연결되지만, 피터는 그 마음을 읽지 못한다. 드레스를 고치는 모습을 보면서 피터는 결혼이 여자를 망쳐놓는다고 생각하고, '완벽한 안주인' 역할을 하는 듯 보이는 클라리사를 못마땅하게 생각한다. 클라리사는 자신을 비난하는 피터의 시선을 느끼고, 칼을 갖고 장난치는 피터의 행동에 반감을 느낀다. 드레스를 향해 겨누는 칼은 여성의 몸과 사적인 공간에 흠집을 내는 상징적인 도구로 볼 수 있다. 칼은 피터의 독설을 상징하기도 한다. 세월이 흘렀지만 클라리사는 피터가 남긴 날카로운 말을 기억한다. 부어턴에 살던 시절 피터는 정원에서 시간을 보내는 클라리사에게 "채소밭에서 명상하는 거요? 난 콜리플라워보다 사람이 더 좋은데"라고 말하거나, 미래에 "완벽한 안주인"(3)이 될 것이라는 말로 비아냥거리면서 마음에 상처를 주었다. 이러한 측면에서 칼은 클라리사를 정신적으로 공격하는 남성적 폭력을 은유적으로 나타낸다. 『댈러웨이 부인』에 나오는 사물들의 의미는 한 가지로 확정할 수 없다. 텍스트 안에서 각각의 사물들은 자기만의 개성과 다양한 성격을 갖고 있으며, 독자의 '열린' 읽기를 기다리고 있다.

3. 어느 여성작가의 글 — 『댈러웨이 부인』

울프는 20세기 여성주의 문학의 비전을 제시한 작가로 여겨진다. 로라 마커스(Laura Marcus)가 지적하듯이 "버지니아 울프"와 "페미니즘"은 짝을 이루는 용어로 인식될 정도이다(142). 제2차 세계대전 후 1950–60년대 페미니즘 비평가들이 울프를 전쟁 이전의 감성을 보여주는 보수적인 작가로 평가했다면, 2세대 페미니즘(second feminism wave)의 영향을 받은 1960–70년대 이후 비평가는 울프 문학을 현대 여성주의 문학의 다양한 지점과 가능성을 보여주는 텍스트로 평가한다(Marcus 142). 이러한 비평가들은 여성참정권 운동이나 작가의 사회참여에 초점을 맞추는 것을 넘어, 여성의 권리와 평등이라는 사회문제를 더 큰 맥락에서 모색한다. 모던한 삶과 문학을 꿈꾸었던 울프는 여성의 현재와 미래에 관하여 새로운 생각과 상상력을 보여주는 글을 발표했다. 울프의 전작 중에서 페미니즘 작품으로 가장 잘 알려진 글은『자기만의 방』이다.『자기만의 방』에서 울프는 여성이 적성에 맞는 일을 하면서 일정한 수입을 가질 수 있어야 하고, 사적인 공간인 '자기만의 방'을 확보해야 한다고 주장한다. 울프가 말하는 '자기만의 방'은 물질적인 조건 뿐 아니라, 여성이 외압에 휘둘리지 않고 글을 쓸 수 있는 독립된 공간을 의미한다. 여성이 점유한 사적 공간인 '자기만의 방'에서 여성의 창조적인 글이 생성될 수 있다는 것이 울프의 전제이다.『댈러웨이 부인』은 울프가 '여성과 픽션'을 강연하기에 앞서 쓴 글로,『자기만의 방』과 함께 읽을 수 있는 소설이다.『자기만의 방』은 1920년대 파시즘 영향 아래 있는 작가와 영국 엘리트 계층 작가의 글에 나타난 공통점을 지적한다. 울프에 의하면 제도권 안에 속한 남성작가들은 자의식의 과잉이라는 취약점을 보인다. 울프의 목소리를 반영하는 화자는 1920년대 파시즘 작가는 문학을 이데올로기 설파의 도구로 전락시킨다는 점에서 문제가 있고, 글을 통해 자신의 존재를 유명하게 만들고자 하는 유아적인 욕망을 드러낸다고 지적한다(134–35). 아울러 화자는 영국작가 조셉 루드야드 키플링(Joseph Rudyard Kipling)과 존 골즈워디(John Galsworthy)등의 작품에도 알파벳 'I'가 장악하고 있다고말한다. 울프가 말하는 'I'는 자기중심성을 보이는 남성작가를 상징하는 동시에, 그들이 쓴 글을 지칭하는 기호로 볼 수 있다.

소설가로서 울프가 일인칭 화자의 설정을 지양했던 것도 텍스트에 가능한 자아를 투영하지 않고, 글을 자아로부터 해방된 '글 자체'가 되게 하는 의도와 관계있다. 다수의 독자들이 『댈러웨이 부인』의 주인공인 클라리사를 울프와 동일시하는 반응을 보이기도 하지만, 『댈러웨이 부인』은 울프의 자서전이 아니며 어디까지나 클라리사와 울프는 별개의 인물이다. 울프가 클라리사를 셉티머스와 더블로 설정한 것도 '나'의 확고한 정체성을 강조하는 자아중심성에서 탈피하려는 시도이다. 울프는 인물과 인물을 보이지 않는 끈으로 연결시켜 '나'와 '타인'의 경계를 해체한다. 소설의 내레이션도 단일 인물에게 과도한 무게를 싣는 기법을 지양한다. 『댈러웨이 부인』의 내레이션은 클라리사의 내면의 언어를 보여주면서도, 클라리사가 아니라 3인칭 화자가 인물의 목소리를 옮기는 자유간접 화법을 차용한다. 그 결과 여러 인물의 목소리가 겹치는 효과가 발생한다. 아래는 『댈러웨이 부인』의 처음 두 문장이다.

> 댈러웨이 부인은 손수 꽃을 사겠다고 했다.
> 루시는 루시대로 해야 할 일이 있었기 때문이다. (3)[4]

3인칭 화자는 누구의 목소리를 전하는가? 우선 바쁜 루시를 대신해서 직접 꽃을 사러가겠다는 클라리사의 말을 옮긴 것으로 볼 수 있다. 하지만 꽃을 사러가겠다는 클라리사의 말을 듣고 있는 루시의 입장에서 기록된 문장으로 볼 수도 있다. 인용문의 둘째 줄 "루시"라는 주어를 "나"로 바꾼다면 발화의 주체는 루시가 된다. 이와 같이 독자는 『댈러웨이 부인』의 처음 두 문장만 읽어도 3인칭 화자, 클라리사, 루시의 목소리가 겹쳐지는 상황을 볼 수 있다. 울프는 여러 명의 목소리가 공존하며 겹쳐지는 문학적 효과를 만들면서 하나의 목소리가 지배하는 체제로부터 이탈하고자 했다.

『자기만의 방』에서 울프가 미래의 여성작가에 제안하는 바는 자기만의 개성 있는 목소리와 글쓰기 언어를 개발하고 자기중심적인 세계관에서 벗어나 유아독존적인 '나'를 강조하는 유혹에서 탈피하는 것이다. 울프가 여성에게 가졌던 희망은 비뚤어진 국가주의와 제국주의 이념에 사로잡힌 기존 남성의 가치관을 답습하지 않고, 새로운 글쓰기의 내용과 형식을 지속적으로 발전시켜나가는 데 있었다. 『댈러웨이 부인』에는 영국 남성의 제국주의 이념과 정형화된 글의 형식을 모방하는 여성이 등장한다. 이 여성이 바로 장군 집안의 후손 레이티 브루턴이다. 그녀는 『더 타임스』(*The Times*)의 편집인에게 편지를 보내서 신체 건강하고 두뇌가 명석한 젊은 남녀를 국가 차원에서 선발한 후 캐나다로 이민을 보내서, 이른바 '신식민지'를 만들자고 건의한다. 이러한 목적을 관철시키기 위해, 레이디 브루턴은 휴 휘트브레드(Hugh Whitebread)와 리처드를 오찬 모임에 초대한다. 그녀는 식사 후 국가적 차원의 '이민'에 대한 자신의 의견을 밝히고, '좋은' 필체를 가진 휴에게 대필을 부탁한다(106–07). 휴는 남성중심의 영국사회가 인정하는 편지쓰기의 기술적인 측면을 알고 있으며, 편집자의 취향과 신문사가 추구하는 가치관에 맞게 편지 레토릭을 구사할 줄 아는 남성이기 때문에, 레이디 브루턴은 휴에게 도움을 청한다. 대필편지 장면을 통해 볼 수 있듯이, 글쓰기 형식을 모방하는 것은 생각을 모방하는 것과 같은 선상에 있다. 제국주의와 우생학적 이념을 아무런 저항 없이 수용하는 레이디 브루턴은 자신만의 생각을 가지지 못했을 뿐 아니라 자기만의 독창적인 글을 쓸 수 없는 인물로 묘사된다.

울프의 독창적인 소설 『댈러웨이 부인』에는 '나'라는 존재를 넘어, 소설을 이루는 글자 그 자체의 생명력을 표현하려는 시도가 엿보인다.

소설 안에는 셰익스피어의 언어를 포함하여 다양한 스타일의 언어가 혼재하면서 '폴리포니'(polyphony)의 공간이 형성된다. 울프는 셰익스피어의 작품을 제대로 읽은 적인 없는 클라리사의 목소리를 통해 셰익스피어 구절을 되새기게 한다. 이때 중요한 것은 누가 원작자인지가 아니라, 글 자체, 그리고 글과 사람의 마주침이다. 『댈러웨이 부인』에는 음소만 있을 뿐 의미를 알 수 없고, 인간 주체가 배재된 느낌의 언어도 등장한다.

> 이이 엄 파엄 소오.
> 푸우 쉬이 투우 이임 우우— (79)

리젠트 공원 지하 철도 역에서 구걸하는 노파의 노래 소리는 "인간적인 뜻이 없는 소리"처럼 거리에서 울려 퍼진다(79). 화자에 의하면 "거품처럼 보글보글 끓어오르는 그 옛 노래"는"무한한 세대의 매듭진 갈래를 뚫고, 땅에 묻힌 유골과 숨은 보배에까지 스며들고, 잔물결을 쳐, 포장길을 따라 메릴본 가로 흘러나가서, 유스턴까지 젖은 자국을 남기면서 거름을 주는" 소리이다(79–80). 울프는 노파의 입에서 흘러나오는 옛 언어와 당시로서는 최첨단 과학기술인 비행기가 분사한 글자 "Glaxo"와 "Kreemo"등을 텍스트에 기록하고 이를 통해 하나의 내러티브 안에 다양한 형태의 기표가 혼재하는 효과를 만들어냈다.

울프는 말과 글자 그 자체의 자율성과 생명력을 존중했던 작가이다. 1937년 에세이 「솜씨」("Craftsmanship")에서 울프는 모든 단어는 본성상 자유롭다고 말한다. 단어는 자유로운 "방랑자"이고 "변화하는 기질을 가졌으며, 관습에 얽매이지 않고 사람에게 이용당하기를 거부"한다(626). 또한 "하나의 의미에 고정"되지 않고 자율적으로 활동한다(626–27). 울프는 텍스트의 의미를 확정짓는 해석의 방식에 반대한다. 『댈러웨이 부인』에서 비행기가 연기로 글자를 만들어갈 때, 군중은 하나의 통합된 의미를 찾아내려고 한다. 대부분의 사람들은 비행기가 "토피"(toffee)광고를 하고 있다는 것을 발견하고, 제작자의 의도를 발견하는데서 텍스트 읽기를 그친다. 하지만 셉티머스가 글자에 반응하는 방식은 다르다. 셉티머스는 "하늘에 풀려서 녹아드는 흰 연기 글자"를 보면서 "절묘한 아름다움"을 느낀다(21). 그리고 "케이… 알…"(k… R…)이라는 알파벳 소리를 들으면서 촉각적인 체험을 한다. "깊고 부드럽지만" 동시에 "메뚜기 소리 같은 날카로움"이 담긴 음성을 들으면서 셉티머스는 "등줄기에 시원한 마찰"이 일어나는 느낌을 받는다(22). 전쟁 후유증을 겪는 셉티머스는 사람들과 소통하는 능력은 잃었지만, 다른 사람들과는 다르게 언어 그 자체의 아름다움에 반응하는 능력을 보여준다. 거리의 군중과 달리 셉티머스는 글자와 말소리에 감각적으로 반응한다.

셉티머스는 글자의 아름다움을 감각적으로 느끼지만 언어를 조직해서 글을 쓸 수는 없다. 글 쓰는 일은 작가의 몫이다. 셉티머스가 온몸으로 글자의 아름다움을 느끼듯이, 울프는 『댈러웨이 부인』을 통해 단어와 그 단어가 지칭하는 대상의 생명력을 생동감 있게 표현한다. 『댈러웨이 부인』의 초반에 나오는 꽃집 장면은 꽃과 언어에 내재된 생명력을 드러내는 예시이다. 댈러웨이 부인은 본드 스트리트에 있는 꽃집에 들어간다. 3인칭 화자는 클라리사의 눈앞에 펼쳐지는 모든 꽃들의 이름을 열거한다. "델피니움, 스위트피, 라일락 다발, 그리고 카네이션, 한 묶음의 카네이션, 장미, 아이리스"(12)라는 단어로 지면을 채운다. 꽃의 이름을 열거하는 글쓰기는 꽃과 같이 '작은' 생명체에 대한 존중을 표현하는 행위로 볼 수 있다. 화자는 꽃들의 이름을 열거하는 동시에 클라리사가 꽃의 생명력과 아름다움에 반응하는 모습을 묘사한다.

> 눈을 떠보니 장미가 얼마나 싱그러운지, 빨래한 후 버드나무 상자에 담아놓은 레이스 달린 새하얀 리넨 같다고 생각했다. 검은빛 도는 빨간 카네이션은 얌전히 고개를 들고 있었다. 단지에 있는 스위트피는 보랏빛, 눈결 같은 흰색, 하늘빛, 색색으로 퍼져 있다—마치 눈부신 여름 해가 다한 황혼에 모슬린 옷을 입은 처녀들이 검푸른 하늘을 등지고, 스위트피며 장미를 송이송이 따러 나온 모습 같다고 생각했다. 델피니움, 카네이션, 아룸 백합이 만발하고 이 모든 꽃들—장미, 카네이션, 아이리스, 라일락이 피어나는 건 여섯 시에서 일곱 시 사이. 그럴 때면 하얀빛, 보랏빛, 빨간빛, 짙은 오렌지빛, 갖가지 꽃들은 안개 자욱한 화단에서 곱고 청초하게 절로 타오르는 듯 보이지. 체리파이 위에, 달맞이꽃 위에, 뱅뱅 도는 은빛 나방이 왜 그리 좋을까! (14)

인용문은 꽃과 클라리사의 마주침을 공감각적인 이미지를 통해 표현하고, 꽃들의 이름을 부르면서 텍스트 상에 비인간 주체의 존재감을 드러낸다. 영어 원문에 기입된 문장부호 세미콜론(;)은 클라리사의 시선 이동과 의식의 흐름을 보여주기에 적합하다. 영어로 된 인용문 2–3행에 있는 세미콜론은 클라리사의 시선이 장미, 카네이션, 스위트피로 옮겨갈 때 등장한다. 8–11행의 세미콜론은 꽃을 보는 클라리사의 시선을 나타내는 동시에, 클라리사의 내면에서 일어나는 말뭉치를 연결시킨다. 11행에 있는 세미콜론은 의식이 과거로 이동하는 순간에 등장하여 현재와 과거를 연결시킨다. 꽃을 보는 클라리사는 꽃과 나방을 사랑했던 과거의 자신을 떠올린다. 꽃을 매개로 오십대의 클라리사와 십대의 클라리사는 조우한다. 이 순간, '댈러웨이 부인'이라는 이름에 고정되었던 클라리사는 사회적 정체성을 획득하기 이전의 자아가 되는 경험을 한다. 클라리사는 꽃을 보고 냄새를 맡을 뿐 아니라, 각각의 이름을 마음속에서 불러본다. 클라리사의 의식에서 꽃의 이름이 말하여질 때, 소설의 언어에는 리듬감이 부여되고 독자는 작은 생명체인 꽃의 존재에 주목하게 된다.

울프는 제국주의 이념이 지배하는 거대담론에서 '사소한' 것으로 여겨지는 사물과 생명체에 관심을 갖고 소설 쓰기를 통해 그들이 지닌 생명력과 아름다움을 표현하려고 했다. 『댈러웨이 부인』의 꽃집 장면은 공적인 담론에서 중요하게 여겨지는 영웅적인 주체와 하찮게 여겨지는 주체가 대립하는 구도를 보여준다. 클라리사가 꽃을 바라보는 동안, 꽃집 맞은편에서는 소동이 벌어진다. 고급 승용차가 "총소리" 같은 소음을 내면서 급정차를 하고, 런던 거리를 오가던 사람들은 차 안의 "지위 높은 분"이 누구인지 궁금해 하면서 순식간에 몰려든다(13–14). 길 위의 사람들은 영국 수상이 안에 있을지도 모른다고 추측한다. 이와 같이 군중의 관심사는 '유명한' 이름에 있다. 같은 시각에 클라리사의 시선이 꽃을 향한다는 것에는 중요한 의미가 있다. 클라리사는 꽃과 같이 대중의 관심사에서 밀려난 사소한 생명체에게 관심을 가지며, 자신의 몸과 꽃의 몸을 맞댄다. 전쟁과 폭력의 이미지에 대비되는 꽃은 '작은 몸'에 대한 비유로 볼 수 있다. 'I'로 표현되는 남성의 몸에 가려진 여성의 몸도 꽃과 등가물이 된다. 전쟁 이후 고통 받는 셉티머스도 마찬가지이다. 울프는 『댈러웨이 부인』을 통해 역사의 거대 담론에 감추어진 작은 몸을 글을 통해 보이게 만든다. 보이지 않는 몸으로 전락한 여러 몸들을 드러내 것, 그리고 작가 자신은 보이지 않게 하는 것이 울프가 소설 쓰기에서 실천하고자 한 핵심이다.

III. 평가와 의의

울프는 텍스트에서 자아의 흔적을 가능한 지우고 글의 생명력을 표현하는데 집중한 결과, 다양한 의미를 만들어내는 소설 『댈러웨이 부인』을 쓸 수 있었다. 1990년대까지의 『댈러웨이 부인』 비평이 클라리사의 섹슈얼리티에 초점을 맞추어 소설을 '레즈비언' 문학으로 분류하거나, 정신분석학 접근에서 텍스트를 해석하는 경향이 강했다면, 최근 독자는 더욱 다양한 각도에서 텍스트를 입체적으로 읽게 되었다. 90년대 후반부터 영미권 학계에서 활발하게 연구되는 트라우마 이론은 『댈러웨이 부인』의 '다시' 읽기에 일조했다. 학자들은 『댈러웨이 부인』을 트라우마 담론과 관련하여 해석하면서, 텍스트에 나타난 트라우마의 흔적을 발견하고 문학의 치유기능을 모색한다. 예를 들어 2007년 출판된 비평 모음집 『버지니아 울프와 트라우마— 체현된 텍스트』(*Virginia Woolf and Trauma: Embodied Texts*)는 울프 문학에서 발견되는 트라우마의 원인과 결과를 전쟁, 국가, 젠더의 맥락에서 분석한다. 『댈러웨이 부인』은 사람 뿐 아니라, 사물과 식물 등 다양한 비인간 주체에게도 의미 있는 시선을 주는 작품으로, 21세기 문학비평에서 활발하게 논의되는 환경생태학, 에코페미니즘, 정동이론(affect theory), 포스트휴머니즘 등의 담론에서 해석할 수 있는 가능성을 내포한다. 『댈러웨이 부인』을 모티브로 한 스티븐 달드리(Stephen David Daldry) 감독의 2002년 영화 <디 아워스>(*The Hours*)는 울프와 『댈러웨이 부인』을 대중에게 알리는데 기여했다. 2009년 MLA에서 출간된 책 『울프의 『댈러웨이 부인』을 가르치는 접근법』(*Approaches to Teaching Woolf's Mrs. Dalloway*)은 전쟁, 식민주의, 도시, 정치, 결혼, 섹슈얼리티, 영화 등을 주제로 하여 『댈러웨이 부인』을 읽는 접근법을 다각도로 제시한다. 이 중 『댈러웨이 부인』을 "도시 소설"(City Novel)로 파악하고 텍스트의 도시 지형도를 살펴보는 빅토리아 로즈너(Victoria Rosner)의 접근법은 모더니즘과 20세기 문학전반을 이해하는데 유용하다(Rosner 43). 최근 디지털 인문학(Digital Humanities)의 활성화도 『댈러웨이 부인』의 창조적 재수용에 기여하고 있다. 온라인상에서 찾아볼 수 있듯이, 영미권 대학의 학부 수업에서는 디지털 매핑(digital mapping)을 활용하여 『댈러웨이 부인』에 기입된 시간과 장소를 추적하고, 등장인물이 거쳐 간 장소를 시각적으로 표기한다. 느린 독서법을 요하는 『댈러웨이 부인』은 오늘날 시대에 뒤떨어진 텍스트로 보일 수도 있지만 디지털 기술의 발전과 더불어 읽는 방법도 새롭게 제시되고 있다.

Endnotes

1 허마이오니 리 (Hermione Lee)의 전기, *Virginia Woolf* (New York: Vintage, 1999) 참고.

2 Virginia Woolf, *Mrs. Dalloway (Orlando:* Harcourt, 2005). 이후 이 책의 본문 인용은 면수만 표기한다.

3 Virginia Woolf, "Mrs Dalloway in Bond Street." *Mrs Dalloway's Party* (London: Hogarth, 1973.) 19.

4 이 글에서 단락인용은 우리말로 번역한 것을 원칙으로 하지만, 원문을 살펴볼 필요성이 강조되는 부분에서는 원문과 우리말 번역을 함께 제시한다.

인용문헌

아렌트, 한나. 『예루살렘의 아이히만: 악의 평범성에 대한 보고서』. 김선욱 옮김. 서울: 한길사, 2006.

Abel, Elizabeth. *Virginia Woolf and the Fictions of Psychoanalysis*. Chicago: U of Chicago P, 1989.

Baucom, Ian. *Out of Place: Englishness, Empire, and the Locations of Identity*. New Jersey: Princeton UP, 1999.

Bell, Quentin. *Virginia Woolf: A Biography*. London: Hogarth, 1996.

Brown, Bill. "The Secret of Things: Virginia Woolf and the Matter of Modernism."*Aesthetic Subjects*. Ed. Pamela R. Matthews and David McWhirter. Minnesota:U of Minnesota P, 2002. 397–430.

Dowling, David. *Mrs. Dalloway: Mapping Streams of Consciousness*. Boston: Twayne, 1991.

Froula, Christine. *Virginia Woolf and the Bloomsbury Avant–Garde: War, Civilization, Modernity*. New York: Columbia UP, 2005.

Fussell, Paul. *The Great War and Modern Memory*. New York: Oxford UP, 1975.

Henke, Suzette A. "*Mrs. Dalloway*: The Communion of Saints." *New Feminist Essays on Virginia Woolf*. Ed. Jane Marcus. Lincoln: U of Nebraska P, 1981, 125–47.

Hussey, Mark. *Virginia Woolf and War: Fiction, Reality, and Myth*. New York: Syracuse UP, 1991.

Lee, Hermione. *Virginia Woolf*. New York: Vintage, 1999.

Marcus, Laura. "Woolf's Feminism and Feminism's Woolf." *The Cambridge Companion to Virginia Woolf*. Ed. Susan Sellers. Cambridge: Cambridge UP, 142–79.

Rosner, Victoria. "'Life Struck Straight through the Streets': *Mrs. Dalloway* as City Novel." *Approaches to Teaching Woolf's Mrs. Dalloway*. Ed. EileenBarrett and Ruth O. Saxton. New York: MLA, 2009. 39–48.

Woolf, Virginia. *A Room of One's Own and Three Guineas*. 1929 and 1938. New York: Oxford UP, 2008.

_____. "Craftsmanship." *Collected Essays*. Vol. VI. London: Hogarth, 2011. 624–27.

_____. "Modern Fiction." *Collected Essays*. Vol. II. Orlando: Harcourt, 1967. 103–10.

_____. *Mrs. Dalloway*. 1925. Orlando: Harcourt, 2005.

_____. "Mrs Dalloway in Bond Street." *Mrs Dalloway's Party*. London: Hogarth, 1973.

_____. *The Diary of Virginia Woolf*, Vol. II. 1920–1924. Ed. Anne Olivier Bell. NewYork: Penguin, 1981.

D. H. 로렌스와 『연애하는 여인들』

고영란

I. 작가와 작품 세계

D. H. 로렌스(D. H. Lawrence)는 1885년 영국의 탄광촌 이스트우드(Eastwood)에서 태어났다. 교육을 받지 못한 광부로서 본능에 따라 무절제하게 행동하는 아버지와 청교도적인 생활 태도를 지닌 전직 교사 출신의 어머니는 성격과 배경 면에서 너무나도 이질적인 부부로서 화목하지 못했다. 이러한 가정환경에서 성장한 탓에 로렌스는 육체와 정신, 본능과 지성이라는 상반되는 두 속성 사이의 갈등과 대립 그리고 그 사이에서 균형을 유지하는 문제에 관심이 많았다. 어머니는 꽉 막힌 결혼 생활의 반작용으로 막내아들 로렌스에게 과도한 애정을 쏟았고 이는 그에게 큰 심리적 부담감으로 작용한다. 그 여파로 원만한 이성 관계를 맺지 못하게 된 로렌스는 한동안 사귀었던 문학소녀 제시 체임버즈(Jessie Chambers)와 헤어지고 만다. 이러한 자전적 경험이 1910년 어머니의 사망 후 집필하기 시작하여 1913년에 출판한 『아들과 연인』(*Sons and Lovers*)에 그대로 녹아 있다. 이 소설 속 여주인공 미리엄(Miriam)의 모델이 바로 제시이다.

1898년 산업도시 노팅엄(Nottingham)에서 중산층 자녀들이 많이 다니던 고등학교에 진학한 로렌스는 광부의 아들인 자신이 하층계급 출신임을 절감하게 되고 계층적 자의식을 갖게 된다. 2년제인 노팅엄대학에서 1908년 교사자격증을 취득한 로렌스는 잠시 교사로 근무하기도 했다. 하지만 1910년 어머니의 죽음 후 정신적, 육체적으로 피폐해진 그는 교사직을 그만두게 된다. 대학 시절 단편소설과 희곡을 써 왔던 로렌스는 1906년 『흰 공작』(*The White Peacock*)을 집필하기 시작하여 1910년 출판했다. 이것이 그의 첫 장편 소설이다.

로렌스는 1912년 노팅엄대학 시절 스승이던 위클리(Weekley) 교수의 아내이자 세 자녀의 어머니였던 여섯 살 연상의 프리다(Frieda)와 사랑에 빠져 독일로 도피한 후 이태리에 정착한다. 1914년 위클리 교수가 이혼에 동의해주자 그들은 정식 혼인신고 절차를 밟고자 영국 런던에 온다. 하지만 유럽으로 건너가기 전에 제1차 세계대전이 발발하는 바람에 그들은 1919년 전쟁이 끝날 때까지 영국 내에서 이리저리 옮겨 다니며 악몽과 같은 삶을 살아야만 했다. 로렌스는 몸이 허약했음에도 징집용 신체검사를 세 번이나 받는 수모를 당했고, 프리다가 독일 출신이라는 이유로 첩자 혐의까지 받으면서 거처를 당국에 신고하며 살아야 했다. 이런 최악의 상황에서 로렌스는 전쟁에 광분한 대중들을 혐오했고 영국을 마땅히 소멸해야 할 타락한 문명의 본거지로 폄훼하기에 이른다. 이때의 심정이 『연애하는 여인들』(*Women in Love*)에 그대로 반영되어 있다. 『연애하는 여인들』은, 1915년 출판 후 외설물로 기소되어 곧 발행 금지 처분을 받은 『무지개』(*The Rainbow*)의 속편이라 할 수 있다. 『연애하는 여인들』은 1916년에 집필이 완료되었으나 외설이라는 이유로 출판을 거부당하다가 1920년에야 미국에서 출판되었다.

로렌스는 1919년이 되어서야 영국을 떠나 이태리로 갈 수 있게 되는데 이후 몇 차례 짧은 기간의 체류를 제외하고는 내내 영국을 등지고 살았다. 건강 악화에도 불구하고 창작 활동을 계속한 로렌스는 1920년 『잃어버린 소녀』(*The Lost Girl*)를 완성했고 1922년에는 1917년에 집필을 시작했던 『아론의 지팡이』(*Aaron's Rod*)를 출판했다. 이 작품은 이른바 로렌스의 '정치소설' 시기의 막을 열었다. 그해 호주에서의 체류 기간에 받은 인상을 토대로 두 번째 정치소설인 『캥거루』(*Kangaroo*)를 집필했고, 1923년에는 멕시코에 체류하면서 『날개 돋친 뱀』(*The

Plumed Serpent)를 쓰기 시작했다. 위 세 소설에서 로렌스는 남성 세계의 리더십 문제를 다루었다. 1924년 원시적 삶의 모습을 찾아 뉴멕시코(New Mexico)의 타오스(Taos) 목장에 간 로렌스는 이곳에서 『쓴트 모어』(*St. Mawr*), 『공주』(*The Princess*), 『말을 타고 가버린 여인』(*The Woman Who Rode Away*) 등의 중편을 집필했다.

로렌스의 마지막 소설은 『채털리 부인의 연인』(*Lady Chatterley's Lover*)이다. 로렌스가 이 책을 쓰기 시작한 것은 1923년 건강 악화로 다시 이태리로 건너갔을 때였다. 1928년 이태리에서 출판된 이 책은 외설 시비로 큰 물의를 일으켰지만, 사실 이 작품의 핵심주제는 현대산업사회의 파괴적인 영향을 막아낼 대안으로서의 남녀 간의 따뜻한 교류의 모색이었다. 외설 시비는 로렌스의 그림에 대해서도 일었고, 1929년 런던에서 열린 전시회에서는 그의 그림이 압수당하기도 했다. 그는 결국 44세이던 1930년 프랑스에서 폐결핵으로 세상을 떠났다. 바로 그해에 1926년에 집필했던 『처녀와 집시』(*The Virgin and the Gipsy*)가 출판되었다. 또 다른 유고작으로는 1932년에 출간된 부활에의 염원을 담은 『마지막 시집』(*Last Poems*)과, 여행기 『에트루리아의 이곳저곳』(*Etruscan Places*)이 있다.

II. 『연애하는 여인들』 읽기

1. 해체와 재생의 주제

『연애하는 여인들』은 로렌스가 제1차 세계대전 중에 본의 아니게 영국에 머물면서 전쟁의 여파를 몸소 겪는 가운데 집필한 책이다. 이 소설에서 로렌스는 현대산업사회를 신랄하게 비판하고, 이런 식으로 가면 영국은 곧 멸망할 것이라고 진단한다. 로렌스의 통렬한 비판과 절박한 진단은 긴 사색의 과정을 거치며 형성된 것으로서 하나의 철학 내지는 사상 체계로 보일 정도로 깊이가 있다.

1916년 이 소설을 완성하면서 로렌스가 처음 생각한 책 제목은 "최후 심판의 날"(Dies Irae)이었다. 그 제목에 걸맞게 이 소설에서 그려지는 세계는 부자연스럽게 느껴질 만큼 폭력적이며 전반적으로 어둡고 분위기가 어수선하다. 현대 서구 산업사회에서 목격되는 비인간화와 기계화는 인간성의 해체를 향해 치닫는 것으로 보인다. 산업계의 거물 제럴드(Gerald)의 자살에 가까운 죽음은 이를 생생하게 대변한다. 구드런(Gudrun), 뢰르케(Loerke), 허마이어니(Hermione) 같은 인물은 괴물로 보일 정도로 자연스러운 인간미를 상실한 모습이다.

이 소설에서 로렌스의 대변인이라고 할 수 있는 인물은 버킨(Birkin)인데, 그를 통해 나타나는 로렌스의 생각은 다음과 같다. 1914년부터 1918년 사이에 영국을 비롯한 서구 문명사회는 해체의 과정에 있으며 파멸을 향해 치닫고 있다. 지성과 감각 간의 균형을 상실한 맹목적인 지식 추구는 인간의 정체성을 파괴하면서 인간을 기계의 부품으로 도구화하고 인간 본연의 유기적인 생명력을 상실하게 한다.

현대산업사회에 대한 버킨의 염세적인 생각은 런던행 기차 안에서 제럴드와 나누는 대화에서 잘 드러난다. 버킨은 영국을 비롯한 현대산업사회는 운명적으로 자멸할 수밖에 없고 인류는 사멸될 것이라는 말세론을 편다. 버킨이 생각하기에 영국은 죽어가는 나라이고 영국인은 지구상에서 사라져야 한다. 영국이 새로 출발하지 않으면 곧 와해되리라는 것이다.

버킨의 이러한 진단은 주로 그의 내적 독백 속에서 드러난다. 경박하고 퇴폐적인 보헤미언 예술가들의 아지트인 폼퍼두어(Pompadour) 카페에서 아기를 분만하는 고통으로 넋이 나간 목이 긴 서아프리카 산모의 조각상을 본 버킨은 나중에 이 조각상에 대한 기억에 자극을 받아 인류의 해체를 우울하게 예언한다. 버킨이 보기에 현대사회에서 인류는 극단적인 방향으로 치달아 두 갈래 해체의 과정을 밟고 있다. 하나는 아프리카적인 것으로서 "감각과 양명한 정신 간의 관계가 깨어져 버린"[1] 역사의 한 극단이다. 즉 버킨이 서아프리카 목상에서 발견하는 "감각에 머물고 그것으로 끝나는 지식, 붕괴와 소멸에 대한 신비한 지식"(285–86) 즉 관능의 맹목적 추구이다. 이는 존재의 의미를 감각에만 의존하는 정신이 실종된 육체적 관능 문화의 극치라는 것이 버킨의 생각이다. 관능적 감각의 포로가 되면 인간은 축소되고 결국 해체된다. 버킨이 보기에 이 조각상의 얼굴은 투구풍뎅이와 유사하다. 아프리카적인 과정에서 자아는 부패와 해체 속에 사는 투구풍뎅이처럼 '해체와 와해의 과정'에 있는 지식에 의존하여 살아간다. 그래서 창조적인 자기 확장의 기회를 상실한 채 순전히 관능적인 지식과 해체의 과정에 매몰되어 버린다는 것이다.

해체로 향하는 또 하나의 다른 길은 북구 백인들이 택한 "결빙의 파괴적 지식의 신비 극"(286)이다. 버킨이 보기에 북유럽 백인종들은 얼음과 눈처럼 차가운 추상적인 지식에 의해서 축소와 해체의 과정을 밟고 있다. 현대 서구 산업사회에서의 현대인들은 얼음과 눈의 이미지로 상징되는 바 지성에 편향되어 감성마저 이성의 지배를 받고 있다. 자아가 자의식에 갇혀 폐쇄된 채 자신을 축소해 나가는 이 과정은 인간적인 면을 배제하고 기계적인 원리로 환원되는 경향을 보인다. "얼음처럼 파괴적인 지식"만을 만들어내고 결국 "눈처럼 추상적인 파멸"(286)의 길에 이르게 된다. '광대한 추상'을 배경으로 얼음처럼 굳어서 해체를 향해 나아가는 것이다. 두 방향으로의 나아감은 각기 정신이나 감각적 관능 어느 한쪽에 치우친 채 변증법적인 통합과 조화에 이르지 못한 까닭에 파멸을 향하고 있다. 아프리카적인 길과 북구 백인이 가는 길은 둘 다 '해체와 붕괴의 지식'을 추구하는 것으로서 유기적인 삶의 창조적이고 재생적인 활동에서 벗어나 있다.

그런데 이 두 극단적인 진전 방향 사이에는 밀접한 연관성이 있다. 아프리카 목상으로 상징되는 관능과 감각에의 탐닉은, 현대 서구 백인들이 절대 의지를 행사하여 비인간화의 과정을 가속하는 가운데 내면에서 억눌린 본능적인 면이 왜곡된 형태로 표출되는 양상과 통한다. 예컨대 허마이어니와 구드런 그리고 제럴드가 보여주는 '편향된 정신성'은 권력을 휘두르고 지배하기 위한 의지 행사로 이어짐과 동시에, 제럴드에게서 극명하게 보이듯이 내면적 소외감이나 공허감을 메우기 위한 맹목적인 관능과 감각의 탐닉으로 표출되기도 한다.

버킨이 보기에 현대산업사회 백인들의 운명을 대표하는 인물이 바로 제럴드이다. 이는 17장 「산업계의 거물」("The Industrial Magnate")에서 분명해진다. 광부들의 복리를 생각하는 자애로운 탄광주였던 부친과는 달리, 제럴드가 경영의 전면에 나서면서 현대 기계문명의 물결이 예전의 탄광촌에 들이닥치게 된다. 그는 자기 의지의 발현인 위대하고 완벽한 하나의 시스템, 즉 무한히 반복하는 기계와 같은 시스템을 만든다. 이 시스템의 위대한 운영자이자 "기계를 운행하는 신"(250)으로 등극한 제럴드는 순수하게 기계적인 원칙에 따라 움직이는 효율적인 시스템을 통해 생산성과 이윤을 극대화한다. 이제 단지 생산 기계의 연장 기능만을 요구받게 된 광부들은 기계의 부품 같은 신세로 전락한다. 이에 광부들은 처음에는 당황하나 점차 인간의 감정과 이성을 초월한 초인간적인 '위대한 사회적 생산 기계'에 소속되었다는 데서 일종의 자유와 만족감까지 느낀다. 이렇게 해체의 첫 단계가 시작된다. 생명체의 유기적 원칙을 무생명의 기계적 원칙이 대체함으로써 인간은 해체에 접어드는 것이다.

기계와 등가물인 제럴드의 기계 같은 속성은 지배 의지의 자동적인 발현과 이의 무자비한 강요로 표출된다. 그는 인간을 포함한 모든 유기체를 종속과 억압의 대상으로 삼아 기계적으로 지배 의지를 행사한다. 철도건널목에서 겁에 질려 날뛰는 아랍산 암말을 지나가는 화차에 가까이 서 있도록 옆구리에서 피가 흘러나오기까지 박차를 가해 끝내 굴종시키는 장면에서 제럴드의 이러한 면이 잘 드러난다. 유기적인 생명체로서의 말의 자연스러운 생리적 반응을 폭력으로써 억압하는 것은 말을 기계와 같이 길들이는 행위이다. 날뛰는 토끼를 잡을 수 없자 목덜미를 내리쳐 잔인하게 굴복시키는 행위도 또 하나의 예이다.

그렇기에 기계적인 제럴드의 지배 의지는 스스로 에너지를 가지고 그 자신까지도 몰아붙인다. 그가 자신의 의지를 통제하기보다는 의지의 통제를 받는 것은 이 때문이다. 그가 구축한 '거대한 생산 기계'는 아이러니하게도 그 자신을 불필요한 존재로 만들어버린다. 예기치 않게 불필요한 존재가 되자 제럴드의 내면에서는 혼돈이 일어난다. 공허감과 무기력증에 시달리는 그는 저녁에 혼자 있을 때 공포에 질려 벌

떡 일어서곤 한다. 그의 정신은 암흑 속에서 떠다니는 거품 같아서 언제라도 터져버릴 것 같다. 이때 자신의 허전함과 공허감을 일시적이나마 채워주는 도구로 그가 택한 것이 바로 여성을 대상으로 한 섹스이다.

제럴드가 구드런을 찾는 배경 또한 이러한 패턴에 부합한다. 아버지 크라이치(Crich) 씨의 임종에 즈음하여 그의 내부가 붕괴하는 것 같은 심한 공포 속에서 제럴드는 구드런에게 매달린다. 아버지의 죽음 후 그는 밤마다 깊이를 알 수 없는 허무의 나락 위에 체인으로 묶여 떠 있는 듯한 공포에 시달리다가 구드런을 찾는다. 부친 묘소의 진흙이 부츠에 잔뜩 묻은 채로 찾아온 그를 구드런은 운명적으로 받아들인다. 제럴드는 구드런에게 그의 생명을 침식하고 있는 죽음과 암흑을 쏟아부은 후 만족감 속에 곯아떨어진다. 하지만 구드런은 제럴드 옆에서 밤을 꼬박 새우면서 자기 가슴 속의 꽃봉오리가 찢어 발겨졌다고 느낀다. 극심한 비통함에 젖어 분개하는 구드런의 모습은 이들의 황폐한 관계의 실상과 그것이 치닫게 될 파국을 전조한다. 제럴드와 구드런의 교제는 처음부터 불행할 것으로 운명 지어져 있다.

제럴드와 구드런은 유기적 생명체에서 자연스럽게 발산되는 생명력을 있는 그대로 받아들이지 못한 채 억압하고 폭력을 행사하는 파괴와 해체의 인물이라는 점에서 유사하다. 두 사람은 또한 공통적으로 자아를 극대로 주장하고 자신의 의지를 남에게 가차 없이 강요하려는 성향을 지녔다. 그렇기에 구드런은 처음 제럴드의 모습에서 풍겨 나오는 잔인할 정도로 지배적인 의지에 매혹된다. 가령 그녀는 그가 말을 굴복시키는 모습을 본 것을 계기로 그에게 이끌리게 된다.

하지만 기계의 화신인 제럴드에 대한 구드런의 반응은 양가적이다. 그에게 끌리면서도 다른 한편으로는 반발하는 것이다. 이러한 구드런의 심리는 광부들에 대한 태도에서도 드러난다. 그녀는 자신이 기계로 변한 현대판 다프네 요정이라고 느끼며 광부들의 세계에 향수를 느낀다. 이는 그녀가 기계적인 것에 이끌림을 의미한다. 그녀에게는 기계와 같은 "더 단순한 존재의 양식으로 퇴행하고 싶은 심리"(Price 266)가 내재해 있는 것이다. 그렇지만 다른 한편 구드런은 대부분의 시간을 어두운 지하에서 보내는 광부들을 정신이 없는 기계와 같은 존재라고 여기며 혐오한다.

구드런이 이처럼 양가적이고 복합적인 이유 중의 하나는 그녀가 잔인할 정도로 극단적이고 과도한 자의식의 소유자로서 자기 소외를 겪고 있기 때문이다. 그녀는 자기 이외의 사람들에게서 거리를 둔 채 초연하게 무관심한 외양을 보여주지만, 실제로는 주위 사물과 세계에 대해 지나치게 긴장한다. 그녀는 그 반작용으로서 강한 자기주장을 하려 한다. 그렇기에 그녀는 제럴드가 말을 가차 없이 복종시킬 때 그의 기계적인 지배 의지에 매료되면서도 다른 한편으로는 자신을 그 말과 동일시하면서 반발한다. 이는 그녀의 무의식 속에 잠재해 있다가 어느 순간 도발적이고도 격렬한 행위를 통해 분출된다. 소 앞에서 나체로 춤을 추는 장면이나, 위험을 경고하며 그녀의 행위를 제지하는 제럴드의 뺨을 충동적으로 후려치는 장면이 그 예이다.

구드런의 또 하나의 특징은 무엇이든지 알아내어 끝장내 버리려 하는 앎에의 의지이다. 그녀는 지식을 따려 하는 이브처럼 제럴드를 지식의 대상으로 삼아 완전히 알아내고야 말겠다는 강한 의지를 보인다. 여동생 다이어너(Diana)를 구하러 물속으로 뛰어든 제럴드를 살아있는 남성이 아니라 삶의 한 단계이자 화신으로 파악하면서 끝까지 추적하여 그의 실체를 파악하는 것은 이 때문이다. 구드런이 보기에 하나의 도구처럼 혼자 동떨어져 있는 제럴드는 항상 두려움에 떨며 살아가다가 결국 파국을 맞이할 운명을 타고났다. 제럴드를 완전히 파악한 후 구드런은 그와의 관계에서 우위를 점할 수 있게 된다.

구드런은 스스로에게서 소외되어 있기에 삶의 현장에 뛰어들지 못하고 항상 주변에서 빈정대거나 질시하는 방관자에 머문다. 이러한 구드런에게서 모든 것은 아이러니로 변한다. 구드런이 유기적 생명체를 온전한 상태로 존중해주기보다는 그녀 자신의 굴절된 시각을 통해 재단하려 하는 것은 이 때문이다. 사람들을 환상 속에서 "책 속의 인물이나 그림 속의 주인공처럼 또는 무대 위의 꼭두각시처럼" 재창조하여 "봉인해서 날인해 버리는"(15) 것이다. 그녀에게 있어서 다른 사람은 살아서 움직이는 복합적인 유기체이기보다는 이미 고정된 지식의 대상에 불과하다.

구드런에게는 인간사로부터 단절되어 절대적 자유를 누리고 싶은 욕구가 있다. 알프스의 눈 덮인 산에서 자신의 본모습과 만난 그녀는 드디어 자신의 욕구가 실현됨을 느끼고 현기증이 날 정도로 황홀경에 빠진다. 그렇기에 구드런은 "마침내 모험의 도정을 접어 마감하고 흰 눈의 중심점에 수정처럼 내려앉았다. 그리고는 가버렸다"(450). 여기에서 실제 세계를 덮어버리고 봉해버린 듯한 '눈'은 세상사로부터 완전히 단절된 고립과 절대적인 자유를 상징한다. 눈은 모든 것이 '흰색'으로 와해 됨을 상징하기도 한다. 또한 버킨이 예언한 바 서구 백인들이 택한 결빙의 파괴적 지식의 추구이자 파멸을 향한 나아감을 함축한다고도 할 수 있다. 이 장면은 제럴드와 구드런의 본질적 유사성을 시사해주는 동시에, 구드런이 제럴드와는 달리 한 걸음 더 나아갈 수 있음을 보여준다. 구드런은 세계로부터 자신을 완전히 분리하는 단계에 도달한 것이다.

제럴드에게는 구드런이 마치 사면이 막히고 완결된 상자 속의 물건처럼 수정같이 단단하고 완고하게 자신만의 세계에 갇혀 충족감을 느끼는 인물로 보인다. 이러한 모습의 구드런이 제럴드에게 끼치는 영향은 치명적이다. 냉담하게 자기만족에 도취해 있는 구드런의 모습은 제럴드의 소외감과 고립감을 증폭시킨다. 이는 그가 더더욱 구드런에게 의존하지 않을 수 없게 만드는 악순환을 초래한다. 그는 급기야 구드런을 강간하기에 이르고, 이는 구드런의 강한 반발을 유발하면서 두 사람 간의 증오심은 극도로 커진다.

두 사람의 관계는 결국 상호 파괴로 귀결된다. 좌절감 속에 제럴드는 설산의 골짜기에서 생을 포기한다. 제럴드가 동사한 후에도 "그녀의 영혼은 꽁꽁 언 악마적인 아이러니를 벗어날 수 없었다"(535). 구드런은 자학적인 기쁨과 공포가 뒤섞인 뒤틀린 심리 상태에서 파괴되어 가는 자신의 삶을 구경하면서 아무런 희망도 없이 무의미한 미래에 자신을 내맡긴다.

구드런을 이토록 극단적인 상태로 내몬 것은 조각가 뢰르케와의 만남이다. '해체의 신비에 관한 정통한 지식'을 가진 뢰르케는 유기체인 인간이 무의 존재로 축소되어 가는 현상에 아무렇지도 않게 반응할 수 있는 냉소적인 인물이다. 이런 점에서 그는 자신도 이해하지 못하는 힘에 의해 해체로 치닫는 제럴드와는 다르다. 뢰르케로 인해 구드런은 드러내놓고 냉소하고 만사를 게임처럼 즐길 수 있게 된다(Price 270). 두 사람은 인간이 발명한 폭탄이 지구를 폭파하는 상상을 하며 함께 즐거워할 정도로 파괴적이다.

뢰르케는 인간의 삶을 기계의 동작으로 인식할 정도로 기계적인 인물이기도 하다. 여성에 대한 태도에서도 그러한 성향이 드러난다. 뢰르케는 그가 조각한 여성상에서 드러나듯 여성을 하나의 개체로서 존중하기보다는 전체 형식의 일부로, 전체를 형성하는 하나의 도구로 간주한다. 이런 점에서 그는 제럴드와도 상통한 면이 있으나 제럴드보다 훨씬 문제가 많은 인물이다. 제럴드의 도구주의가 부정적인 면에서 더 극한으로 치달을 때 나타날 수 있는 면모가 뢰르케를 통해 형상화된다고 할 수 있다.

와해 되어가는 현대산업사회의 문제점을 보여주는 또 하나의 인물은 허마이어니이다. 그녀에게는 메마른 지성적 삶만이 있을 뿐이다. 버킨이 보기에, 추상적이고 생명 없는 지식을 과도하게 추구하는 허마이어니에게는 단지 "앎에 대한 고집과 의식의 자만심과 권력을 향한 욕망밖에는 없다"(46). 이에 따른 "내적 존재의 결여"(18)로 그녀는 소외감과 공허감을 겪지만, 겉으로는 자신만만하게 정치적 개혁과 사회적 공의를 부르짖는다. 내면적인 허전함은 버킨을 완전히 지배하고 소유하려는 욕망을 낳는다. 버킨에 대한 허마이어니의 병적인 집착은 자연스러운 감정에 기초한 것이 아니라 그녀의 강한 지배 의지가 위협적으로 표출된 결과이다.

이러한 현대산업사회나 인간에 대해 버킨은 처음에는 비관적이었다. 인류는 벌레 먹어 말라비틀어진 죽은 나무이며 거대한 거짓말 집합체이고, 잘못된 창조물이므로 멸망해야 한다는 것이 버킨의 생각이다. 버킨은 어슐라(Ursula)에게 사람들은 은빛 생명의 강에 대해서만 생각하지만 실제로는 와해와 부패의 암흑의 강이 우리 속에 흐르고 있으며 이는 세상을 종말로 이끌 것이라고 말한다.

하지만 버킨은 해체와 파멸로 향하는 길에서 벗어날 수 있는 새로운 제3의 길, 자유의 길을 생각해낸다. 버킨에 따르면 현대산업사회에서 인간이 살아남는 길은 집단에 흡수되지 않고 홀로 인간됨을 고수하는 것이다. 제럴드로 대표되는 산업계의 고용주가 기계적 제도를 도입했을 때 피고용인 집단은 그것의 효율성과 생산성에 현혹되어 기계적으로 그 시스템에 복무하는 경향을 보이는데, 이 과정에서 인간성은 상실된다. 이처럼 파괴적인 길로 내모는 집단의식에 대항할 수 있도록 "자유롭고 당당한 홀로 있음"(287)의 상태를 견지해야 한다는 것이 버킨의 생각이다. 버킨이 '홀로 있음'의 상태를 유지하려 하는 것은 이념이나 지배체제를 집단적으로 강요하는 현대의 기계문명사회에 저항하면서 한 '개인'으로서 개체성과 독립성을 지키기 위함이다. 이런 점에서 버킨이 말하는 '홀로 있음'은 자기 자신만을 내세우는 이기주의와는 다르다.

또 하나의 방편은 '홀로 있음'의 상태를 계속 견지하는 가운데 팽팽한 균형을 이루는 진정한 남녀관계를 맺는 것이다. 이는 "감각적으로 사랑하고 자신을 내어주면서도 당당하고 자유로운 홀로 임의 상태를 절대로 포기하지 않는"(287), 즉 새로운 개성을 가진 자유로운 개인으로서 '개인적인 독립성'을 상실하지 않고 살아가는 것이다. 버킨이 바라는 남녀관계는 '둘이 하나가 되는 것'이 아니고 '분리된 상태에서의 상호 일치'이다. 그런데 버킨이 보기에 이를 방해하는 것은 여성의 지배 의지와 소유욕이다. 버킨이 연못에 반사되는 달빛을 깨뜨리려고 돌을 던지는 장면은 여성의 지배욕에 대한 그의 강한 반항심을 상징적으로 보여준다. 달은 '순수한 남성'을 자궁으로 집어삼키려 드는 관능적이고 자기주장이 강한 여성의 상징이다. 버킨은 모든 남성에게 복종을 요구하는 허마이어니를 '완벽한 이데아'로, 모든 남성이 사랑의 감정에 복속하기를 원하는 어슐라를 '완벽한 자궁'(348)으로 보며 둘 다 상대방을 빨아들이려 하는 위험한 존재로 파악한다.

버킨은 기계에 저항하는 것과 같은 이유로 여자에게 굴복하지 않으려 한다. 구원을 위해서는 '여자와의 완벽한 결합'이 반드시 필요하나 개인적인 독립성을 지키기 위해서 여자에게 굴복할 수는 없다는 것이 버킨의 입장이다. 결혼으로 일심동체가 된다는 종래의 결혼관은 위선과 억압을 내포하고 있다고 생각하기에 그는 그것에 반대한다. 그가 보기에 "재래식 사랑은 무서운 굴레이고 군대로의 징집"(223)과 같은 것이고 한 여자에게 항복하는 것은 하나의 도구로 축소되는 것으로서 기계에 의해 도구화되는 것과 매한가지이다. 축소는 해체와 마찬가지로 인간 본연의 총체적인 유기성과 창조성의 상실을 의미한다. 따라서 남녀가 하나로 합쳐서는 안 된다. 일상적인 자아가 아닌 "비인성적인 나"(161)가 되어 서로 섞이지 않고 "홀로임"을 유지한 채 두 개의 별처럼 함께 자유로운 "별들의 평형 관계"(164)를 이루는 것이 진정한 남녀관계이다. 이것이 버킨, 더 나아가 로렌스의 비전이다.

팽팽한 평형을 이루는 남녀관계와 함께 인간을 파멸의 길로부터 구해낼 방안으로서 버킨이 확신하는 것은 남자 사이의 우정이다. 버킨이 보기에 제럴드는 반생명적인 차가운 백인 산업사회의 주도자로서 해체와 와해의 길로 향하고 있다. 따라서 그는 친구 제럴드가 필연적으로 맞을 비극으로부터 구해내기 위해 '피의 형제애'를 맺자고 제안한다. 하지만 제럴드는 이를 받아들이지 않고 결국 비극적 죽음으로 생을 마감한다.

인류에 대한 희망이 거의 없다는 절망 속에서도 파멸을 피할 수 있는 비전으로서 평형을 이루는 남녀관계와 남자끼리의 우정을 믿었던 버킨에게 희망을 가져다준 인물은 어슐라이다. 처음에는 거부반응을 보였지만 어슐라는 결국 "별들의 평형 관계"라는 버킨의 비전을 받아들이게 된다. 어슐라와의 유대관계는 사회에 절망하면서 '죽음으로의 희구'에 빠지기도 했던 버킨을 구원해준다. 그는 이후 현대사회에 범람하는 '해체의 강'을 헤엄쳐 나올 수 있다는 희망을 품게 된다. 버킨에게 있어서 어슐라는 "황금의 빛"(417)으로 충만한, 존재의 순수하고 신비한 총체성의 화신이다.

어슐라는 정신주의와 관능성 사이를 오락가락하던 버킨이 그 사이에서 균형을 찾게 이끌어준다. 그 예로는 연못에서 데이지 꽃이 춤추듯 신비롭게 흘러 다니는 모습을 보고 자유로운 자연 유기체의 상태를 새롭게 인식하게 된 어슐라가, 데이지에 대해 기존의 지식을 동원하여 설명하려는 버킨에게 반발하는 장면을 들 수 있다. 결국 두 사람은 데이지 꽃을 미지의 생명체로 그냥 받아들여야 한다는 데 동의한다. 데이지를 기존의 고정된 지식을 통해 이해하거나 분석하려 하는 것은 생명체 그 자체를 자칫 망각하게 하므로 그러지 말아야 한다는 것이다.

한편 어슐라 또한 버킨과의 상호작용으로 변화한다. 의지를 작동시켜 미지의 세계와 차단된 채 기계화된 삶을 산다는 것은 수치스럽고 불명예스러운 일이라고 생각하기에 이른 것이다. 그녀는 버킨과 함께 인스브루크(Innsbruck)로 가면서 기계문명에 찌들어 축소된 구세계를 떠나 미지의 세계로 들어선다는 느낌을 받는다. '기존 사회에서부터 벗어난 새로운 자아'를 생성하는데 그녀의 과거는 없어져야 한다는 그녀의 생각은 알프스에서 더 깊어진다. 이제 그녀는 과거 자신이 알고 있던 세계, 영국으로 대표되는 '저 망령의 세계'로부터 방출되었다고 느낀다. 하지만 어슐라는 이내 티롤(Tirol) 산의 무생명적인 눈과 얼음에서도 생명의 파멸을 느끼게 된다. 그녀가 태양이 비치는 따뜻한 남쪽 지방으로 떠날 것을 버킨에게 제안하는 것은 이 때문이다. 결국 버킨과 어슐라는 파멸과 해체의 길로 흘러가는 '암흑의 강'에서 벗어나 새로운 생명을 꽃피울 수 있는 길을 찾아 나서게 된다.

2. 상반되는 목소리의 병치와 로렌스의 여성관

로렌스의 소설에서는 적극적으로 생을 개척하려는 활기에 가득 찬 여성 인물들이 등장한다. 일반적인 통념을 벗어난 자유로운 여성이 남성과 맺는 관계, 그 관계를 정립하는 데 있어서의 남녀 간의 역학을 로렌스만큼 생생하고 솔직하게 천착한 소설가는 드물다. 로렌스의 이러한 특징이 특히 잘 나타나 있는 작품이 그의 대표작이라고 할 수 있는 『연애하는 여인들』이다.

『연애하는 여인들』에서 로렌스는 통념에서 자유롭고 자기주장이 강한 여성을 등장시켜 내용 전개나 주제 구성에 있어서 중요한 위치를 부여하며 그러한 여성 인물에게 공감을 보낸다. 그런가 하면 남성의 우월성을 표방하는 인물을 통해 여성이 남성의 지도력에 복종할 것을 주장하기도 한다. 이러한 양면성 때문에 이 소설에 나타난 로렌스의 여성관에 대해서는 비평적 합의가 이루어지지 못했다. 사실 그의 다른 작품에서도 강한 여성 인둘을 창조한 로렌스가 정작 그러한 유형의 여성에 대해 어떻게 생각했는가에 대해서는 간단하게 말하기가 쉽지 않다.

로렌스의 여성관을 가늠하기가 어려운 까닭은 여성에 대한 그의 태도가 시간의 흐름에 따라 변모를 겪었다는 사실에 기인한 바 크다. 로렌스의 여성관은 제1차 대전을 전후로 변화한다. 그런데도 로렌스 비평에서 이 사실이 인정된 것은 최근에 이르러서였다. 그 이전에는 로렌스를 여성에 호의적인 작가로 보는 시각과 여성을 혐오한 작가로 간주하는 상반된 입장이 병존했다. 특히 후자의 관점이 많았는데 대표적인 평자로는 시몬느 보봐르(Simone de Beauvoir)와 케이트 밀렛(Kate Millett)을 들 수 있다.[2] 1980년대를 기점으로 하여 시작되었다고 할 수 있는 최근의 여성론 비평에 이르러서야, 로렌스의 여성관이 시간의 흐름에 따라, 더 구체적으로 말해보면 제1차 세계대전을 겪고 난 후 변모를 겪었다는데 비평적 합의가 이루어졌다.

1918년 캐서린 맨스필드(Katherine Mansfield)에게 보낸 편지에서 로렌스는 아내인 프리다가 '매그나 마터'(Magna Mater), 즉 '대모'적인 존재로 자신에게 군림하고 있다고 불평하며 남성 우위에 대한 심경을 밝힌다. 이 편지 직후에 집필한 단편소설「표 보여주세요」("Tickets, Please.")와「여우」("The Fox")를 보면 바로 이 무렵 로렌스의 남녀관계에 대한 태도가 갑자기 새로운 경향으로 경직되었음이 다시 한 번 확인된다. 이 소설들에서 로렌스는 이전의 작품들과는 달리 남녀 간의 주종관계를 중심적 주제로 다루었다. 이어 1922년에 쓰인「무의식의 환상곡」("Fantasia of Unconsciousness")에서 로렌스는 남성과 여성의 영역은 구별되어 있으며 남녀관계의 균형을 이루기 위해서는, 이성적이고 능동적인 남성은 지배적 영역에서 지도자적 역할을 하고, 감성적이며 수동적인 여성은 종속적인 영역에서 순종적 역할을 해야 한다고 주장한다. 경직된 성 사이의 이분법으로 흐르게 된 것이다. 그 후의 소설에서 로렌스는 남근숭배 입장에서 남성의 우위를 주장하고 여성이 남성에게 무조건 복종하고 굴복할 것을 강요하기에 이른다. 따라서 1918년 이후에 쓰인 로렌스의 산문이나 소설에만 주의를 기울인다면 그를 남성중심주의자로 매도해버린 것이 어쩌면 당연하다고 할 수 있을 것이다.

그런데 문제는 로렌스의 남성 우월적인 사고가 어느 소설부터 나타나기 시작했느냐이다. 이에 대해서는 평자들의 견해가 엇갈리는데, 이 논의에서 쟁점이 되는 소설이『연애하는 여인들』이다. 이 소설에 나타난 로렌스의 여성관에 대한 논의는 로렌스의 남성 우월적인 입장이 나타난다는 평가와 그렇지 않다는 평가로 대별된다.[3] 그런데 이 소설에서 로렌스는 남성중심주의적인 태도와 여성에게 공감하는 모습을 동시에 보여준다. 남성 중심적인 가치관이나 이념을 내세우는 남성 인물을 등장시키면서도 동시에 그것을 조롱하는 여성 인물을 형상화하여 두 개의 상반되는 목소리를 병치한 것이다. 두 목소리를 객관적으로 병치시키므로 그의 서술은 여성적 관점과 남성적 관점을 교대로 취하고 있는 듯 보이기도 한다.

물론 로렌스의 모든 소설 속에서 상반되어 보이는 목소리들이 균형 속에서 병존하는 것은 아니다. 어떤 소설에서는 균형을 잃기도 한다. 서술자의 목소리와 그와는 다른 입장을 취하는 작중인물의 목소리, 혹은 서로 다른 관점을 취하는 남성 인물과 여성 인물의 목소리를 동시에 등장시키는 과정에서 로렌스는 모순된 태도를 보이기도 하는 것이다. 그렇지만 적어도『연애하는 여인들』에서 로렌스는 그러한 모순을 드러내지 않고 남성적 시각과 여성적 시각 사이에서 균형을 취하고 있다.

가령 버킨과 어슐라의 상반된 입장이 '대화적'으로 병치 된다. 이 두 입장은 끊임없는 대립과 갈등 속에 균형을 유지하다가 결국 창조적으로 상호 작용하여 변증법적 통합을 이루게 된다. 물론 소설의 초반부에서 버킨이 남성우위를 주창한다는 사실을 부인하기는 어렵다. 버킨은「미노」("Mino") 장에서 암 고양이 앞에서 으스대고 폭력을 행사하는 수컷 고양이 미노의 행위를 옹호한다. 그것은 정처 없이 떠돌아다니는 암고양이에게 안정을 줌으로써 암수의 평형 관계를 조성하려는 노력이라는 것이다. 버킨은 이러한 해석을 여성에 대한 남성의 우위 주장으로 발전시킨다. 여자에게는 자신을 복종시키기를 원하는 의지, 뛰쳐나가 자기 위에 탄 사람을 파멸로 내던지고 싶은 의지, 즉 이중의 의지가 있다는 것이다. 버킨에 따르면 여성은 의지를 더 높은 존재에게 내맡기는 것이 필요하다.

버킨의 이러한 주장만을 고려한다면 이 소설에는 남성우위 사상이 팽배해 있다고 할 수 있다. 하지만 간과해서는 안 될 중요한 사실은 버킨의 남성 우위적인 입장이 끊임없이 어슐라의 반대 의견에 봉착하여 조롱을 받는다는 것이다. 버킨이 권력에의 강한 의지를 지니고 있음을 간파한 어슐라는 미노의 행동이 지배하고 으스대는 '위협'의 표현이지 결코 조화로운 관계를 지향하는 노력이 아니라면서 버킨의 견해를 반박한다. 그것은 상대를 "윽박지르려는 욕망"이고 "권력에의 의지"(167)라는 것이다.

어슐라로 하여금 버킨의 주장을 조롱하며 반발하게 한다는 것은 로렌스가 일방적으로 남성중심주의를 주창한 것은 아님을 분명히 해준다. 이는 버킨 스스로도 자신의 남성 우위적인 입장을 바꾼다는 사실에서 다시 한 번 확인된다. 여성의 복종을 은연중에 강요하는 버킨에 대해 어슐라는 그가 남에게 봉사하려 하지 않고 단지 "일방적으로"(281) 봉사를 받으려고만 하는 "이기적인" 인물이라고 맹렬하게 비난한다. 버킨은 어슐라의 "강하게 자신을 주장하는 자아"를 강하게 비난한다. 이에 어슐라는 버킨이야말로 진정으로 자기 자신의 집착에서 벗어나지 못한 채 매여 있는 사람이라고 꼬집으며 "주일학교 선생", 또는 "설교가"(283)와 같은 그의 태도를 조롱한다.

어슐라의 격렬한 비난에 강하게 맞서면서도 다른 한편으로는 그 비난 속에 상당한 진실이 담겨 있음을 깨닫게 된 버킨은 내면으로 눈을 돌려 자신의 모순성과 그 모순에서 비롯되는 갈등 그리고 자신의 의지만을 강요하는 독선을 반성하게 된다. 어슐라만이 의지를 고집스럽게 강요하는 것이 아니라 그 자신 또한 좁은 틀에서 벗어나지 못하고 있음을 인식한 것이다. 이어 버킨은 자기 존재의 일면이 깊은 관능을 원하고 있고, 또 다른 일면은 얼음과 눈으로 표현된 북구의 추상적인 지식과 정신성에 몰두하고 있음을 깨닫는다. 그의 정신적인 면으로의 편향성을 제럴드가 대표하는 바 정신과 의지의 절대적인 힘을 신봉하는 서구 백인의 삶의 방식과 연결 짓게 된 버킨은 그것이 결국 창조적 삶의 부정에 귀착될 수 있음을 인식한다. '감각'과 '정신'이라는 두 가지 면을 조화시키지 못하고 어느 한쪽으로 기울어지면 결국 자기파멸로 귀결되리라는 사실, 그리고 그가 은연중에 드러낸 남성으로서의 '권력에의 의지'도 감각과 정신을 조화시키지 못한 자신의 내부적 모순 때문에 초래된 것임을 인식하게 된 것이다.

버킨은 어슐라와의 창조적인 상호작용 덕택에 자신의 독단적인 생각에서 벗어날 수 있게 된다. 이 소설 속에서 어슐라가 『무지개』에서와는 달리 남성 인물에게 헌신하는 전통적인 여성 인물로 격하되어 버렸다며 불만을 토로하는 평자도 있지만, 상호 대조되는 견해를 병치시켜 변증법적으로 통합해낸다는 구조적인 관점에서 보면 어슐라의 역할은 매우 크고 중요하다.

이 소설에 남성중심주의가 드러났다고 보는 평자들이 즐겨 인용하는 또 하나의 예는 어슐라가 결국에 가서는 버킨의 주장을 수용하고 만다는 것이다. 그렇지만 두 사람의 관계는 한 쪽이 다른 한쪽에 일방적으로 흡수되기보다는, 서로 건설적으로 상호 작용하는 관계로 보아야 한다. 이를 뒷받침해 줄 수 있는 예로는 '사랑'을 둘러싼 두 사람의 의견 차이와 그 차이를 변증법적으로 해결해 가는 과정을 들 수 있다. 허마이어니와의 관계로 인해 정신성으로 편향되어 생긴 공허감을 메우기를 원했던 버킨은 어슐라에게서 그 자신이 원하던 무의식적인 관능의 충족과 정서적 친밀감을 이룩할 가능성을 발견하기 때문에 어슐라를 선택한다. 그렇지만 어슐라는 남녀관계에서 통상적인 낭만적 사랑 즉 남녀 각자의 개성 포기를 바탕으로 한 완벽한 사랑과 극도의 친밀감을 원한다. 버킨이 보기에 어슐라가 이러한 사랑에 끈질기게 집착하는 것은 사랑이라는 미명으로 '대모'의 위치에서 남성을 움켜쥐려는 탐욕스러운 소유 의지에서 비롯된 것이다. 버킨은 어슐라가 상대 남성을 마음대로 지배하려 하는 '소유욕'이 강한 여성이라고 생각하며 그녀의 지배 의지를 혐오한다.

버킨은 어슐라가 주창하는 종래의 사랑 개념을 대체하는 '새롭고 더 나은 개념'으로서 '별들의 평형' 관계를 제시한다. 그것은 별들이 거리를 두고 궤도를 운행하듯이 남녀 공히 각기 일정 거리를 유지함으로써 각자의 개체성과 고유성을 견지함을 전제로 한 "독자성을 지닌 두 존재 사이의 순수한 균형"(164)이다. 하지만 이미 「미노」 장에서 버킨의 남성우위 사고를 간파한 그녀가 보기에 버킨은 여자를 하나의 위성으로서 곁에 두고 군림하려는 군신이나 다름없다. 따라서 어슐라는 버킨의 생각에 반발한다. 두 사람은 각자 상대방에게서 지배받고 종속되지나 않을까 우려를 한 것이다.

두 사람의 의견 충돌과 이에 따른 갈등은 「달빛 아래」("Moony") 장에서 버킨이 달을 향해 돌을 던지는 상징적인 장면에서 그 절정에 달한다. 여기에서 돌을 던지는 버킨의 행위는 남성의 복종을 강요하는 어슐라의 지배 의지에 대한 격렬한 저항을 나타낸다고 할 수 있다. 버킨에게 달은 관능적이고 자기주장이 강하며 남성을 자궁으로 집어삼키려 하는 여성의 상징이다. 돌을 던지는 버킨의 행위를 어슐라가 몰래 지켜보게 된 후 그들의 갈등은 표면화되고, 이는 상대방을 굴복시키려는 서로의 '의지'에 대한 격렬한 비난으로 표출된다. 어슐라는 자기주장을 포기하도록 종용하는 버킨의 "독선적인 의지"(283)에 맞서며 사랑에 대한 자신의 신념을 굽히지 않는다. 버킨 또한 어슐라의 강한 의지에 심한 반감을 느낀다.

두 사람의 갈등은 「놓여남」(“Excurse”) 장에서 극적인 전기를 맞는다. 버킨이 허마이어니의 초대에 따라 저녁 식사에 참석하려 하자 어슐라는 불만을 터뜨리고 이에 버킨이 허마이어니에 대한 그녀의 질투심을 비난하게 되면서 두 사람의 갈등은 극에 달한다. 어슐라는 버킨에게 자신이 증오하는 것은 허마이어니가 아니라, 그녀가 상징하는 세계, 즉 이성과 의지 그리고 “겉만 번지르르한 정신성”(346)이라고 반박한다. 그녀는 더 나아가 애초에 버킨이 허마이어니와 친하게 지냈던 이유는 정신성에 몰두하는 그의 성향 탓이었음을 예리하게 꼬집는다. 사실 앞서 지적된바 버킨은 한편으로는 깊고 어두운 관능을 원했지만, 다른 한편으로는 북구의 추상적인 지식과 정신성에 편향된 면을 지니고 있었다. 한때 버킨이 허마이어니와 가깝게 지냈던 것은 후자의 성향 때문이었다. 버킨은 어슐라의 냉철한 지적에 타당성이 있음을 인정하지 않을 수 없었지만 동시에 그녀의 소유욕과 지배 의지에 질린다. 그들의 갈등은 격렬한 말싸움으로 이어지지만 뒤이은 소강상태를 거치면서 각자 스스로 반성하게 된다. 그 후 두 사람은 완전한 성의 극치에 도달하고 상대방에게 의지를 강요하는 데서 비롯된 내적 갈등을 해소한다. 두 사람은 마침내 “살아있는 타자의 존재가 명백히 드러남”(361)을 실감하며, 어슐라는 사랑이라는 미명으로 자신의 의지를 강요하던 ‘대모’의 속성을 버리고 “놓여남”(353)을 경험한다. 두 사람은 상호 간의 발전적인 변화에 도달하게 된다.

이후 어슐라는 버킨의 생각을 이해해주고 수용하게 된다. 하지만 그의 강한 주장에 일방적으로 승복하는 모습을 보이기보다는 결말에서까지도 그와 다른 견해를 피력하는 인물로 남는다. 제럴드의 죽음을 아쉬워하며 그가 ‘또 하나의 사랑’ 즉 남성과 남성 간의 관계에 대한 자신의 제안을 받아들이지 않았음을 한탄하면서 '남성 간의 관계'를 끝까지 버리지 않은 버킨에 대해 어슐라는 그것은 "고집이고 이론이며 비뚤어짐"(541)이라고 비난한다.

따라서 『연애하는 여인들』에서 남성 간의 관계가 강조되었다고 해서 이것이 로렌스의 남성우위 사고를 드러낸다고 단순화시킬 수는 없다. 그보다는 로렌스가 남성과 여성 어느 한쪽으로 치우치지 않은 객관적이고 균형 잡힌 입장을 견지한다고 보는 편이 더 타당하다. 버킨과 어슐라의 상호대립 되는 견해를 병치하고 거기에서 비롯되는 변증법적인 통합을 로렌스가 부단히 시도하고 있기 때문이다. 로렌스가 두 인물의 서로 다른 관점 사이의 상호관계와 그것의 창조적인 발전 과정을 형상화한다는 것은, 그가 "버킨이면서 동시에 어슐라"(Bloom 14)의 입장에 설 수 있었음을 반증한다.

3. '비인성적인 임'의 극적 형상화

로렌스는 『연애하는 여인들』에서 인간이란 과연 '무엇인가'에 관심을 두고 '살아있는 온전한 인간', 즉 인간의 '임'(being)에 주목한다. 더 나아가 인간과 인간이 바람직한 관계를 맺는 과정과 그러한 관계에 도달한 상태를 그려내려 한다. '임'이 드러나며 '임'과 '임'이 창조적으로 생생한 관계를 이룩하는 과정과 그 순간을 포착하는 것이다. 남녀 각자가 당당하고 자유로운 온전한 '임'이 되는 상태에서 "별들의 평형" 관계를 이룩할 때 바람직한 남녀관계가 가능하다는 비전을 제시하기 위해서다. 그런데 '임'이란 인간의 '인성적인' 면을 벗어난 '비인성적인' 차원의 것이다. 이를 형상화하기 위해 로렌스는 동소체의 관계에 있는 자연 이미지를 이용한다. 자연 이미지를 통해 일견 전혀 관계가 없어 보이는 것들이 상호 연관되고, 추상적인 관념이 살아 움직이는 구체물인 것처럼 생생하게 그려지게 된다. 또한 로렌스는 자연의 한 현상을 묘사함으로써 인물 내면의 변모 양상을 함축적으로 전달하기도 한다. 극적으로 형상화한 것이다.

가령 버킨의 '임'이 어슐라의 '임'을 알게 되는 장면은 극적 형상화가 잘 된 예이다. 버킨은 직관적으로 '비인성적인' 차원에서의 어슐라의 '임'을 포착하는데, 이 모습이 자연 이미지를 통해 구체적으로 그려진다. 버킨에게 어슐라의 '임'의 이미지는 "당신 자신인 황금빛"(281), "살아있는 불꽃"(144), 황금빛으로 빛나는 이상향의 꽃이다. 이때 어슐라를 꽃이나 불꽃으로 비유한 것은 '비인성적인' 차원에서 보면 이들이 모두 동소체의 관계에 있기 때문이라고 할 수 있다. 황금빛으로 빛나는 부드러운 눈을 지닌 어슐라는 버킨에게 "그녀 스스로는 의식하지 못하지만 강렬하게 피어오르는 여성성의 꽃봉오리"(102)로 다가온다. 버킨은 자신의 이론을 조롱하며 맹렬하게 반박하는 어슐라에게서 부드럽게 빛나고 불꽃처럼 타오르면서도 섬세하고 민감한 면을 감지하고 그녀 본성의 아름다운 빛에 이끌린다. 버킨은 "현실을 배제해 버린 채 그녀 자신의 생명력"(292)으로 빛나 보이는 어슐라에게 "무의식적으로 이끌리는데"(102), 이는 '비인성적인' 면에서의 이끌림을 나타낸다.

'비인성적인' 차원에서 벌어지는 어슐라 내면의 변모 양상이 자연의 한 현상을 통해 포착되는 19장 「달빛 아래」도 자연 이미지를 통해 시각적으로 형상화하는 데 성공한 또 하나의 예이다. 이 장에서는 호수에 비친 달그림자에 돌을 던지며 중얼거리는 버킨의 모습을 어슐라가 몰래 지켜보는 광경이 관찰자적 관점에서 그려진다. 버킨이 던진 돌멩

이에 달그림자가 터지듯 흩어지는 모습은 점차 자세히 묘사된다. 가령 불꽃이 큰 갈래가 되어 터지는 것 같다는 처음의 대략적인 묘사는, 돌을 세게 던지자 물이 터지듯 흩어지더니 달그림자가 박살이 나서 흰 불꽃의 모양으로 위험스럽게 사방으로 날아간다는 상세한 묘사로 이어진다. 물살이 이는 장면은 불꽃이 연못 위로 튕기듯 솟아오르는 하얀 새의 이미지로 묘사되고, 계속되는 돌팔매질에 부서진 달빛의 파편들은 물 위에 흩어졌다가 다시 중심을 향해 모이는 장미꽃 이파리로 비유된다.

시각적 이미지가 가득한 이 장면은 단락 전체의 문맥을 통해, 그리고 여러 단락을 거치면서 의미가 구현되는 한 편의 시와 같다. 센 돌팔매질로 인해 달그림자가 사라지는 지경에 다다르는 광경은 어두운 혼돈 속에서 제멋대로 튕기는 흑백의 만화경으로 비유된다. 달그림자가 물결에 부딪히는 모습은 강렬한 어감을 갖는 동사 즉 "폭발하다", "날아가다", "싸우다", "맥박 치다", "깜박거리다", "도망가다", "달려가다", "파괴하다"(278) 등을 통해 생생하게 표현된다. 이 장면에서 눈에 띄는 것은 일견 상호 관련이 없는 듯한 사물, 동물, 식물 등이 병치 되고 있다는 점이다. 가령 달빛은 흰 불꽃으로, 흰 새로, 그다음에는 장미 이파리로 비유된다. 이는 일견 무관해 보이는 것들이 동소체의 차원에서 꿰뚫어 보면 실제로는 서로 연결되어 있음을 드러낸다.

달그림자가 다시 원래의 형체를 되찾아가는 과정도 점차 세부적이고 구체적으로 묘사된다. 처음에는 흰 불꽃이 커지면서 형체를 갖추는 것으로 묘사되다가, 점차 모양이 일그러지고 찢어진 장미 이파리들이 파편들을 하나씩 모아서 점점 더 형태를 이루어 가는 것으로 구체화한다. 여기에서 눈에 띄는 것은 여러 다양한 분사형의 문장을 사용하는 것이다. 분사형을 통해 끊어짐이 없이 길게 이어지는 문장은 달그림자의 파편들이 부단히 움직이면서 온전한 달의 형체를 만들어가는 과정을 시각적으로 형상화한다.

그런데 여기에서 달그림자에 돌을 던지는 버킨의 행위와 이를 몰래 바라보는 어슐라의 반응은 그들의 심적 상태를 반영하는 하나의 은유로서 기능한다. 감정이 고양된 상태에서 행한 외적인 행위를 묘사함으로써 그 행위를 하게 된 인물의 내면 심리를 상징적으로 전달해준다. 버킨과 어슐라의 갈등 및 대립 그리고 이에 따라 점차 고조되는 긴장은 물에 비친 달그림자를 향한 버킨의 돌팔매질이 점차 더욱 격해지고 어슐라의 반응 또한 강렬해지는 것으로 표현된다. 버킨이 돌을 던지는 장면을 보기 전에 어슐라는 어떤 연유에서인지 "단단하게 빛나는 달의 모습"(277)을 좋아하지 않게 된다. 이는 그녀가 아직 의식하지는 못하나 그녀 내부에 자리 잡은, 달로 상징되는바 강하게 자신을 주장하는 여성적인 자아를 두려워하게 되었음을 의미한다. 처음에 서서히 돌을 던지던 버킨이 점차 미친 듯이 돌팔매질을 하자 어슐라는 현기증을 느낀다. 버킨이 돌을 세게 던지자 달그림자는 형체 없이 사라지는데 어슐라는 그 모습을 보지 않기 위해 외면해버린다. 그녀가 "버킨의 공격에 대한 반작용으로 고통스럽게 평온상태를 회복하는 달과 자신을 동일시"(Bell 120)하기 때문이다. 이 장면은 정점을 향해 치닫는 두 사람의 갈등과 이로 인한 긴장 및 위기가 최고조에 달했음을 극화한다. 어슐라는 돌팔매질로 인해 달의 상이 부서지는 모습을 지켜보면서 강하게 자신을 주장하던 과거의 자아로부터 서서히 벗어난다. 그런 점에서 이 장면은 어슐라가 고통스럽게 감정을 발산한 후 결국 치유가 된다는 의미를 함축한다(Bell 121). 이러한 장면들을 통해 '임'의 차원에서 벌어지는 두 인물 사이의 갈등 양상이나 어슐라 내면 심리의 변모 과정이 독자의 눈앞에 생생하게 떠오르게 된다.

작가는 어슐라의 복잡 미묘한 감정의 변화 과정을 교조적으로 설명하지 않는다. 대신 버킨의 돌팔매질로 인해 달그림자가 흩어졌다 다시 본래 형체를 되찾는 모습을 지켜보면서 그녀가 보인 반응의 변화 속에 함축시킨다. 어슐라의 내면 심리와 그 변화 과정을 설명에 의존하지 않고 자연의 한 현상과 그것을 바라보는 그녀의 태도를 통해 암시하는 것이다.

버킨이 서아프리카 조각상을 보면서 '반쪽성'에 대해 생각하는 장면 또한 극적 형상화에 성공한 경우이다. 달에 돌팔매질을 가한 장면 이후 또다시 사랑을 갈구하는 어슐라를 향한 열정에 일순간 휩쓸린 버킨은 다음날 그녀에게 열정을 느끼면서도 사랑 너머의 합일을 얘기한다는 것은 모순임을 깨닫는다. 정신적인 면과 육체적인 면 사이에서 조화를 이루기가 어렵다고 인식하게 되면서 버킨은 '반쪽성'에 생각이 미치게 된다. 그는 런던의 할리데이(Halliday)의 아파트에서 본 서아프리카 목조각상인 산고에 괴로워하는 나체 흑인 여자상을 기억해내고 그 조각상의 얼굴이 투구풍뎅이와 유사함을 깨닫는다.

버킨이 서아프리카 조각상에서 순수한 감각주의의 원시적인 문명을 떠올리는 이 부분에서 추상적인 관념은 시각적인 이미지를 통해 극적으로 형상화된다. 분뇨 덩어리를 굴리는 갑충인 투구풍뎅이는 고대 이집트인들에 의해 풍작을 가져오는 벌레로 신성시되었다는 생각에 이르면서 버킨은 그것이 "순수하게 감각적이고 영적이지 않은 앎"이나 "와해와 부패에의 앎"(285)과 통함을 깨닫는다. 투구풍뎅이는 유기체를 죽음으로 이르게 하는 와해 및 부패와 연관되는데, 투구풍뎅이의 얼굴을 한 아프리카 조각상도 역시 와해와 소멸에 대한 지식을 갖고 있다는 것이다. 여기에서 조각된 아프리카 여인과 투구풍뎅이는 동소체의 관계에 있다고 할 수 있다. 그런데 앞서 7장「토템」("Totem")에서 이 조각상은 의식의 통제를 벗어난 극단적인 육체적 감각을 상징하는 것으로 시사된 바 있다. 서아프리카 조각상이 극단으로 흐른 감각과 이로 인한 와해 및 소멸을 상징한다는 사실이 작품 전반에 걸쳐 여러 문맥을 통해 일관되게 나타난 것이다.

서아프리카 조각상으로 대표되는 부패 및 와해의 원시문명과 대극을 이루는 것으로서 버킨에게 떠오른 것은 서구 백인들이 밟고 있는 제2의 길이다. 그것은 신비한 얼음이나 눈처럼 파괴와 소멸의 신비극을 완수할 것이었다. 버킨은 차가운 지성과 의지력의 화신인 서구의 백인들이 얼음과 같이 결빙되거나 눈처럼 소멸해 없어지리라는 깨달음에 이른다. 그는 서구 문명의 역사 및 발전 과정을 제럴드라는 인물 속에서 찾아보게 된다. 그런데 제럴드는 작품 전체를 통해 일관되게 눈과 얼음 이미지와 연관되고 그의 인생은 결국 알프스 설산에서의 동사로 귀결된다. 제럴드의 죽음은 온 세상이 백색의 눈으로 해체되어 감을 예시한다. 결빙과 소멸을 의미하는 눈과 얼음은 제럴드를 위시한 서구 백인의 차가운 지성 및 의지와 동소체라 할 수 있겠다.

이외에도 자연 이미지를 통해 '비인성적인' 차원을 잘 형상화한 예로는 23장 「놓여남」에서 버킨이 자신의 정신주의가 파멸에 이르는 길임을 인정한 후 어슐라와 합일에 이르기까지의 과정 묘사를 들 수 있다. 허마이어니와의 관계를 유지하는 버킨에게 화가 난 어슐라는 버킨이 사랑이 아니라 죽음을 원하는 왜곡된 인물이라고 강하게 비난한다. 어슐라와 심하게 다툰 후, 버킨은 스스로 본능적 열정을 느끼면서도 어슐라의 감정적인 열정을 거부하며 '사랑 너머의 무엇'을 원하는 자신의 정신주의가 일종의 타락의 과정이고 자기파멸을 즐기는 것과 유사함을 깨닫는다(348). 격한 다툼 후 떠나버린 어슐라를 초조감 속에 기다리던 버킨은 꽃을 들고 돌아온 어슐라와 화해하고 마침내 합일에 도달한다. 어슐라가 버킨과의 접촉을 통해 들어간 세계는 열정적인 힘의 세계가 아니고 황금빛 꽃이나 식물 같은 침묵의 상태로 나타내어지는 적막하고 가냘픈 공간적인 세계이다. 이는 두 사람이 '비인성적인' 차원에 이르렀음을 의미한다. 이때 버킨은 알을 깨고 나온 새나 새롭게 탄생한 "사물"(351)처럼 느낀다. 일견 상호 무관해 보이는 인간, 사물, 식물인 꽃, 동물인 새는 새로운 세계 속으로 새로이 깨어난 존재라는 점에서 '비인성적인' 차원에서 보면 동소체의 관계에 있다.

두 사람이 합일에 도달하는 것은 비본질적인 것이 씻겨나가고 본질적인 것만이 남아 새롭게 깨어나는, 즉 생성되는 과정으로서 전류나 회로 그리고 강물의 흐름 이미지로 포착된다. 이상적인 남녀관계에 도달하면 열정이 전류처럼 강물이 되어 흘러내린다는 것이다. 삶의 근원에서부터 전류 같은 열정이 강물처럼 충만하게 몸 안에 흐를 때는 정신이 "빠져나가는 듯한"(354) 몽롱한 기분에 젖고 이 상태가 지나면 새로운 '임'으로 깨어난다. 강물이 홍수가 되어 어슐라의 몸속에 흘러내려 본질이 아닌 것을 다 씻어내 버리고 본질적인 새로운 것만을 남겨두는 것이다. 그 후에는 온전한 자아가 되어 완전히 편안한 상태에서 자유로워진다. 여기에서 전류나 강물 이미지는 전류 같은 열정의 흐름을 통해 씻기고 정화되어 새로운 존재로 재생한다는 의미를 함축한다. 새롭게 생명력을 부여받아 갱생하게 된다는 것이다.

새롭게 깨어난 어슐라는 새로운 인식에 도달한다. 과거에는 "남근의 원천"보다 더 심오한 것은 없다고 생각했는데, 지금 보니 "삶의 원천"이 더 신비롭다는 것이다. 이때 모세가 바위를 지팡이로 내리치자 기적처럼 물이 콸콸 흘러나왔다는 출애굽기의 내용이 언급되는데(354), 이는 바위와 같은 무생명 상태에서 생명력을 상징하는 물이 기적처럼 넘치게 되었다는, 즉 죽음에서 생명으로 갱생하고 부활한다는 의미를 함축한다. 여기에서 인간의 몸이 바위로 비유된 것도 동소체의 관계에 있는 자연 이미지를 통해 '비인성적인' 차원을 포착한 하나의 예이다.

자연 이미지를 통해 '임'을 생생하게 형상화하는 데 성공한 또 하나의 예는 토템 이미지의 사용이다. 늑대, 쥐, 박쥐, 투구풍뎅이 등의 동물 이미지로 나타나는 토템은 '비인성적인' 차원에서의 인물의 특성을 생생하게 구현한다. '비인성적인' 차원에서는 동물을 포함한 자연과 인간 사이에 유사성이 발견된다는 점에서 자연 이미지인 토템은 '임'을 드러내는 데 효과적이다. 토템 이미지를 사용함으로써 로렌스는 구식의 '안정된 자아' 내지는 '인성'이 아닌 '또 다른 자아' 즉 '임'을 형상화할 수 있게 된다(Dibattista 154).

로렌스는 예민하고 섬세한 감각으로 언어를 실험적으로 사용하여 새로운 의미를 구축해 나가기도 한다. 동일한 단어가 인물이나 문맥 그리고 상황에 따라 변주를 이루면서 의미를 확장해 나감으로써 복잡하고 다양한 의미의 층을 갖게 된다.[4] 로렌스는 실험적인 언어 구사뿐 아니라 강렬하고 생동감 넘치는 시적인 문체를 사용한다. 물결이 치는데 또 다른 물결이 밀려와 서로 겹쳐지면서 반복적으로 리듬에 맞춰 흘러가는 듯한 문체이다. 이때 문장은 서로 "마찰"(Bersani 188)하면서도 균형을 이룬다. 또한 강렬하게 반복되는 병치 어귀와 주문을 외는 듯한 문장의 리듬은 성서를 연상시키면서 강력한 호소력으로 예언적 의미를 전달한다.

III. 평가와 의의

『연애하는 여인들』에서 로렌스는 제1차 세계대전을 전후로 하여 파국으로 치닫는 서구 현대산업사회의 문제점을 신랄하게 진단하고 비판한다. 하지만 비관주의에 빠지지는 않는다. 현대산업사회가 어떻게 해체와 파괴의 길로 나아가고 있는지를 통렬한 문제의식으로 치열하게 파고 들어감과 동시에, 거기에서 벗어나 창조와 생성의 길로 들어서려면 어떻게 해야 하는지에 대한 자신만의 해결책을 모색하고 비전을 구체적으로 제시한다.

해체의 길에서 벗어나는 방안으로서 로렌스가 버킨을 통해 제시하는 비전은 개인의 '홀로 있음'이다. 사회 집단에 휘둘리지 않는 개인으로서의 '홀로 있음' 상태의 견지, 더 나아가 남녀가 각자 '홀로 있음'의 상태를 유지하는 가운데 서로 팽팽한 균형을 이루는 "별들의 평형 관계"를 정립하는 것이다. 이때 인간은 생생하게 살아있는 '온전한 존재'가 될 수 있고, 상대의 개체성 또한 인정함으로써 아집과 억압으로부터의 "놓여남" 즉 자유를 경험할 수 있다는 것이 로렌스의 생각이다. '홀로 있음'을 유지함으로써 독자성을 확보한 진정한 개인이 되어야 한다는 로렌스의 비전은 일상적인 고립이나 단절, 그리고 자기 자신만을 내세우는 이기주의와는 구별된다.

로렌스는 버킨을 통해 자신의 입장을 일방적으로 강요하기보다는 어슐라로 하여금 버킨의 생각에 반발하게 함으로써 두 상충하는 견해를 '대화'적으로 병치시킨다. 이러한 구조 때문에 독자는 서로 다른 두 견해를 다각도에서 입체적으로 조망할 수 있을 뿐만 아니라 자기 나름의 독자적인 견해를 정립해 볼 수 있는 여유를 갖게 된다. 상호 대립하는 입장의 객관적 병치 및 극화는 작품 속에 팽팽한 긴장을 조성하며 로렌스 소설 특유의 역동성과 박력의 원천이 된다.

이 소설의 또 다른 묘미는 인물들의 심리 묘사가 절묘하게 짜여 들어가 있다는 점이다. 여러 이미지와 자유간접화법을 비롯한 다양한 서술방법[5]이 효과적으로 활용되어 인물들의 내부에서 벌어지는 심리적 상호작용이 내면의 대화가 오고 가는 하나의 드라마처럼 극화된다. 현대산업사회의 문제 진단과 비전 제시가 추상적인 관념 설파에 그치지 않고 생생한 구체성과 설득력을 확보하게 된 것은 이 때문이다. 로렌스가 심오한 철학과 사상을 거침없이 풀어놓으면서도 이를 예술성 높은 문학작품으로 승화시킨 것이『연애하는 여인들』이고 여기에 이 소설의 위대성이 있다고 하겠다.

Endnotes

1 D. H. Lawrence, *Women in Love* (New York: Penguin, 1980), 285. 이후 본문 인용은 이 책에 따르며 면수만 표기한다.

2 1949년에 출간된『제2의 성』(*The Second Sex*)에서 '여자는 태어나는 것이 아니라 만들어지는 것'이라는 혁명적인 선언을 하여 서구 여성론 비평의 선구자 역할을 한 보봐르에 따르면 로렌스에게 있어서 이상적인 여성상은 여성을 남성의 '대상'으로 규정하는 사회 통념을 그대로 수용한 존재이다. 209. 밀렛 또한 1970년에 출판된『성의 정치학』(*Sexual Politics*)에서 남성의 여성 지배를 공고히 한 작가 중의 하나로 로렌스를 지목한다. 밀렛에 의하면 로렌스는 남성의 전유물로 간주 되어 온 지적인 직업의 영역에 여성이 침범하여 그 자리를 차지하는 현상을 못마땅하게 생각했다. 이는 로렌스의 불안정성, 여성에 대한 공포, 거세 우려에서 비롯되었다는 것이 밀렛의 주장이다.

3『연애하는 여인들』에서 로렌스의 남성 우월적인 사고가 나타나기 시작한다고 본 평자로는 닉슨(Nixon), 디바티스터(DiBattista), 심프슨(Simpson) 등이 있다. 닉슨은『연애하는 여인들』이 발표되기 1년 전인 1915년을 로렌스의 여성관이 변화를 맞는 기점으로 본다(15). 디바티스타도『연애하는 여인들』에서 여성을 보

는 로렌스의 시각이 변화했다고 본다(138). 심프슨 또한 『무지개』에서는 여성을 대지인 어머니(earth-mother), 생명의 제공자(life-giver)로 보던 로렌스가, 『연애하는 여인들』에서는 주도적으로 힘을 행사하려 하는 대모에 반발하는 태도를 보인다고 평가한다(92).

4 가령 '어두움'이라는 단어는 이중적인 의미를 띤다. 어두운 지하나 어두움의 괴물로서의 뢰르케 등에서 보듯 타락의 의미로 쓰이기도 하고, 의식적 정신 그 너머에 놓여있는 것 등에서 나타나듯 신비의 의미로 사용되기도 한다. '전류' 이미지 또한 이중적으로 사용된다. 열정을 나타내는 전류 이미지는 재생과 부활을 함축하고, 번개 치는 듯한 전류 이미지는 사람을 말라 죽게 하는 죽음을 상징한다. '순수한'은 보통 긍정적인 의미이지만, '기계'와 연관되어 사용된 수식어 '순수한'은 유기체의 복합성을 순전히 배제해버린다는 부정적인 의미를 함축한다.

5 이에 대한 논의는 졸고 「D. H. Lawrence *Women in Love*: 인물의 '임'(being)의 형상화와 서술기법」 『영국소설과 서술기법』(서울: 신아사, 2010) 참고.

인용문헌

Beauvoir, Simone de. *The Second Sex*. Trans. and Ed. Parshley. New York: Bantam, 1961.

Bell, Michael. *D. H. Lawrence: Language and Being*. Cambridge: Cambridge UP, 1992.

Bersani, Leo. "Lawrentian Stillness." *Modern Critical Views: D. H. Lawrence*. Ed. Harold Bloom. New York and Philadelphia: Chelsea, 179–94.

Bloom, Harold, ed. *D. H. Lawrence*. New York: Chelsea, 1986.

Dibattista, Maria. *First Love: The Affections of Modern Fiction.* Chicago: U of Chicago P, 1991.

Lawrence, D. H. *Women in Love*. New York: Penguin, 1980.

Millett, Kate. *Sexual Politics.* New York: Doubleday, 1970.

Nixon, Cornelia. *Lawrence's Leadership Politics and the Turn against Women.* Berkeley: U of California P, 1986

Price, Martin. "Levels of Consciousness." *Modern Critical Views: D. H. Lawrence*. Ed. Harold Bloom. New York and Philadelphia: Chelsea, 1986. 255–74.

Simpson, Hilary. *D. H. Lawrence and Feminism*. London & Canberra: Droom Helm, 1982.

출처 : 이 글은 「비전의 극적 형상화의 성과와 한계: 『연애하는 여인들』 연구」(『D. H. 로렌스 연구』 16권 1호 (2008)), 「대립구조를 통한 대화: *Women in Love* 연구」(『D. H. 로렌스연구』 9권 1호 (2001)), 「'개인의 홀로 있음': 『연애하는 여인들』의 묵시록적 비전」(『수원대 논문집』 제33집 (2019)) 등 저자의 여러 논문을 부분적으로 참고하여 수정, 보완했다.

진 리스와 『드넓은 사가소 바다』

황정숙

I. 작가와 작품 세계

진 리스(Jean Rhys)는 1890년 서인도제도에 위치한 영국령 도미니카에서 웨일즈 출신 의사인 윌리엄 리이스 윌리엄스(William Rees Williams)와 노예들과 플랜테이션을 소유했던 집안의 후손인 백인 크레올 미나 록하트(Minna Lockhart) 사이에서 태어났다. 본래 이름은 엘라 그웬돌린 리이스 윌리엄스(Ella Gwendolyn Rees Williams)이고, 진 리스는 작품 활동을 시작하면서 사용한 필명이다. 인구 대부분이 아프리카계 흑인들로 이뤄진 서인도제도에서 백인 크레올로 자라며, 리스가 흑인에게 가졌던 태도는 이중적이었다. 그녀는 어린 시절 "검은 피부를 가진 식모, 메타(Meta)"와 "프랜신(Francine)이라고 불리는 흑인 소녀"와 친구로 지내며 흑인문화를 "로맨틱"하게 생각하기도 했지만, 메타를 "검은 악마"라고 부르거나 다시는 "어떤 유색인 소녀"와도 친구가 되려 하지 않았고, 나이가 들어서는 "도미니카에서 백인의 힘이 약해지는 것에 대해 분노"(Savory 3)를 나타내는 등 당시 팽배했던 제국주의적 지배질서를 내재화하고 있는 모습도 보였다. 영국의 식민지였던 도미니카에서 자란 리스가 영국에 대해 가지는 태도 역시 이중적이었다. 서인도제도에서 백인 크레올은 흑인들보다 사회적으로 우위를 차지하고 그들을 억압하는 지배계층이었지만, 순수한 영국인과는 다른 열등한 피식민지인으로 취급받았다. 고등 교육을 받기 위해 16살에 영국으로 간 리스는 서인도제도 출신 백인 크레올 여성이라는 자신의 정체성으로 인해 직접적인 차별을 경험하였고, 이런 경험들은 그녀의 작품에 반영되었다.

리스는 1907년 도미니카를 떠나 영국 케임브리지에 위치한 퍼스여

학교(The Perse School for Girls)에 입학했지만, 가족의 반대를 무릅쓰고 학교를 떠나 1909년 왕립연극학교(The Royal Academy of Dramatic Art)에 입학했다. 그녀는 비비안(Vivienne), 엠마(Emma), 엘라 그레이(Ella Gray)라는 이름을 사용하며 코러스 걸(chorus girl)로 무대에서 활동하다가 1910년 학교를 그만두었다. 리스는 학교를 떠난 이유가 아버지의 죽음 때문이라고 말했지만, 학자들은 "그녀의 서인도제도식 영어 말투가 그 당시 영국의 연극계에서 받아들여지지 않은 것"(Savory 4)이 진짜 이유라고 보고 있다. 아버지가 사망한 후 경제적으로 어려움을 겪던 리스는 코러스 걸 등 여러 직업을 전전하다 증권중개인으로 성공한 란슬럿 그레이 휴 스미스(Lancelot Grey Hugh Smith)를 만났고, 1919년 프랑스계 네덜란드인 저널리스트 빌럼 요한 마리 랑글레(Willem Johan Marie Lenglet)와 결혼할 때까지 그에게 돈을 지원받으며 관계를 유지했다.

리스는 랑글레와 결혼한 후, 영국을 떠나 프랑스를 비롯해 유럽 여러 곳에서 생활했다. 그녀는 결혼 전 낙태를 경험했고, 결혼 후 아들을 낳지만 얼마 지나지 않아 사망한다. 결혼 후에도 심각한 경제적 어려움에 시달리던 리스는 1922년 딸 마리본(Maryvonne)을 출산하지만 제대로 육아를 하지 못했고, 1923년 남편이 불법행위로 감옥에 투옥된 후 경제적 상황은 더욱 악화됐다. 리스는 프랑스에 머무르는 동안 영국 작가이자 비평가인 포드 매덕스 포드(Ford Madox Ford)를 만나 『트랜스애틀랜틱 리뷰』(*Transatlantic Review*)에 몇 편의 단편을 발표했고, 이후 『왼쪽 둑』(*The Left Bank*, 1927)과 자신과 불륜관계에 있던 포드와의 관계를 반영하여 쓴 소설 『사중주』(*Quartet*, 1929)를 출판했다. 1932년 이혼 후, 1934년 영국인 편집자 레슬리 틸덴-스미스(Leslie Tilden-Smith)와 결혼했지만 그는 1945년 사망한다. 리스는 두 번째 결혼 후 2차 세계 대전 전까지 『맥켄지씨를 떠난 후』(*After Leaving Mr. Mackenzie*, 1930)와 자신과 란슬럿 그레이 휴 스미스의 관계를 바탕으로 경제적 어려움을 겪으며 성적으로 착취당하는 서인도제도 출신의 코러스 걸의 이야기를 다룬 『어둠 속의 항해』(*Voyage in the Dark*, 1934)를 출판했다. 이후 1939년 『한밤이여, 안녕』*(Good Morning, Midnight*)을 출판했지만, 그녀의 작품들은 당시 큰 성공을 거두지 못했다.

리스는 1939년 이후 작품 활동을 거의 하지 않았고, 1947년 틸덴-스미스의 사촌 맥스 하머(Max Hamer)와 결혼한다. 1957년 『한밤이여, 안녕』이 BBC에서 각색되어 방영되면서 잠시 주목받았지만, 그녀의 이름은 문단에서 서서히 잊혀져갔다. 그러다 1966년 샬롯 브론테(Charlotte Bronte)가 19세기에 출판한 『제인 에어』(*Jane Eyre*, 1847)를 다락방에 갇혀있는 버사 앙투아네트 메이슨(Bertha Antoinette Mason)의 시점으로 다시 쓴 『드넓은 사가소 바다』(*Wide Sargasso Sea*)가 문단과 대중에게 모두 호평을 받으며 큰 성공을 거둔다. 이후 『호랑이는 멋지기나 하지』(*Tigers are Better-Looking*, 1968)와 『한잠 자고 나면 괜찮을 거예요, 부인』(*Sleep it off, Lady*, 1976) 등을 발표하며 작품 활동을 이어가다가 1979년 자서전을 집필 중 사망한다. 그녀가 작업 중이던 자서전은 같은 해 『웃어보세요: 끝마치지 못한 자서전』(*Smile Please*: *An Unfinished Autobiography*)이라는 제목으로 출판되었다. 그녀가 생전에 지인들에게 보냈던 편지들도 1984년 『진 리스 서간집』(*Jean Rhys's Letters*: 1931-1966)이라는 제목으로 출판되었다.

리스는 1907년 16살에 영국으로 떠난 뒤 1936년 잠시 도미니카를 방문한 것을 제외하고는 주로 영국에서 교육을 받았고, 영국과 프랑스를 비롯해 유럽 각지에서 생활했다. 유럽에서 그녀는 서인도제도에서 온 인종적 타자로, 이방인으로, 성적 타자인 여성으로, 그리고 하층민으로서의 삶을 경험한다. 포드는 리스의『왼쪽 둑』의 서문에서 서인도제도에서 온 망명자로서의 경험이 그녀를 "무서운 통찰력"과 "약자의 사례를 이야기하는 열정"을 가진 작가로 만들었다고 평한다. 실제로 그녀의 소설 대부분은 유럽을 배경으로 백인 크레올 여성이 가부장제와 제국주의 체제 아래에서 사회, 경제, 정치적으로 소외되어 살아가는 모습을 주로 그리고 있다. 하지만 리스의 대표작『드넓은 사가소 바다』는 소설의 배경을 영국이 아니라 서인도제도로 바꾸며 가부장제와 제국주의의 희생자이자 침묵당한 타자인 백인 크레올 버사를 프랑스 노예주의 후손이자 영국의 제국주의에 공모한 백인 크레올 앙투아네트로 설정한다. 이를 통해 버사의 광기가 가부장제도는 물론 유럽과 서인도제도 사이에 존재하는 제국주의 질서와 밀접한 관련이 있으며, 아울러 영국의 식민지였던 서인도제도 사회에서 영국 제국주의자, 백인 크레올, 흑인 사이에 존재하는 인종·계층·문화적 갈등의 결과물이라는 것을 드러낸다.

II.『드넓은 사가소 바다』 읽기

1. 정전 다시 쓰기: 벅인 크레올 여성의 광기

리스의 대표작이자 영문학에서 중요한 작품으로 평가받는『드넓은 사가소 바다』는 브론테의『제인 에어』에 등장하는 에드워드 로체스터(Edward Rochester)의 첫 번째 아내 버사를 주인공으로 다시 쓴 작품이다.『제인 에어』에서 쏜필드 홀(Thornfield Hall)의 다락방에 미친 채 갇혀있는 백인 크레올 버사는 보이지 않는 유령과 같은 존재로, 주로 울부짖는 소리나 괴기스러운 웃음소리를 통해 작품 속에 등장한다. 버사의 정체는 서인도제도에 위치한 자메이카의 스페니쉬 타운(Spanish Town)에서 온 "예의바르고" "완벽하지 않은" 영어(387)를 사용하는 리처드 메이슨(Richard Mason)이 쏜필드 홀을 방문해 제인에게 자신의 누이가 로체스터의 아내라는 것을 밝히며 처음으로 언급된다. 독자가 그녀를 만나는 것은 로체스터가 리처드 메이슨과 제인을 데리고 다락방을 방문하는 순간이다.[1] 로체스터는 버사가 서인도제도에서 온 크레올이고, 자신이 아버지와 형, 그리고 친척들에게 속아서 그녀와 결혼했다고 이야기하지만, 리처드는 법적으로 그가 버사의 남편이라고 주장한다. 이때 버사는 리처드를 공격하고, 로체스터에게 아내가 있다는 사실을 알게 된 제인은 쏜필드 홀을 떠난다. 곧이어 버사는 저택에 불을 지른 후 추락하여 사망하고, 소설 밖으로 사라진다. 이후 제인은 쏜필드 홀로 돌아와 방화로 인해 부상 입은 로체스터를 돌보게 되고, 두 사람이 결혼하며 소설은 끝이 난다. 오랜 시간 동안 버사의 존재는 여러 고난을 겪고 성장한 고아 제인이 로체스터와 결혼하는 데 있어서 넘어야 할 또 하나의 고난이자 두 사람의 결혼에 걸림돌 정도로 여겨지며 크게 주목받지 못했다. 하지만 20세기 중반에 이르러 버사는『제인 에어』의 의미를 확장시켜주는 중요한 존재로 연구된다.

산드라 길버트(Sandra Gilbert)와 수잔 구바(Susan Gubar)는 1979년에 출판된『다락방의 미친 여자: 여성 작가와 19세기 문학적 상상력』(*The Madwoman in the Attic: The Woman Writer and the Nineteenth-Century Literary Imagination*)에서 브론테의 버사를 포함하여, 제인 오스틴(Jane Austen), 메리 쉘리(Mary Shelley), 에밀리 브론테(Emily Bronte), 조지 엘리엇(George Eliot) 등 19세기 여성 작가들이 당시 여성상에 부합하는 '착한' 주인공의 이야기를 그리면서 이들과 함께 등장시킨 미친 여성 캐릭터들을 분석하고, 언뜻 상반돼 보이는 둘 사이에 유사점을 밝힌다. 예를 들어,『제인 에어』에서 어린 제인은 "나쁜 동물"(15)로 묘사된다. 고아였던 그녀는 친척집인 게이츠헤드(Gateshead)에 머무르는 동안 사촌 존 리드(John Reed)의 폭력에 분노하고 그에게 반항한 뒤 붉은 방에 갇히게 된다. 이후 성인이 되어 독립하게 된 제인은 가정교사가 되어 쏜필드 홀에 오게 되고, 저택의 다락방에 갇혀 "야생동물처럼" 네발로 기어 다니는 "짐승인지 사람인지 알 수 없는"(609) 버사를 마주하게 된다. 길버트와 구바는 제인이 갇혔던 붉은 방과 버사가 갇힌 다락방을 여성의 자유를 억압하는 공간으로 보고, 19세기 억압적인 가부장제도에 대한 브론테의 분노와 저항이 제인의 "가장 진실하고 가장 어두운 분신"(360)인 버사를 통해 광기의 형태로 표출된 것으로 분석한다.

길버트와 구바는 페미니즘적 관점에서 버사의 존재와 광기를 재조명하지만, 그녀를 19세기 영국 여성 작가 브론테와 소설의 주인공인 제인이 가부장제도에 대해 가지고 있는 분노와 저항의식을 투영하는 인물로 읽으며, 자메이카 출신의 백인 크레올 버사가 함의하고 있는 인종적 타자로서의 특수성과 영국 제국주의와의 연관성에 대해서는 간과하고 있다.『제인 에어』에서 "어두운" 색의 머리카락(609)과 피부를 가지고 있는 버사는 서인도제도에 정착한 백인 유럽인의 자손인 백인 크레올로, "좋은 (영국) 혈통"(324)을 가진 로체스터와 결혼한다. 영국의 식민지였던 자메이카 출신의 야만스럽고 짐승 같은 버사와 영어가 완벽하지 못한 리처드는 식민지와 크레올을 '문명화'된 영국과 차등되는 열등하고 이질적인 인종적·문화적 타자로 보는 19세기의 제국주의적 관점을 반영한다. 특히 다락방의 미친 여자 버사는 여성과 식민지를 "통제할 수 없는 분노와 광기의 장소"(Renk 88)로 규정한 빅토리아조의 시대적 이념을 반영하고 있으며, 따라서 그녀의 광기는 페미니즘과 탈식민주의적 관점에서 모두 연구되어야 한다. 하지만 버사를 가부장제도의 폭력과 억압에 저항하는 제인의 분신으로 보는 해석은 영국 남성 로체스터에 의해 쏜필드 홀에 감금된 서인도제도 출신의 피식민지인 백인 크레올 여성 버사가 가지고 있는 탈식민주의적 의미와 영국인인 제인과 버사 사이에 존재하는 인종적·문화적 차이를 지운다. 리스의 『드넓은 사가소 바다』는 길버트와 구바의 책보다 십여 년 앞서 1966년에 출판되었지만, 이들의 분석에서 간과하고 있는 버사의 특수성과 이것이 담고 있는 19세기 영국의 제국주의에 대한 비판의식에서 시작된다.

리스는 지인에게 보낸 편지에서 브론테가 『제인 에어』에서 소설의 플롯을 위해 버사를 "혐오스럽고", "생동감 없는", 항상 "악을 쓰고", "울부짖고", "소름 끼치게 웃으며" 모두를 공격하는 사람으로 그리고, "소설 밖으로 밀려나" 보이지 않는 사람처럼 묘사한 것에 대해 분노를 드러낸다. 그리고 자신이 버사를 중심에 두고, "왜 로체스터가 그녀를 미쳤다고 생각하는지", "왜 그녀가 미치게 되었는지", "왜 그녀가 불을 질렀는지"를 이해할 수 있도록 버사에게 타당한 과거를 주기 위해 『드넓은 사가소 바다』를 썼다고 밝힌다(Rhys, *Letters* 156). 이를 위해 리스는 브론테의 버사를 "의도적으로"(Gregg 83) 1830년대 서인도제도에 위치시키고, 앙투아네트 코스웨이(Cosway)가 어떻게 버사 앙투아네트 메이슨이 되는지 일련의 과정을 그리며, 작품에 함의된 가부장제에 대한 비판은 물론 탈식민주의적 문제의식을 전면에 드러낸다.

리스의 소설은 노예들의 노동을 착취해 운영되는 자메이카에 위치한 쿨리브리(Coulibri) 농장의 소유주이자 앙투아네트의 아버지인 알렉산더 코스웨이(Alexander Cosway)가 죽고 난 뒤 1834년 노예제도 폐지로 더욱 몰락해가는 코스웨이 집안을 배경으로 시작한다. 백인 아버지가 사라진 후, 백인 크레올인 앙투아네트, 그녀의 어머니 아네트(Annette)와 남동생 피에르(Pierre)는 심각한 경제적인 어려움을 겪는다. 더욱이 이들은 백인 제국주의자들에게서 완전한 백인으로 인정받지 못하고, 흑인들에게도 '흰 바퀴벌레'라고 배척당하며 사회적으로 고립된다. 어린 앙투아네트의 시점으로 서술되는 소설의 첫 번째 장에서 흑인 하인들은 쿨리브리 농장과 집, 그리고 성경에 나올 법한 아름다운 정원을 돌보지 않고 몰락하게 내버려두는 게으른 존재이자, 그녀의 가족을 조롱하고, 아네트가 타고 다니는 말을 독살하는 악의적인 존재로 그려진다. 예외적으로 오베아(obeah)를 사용하는 흑인 하인 크리스토핀(Christophine)은 어린 앙투아네트와 그녀의 가족을 돌봐준다. 앙투아네트는 크리스토핀의 소개로 친구가 된 흑인 소녀 티아(Tia) 외에는 흑인과 백인 사회에서 철저히 소외되어 있다. 소설의 전반부는 노예제도 폐지라는 시대적 상황을 배경으로, 영국의 식민지인 자메이카에서 가부장제의 상징이자 제국주의자인 백인 아버지의 존재가 사라진 후 어려움을 겪는 앙투아네트 가족을 통해 서인도제도에서 백인과 흑인 어느 쪽에도 속하지 못하는 백인 크레올의 중간자적 입장(inbetweenness)을 부각시킨다.

영국인 백인 남성 메이슨(Mr. Mason)이 등장하고, 아네트가 그와 재혼하며, 앙투아네트의 가족은 다시 지배계층이 된다. 이 결혼으로 쿨리브리의 집과 농장에는 가부장제와 식민주의 질서가 다시 확립된다. 앙투아네트는 영국 음식을 먹고, 영국 소녀처럼 변해가고, 메이슨은 버려졌던 쿨리브리 농장을 다시 운영하려 한다. 제국주의자 메이슨의 등장은 노예제도 폐지 후에도 서인도제도가 여전히 영국의 식민지라는 점과 흑인들에 대한 착취가 다른 형태로 지속될 것이라는 것을 암시한다. 메이슨은 코라 이모(Aunt Cora)와의 저녁 식사 자리에서 자신은 게을러서 일하지 않고, "파리 한 마리조차 다치게 할 수 없는"[2] "아이들" 같은 흑인들을 대신하여 동인도에서 "쿨리"(coolies, 32)라 불리는 노동자들을 수입해서 농장을 경영할 것이라고 말한다. 메이슨은 노예제도를 통해 만들어진 쿨리브리 농장을 이어받았고, 노예였던 흑인들과 영국의 또 다른 식민지에서 수입해온 노동자들의 노동력을 착취하여 농장을 경영하려 하지만, 이전 지배계층이었던 노예주들을 비도덕적이라고 비난하며 자신의 농장 경영 방식을 차별화하고 정당화하려 한다.

아네트는 메이슨과의 재혼 후 다시 지배계층이 된 자신들과 쿨리브리 외에도 트리니다드(Trindad)와 안티구아(Antiqua)에 농장을 소유한 메이슨에 대해 흑인들의 반감이 커지고 있다고 지적하며 쿨리브리 농장을 떠나자고 말한다. 그러나 자신과 노예제도와의 연관성을 깨닫지 못하고 흑인들을 게으르고 무해한 어린애들로 생각하는 메이슨은 아네트의 말이 비이성적이라고 무시하며 쿨리브리에 남는다. 하지만 곧 이어 흑인들은 그의 집에 불을 지르고, 이 방화로 인해 피에르가 죽게 되자 아네트는 메이슨을 비난하고 공격한다. 가부장제와 제국주의 질서를 상징하는 메이슨을 공격한 그녀는 미쳤다는 진단을 받게 되고 홀로 멀리 떨어진 외딴집으로 보내진다. 아네트는 아들이 죽은 뒤 잠시 "자신을 잃었던 것"뿐이었지만 "그들"(142)이 그녀를 미쳤다고 규정하고 치료를 명목으로 홀로 '집'(house)에 가둔 뒤 미치게 만들었다는 크리스토핀의 말은 아네트의 광기가 백인 남편 메이슨과 (백인 남성) 의사, 그리고 "그들"이 상징하는 가부장제와 서구담론의 폭력성에서 비롯되었다는 것을 잘 드러낸다. 앙투아네트도 영국인 로체스터와 결혼한 뒤 자신의 어머니와 비슷한 전철을 밟게 된다.

두 번째 장은 로체스터의 관점에서 전개된다.[3] 브론테의 로체스터와 유사하게 리스의 로체스터도 집안의 둘째 아들로, 아버지로부터 지위나 재산을 물려받지 못하고, 아버지의 뜻에 따라 돈을 벌기 위해 서인도제도로 건너와 백인 크레올 여성과 결혼하게 되었다고 자신을 희생자처럼 서술한다. 하지만 리스는 로체스터가 결혼을 통해 얻게 된 경제적 이득이 얼마인지 구체적으로 언급한다. 그리하여 로체스터와 앙투아네트와의 결혼이 메이슨(Mr. Mason)이 첫 번째 결혼에서 낳은 아들인 리처드 메이슨과 로체스터 사이에 삼만 파운드가 오가며 남성들 사이에서 이뤄진 "거래"(64)라는 점을 강조한다. 로체스터는 메이슨과 마찬가지로 노예주들의 비윤리성을 비난하지만, 앙투아네트와의 결혼을 통해 그녀의 가문이 노예제도를 통해 축적한 재산과 농장을 소유하게 된다. 또한 리스는 빈털터리인 로체스터가 영국인 남성이라는 지위만으로 서인도제도에서 막대한 재산을 소유한 백인 크레올인 앙투아네트와 결혼이 가능했다는 점, 영국법에 의해 앙투아네트가 가진 모든 재산이 로체스터에게 이양된다는 점을 통해 이 결혼을 가능하게 만든 것이 가부장제도와 제국주의적 지배질서라는 것을 드러내고, 진정한 희생자는 여성이자 피식민지인인 앙투아네트라는 점을 부각시킨다.

아울러 리스는 앙투아네트의 광기가 그녀가 가지고 있는 정신적 질환이 아니라, 식민지와 피식민지인에 대한 19세기 영국의 제국주의적 관점을 반영하고 있다는 점도 드러낸다. 결혼 후 얼마 지나지 않아 앙투아네트가 광기의 증상을 나타내지 않았을 때조차 로체스터는 서인도제도의 환경과 문화, 그곳의 사람들, 그리고 크리스토핀의 오베아를 이상한 것으로 여기며, 앙투아네트 역시 자신과는 문화적·인종적으로 다른 타자로 규정짓고, 그녀가 미쳤다고 생각한다. 도미니카의 그랑부아(Granbois)로 신혼여행을 갔을 때, 로체스터는 자신이 알렉산더 코스웨이의 혼외자식이라고 주장하는 다니엘(Daniel)로부터 앙투아네트의 아버지가 알코올 중독으로 미쳐서 죽었고, 어머니 역시 미쳤으며, 앙투아네트와 "모든 백인 크레올에게서 내재된 광기"(88)가 발현될 것이라는 편지를 받는다. 이 편지를 받자마자 "마치 이것을 기다리고, 예상한 것처럼 놀라지 않았다"(90)는 로체스터의 말은 그가 이 편지의 유무에 상관없이 자신의 아내가 이미 미쳤다고 규정하고 있음을 단적으로 보여준다. 이후 로체스터는 앙투아네트를 버사라고 부르기 시작한다. 앙투아네트는 이러한 이름붙이기(naming)가 주술처럼 그녀가 가지고 있는 정체성을 상실하게 만드는 것이라고 거부하지만, 로체스터는 그녀를 계속 버사라고 부른다. 앙투아네트는 크리스토핀을 설득해 오베아를 사용해 로체스터의 사랑을 다시 얻으려 하지만 실패한다. 이후 크리스토핀은 로체스터를 찾아가 앙투아네트를 서인도제도에 두고 그 혼자 영국으로 떠나라고 제안하지만, 로체스터는 이를 거절하고, 자신의 아내를 영국으로 데려간다.

리스는 소설의 마지막 장에서 다시금 앙투아네트에게 목소리를 부여한다. 앙투아네트는 평소 자신이 동경해왔던 영국에 오게 되지만, 그녀를 미쳤다고 생각하는 남편에 의해 쏜필드 홀의 다락방에 갇히게 되고, 자신의 엄마처럼 미친 여성으로 만들어진다. 『제인 에어』에서와 마찬가지로 그녀는 자신을 방문한 리처드 메이슨을 공격한다. 이후 그녀는 꿈속에서 촛불을 놓쳐 쏜필드 홀에 불을 내고, 불에 타고 있는 쿨리브리 농장과 크리스토핀을 떠올린다. 그리고 자신을 버사라고 부르는 남성의 목소리에도 불구하고 티아의 이름을 부르며 성벽에서 뛰어내려 불 속으로 떨어지며 꿈에서 깨어난다. 잠에서 깬 앙투아네트는 자신이 왜 이곳에 왔는지 깨달으며, 자신을 감시하던 그레이스 풀(Grace Poole)이 잠든 틈을 타 백인 남성 제국주의자인 로체스터의 집에 불을 지르기 위해 촛불을 들고 자신이 갇혀있던 다락방을 나서며 소설은 끝이 난다. 이를 통해 소설은『제인 에어』에서 버사의 방화가 광기에 의한 것이 아니라 자신을 가두고 있는 로체스터와 그가 상징하는 가부장제와 제국주의에 대한 저항이라는 것을 드러낸다.

리스의『드넓은 사가소 바다』는 로체스터에 의해 버사가 되기 전 앙투아네트의 이야기를 영국의 식민지였던 1830년대 서인도제도를 배경으로 풀어내며, 왜 앙투아네트가 다락방에 갇힌 미친 여자 버사가 되었는지, 왜 그녀가 리처드 메이슨과 로체스터를 공격하고 쏜필드 홀에 불을 지르게 되었는지에 대해 설득력 있게 제시한다. 이를 통해 리스는 버사를 19세기 백인 영국 여성인 브론테와 제인이 가부장제에 대해 가지고 있는 저항의식을 반영하는 거울이 아니라, 서인도제도와 영국 사이에 존재하는 제국주의 지배질서 속에서 미치도록 만들어지는 피식민지인 여성으로 그리고, 이를 통해『제인 에어』와 관련된 논의를 페미니즘뿐만 아니라 탈식민주의로 확장하는 데에도 기여한다.

또한『드넓은 사가소 바다』에서 백인 크레올인 앙투아네트의 가족들은 영국인인 메이슨이나 로체스터를 만나기 이전부터 백인과 흑인들 모두에게 외면당하고 고립되어 외로움과 우울증 같은 정신적인 증상들을 보이고, 아네트는 영국인 남편에 의해 외딴집에 갇힌 뒤 자신을 감시하던 흑인 하인들에게 정신적·신체적으로 학대를 당한다. 이를 통해 소설은 앙투아네트와 아네트의 광기가 식민지 역사로 인해 서인도제도 사회가 가지는 백인 제국주의자, 백인 크레올, 흑인들 사이의 복잡한 인종적·계층적 구조 속에서 백인 제국주의자와 흑인 둘 중 어느 곳에도 속하지 못하는 백인 크레올의 정체성과도 연관되어 있음을 암시한다.

2. 서벌턴(Subaltern) 목소리

『드넓은 사가소 바다』는 서인도제도가 영국으로부터 독립하기 시작한 20세기 중반에 출판된다. 이 소설에서 리스는 영국 정전인 『제인 에어』에서 침묵당한 서벌턴 버사에게 목소리를 주어 자신의 이야기를 서술할 수 있도록 하고, 자신을 결혼의 희생자라고 주장하는 로체스터가 어떻게 앙투아네트를 다락방의 미친 여자 버사로 만들었는지 상세히 이야기한다. 하지만 리스는 백인 크레올 여성과 로체스터를 화자로 선택하며, 이중으로 침묵당한 또 다른 서벌턴—흑인들—을 만들어낸다. 리스는 『드넓은 사가소 바다』를 노예제도 폐지 후 서인도제도라는 특정한 시간과 공간에 설정한다. 하지만 흑인들은 노예제에 의한 피해자로 그려지기보다는 화자인 앙투아네트에 의해서 게으른 하인들이나 백인 크레올 가족을 괴롭히고 방화를 일으킬 만큼 폭력적인 사람들로 재현된다. 이렇게 부정적으로 재현된 흑인들은 『드넓은 사가소 바다』에서 서벌턴이 말할 수 있는지, 그리고 그들의 목소리를 들을 수 있는지에 대한 여러 논쟁을 불러일으킨다.

가야트리 스피박(Gayatri Chakravorty Spivak)을 비롯한 여러 학자들은 리스의 소설이 영국 식민지인 서인도제도를 배경으로 하고 있지만, 노예를 소유하고 플랜테이션을 운영했던 코스웨이 집안의 비극을 서술하는 백인 크레올의 이해관계에 의해 쓰여진 이야기이기 때문에, 소설을 통해서 진정한 희생자이자 서벌턴인 흑인들의 목소리에 접근하는 것은 불가능하다고 주장한다. 또한 서인도제도의 흑인들과 크리스토핀의 목소리가 영국의 정전 소설인 『제인 에어』를 "유럽 소설 전통의 틀 안에서, 원주민보다는 백인 크레올의 시점에서 다시 쓴 리스의 소설 속에 담길 수 없다"(Spivak 253)는 점도 강조한다. 이들은 소설이 "진 리스가 속해있던 계층이자 앙투아네트가 속해있는 예전 백인 농장주 계층에 우호적"(Ferguson 115)으로 쓰였다고 주장하며, 흑인에 관한 부정적 재현은 백인 크레올인 리스가 가지는 현실 인식의 한계에서 비롯되었다고 지적한다.

반면 베니타 패리(Benita Parry)는 작품 곳곳에서 들을 수 있는 원주민의 목소리에 대해 "스피박이 의도적으로 귀를 닫고 있다"(39)고 비난하며, 크리스토핀의 오베아를 통해 서구담론에 대항하는 흑인들의 목소리를 찾으려 한다. 크리스토핀은 앙투아네트를 영국으로 데려가려는 로체스터를 비난하며, 그녀를 서인도제도에 두고 떠날 것을 요구한다. 로체스터가 이를 거부하자, 자신은 읽고 쓰는 것은 알 수 없지만, 다른 것들을 알고 있다고 말하고는 "뒤도 돌아보지 않고 걸어나가 버린다"(146). 패리는 이 장면에 주목하며, 크리스토핀과 그녀의 오베아가 로체스터가 상징하는 서구담론과 가부장제도, 그리고 "제국주의 권위 체제"(39)에 도전하는 서인도제도의 고유 지식과 문화를 대표하고 있다고 주장한다.

흑인 서벌턴에 관한 중요한 두 논의는 리스가 『드넓은 사가소 바다』 속에서 크리스토핀과 오베아, 그리고 흑인을 재현하는 방식에 관한 연구를 더욱 발전시켰고, 이러한 연구들은 두 논의가 소설 분석에서 놓치고 있는 부분들에 주목하며, 리스의 소설이 의도적으로 드러내고 있는 크리스토핀의 오베아와 백인 크레올 화자의 한계가 무엇이고, 어떤 의미를 가지는지 분석한다.

소설은 크리스토핀과 그녀의 오베아가 영국인 남성 메이슨과 로체스터의 서구담론과 제국주의를 비난하고 도전하는 것을 보여주는 동시에 한계점도 드러낸다. 앙투아네트는 서인도제도 사람들이 크리스토핀의 오베아를 두려워하여 그녀의 명령에 따른다고 말한다. 스스로도 결혼 후 자신을 차갑게 대하는 로체스터의 마음을 돌리기 위해 크리스토핀에게 오베아를 사용해달라고 부탁하는 등 오베아를 두렵고 강력한 힘을 가진 것으로 묘사하지만, 소설은 이와 상충되는 모습도 함께 제시한다. 커린 마도로시안(Carrine Mardorocian)이 지적한 것처럼, 그랑부아의 하녀인 아멜리에(Amelie)는 로체스터 곁에 다가가면 오베아를 통해 벌을 주겠다는 크리스토핀의 경고를 무시하고 그와 하룻밤을 보내고, 몇몇 흑인들은 오베아를 미신으로 치부하며 믿지 않는다.

또한 크리스토핀이 로체스터와 논쟁을 벌인 후 떠나버리기 전, 로체스터는 그녀에게 앙투아네트에게 작별인사를 하고 "다시는 돌아오지 말라"(144)고 명령하고, 크리스토핀이 이에 반박하자 경찰을 부르겠다고 협박한다. 크리스토핀은 도미니카가 "자유 국가"(145)이며 떠날지 말지는 자신의 의지에 달렸다고 강조하지만, 로체스터는 자메이카의 영국인 치안판사에게 그녀에 대해 이미 알렸고, 경찰을 부르면 그녀가 체포될 것이라고 말한다. 이러한 장면들은 크리스토핀이 뒤돌아보지 않고 떠나는 순간이 그녀가 자신의 의지에 따라 퇴장하는 저항의 순간인지, 아니면 그녀가 제국주의자에 의해 "이야기 밖으로 조용히 위치되어"(Spivak 131) 소설에서 사라지는 순간인지 모호하게 만든다. 오베아가 "백인들에게는 통하지 않는다"(145)는 크리스토핀의 말이 암시하듯, 제국주의와 서구담론은 그녀의 오베아를 미신이나 불법으로 만들고, 그녀와 그녀의 오베아는 앙투아네트를 로체스터로부터 구해주지 못한다. 반면 로체스터가 앙투아네트를 버사라고 부르는 "오베아"(133)는 그녀를 미쳤다고 규정하고, 그녀가 가진 모든 것을 소유하고 통제할 수 있는 권한을 그에게 부여한다. 이렇듯 소설은 대항담론으로서 오베아의 한계를 드러내고, 이를 통해 제국주의적 담론이 가진 힘과 폭력성을 드러낸다.

그렇다면 왜 리스는 크리스토핀과 오베아의 한계를 드러낸 것일까? 크리스토핀의 오베아를 서구와 구별되는 흑인들의 고유문화나 지식 혹은 대항담론으로 보는 것은 원주민 문화를 '이성적'이고 '문명화'된 서구와는 상반되는 '신비스럽고', '이국적'이며, '원시적'이고, 따라서 '열등하다'는 제국주의적 인식과 서구담론을 더욱 고착화하고 재생산할 수 있다. 하지만 소설은 크리스토핀과 원주민과의 복잡한 관계와 오베아의 한계를 드러내며 흑인을 하나의 동일한 그룹으로 획일화하거나 흑인문화를 오베아로 규정하지 못하도록 하고, 이를 통해 이러한 이분화 구조를 탈피하려 한다. 실제로 리스는 좀 더 검은 피부를 가진, 다른 흑인과는 다른 방식으로 옷을 입고 머리에 수건을 두르는 크리스토핀이 아네트의 결혼 선물로 서인도제도의 프랑스령 마르티니크(Martinique)에서 왔으며, 소설의 주요 배경인 영국령 자메이카와 도미니카 원주민들과는 인종적·문화적 차이를 가지는 이방인이라는 것을 암시하며, 흑인 집단 안에 존재하는 문화와 인종의 다양성을 드러낸다.

소설과 관련된 이런 논의들은 왜 리스가 백인 크레올 화자를 선택했는지에 대해서도 다른 해석을 가능하게 해 준다. 화자인 앙투아네트는 자신이 비판적으로 사고하여 주변 환경과 인물들을 서술하기보다는 소설의 도입부에 "그들이 말하길"(3)이 암시하듯, 다른 사람들이 가지고 있는 기존 사회질서와 고정관념을 그대로 반복한다. 이로 인해 그녀의 서술은 많은 모순을 가지게 된다. 예를 들어, 앙투아네트가 흑인들을 가장 부정적으로 묘사한 쿨리브리 방화 장면은 흑인들의 저항의 목소리가 가장 잘 드러나는 곳으로 읽힐 수 있다. 앙투아네트는 쿨리브리에 불을 지른 흑인들을 부정적으로 묘사하고 있지만, 여러 비평가들이 지적한 바와 같이, 리스는 흑인들의 방화가 일어나기 바로 전 메이슨이 "게으른"(32) 흑인들을 대신해 동인도에서 일꾼들을 수입해 오겠다고 코라 이모에게 말하는 것을 흑인 하녀 마이라(Myra)가 듣는 장면을 소설 속에 넣는다. 이후 마이라가 방화를 일으킨 흑인들과 함께 있는 장면을 넣음으로써, 쿨리브리 농장에서 일어난 방화가 앙투아네트에 의해 재현된 것처럼 "소리지르기 위해 입을 반쯤 벌리고 번뜩이는 눈을 한 똑같은 얼굴들"(38)을 가진 흑인 폭도들의 폭력성에 의해 일어난 일이 아니라, 마이라에게서 메이슨의 계획을 전해들은 흑인들이 노예제도가 폐지된 후에도 값싼 노동력을 이용해 다시 피식민지인을 착취하려는 영국 제국주의자에게 저항하기 위해 일으킨 일이라는 것을 암시한다. 또한 이 방화는 메이슨이 가지는 흑인에 대한 제국주의적 관점—"파리조차 다치게 할 수 없는" 순진한 "아이들"(32)—을 정면으로 반박한다.

이후 소설에 등장하는 로체스터가 "많은 오래된 농장의 집들이 불탔고"(120), 불타고 남은 폐허를 여기저기에서 볼 수 있다고 말하는 장면은 쿨리브리 농장의 방화가 해당 지역에 살고 있는 흑인들이 앙투아네트 가족에게 악의를 가지고 저지른 단발적인 사건이 아니라, 서인도제도 곳곳에서 일어난 일이라는 점도 드러낸다. 이는 쿨리브리에서 일어난 방화가 흑인들을 부정적으로 재현하기 위한 것이 아니라, 노예제도 폐지 후 이전 노예주들을 비롯해 새로운 백인 제국주의자들의 집과 농장을 대상으로 서인도제도 여러 곳에서 실제로 일어났던 흑인들의 방화와 "집단적 저항"(Ferguson 98)의 역사를 반영하고 있음을 암시한다.

『드넓은 사가소 바다』에서 흑인들이 로체스터와 백인 크레올 화자에 의해 부정적으로 재현되는 점, 그리고 소설이 독자들에게 흑인들의 목소리를 들을 수 있는 통로를 열어주지 못했다는 점 등은 백인 크레올인 저자 리스의 한계로 지적되기도 한다. 그러나 이러한 한계는 크리스토핀의 오베아를 통해서, 혹은 서인도제도의 역사적·사회적 상황들을 통해 작품 속에서 흑인들의 목소리를 찾으려는 연구와 흑인의 목소리를 왜 들을 수 없는지에 대한 연구를 활발하게 만들어왔고, 이를 통해 흑인 서벌탄의 목소리는 여러 가지 의미로 우리에게 끊임없이 들리고 있다.

3. 백인 크레올과 흑인: 앙투아네트와 티아의 관계

소설의 마지막 부분에서 앙투아네트가 티아의 이름을 부르며 불 속으로 뛰어드는 장면도 다양한 해석이 가능하다. 여러 비평가들은 이 마지막 부분이 앙투아네트가 서구담론에 저항하며, 자신을 "인종적으로, 문화적으로 억압당한 사람들", 즉 흑인들과 "동일화"(Emery 61)하는 것을 의미한다고 주장한다. 하지만 이런 해석은 길버트와 구바가 『제인 에어』의 버사를 제인의 분신으로 보며 버사가 가진 역사성과 주체성을 지운 것과 마찬가지로 흑인 티아가 가지고 있는 역사성과 주체성을 지울 뿐만 아니라, 리스가 소설 전반에 걸쳐 그리고 있는 앙투아네트와 티아, 그리고 흑인과의 복잡한 관계와도 상충된다.

백인 크레올 앙투아네트와 흑인 티아가 친구가 된 것은 아버지의 죽음과 노예제도 폐지의 영향으로 코스웨이 집안의 경제적·사회적 지위가 몰락한 이후이다. 앙투아네트가 3페니를 걸고 물속에서 공중제비를 할 수 있다고 티아와 내기를 한 후 다투는 장면은 두 사람 사이에 존재하는 차이와 갈등을 잘 보여준다. 앙투아네트가 공중제비를 잘 하지 못하자 티아가 내기한 돈을 가지려고 하면서 두 사람은 다투게 된다. 앙투아네트는 "사기 치는 검둥이"라고 티아를 비난하고, 티아는 "진짜 백인들"은 금을 가지고 있지만, "그들은 우리 곁에 다가오지도 않는다"라고 말하며, 앙투아네트를 가난한 "흰 검둥이"(22)라고 몰아붙인다. 티아는 노예였던 "우리" 흑인과 금을 소유한 부유한 "그들" 백인이 인종·사회·계층적으로 분리되어 있으며, 흰 피부를 가진 가난한 앙투아네트를 어디에도 속하지 않는 "흰 검둥이"로 분류한다. 이는 식민지에서 백인과 흑인 사이의 인종적 위계질서가 계층과 밀접하게 연관되어 있다는 것을 보여주며, 두 사람의 우정이 가능했던 것은 백인 크레올인 앙투아네트 집안이 몰락하여 흑인과 같은 계층이 되었기 때문이라는 것을 암시한다.

이들의 짧은 우정은 앙투아네트가 다시 지배계층이 되는 순간 끝이 난다. 물웅덩이에서 다툰 후, 티아는 3페니와 함께 앙투아네트의 옷을 입고 가버리고, 앙투아네트는 티아의 드레스를 입고 집으로 돌아온다. 하지만 앙투아네트가 평소 입던 옷보다 "더 더러운"(23) 옷을 입고 있는 것을 본 아네트는 그 옷이 누구의 것인지 묻고, 티아의 옷이라는 것을 알게 된 순간 그 옷을 태워버리라고 말한다. 그날 앙투아네트는 장차 어머니와 결혼할 메이슨을 처음 만나게 된다. 이후 앙투아네트는 잠시 입었던 흑인의 '옷'을 벗고, 흑인이 속해있던 계층에서 벗어나 영국식 드레스를 입고, 영국 음식을 먹는다. 앙투아네트 코스웨이는 앙투아네트 코스웨이 메이슨이 되고, 그녀와 흑인들과의 관계도 변화한다.

앙투아네트와 티아가 다시 만나는 장면은 두 사람 사이에 존재하는 인종적·계층적 간극을 더욱 잘 드러낸다. 쿨리브리 농장에 방화가 일어난 날, 티아는 자신의 어머니, 그리고 "우리" 흑인들과 함께 이제 "그들"이 된 앙투아네트의 집을 둘러싸고 있다. 불을 피해 집 밖으로 나온 앙투아네트는 자신의 가족들을 둘러싼 군중 속에서 티아를 발견하고, 티아와 함께 살고, 티아처럼 되고 싶은 마음에 그녀를 향해 다가간다. 하지만 앙투아네트가 알아차리지 못하는 사이에 티아는 그녀를 향해 돌을 던지고, 얼굴에서 피가 흐르는 앙투아네트는 눈물을 흘리는 티아의 얼굴을 바라보며 마치 "거울 속에서" "자신을 보는 것 같다"(41)라고 생각한다. 티아가 돌을 던진 행위는 그녀가 앙투아네트의 거울이 되기를 거부하고, 오히려 "우리" 흑인과 "그들"이 된 앙투아네트와의 차이와 갈등을 부각시킨다. 특히 이 장면은 소설의 마지막 장면에서 티아를 부르며 성벽에서 뛰어내리는 앙투아네트가 서인도제도와 그곳의 사람들—흑인들—에게로 돌아가는 것이라는 해석에서 간과한 중요한 질문—과연 티아와 흑인들이 그녀를 받아줄 것인지—이 무엇인지 드러낸다.

일각에서는 앙투아네트의 개인적인 바람에도 불구하고, 두 사람 사이에 존재하는 "몇 세기에 걸쳐 형성된 인종적 위계질서가 만든 사회경제적 차이"(Brown 582)로 인해 앙투아네트가 티아와 동일화되는 것이 불가능하지만, 백인 크레올인 리스가 흑인을 침묵시키고 앙투아네트의 정체성 회복에 흑인을 이용하고 있다는 의견을 제시한다. 하지만 한편에서는 리스의 소설에 나타난 백인 크레올과 흑인의 관계가 이항대립적 구조가 아닌 영국의 식민지였던 서인도제도의 "역사사회학적인" 구조(Gregg 38) 속에서 이해되어야 한다고 주장한다. 예를 들어, 앙투아네트에게 돌을 던져 피를 흘리게 한 티아가 눈물을 흘리는 장면이 암시하듯이, 리스는 소설에서 흑인과 백인 크레올과의 관계를 양가적으로 그리고 있다. 예전에 노예였던 쿨리브리 농장의 하인들은 아버지 없이 몰락한 코스웨이 가족을 비웃고, 조롱하고, 고립시키지만 직접적인 위협을 가하지는 않는다. 오히려 그녀의 가족을 파멸로 몰고 간 흑인들의 방화는 아네트가 메이슨과 결혼한 후 영국인 남편의 법과 보호 아래 막대한 돈과 권력을 가지고 있을 때 벌어진다. 또한 로체스터가 아멜리에와 하룻밤을 보내자, 흑인 하인들은 앙투아네트를 동정하고, 그를 더욱 냉소적으로 대한다. 이처럼 지배계층이지만 동시에 피식민지인인 백인 크레올과 흑인 사이의 관계는 백인 제국주의자와 흑인의 관계와는 다르며, 이는 백인, (백인) 크레올, 흑인으로 이뤄진 서인도제도의 사회·문화·경제·역사적 현실을 보다 심층적이고 다각적으로 보여준다.

III. 평가와 의의

리스는 『드넓은 사가소 바다』에서 19세기 영국 정전 『제인 에어』에서 침묵당한 타자 버사를 앙투아네트라는 화자로 탄생시킨다. 하지만 리스의 소설은 앙투아네트와 로체스터에게 의식의 흐름 기법을 통해 자신의 이야기를 서술할 수 있도록 허용하는 반면에 흑인에게는 이런 기회를 주지 않고, 이로 인해 백인 크레올과 제국주의자가 자신들을 희생자로 그리는 이야기 속에서 흑인을 타자로 재생산하고 있다고 비난받기도 한다. 하지만 리스는 로체스터와 백인 크레올 화자의 서술이 가지는 모순점들을 부각시키며 이들 서사가 가지는 권위를 약화시킨다. 예를 들어, 크리스토핀은 두 화자에 의해 강력한 힘을 가진 오베아 주술사 혹은 미신으로 사람들을 현혹시키는 범법자로 서로 상충되게 묘사된다. 또한 소설은 이방인으로 원주민들 사이에서 고립된 크리스토핀과 그녀의 오베아가 실패하는 순간들을 함께 보여주며, 원주민 문화를 오베아라고 획일화하려는 시도와 오베아 대 서구담론이라는 이분법적인 사고에 도전하고, 앙투아네트의 서사가 가지고 있는 한계를 드러낸다. 아울러 의식의 흐름 기법을 통해 서인도제도에 도착한 후 로체스터가 느끼는 불안과 두려움, 공포를 여실히 드러내며 제국주의자의 권위에 흠집을 내는 동시에 원주민의 문화와 목소리를 '원시적'이며 '열등한' 미신으로 위치시키려는 제국주의적 담론의 폭력성도 드러낸다.

두 화자의 서사가 가지는 모순들은 독자들에게 왜 이런 모순들이 발생하는지, 이런 모순들이 의미하는 바가 무엇인지, 그리고 두 화자의 모순적 재현 속에 존재하는 흑인들의 목소리를 어떻게 들을 수 있을 것인지를 생각하며, 비판적으로 텍스트를 읽도록 요구한다. 또한 두 사람을 통해 전해지는 크리스토핀을 비롯한 흑인들의 목소리는 위 질문들에 명확한 답을 제시하기보다는 작품을 더욱 애매하고 모호하게 만들며 여러 해석의 공간을 열어둔다. 이 모호한 텍스트를 읽기 위해 페미니즘, 탈식민주의, 탈식민주의 페미니즘, 서벌턴 연구, 정신분석학 등 여러 비평이론들이 활용되고, 작품의 배경이 되는 당시 서인도제도의 역사·사회·인종·문화·경제적 상황에 관한 연구가 활발히 이뤄지고 있으며, 리스의 『드넓은 사가소 바다』는 『제인 에어』의 다시 쓰기가 아니라 새로운 분석과 논의들을 만들어내는 하나의 중요한 영문학 작품으로 자리 잡아가고 있다.

Endnotes

1 Mr. Rochester는 편의상 로체스터씨가 아니라 로체스터로 칭한다. Mr. Mason의 경우도 메이슨씨가 아니라 메이슨으로 칭한다.

2 Rhys, Jean, *Wide Sargasso Sea* (New York: Norton, 1992), 32. 이후 본문 인용은 이 책에 의거하여 면수만 표기한다.

3 리스는『드넓은 사가소 바다』에서 로체스터를 "(영국) 남자", "남편", "그" 등으로 칭하며, 이름 없는 인물로 등장시킨다. 본 논문에서는 이 이름 없는 등장인물을 편의상 로체스터라고 칭한다.

인용문헌

Bronte, Charlotte. *Jane Eyre*. 1847. Waiheke, Island: Floating Press, 2008.

Brown, Dillon J. "Textual Entanglement: Jean Rhys's Critical Discourse." *Modern Fiction Studies* 56.3 (2010): 568–91.

Emery, Mary Lou. "*Wide Sargasso Sea*: Obeah Nights." *Jean Rhys at "World's End": Novels of Colonial and Sexual Exile*. Austin: U of Texas P, 1990. 36–62.

Ferguson, Moira. "Sending the Younger Son Across the Wide Sargasso Sea: The New Colonizer Arrive." *Colonialism and Gender Relations from Mary Wollstonecraft to Jamaica Kincaid: East Caribbean Connections*. New York: Columbia UP, 1993. 90–115.

Gilbert, Sandra M. and Susan Gubar. *The Madwoman in the Attic: The Woman Writer and the Nineteenth–Century Literary Imagination*. New Haven: Yale UP, 1979.

Gregg, Veronica Marie. *Jean Rhys's Historical Imagination: Reading and Writing the Creole*. Chapel Hill: U of North Carolina P, 1995.

Mardorossian, Carine M. "Shutting up the Subaltern: Silences, Stereotypes, and Double–Entendre in Jean Rhys's *Wide Sargasso Sea*." *Callaloo* 22.4 (1999): 1071–90.

Parry, Benita. "Problems in Current Theories of Colonial Discourse." *Oxford Literary Review* 9 (1987): 27–58.

Renk, Kathleen J. "Emerging from the Shadows of Victorian Madness." *Caribbean Shadows and Victorian Ghosts: Women's Writing and Decolonization*. Charlottesville: UP of Virginia, 1999. 88–120.

Rhys, Jean. *Wide Sargasso Sea*. 1966. New York: Norton, 1992.

___. *Jean Rhys: Letters 1931–1966*. 1984. Ed. Francis Wyndham and Diana Melly. Harmondsworth: Penguin, 1985.

Savory, Elaine. *The Cambridge Introduction to Jean Rhys*. New York: Cambridge UP, 2009.

Spivak, Gayatri Chakravorty. "Three Women's Texts and a Critique of Imperialism." *Critical Inquiry* 12.1 (1985): 243–61.

도리스 레싱과『풀잎은 노래한다』

박선화

I. 작가와 작품 세계

도리스 레싱(Doris Lessing)은 1919년 10월 페르시아(현재 이란)에서 영국인 아버지 알프레드 테일러(Alfred Taylor)와 어머니 에밀리 맥비(Emily Maud McVeagh) 사이에서 첫째 딸로 태어났다. 제1차 세계대전에서 사랑하는 사람을 잃고 간호사가 된 어머니는 참전 중 다리 부상을 입은 아버지를 간호하다가 결혼하게 되었다. 장애를 안고 살아가게 된 아버지는 시대 상황에 휩쓸려 영국에서 페르시아로 이주해서 은행원으로 근무하지만 만족하거나 안주하지 못했다. 사교적인 어머니와 피해의식에 젖어 있는 내성적 아버지의 딸로 태어난 레싱은 육아 준비가 되어 있지 않은 어머니가 아무 생각 없이 지어 부른 '도리스'라는 이름으로 불안하게 삶을 시작해야 했다. 레싱의 불안은 부패로 가득한 페르시아에 싫증을 느끼던 아버지가 1924년 잠시 영국을 방문했을 때 영국박람회(Empire Exhibition)에서 홍보하는 아프리카 농장 구입과 경영의 꿈을 품게 되면서 가중되었다. 같은 해 레싱의 부모는 특별한 대책도 없이 로디지아(현재 짐바브웨)로 이주하게 되었기 때문이었다. 이때 레싱은 5살이었다. 아프리카 농장 경영은 수월하지 않았으며 레싱의 부모는 항상 가난에 허덕이며 살았다. 레싱은 척박한 현실을 헤쳐가기 위해 안간힘을 쓰는 어머니의 신경증적 불평과 '외상 후 스트레스 장애'에 시달리며 아프리카 초원의 이상적 꿈을 추구하는 아버지의 비현실적인 이야기를 들으며 성장하였다. 이러한 부모의 이야기는 1950년에 출간된 레싱의 처녀작『풀잎은 노래한다』(*The Grass is Singing*)에서 아프리카 농부 리처드(Richard)와 도시 삶을 즐기던 사무원 메리(Mary)의 불행한 결혼 생활에 반영되었다.

수녀원 부속학교를 비롯해 솔즈베리(Salisbury)여고를 다니다가 레싱은 자녀교육에 집착하는 어머니에게 반항이라도 하듯 14살에 정규교육을 중단하고 독서로 독학하였다. 타자수 또는 전화교환원으로 근무하면서 작가로서의 소양을 쌓아가던 레싱은 공무원 프랭크 위즈덤(Frank Wisdom)에 이어 공산당원 고트프리트 레싱(Gottfried Lessing)과의 결혼 생활을 청산하고 1949년 영국 런던으로 이주했고 1950년에 처녀작『풀잎은 노래한다』를 출간했다. 런던에서 호평을 받으며 작가생활을 시작한 레싱은 1952년『폭력의 아이들』(*Children of Violence*) 시리즈를 출간하기 시작하면서 '앵그리 영 맨'(Angry Young Man) 작가로 활동하고, 영국 공산당에 가입하여 정치 활동에 참여하지만, 1956년 소련이 헝가리의 민주화 혁명을 무력으로 진압한 사건을 접하고 공산당 이념에 환멸을 느끼고 탈당했다. 1969년 완성한『폭력의 아이들』 시리즈를 출간하는 동안 레싱은 1962년에 페미니즘의 정전으로 꼽히는『황금색 공책』(*The Golden Notebook*)을 출간하는데, 급진적 페미니스트 여전사라는 일레인 쇼왈터(Elaine Showalter)의 호명에도 불구하고 레싱 자신은 페미니스트로 불리는 것을 달가워하지 않았다.

레싱의 창작활동에서 1971년 출간된『지옥으로의 하강에 관한 브리핑』(*Briefing for a Descent into Hell*)은 리얼리즘에서 인간의 내면이나 심리에 치중하는 글쓰기의 경계 넘기를 보여주는 대표작으로 지목되었다. 물론, 처녀작이나『황금색 공책』 그리고『폭력의 아이들』 시리즈에서도 심리묘사가 뛰어났지만, 1970년에서 1980년 초반까지 출간된『어둠이 오기 전의 여름』(*The Summer Before the Dark*),『어느 생존자의 회고록』(*Memoirs of a Survivo*r), 그리고『아르고스의 카노푸스』(*Canopus in Argos*) 시리즈에서 레싱은 인간의 무의식 세계를 집중적으로 조명했다. 이에 대해 일부 비평가들은 레싱이 개인 이야기를 통해 집단 내에서 벌어지고 재현되는 집단의식을 포착함으로써 인간의 본성을 적나라하게 파헤치고 있다고 평하기도 했다.

1980년대 중반 이후 레싱은 다시 리얼리즘으로 복귀하여 1983년 『어느 착한 이웃의 일기』(*The Diary of a Good Neighbor*), 1985년 『순진한 테러리스트』(*The Good Terrorist*), 1988년 『다섯째 아이』(*The Fifth Child*), 1996년 『다시, 사랑에 빠지다』(*Love, Again*), 2001년 『가장 달콤한 꿈』(*The Sweetest Dream*) 등에서 사실주의적 기법을 통해 개인과 집단의 역학관계를 다루었다. 사실 개인과 집단의 갈등 관계는 『풀잎은 노래한다』의 흑백 갈등, 성차별, 계급 및 빈부 차별을 아우르는 주요 소재 중 하나였다. 『풀잎은 노래한다』에서 제기되었던 개인과 집단 간의 갈등은 로버타 루벤스타인(Roberta Rubenstein)이 지적한 처음과 끝이 연결된 '순환' 구조를 따라 1980년 중반 이후 다양한 작품으로 확대되어 전개되었다.

레싱의 '고양이 서사' 또한 주목할 만한데, 1967년 『고양이는 정말 별나』(*Particularly Cats*), 1993년 『고양이는 정말 별나, 특히 생존자 루퍼스는』(*Particularly Cats and Rufus the Survivor*), 2000년 『마니피코의 노년』(*The Old Age of El Magnifico*), 2002년 『고양이들에 대하여』(*On Cats*)에는 아프리카 초원과 농장에서 그리고 런던에서 레싱 개인의 고양이와 관련한 경험이 반영되었다. 이 외에도 고양이는 『어느 생존자의 회고록』에서 인류 종말의 시기에 에밀리(Emily)를 수호하는 휴고(Hugo)로, 『어느 착한 이웃의 일기』에서는 늙고 병들어 살아가는 모디(Maudie) 곁을 지키는 이름 없는 노랑 고양이로, 그리고 「노파와 고양이」("An Old Woman and Her Cat")에서는 불법 거주지에서 굶주림과 추위로 죽어가는 헤티(Hetty) 곁에 머물다가 길냥이 신세가 되는 티비(Tibby)로 등장하기도 했다. 특히, 암 치료 목적으로 다리를 절단한 고양이 마니피코를 보며 레싱은 전쟁으로 불구가 되어 평생 절뚝이며 살았던 아버지를 떠올리며 고양이를 묘사하기도 했다. 이러한 레싱의 고양이 서사는 반려동물에 대한 재고 그리고 나아가 반려동물의 경계를 초월하는 인간과 동물의 관계를 반추하도록 이끌어왔다.

후반기에 레싱은 2007년 『클레프트족 이야기』(*The Cleft*)에서 '처녀생식'하는 클레프트족을 상상함으로써 남녀관계의 역사를 전복하는 실험을 감행했다. 그럼에도, 레싱의 후반기 작품은 새로운 실험기법을 구사하거나 새로운 소재를 다루는 대신, 주로 레싱 개인의 삶을 마무리하는 자서전적 내용으로 구성되었다. 1994년 『나의 속마음』(*Under My Skin*)과 1997년 『그늘 속의 산책』(*Walking in the Shade*)은 레싱이 30살까지의 아프리카의 삶과 70살 후반까지의 런던에서의 삶을 다루고 당대의 정치, 사회, 심리, 우주관을 재현한 작품들을 파악할 수 있도록 재구성한 자서전이었다. 2001년 『가장 달콤한 꿈』은 앞서 언급한 2권의 자서전을 집필한 후 런던의 공산당원으로 활동하던 자서전적 경험을 토대로 출간된 소설로서 레싱의 '3번째 자서전'으로 불리기도 했다.

2008년 『알프레드와 에밀리』(*Alfred and Emily*)는 레싱의 마지막 소설이자 자서전적 소설이었다. 레싱은 서문에서 어머니와 아버지가 실제와 다른 삶을 살았더라면 이렇게 살게 되지 않았을까를 상상하며 쓴 소설이라고 밝혔다. 제1차 세계대전이 아버지와 어머니의 삶에 남긴 상흔을 지워내는 이 작업은 그리 성공하지 못했다고 할 수 있는데, 소설 후반부로 갈수록 아버지의 '외상 후 스트레스 장애'와 비현실적인 꿈 그리고 어머니의 집착과 신경증이 반복적으로 제시되어 있기 때문이었다. 『알프레드와 에밀리』를 통해 전쟁, 이주, 농장 경영 실패, 가난이라는 굴레에 갇힌 부모와 자신의 삶을 이해하고자 시도하는 가운데, 『풀잎은 노래한다』에 제기된 개인과 집단 갈등의 화두는 레싱의 속

마음에서 여전히 소용돌이치고 있었던 것으로 보였기 때문이었다.

레싱은 스웨덴 한림원으로부터 "회의와 열정 그리고 미래를 내다보는 힘을 지닌 작가이자, 여성 경험을 바탕으로 분열된 문명을 철저히 비판한 서사시인"이라는 평가와 함께 2007년 노벨문학상을 수상했다. 그녀는 94세 나이로 2013년 사망했다. 레싱의 연구는 미국에서 결성된 '도리스레싱학회'(Doris Lessing Society)를 중심으로 활발히 진행되고 있으며, 2019년 9월에는 영국 이스트앵글리아대학(University of East Anglia)에서 레싱 탄생 100주년 기념("Doris Lessing at 100") 국제학술대회가 개최되었다.

II. 『풀잎은 노래한다』 읽기

1. 개인과 집단의 갈등

『풀잎은 노래한다』의 첫 문단에서 전지적 관찰자는 신문기사를 통해 살인자 모세(Moses)를 이렇게 소개한다.

> 느게시에 사는 농부 리처드 터너의 부인 메리 터너가 어제 아침 농장 주택의 베란다에서 시체로 발견되었다. 체포된 하인은 범행을 자백했다. 살인 동기는 밝혀지지 않았지만, 그는 귀중품을 훔치려고 한 듯하다.[1]

살인사건의 현장이 남로디지아 느게시의 백인 공동체라면 '하우스 보이', 즉 집안일을 담당하는 하인은 당연히 흑인 원주민일 것으로 이해된다. 독자 투고 형식의 신문기사는 사건을 귀중품을 노린 살인으로 추정할 뿐 살인자에 대해 보도하지 않는다. 오히려, 신문기사는 살인자가 단순한 좀도둑일 수 있다는 암시를 남긴다. 좀도둑이 물건을 훔치기 위해 집안에 들어왔다가 우발적으로 주인을 살해했다면, 이러한 죽음은 몇몇 주위 사람들로부터 동정을 끌어낼 뿐 중요한 의미를 지니지 못한다. 하지만 백인 여주인과 흑인 하인 관계에서 벌어진 살인 사건이라고 한다면 어떻게 이해할 것인가? 하지만, 여기서 모세는 단순히 흑인 원주민 중 한 명일 뿐이다. 백인 공동체에서 그의 이름은 중요하지 않은 것이다. 모세를 "고용한 흑인 원주민 중에 가장 훌륭한 일꾼"(142)으로 인정하고 집을 청소하고 요리하도록 "하우스 보이"(141)로 고용한 리처드는 그의 이름을 부른 적이 한 번도 없다. 이처럼 모세에 대한 구체성이 결여되어 있기 때문에 대부분의 비평가들은 모세를 "신비에 싸인 인물"(Fahim 44)로 단정하거나, 정체를 모르기 때문에 은연중에 두려움과 놀라움뿐만 아니라 호기심을 불러일으키는 "미지의 대상"(Roberts 133)으로 규정한다.

레싱의 『풀잎은 노래한다』는 1950년 런던에 소개되자마자 1883년 올리브 슈라이너(Olive Schreiner)의 『아프리카 농장 이야기』(*The Story of an African Farm*) 이후 아프리카와 관련한 가장 성공적인 "식민소설"(Fahim 19)로 칭송받으면서 크게 주목을 받았다. 그럼에도 불구하고 이 작품은 모세의 위상과 관련하여 "갑자기 비평가들이 다루기 꺼리는"(15) 작품으로 간주되어 충분한 연구가 진행되지 못했다고 이디스 프램튼(Edith Frampton)은 지적했다. 이러한 불편함은 1923년 영국의 자치 식민지가 된 남로디지아에서 "블랙 페릴"(Black Peril)(Klein 118), 즉 흑인 남성이 백인 여성을 강간할 수도 있다는 두려움과 연관되어 있을 것이다. 이와 관련해서, 레싱은 어린 시절 남로디지아의 농장 베란다에서 어른들이 "근처 농장의 백인 여주인과 흑인 하인의 관계"(Thorpe 99)에 대해 수군거리는 것을 엿듣기도 했고, "개인적으로 어떤 위협을 느끼거나 당하지 않았지만"(Klein 44) 백인 여자 아이로서 남로디지아 초원을 거침없이 돌아다니는 자신을 걱정하던 어머니의 경고와 잔소리를 들으며 성장했음을 고백했다. 이러한 정보를 감안한다면, 『풀잎은 노래한다』의 모세가 흑인 남성에 대한 백인의 두려움이 구현된 대상으로 해석될 수 있는 가능성을 배제할 수 없을 것이다.

실제로 『풀잎은 노래한다』에 대한 초기 비평은 식민사회에서 "개인과 사회적 환경"(Seligman 52) 사이의 갈등을 잘 표출한 작품이라고 보는 사회구조적 관점으로 전개되었다. 정신분열을 겪고 흑인 하인에게 살해당하는 메리와 농장 경영의 실패와 부인의 죽음으로 미치고 마는 리처드는 식민사회의 개인이 처할 수 있는 양상을 적나라하게 드러낸 "표상"(Seligman 52)으로 간주되었다. 나아가 식민사회에서 흑인 원주민에게 멸시받을 정도로 빈곤하고 백인 공동체에 쉽게 편입하지 못한 메리와 리처드는 "집단의 억압"(Greene 15)을 받을 수밖에 없었고 또 이로 인해 파멸할 수밖에 없었던 것으로 보인다.

한편, 레싱이 "C. G. 융(C. G. Jung)이나 R. D. 랭(R. D. Laing)과 연관한 심리 상담"(Rubenstein 111)을 받은 경험이 있음에 주목하고, 비평가들은 1970년대 후반부터 『풀잎은 노래한다』의 모세를 심리학적 관점으로 분석하기 시작했다. 무의식과 의식을 논한 융의 관점에서 모세는 메리의 "억압된 욕망이자 그림자"(Pickering 29)로 해석되기도 하고, 남편과 아버지와 얽혀서 메리의 꿈에 등장하는 모세는 메리의 "근친상간적 관계"(Sprague 61)의 대상으로 읽히기도 했다. 여기서 주목해야 할 것은 메리가 성에 무관심한 인물이라는 것이다. 오히려 성을 혐오하는 여성이라 할 수 있다. 결혼 전 주위 사람들의 강요에 밀려 결혼을 고려하던 그녀는 성에 관심을 보이지 않아 문제를 일으킨다. 이런 그녀가 리처드와 결혼하겠다고 결심한 중요한 이유는 결혼하면 당연히 아이를 원하지만 경제적으로 안정될 때까지 당분간 자녀 계획은 미루겠다는 그의 약속 때문이었다. 따라서 『풀잎은 노래한다』의 메리가 "성적 욕망을 억압하면 할수록 성에 지배당한다"(Singleton 80)고 보는 주장은 재고할 필요가 있다.

레싱 연구가 루스 휘태커(Ruth Whittaker)는 집필 당시 레싱이 흑인 원주민에 대해 잘 알지 못했기 때문에 모세를 "상징적 존재"(28)로 설정할 수밖에 없었을 것이라고 설명한다. 휘태커의 추측은 틀리지 않은 듯하다. 왜냐면 레싱은 1930년대 남로디지아 농장에서 작업 시간을 알리기 위해 징을 치는 하인이 식당에 들어오면 가족은 응접실에서 기다렸다가 하인이 나가고 나면 식당에 들어가곤 했다는 것을 언급하고 있기 때문이다. 백인은 흑인과 평등한 관계를 맺을 수 없을 뿐 아니라 흑인을 동등한 인격체로 바라보지 않았기 때문에 흑인을 "한 개인적 존재"(Thorpe 100)로 간주하지 않았다는 것이다.

이러한 예는 농장주 리처드와 이웃 농장주인 찰리 슬래터(Charlie Slatter) 그리고 아프리카의 농장주가 되겠다는 환상을 품고 도착한 20살의 토니 마스턴(Tony Marston)에서 보인다. 리처드는 흑인 원주민들을 "야만인"(78)으로 부르고, 찰리는 "필요하면 살인해도 상관없다"(14)는 좌우명을 집안 벽에 걸어놓고 흑인 원주민들을 잔혹하게 부린다. 더러운 웅덩이가 패어 있고 흙먼지가 휘날리는 아프리카 농장에 오면서 "존 크래프츠먼 에딘버러(John Craftsman, Edinburgh) 가죽 구두"(199)와 1888년 마타벨레(Matabele) 왕국으로부터 광업 이권을 받아서 로디지아를 형성한 세실 로즈(Cecil Rhodes)에 관한 책들을 가지고 온 토니도 이들과 다를 바 없다.

메리 또한 흑인 원주민을 "추악한 욕망을 지닌 원시인"(95)이라고 생각하며 진저리친다. 메리는 정보가 없는 상태에서 무조건 흑인 원주민들을 "두려운 존재"(59)로만 인식한다. 어린 시절 흑인 원주민에 대해 물으면 어머니는 "추잡하며 가끔 어떤 끔찍스런 짓을 저지를 수도 있는"(59) 존재라고 은밀하게 말하곤 했기 때문이다. 하지만 여기서 흥미로운 점은 메리가 추악하게 바라보는 흑인 원주민들보다 오히려 주위의 백인들이 더 추악하고 잔인하다는 것이다. 주위 백인들은 상업 작물을 재배하는 대신 자연의 이치를 따르는 경작법을 실험한다고 하다가 항상 빚에 쪼들리는 리처드를 "얼간이"(Dick, 12)라고 통칭하며 야유한다. 런던 식품상의 종업원이었다가 아프리카로 이주해서 제2차 세계대전 후 담배 농사로 갑부가 된 남편 덕분에 호사를 누리며 생활하는 찰리의 부인은 메리와 리처드가 다 쓰러져가는 오두막에서 "돼지처럼"(171) 살고 있다고 떠벌린다. 이런 와중에 찰리는 땅을 혹사하는 바람에 매년 생산성이 줄어드는 상황에서 리처드의 비옥한 땅을 사들이기 위해 그가 파산하기를 노심초사하며 기다리고 있다.

토니는 사촌이 아프리카 농장에서 담배 농사로 1년에 5천 파운드를 벌었다는 소식을 듣고 점잖은 사무직을 거절하고 아프리카로 달려온 모험가이다. 그런 풋내기가 메리의 살해 사건을 접하고 "좋든 나쁘든 간에 백인, 특히 백인 여자가 흑인과 인간관계를 맺는다는 것은 결코 용납할 수 없다"(26)는 백인 문명의 정체성을 3주 만에 체득한다. 영국에서 사립학교를 다녔고 나름 "진보사상"(186)을 갖추었다고 생각했던 그는 여기 남로디지아에서 백인 여주인과 흑인 하인의 불미스러운 관계는 마치 "동물"(186)과 교미하는 것과 같다고 느낀다. 그래서 모세가 다정하게 메리에게 드레스를 입히고 단추까지 채우는 것을 목격하고 경악한다. "온화한 얼굴 표정과 침착한 어투"(15)를 지닌 신사와 같았던 토니는 백인으로서 불안한 마음을 감추기 위해 모세에게 소리 지르고 "목을 비틀어 죽이고 싶은 충동"(188)을 가까스로 참는다. 그에게 모세는 한 마리의 "동물"(186)에 지나지 않는 존재인 것이다.

『풀잎은 노래한다』에서 메리와 모세의 만남이 평범하지 않은 것은 그 첫 만남에서 메리는 자신의 농장 일꾼으로 일하는 흑인 원주민에 대해 커다란 깨달음을 얻게 되었기 때문이다. 메리는 리처드가 말라리아에 걸려 쉬는 동안 직접 농장 일꾼들을 관리하다가 물을 마시고 싶다고 한 일꾼에게 채찍을 휘두른다.

> 무의식적으로 그녀는 채찍을 들어 인정사정없이 그의 얼굴을 향해 내리쳤다. 그녀는 제 정신이 아니었다. 그녀는 몸을 떨면서 그대로 서 있었다. 그가 멍하니 손으로 얼굴을 만지는 것을 보고서, 그녀는 들고 있는 채찍을 대경실색하며 바라봤다. 그녀가 의도하지 않았는데 채찍이 저절로 휘둘러진 것만 같았다. 그녀가 바라보는 동안 굵은 채찍 자국이 부풀어 오른 검은 볼에 선명한 붉은 피가 고이더니 턱을 타고 떨어져서 가슴으로 흘러내렸다. (119)

처음에 모세는 사투리로 말하다가 메리가 이해하지 못한 듯하자 다시 영어로 물을 마시고 싶다고 말한다. 메리는 하인을 부리고 감독하기 위해 아프리카 반투족어인 "카피르(kaffir) 언어"(60)를 공부한 적이 있기 때문에 모세의 사투리를 이해했을 것이다. 그리고 당시 흑인 원주민이 영어를 사용하면 "건방지다"(119)고 알고 있었기 때문에 메리는 모세가 영어로 말하는 것에 더욱 화가 났다. 무엇보다도 그녀를 분노하게 만든 것은 백인 여주인이 정한 휴식 시간을 어기고 게으름을 피우는 태도와 일을 계속하라는 그녀의 명령에 항거하듯이 두 눈을 들어 쳐다보는 눈빛이었다. 이에 그녀는 자신도 모르게 채찍을 휘두르고 만 것이다. 메리가 채찍으로 모세에게 피를 흘리게 하는 이러한 폭력적 만남은 메리의 입문의식으로 해석할 수 있다. 이는『구약성서』에서 유대인이 이집트인에게 부당한 폭력을 당하는 것을 모세가 목격하고 구원자로서의 자신의 정체성을 인식하는 것처럼, 메리의 채찍이 아프리카인 모세의 주체성을 표출시키는 수단으로 작용한다고 볼 수도 있다. 주인의 명령에 순종하는 다른 흑인 원주민과 달리, 채찍을 맞고 피를 흘리는 모세는 "공포로 숨이 막힐 듯한 시선"(120)으로 메리를 응시한다. 이제 모세는 수동적 행위자에 머물지 않는다. 그는 메리와 자신을 분리하려는 토니를 "사악한 시선"(185)으로 바라보고, 살해 현장에 도착한 찰리에게 "의기양양하고 복수에 찬 신중한 시선"(16)을 던진다.

모세의 메리 살해는 메리를 수동적 피해자로 오인할 수 있는 여지를 남기지만, 레싱은 메리를 적극적으로 죽음을 받아들이는 "능동적 행위자"(Brewster 40)로 제시한다. 백인 문명의 대변자인 토니가 메리와 모세의 협업적 관계를 목격했을 때, 메리는 타자로 자리매김 되고 모세를 통해 자신의 억압된 타자를 마주하게 된다. 이러한 메리의 타자성은 인종, 성, 계급 체제를 와해시키기 때문에 백인의 우월성만을 강조하는 백인 공동체에 치명적 결과를 가져올 수밖에 없다. 메리는 백인 사회의 금기를 깬 이방인이므로 그녀의 죽음은 필연적이다. 그런 차원에서 최악의 결혼 생활로 복귀하려는 메리를 살해하는 모세는 메리의 구원자이다. 그래서 "여자는 흑인 하인을 다룰 줄 모를 것"(23)이라고 당연시했던 찰리는 기겁하며 메리와 모세를 두려움과 의심의 눈초리로 바라보고, 메리와 모세의 심상치 않은 관계에 대해 강한 불편함을 느꼈을 것이다.

단도직입적으로 말하면, 메리는 백인 공동체의 희생제물로서 백인은 흑인 남자와 인간관계를 맺을 수 없다는 백인 문명의 논리에 희생당한 것이다. 살인사건 현장의 첫 목격자인 토니가 찰리와 덴헴(Denham) 경관 사이의 암묵적 동의를 무시하고 사건의 실체를 폭로하는 순교자 역할을 하겠다고 다짐하지만, 결국 "술에 취한 흑인 원주민이 돈과 보석을 훔치려다 메리를 살해한 것"(29)으로 진술하고 마는 것은 백인 문명의 허울뿐인 이상을 드러낸다. 또한 메리의 죽음은 "가난한 백인"(10)으로 추락한 그녀가 감수해야 하는 최악의 결과이다. 네덜란드계 이민자인 아프리카너(Afrikaner)라면 모를까 영국계 백인 공동체에서 가난한 백인이란 사회적 불안을 일으키는 암적 존재이기 때문이다. 그래서 파멸을 자초한 "불결하고 불쾌한 존재"(11)인 메리가 토니에게 발각되어 백인사회에서 제거되는 것은 어쩌면 당연한 것인지도 모른다.

모세가 보기에, 영국인과 아프리카너 사이의 인종차별만큼이나 심각한 문제는 "계약 노동자"(114)[2] 문제였다. 유럽인들이 흑인 원주민의 노동력을 착취하는 계약 노동자 문제는 모세가 메리라는 희생제물을 바쳐서라도 파괴해야 하는 인종차별이었다. 그래서 모세가 "예수라면 인간의 살인에 동조했을까"(155)라고 질문했을 때 메리와 모세의 소통이 시작되었고 거기에서 이유 있는 살인사건이 발생했던 것이다.

2. 메리의 저항과 죽음

『풀잎은 노래한다』에서 메리의 죽음은 보다 복잡한 의미를 함축하고 있다. 레싱은 니사 토렌츠(Nissa Torrents)와의 인터뷰에서 "첫 번째 소설인 『풀잎은 노래한다』에 이미 모든 주제가 나타나 있다"(Ingersoll 64)고 언급했고, 여타 비평가들도 『풀잎은 노래한다』에 다양한 주제가 담겨 있다는 것에 동의했다. 이는 다양한 주제만큼이나 메리의 죽음을 여러 각도로 접근하는 것이 가능하다는 의미이다.[3]

메리는 리처드와 결혼하기 전에 30살이 넘은 나이에도 불구하고 나이에 맞지 않는 의식 수준을 지니고 있는 미숙한 인물처럼 묘사된다. 메리는 "소녀처럼 머리를 어깨까지 길러 리본을 달고 파스텔 색조의 드레스"(38)를 입고 다닌다. 그녀는 가장 행복했던 시절이 기숙학교에서 보냈던 학창시절이었기 때문에 그러한 학창시절의 기억에서 벗어나고 싶어 하지 않는다. 그녀에게 어린 시절이나 고향 집의 기억은 망각하고 싶은 것들 뿐이었다. 그녀가 기억하는 것이라곤 "가난한 오두막집과 술 취한 아버지와 없는 살림을 꾸려가며 고생하는 어머니의 모습"(39)이 전부이다. 그녀는 30살이 넘어서도 당시 생계를 꾸리기 힘든 여성을 위해 제공하는 여성회관에서 독립하지 않았는데, 그녀는 이러한 단체 생활을 기숙학교 시절의 연장이라고 여기며 살아가기 때문이었다. 자기 소유의 아파트와 자동차를 굴리며 살 수 있는 재정적 능력을 갖추었음에도 그녀는 대형 구내식당을 사용하고 소녀들과 모여 이런저런 이야기를 나누는 것을 즐긴다. 다른 소녀들과 나이 차이가 아주 컸기 때문에, 그녀는 어린 소녀들의 사소한 고민거리를 들어주는 "독신 이모"(37)와 같은 존재이다. 그렇다고 해서 그녀가 소녀들과 완전히 섞여서 생활하는 것은 아니었다. 단지 그녀는 여성회관에서 생활하는 것이 아주 행복할 뿐이었다. 심지어 그녀는 자신이 아직도 16살인 것만 같은데 벌써 30살이 되었다는 생각에 분노하고 "30살 생일을 축하하지 않기로 한다"(36).

이러한 메리는 겉으로 보기에 행복하고 즐거워 보인다. 복잡하거나 어려운 일로 보이는 일은 피해버리거나 아니면 심각하게 받아들이지 않기 때문이다. 이제 도시에서 개인비서로 직장생활을 하는 그녀는 특별한 일이 없을 때 영화 구경을 하고 잠자리에 들면서 자신이 잘 살아가고 있는지 잠깐 고민하지만, 다음 날 아무 생각 없이 다시 쾌활하게 하루를 시작하곤 한다. 너무 많은 생각을 하는 것이 자신에게 해롭다고 생각하는 그녀는 자신의 문제를 정확히 파악하지 못한다. 그래서 어느 날 주변 사람들이 자신에 대해 "메리는 15살도 아닌데 옷 입고 다니는 것 좀 봐요. 누군가 말해줘야 하는데"(40)라고 험담하는 것을 들었을 때, 그녀는 자신이 원하는 것을 고민하거나 생각해볼 엄두도 내지 못하고 도망치듯 사랑 없는 결혼을 하기에 이른다.

누군가 메리를 언급하며 "기회도 많았을 텐데 왜 결혼하지 않은 걸까"라는 물음에 "결혼 같은 거 할 유형은 아닌 거 같아"(40)라는 대꾸를 엿들은 메리는 지금껏 누려왔던 "안락한 독신의 황금 시절"(37)을 청산하고 신랑감을 찾기 시작한다. 문제는 이것이 쉽지 않다는 것이다. 첫 번째 상대로 장성한 아이들이 딸린 55살의 홀아비를 만난 그녀가 관계를 맺을 순간 도망쳐 버린 사건은 시내에서 회자되고, 주변 사람들은 그러면 그렇지 하는 식으로 비웃고 심지어 그 나이에 그런 처신을 한 것에 대해 용서하지 않는다. 이에 크게 상심한 메리는 자신을 새롭게 가다듬을 수 있는 힘을 상실하고 만다. 이제 주변 사람들은 그녀를 "동정하거나", 심지어 쓸모없는 여성에게 배려하는 듯 "다소 안달하며"(43) 대하곤 한다. 나름대로 교육을 잘 받고 편안한 삶과 좋은 직장을 다녔던 그녀는 영화관에서 시간을 보내며 삶의 균형을 잃고 휘청댄다. 이러한 순간에 그녀는 리처드를 만난다. 그는 주변 사람들과 달리, 그녀를 "대단하고 유일한"(44) 존재처럼 대한다. 이것이야말로 그녀가 우월감을 느끼기 위해 남자로부터 원하는 것이자 그녀가 지금까지 살아온 방식이었다. 바로 이것이 그녀가 리처드와 결혼하기로 결심한 이유인 것이다.

주변 사람들의 걱정과 기우와 달리, 메리는 리처드의 가난한 살림을 개선시키고 초원 위에 우뚝 서 있는 오두막을 아름답게 꾸미려고 노력한다. 방석과 커튼을 꽃무늬 천으로 바꾸고, 속옷에 수를 놓아서 리처드를 기쁘게 한다. 리넨 천을 사고, 적당한 식기 도구도 갖추고, 아기자기한 그림들을 벽에 걸어 놓으니, 농장에서 일을 마치고 돌아올 때마다 리처드는 놀람과 행복한 표정을 감추지 않는다. 나아가, 리처드는 메리가 조직적으로 계획을 세워 집안의 벽을 칠하는 과정을 지켜보며 그녀의 "효율적인 업무 능력과 넘치는 힘"(62)을 찬탄하기까지 한다. 이러한 능력은 리처드 자신에게 절대적으로 필요한 능력이었던 것이다. 리처드가 자존심의 상처를 입으며 인정하듯이, 결혼하고 집을 단장하는 과정에서 "완전히 새로운 존재"(61)로 태어난 느낌을 즐기는 메리는 결코 미숙한 존재가 아닌 것이다.

그러나 리처드의 농장 경영이 계속 실패하며 재정적으로 곤란을 겪는 상황에서 메리는 결혼 생활로부터 탈출을 시도한다. 그녀의 탈출은 단순히 판단하자면 미숙한 행동으로 보일 여지가 있다. 하지만 그녀가 탈출하기까지 여러 상황들이 중첩되어 발생한다. 가령 메리는 든든한 남편을 기대했는데 "운전대를 잡은 남편의 연약한 손이 떨리는"(85) 것을 보며 절망하고, 아프리카의 뜨거운 열기를 고스란히 흡수해서 실내를 덥히는 함석지붕을 교체하자는 요청이 비용 문제 때문에 묵살 당하는 순간 낙담한다. 더위를 식히기 위해 (수도시설이 갖추어져 있지 않은 관계로) 멀리서 길어온 물로 목욕(사실, 목욕 수준도 아니고 그저 물을 끼얹는 수준의 샤워)한 것에 비난받고, 그리고 흑인 원주민 하인들을 제대로 다루지 못한다고 질책 받을 때, 그녀는 결혼 후 처음으로 화를 낸다. 그런데 여기서 메리의 분노는 단순히 실망하거나 화가 나서가 아니라, 그녀가 어린 시절 지겹게 목격했던 것으로 가난한 살림살이에 절망해서 어머니가 아버지에게 화를 내는 것과 같은 분노였다. 어머니의 분노는 남편의 무능력에서 나온 것이었다. 이제 그녀 또한 리처드의 무능력에 대해 절망한다.

이러한 가정사에 더해, 결혼하면 주변 사람들의 간섭이나 비난을 모면할 수 있을 것으로 생각했던 것과 달리, 메리는 결혼 후에도 지속적으로 주변 사람들로부터 압박을 받는다. 주변 사람들은 마을 축제나 댄스파티 또는 마술경기(gymkhana)에 참석하지 않는 리처드와 메리를 싫어한다. 그들은 남로디지아에서 백인사회의 결속을 다지기 위한 중요한 사교활동을 하지 않는 이유로 "창피하게 여길 만한 일"이 있는 것으로 치부하고 리처드와 메리를 "불운아, 무법자"이며 "스스로 망명을 자처한 존재"(10)라고 생각한다. 단순히 자신들만 뭉쳐 지내는 것을 꺼리는 것이다. 그러한 행위는 백인사회에서 마치 상대방의 뺨을 후려치는 행위와도 같은 것이다.

더구나, "작은 상자만한 집"(10)에 살고 있는 꼴은 백인사회가 수용하기에 벅찬 것이었다. 일부 흑인 원주민도 좋은 집을 지니고 있기 때문에 리처드와 메리의 오두막은 임시 거처로는 상관없지만 주거지로 삼기에는 턱없이 부족했다. 다시 말해, 백인이 빈곤한 삶을 사는 것은 흑인 원주민에게 백인을 무시할 수 있는 여지를 주기 때문에 매우 불편한 상황을 야기하게 되어 있었다. 이는 "너희는 동료 백인이 일정 수

준 이하로 떨어지도록 내버려 두어서는 안 된다. 만일 그렇게 되면 흑인들이 백인과 별 차이가 없다고 생각하게 될 것이다"(178)라는 백인사회의 논리에 따르는 것이다. 주변 사람들은 부유하게 사는 흑인 원주민이 만약 리처드와 메리가 사는 오두막을 보게 된다면 기고만장할 것이라고 우려한다. 어찌 되었든 리처드와 메리는 "아프리카너"도 아니고 "영국 백인"(11)이기 때문이다. 이러한 여러 이유 때문에 그들은 리처드와 메리가 "달나라"(168)에 사는 사람들이라고 생각하기까지 한다.

하물며, 메리가 흑인 원주민 모세와 특별한 관계를 형성한 것은 백인사회의 금기 사항을 깨트린 행위이기 때문에 지탄 받을 사건이었다. 주변 사람들은 이러한 메리가 정상이 아니라고 우회적으로 돌려 설명한다. 그들이 보기에 메리는 "어리석은" 존재이다. 이러한 메리와 모세의 관계를 인정하게 된다면, "백인사회, 부인, 자녀, 그리고 백인사회의 삶"(11)을 위험에 빠트리는 결과를 초래할 수 있기 때문에, 그들은 메리가 미쳤다고 이야기한다. 리처드 농장의 견습생 토니는 아직 백인사회에 젖어있지 않은 상태에서 메리에 대한 주변 사람들의 판단을 유보할 수밖에 없다.

> 메리가 갑자기 말했다. "그들은 내가 결혼 같은 것은 못할 거라 말했었죠. 못한다고, 못한다고 말이에요." 그녀의 말은 축음기 바늘이 한 곳에 고정된 채 판이 돌아가는 것처럼 반복되었다.
> "무엇을 못한다고요?" 토니는 멍하니 물었다.
> "결혼 같은 것은 못한다 했었죠." 그녀의 말은 복잡하고, 은밀하며, 그러면서도 의기양양하게 들렸다. 맙소사, 이 여자가 완전히 미쳤구나 하고 생각했다. 그러다가 토니는 다시 생각했다. 아니지, 그녀가 미친 것인가, 그런가? 그녀는 미쳤을 리가 없었다. 그녀는 미친 사람

처럼 행동하지 않았다. 단순히 그녀는 마치 다른 사람들의 기준은 중요하지 않은 자신만의 세계에 살고 있는 것처럼 행동했다. 그녀는 주변 사람들이 어떻게 살아가는지를 망각한 것 같았다. 그렇다면, 광기란 무엇인가? 오히려 일종의 피난처인가? 세상으로부터 이탈하는 것인가? (187)

토니는 메리의 집에 들렀다가 분홍색 페티코트 차림으로 거울 앞에 앉아 있는 메리가 일어서자 뒤에 서 있던 모세가 드레스를 입혀주는 모습을 보고 깜짝 놀란다. 거울 앞에 다시 앉은 메리가 모세 앞에서 아름다움에 감탄하듯이 양 손으로 자신의 머리카락을 쓸어내리는 모습은 아주 유혹적이다. 당연한 것처럼 모세는 메리의 드레스 단추를 잠그기 시작한다. 토니가 보기에, 이처럼 자연스럽게 메리의 단추를 채우는 모세는 마치 "아주 너그럽게 부인을 극진히 대하는"(185) 남편의 모습과 같아서 충격을 받는다. 이러한 메리의 모습은 "결혼 같은 것은 못할 것" 같은 존재라고 수군대던 주변 사람들에게 자신은 결혼 생활에 전혀 문제가 없음을 은연중 보여주며, 토니에게 자신이 하고 싶은 대로 행동하는 존재임을 의기양양하게 말하는 것처럼 보인다. 토니는 잠깐 동안 "흑인 원주민의 우월한 성적 매력에 대한 백인의 질투에서 비롯된 심리"에 관한 신문기사를 읽었던 것을 떠올리며 (메리를 포함한) 백인 여성이 이러한 인종 장벽을 교묘하게 넘나들 수 있다는 것을 인식하고 경악한다. 그럼에도 토니가 생각하기에 흑인 원주민은 "동물"(186)과 다름없는 존재일 뿐이다.

들키지 말아야 할 것을 보여준 상황에서 메리는 "공포"의 표정으로 잠시 "고통 받는"(186)듯 하더니 다시 무심한 표정을 지으며 토니에게 주변 사람들이 자신을 "결혼 같은 것은 못할 것 같은" 존재로 대했다고 말한다. 토니가 흑인 원주민 하인이 여주인의 옷을 입고 벗는 것을 도와주는 것은 이 백인사회에서는 허용하지 않는 일이라고 언급했기 때문이다. 이 시점에서 토니는 그녀가 백인사회, 남편으로부터 이탈하여 자신만의 세계에 갇혀 살고 있는 "끔찍할 정도로 불쌍한"(187) 존재임을 인식하기에 이른다. 토니의 생각처럼, 그녀는 정상이면서 미친 것처럼 보이고 있는 것이다. 흑인 원주민의 귀걸이와 옷을 걸치고 흑인 원주민의 손길을 받으며 살 수밖에 없는 상황에서 그녀가 할 수 있는 것은 백인사회의 정해진 규범을 어기는 것뿐이다. 그녀는 미친 것이 아니라, 살아가기 위해 자신의 방식을 찾아가고 있는 중이었던 것이다.

백인사회의 규범을 따라야 하기 때문에 흑인 원주민 모세를 집에서 내보내야 하는 순간에 이르러, 메리는 모세의 "위협적인 시선"(200)에서 자신이 채찍을 휘둘렀을 때 보였던 그의 반항적인 눈초리를 상기하고 두려움에 압도당한다. 그녀는 백인사회에서 토니가 유일하게 모세에 대한 두려움을 극복하도록 도와줄 수 있는 존재라고 생각하고 그의 오두막을 방문하지만, 구석에 놓여 있는 "존 크레프츠먼 에딘버러"(199) 가죽 구두를 보고 헛웃음을 짓고 만다. 토니 또한 자신을 구원해줄 수 있는 존재가 아니었던 것이다. 그래서 그녀는 모세가 자신을 살해할 것을 알고 조용히 기다린다.

사실 메리가 농장에서 가장 힘들어했던 부분은 물이 부족하다는 사실이었다. 오두막에는 우물은 말할 것도 없이 목욕시설도 없다. 그나마 허술하게 구비된 욕조는 녹이 끼어서 문질러도 깨끗하지 않은 것 같아 그녀의 마음만 답답하다. 일주일에 한두 번 길어오는 물을 찔끔대며 사용하는 것도 문제였다. 몇 년 동안 아프리카 초원에 내리지 않는 비는 그녀의 피로를 증폭시키는 것뿐만 아니라 리처드의 모든 농작물을 말려 죽이고 만다. 그런데 그녀가 살해당하는 밤에 비가 내린다.

비가 내포하고 있는 '생명' 또는 '재생'의 의미를 감안한다면, 비는 그녀의 죽음이 구원으로 이어질 수 있는 상징적 의미를 배태하고 있다고 볼 수 있다. 그럼에도, 비가 갠 후 농장에 도착한 슬래터가 그녀의 시체를 확인하는 과정에서 하얀 시트 사이로 삐죽 삐져나온 "주름진 누런 발"(crinkled yellow foot, 17)을 보고 증오와 경멸의 표정을 감추지 않을 때, 그녀는 백인사회에도 그리고 흑인 원주민 사회에도 포섭되지 못하는 '비체'(abject)의 존재로 낙인찍히고 만다.

3. 모세의 상징성과 레싱의 종교관

백인 여성 메리가 흑인 원주민 하인에게 살해당했다는 신문기사로 시작하는 『풀잎은 노래한다』는 메리와 남편 리처드가 남로디지아의 백인 공동체에서 경험하는 흑백 갈등을 적나라하게 재현한다. 전체 11장으로 구성된 소설은 1장에서 살인사건을 규명하려는 탐정소설의 구도를 차용하여 서사의 긴장감을 고조시킨다. 이러한 서사의 긴장감은 불행으로 곤두박질하는 메리와 리처드의 결혼 생활을 제시하는 2장부터 10장에 이르는 과정에서 완화되고, 대신 흑백 갈등을 넘어선 또 다른 문제가 제기된다. 마지막 11장의 서사는 롱 테이크(long take) 영화기법과 같이 1장에 제시된 살인사건이 어떻게 일어났는가를 지루한 늘여쓰기로 제시한다. 그래서 전지적 관찰자 시점을 통해 살해당하기 전 메리의 하루 일정에 온전히 초점을 맞춘 11장은 1장에서 감지되었던 서사의 긴박감을 소실하고 만다. 오히려, 흑백 갈등을 야기하는 살인사건 자체보다는 메리를 살해한 이유와 메리를 살해한 하인 모세에게로 초점이 모여진다.

사실 『풀잎은 노래한다』에서 다양한 논의를 불러일으킨 대상은 모세이다. 모세는 백인 여주인 메리의 살해자로 등장하기 때문에 관심의 대상이지만, 이상하게도 작품 전체에서 그에 대한 상세한 묘사를 찾아볼 수 없다. 모세에 대한 소개는 전지적 관찰자의 시선에서 혹은 메리의 시선과 목소리를 통해서만 전달된다. 이 점을 인식하고서, 레싱 연구가 루스는 모세가 주요 등장인물임에도 불구하고 그의 "감정이 직접적으로 표현되는 경우가 없다"(27)는 점을 지적한다. 이브 버텔슨(Eve Bertelsen)도 작가와의 인터뷰에서 이 문제를 질문했는데 레싱은 남로디지아에서 성장했지만 흑인과 개인적 친분을 쌓을 수 있는 기회가 없었고 그래서 모세라는 인물 설정에 어려움이 있었음을 토로한다. "미지의 존재"(Ingersoll 133)로서의 모세는 작품의 균형을 위해 필수적이었다고 한다면, 모세가 개별 존재로 제시되었다면 어땠을까? 다시 말해, 개성을 지닌 남성으로 설정되었다면 모세의 메리 살해는 치정관계에 의한 단순한 살인 사건으로 종결되었을 수 있다. 모세를 "미지의 존재"로 설정한 것은 『풀잎은 노래한다』에 대한 다양한 해석과 동시에 모세에 대한 다채로운 논쟁을 끌어낸다.

『풀잎은 노래한다』에서 모세가 메리에게 던진 질문은 아주 흥미롭다. 메리가 모세에게 질문한 것이 아니라, 모세가 메리에게 질문을 하기 때문이다. 16살부터 30살까지 전문 커리어 우먼으로 생활했던 메리가 도시에서 "160 킬로미터"(51) 이상 떨어진 농장의 여주인이 되었을 때 그녀의 임무는 원주민 흑인 하인을 감독하는 것이었다. 즉, 하인에게 명령하고 그 명령이 수행되었는지 확인하는 것이다. 당시 남로디지아에서 하인은 주인의 얼굴을 똑바로 바라볼 수 없고, 대꾸할 수 없었으며, 오직 시키는 일만 하도록 되어 있었다. 어린 시절 하인에게 말 거는 것은 금지사항이었고 성인이 되어서도 상하관계로만 흑인을 접했던 그녀에게 하인은 그녀와 전혀 다른 존재이다. 그녀는 하인이 "먹고 자는 사람이라고 생각해 본 적이 없고"(74) 그래서 하인이 눈에 보이면 존재하지만 보이지 않으면 존재하지 않는 존재로 취급한다. 그런데, 그런 하인 중의 한 명인 모세가 메리에게 질문을 던진 것이다.

> "마님은 전쟁이 곧 끝날 것이라고 생각하셨나요?"
> 메리는 깜짝 놀랐다. 모든 것과 접촉을 끊고 주간신문조차도 읽지 않는 그녀에게 그 전쟁은 하나의 소문이고 다른 세계에서 벌어지는 사건일 뿐이었다. 그러나 그녀는 식탁을 덮기 위해 사용한 지난 신문을 모세가 숙독하는 것을 본 적이 있었다. 그녀는 모르겠다고 딱딱하게 말했다. 며칠 후에 그는 마치 그동안 줄곧 이 문제를 생각해 왔던 것처럼 다시 물었다.
> "예수님은 사람들이 서로 죽이는 것을 옳다고 생각했을까요?"
> 메리는 이번 질문에 함축된 비판에 화가 났고 그래서 예수님은 언제나 착한 사람들 편이라고 쌀쌀하게 말했다. (155)

모세는 메리에게 전쟁과 이로 인한 살인을 언급함으로써 백인 문명의 모순을 단도직입적으로 지적한다. 여기서 "예수라면 인간의 살인에 동조했을까"라는 모세의 질문은 단순하면서도 심오한 의미를 내포하고 있다.

예수가 인간의 살인에 동조했을까라는 모세의 질문은 남로디지아의 백인 공동체에서 벌어지는 백인의 허위와 기만을 폭로하기 위해 레싱이 의도적으로 모세로 하여금 예수를 인용하게 한 것이라고 짐작해 볼 수 있다. 이러한 모세를 직접 묘사하지 않고 타인의 시선으로만 묘사하는 것은 여과된 상태에서 바라볼 수 있는 효과를 통해 모세를 단순히 흑인 원주민 하인이 아닌 새로운 존재로 바라보게 한다. 이러한 시각은 실제 남로디지아에서 여주인이 관장하는 하인은 주로 "여자 하인"(Temple–Thurston 51)이지만 레싱이 모세를 등장시킨 이유를 살펴보는 것과도 연관된다.

모세라는 이름이 나일강에 띄운 갈대 바구니를 발견한 파라오의 딸이 양육했다는 일화에서 비롯된 '물'에서 태어났다는 의미라는 것과 연계지어 본다면, 레싱이 『풀잎은 노래한다』에서 메리와 모세의 만남을 "물"(119) 사건으로 설정한 것은 그녀의 기독교적 관점과 무관하지 않을 것이다. 또 영어를 구사할 수 있는 모세가 "미션스쿨"(155) 출신이라는 점도 기독교와의 연관성을 상기시킨다. 농장 경영에 항상 불운이 따라다닌다는 의미에서 "요나"(47)로 불리는 리처드 또한 하나님의 명령을 어기고 달아나다가 고래에게 잡아먹히는 『구약성서』의 요나(Jonah)에 비유해 볼 수 있다. 물론 여기서 요나 리처드는 구원을 받는다기보다는 찰리라는 탐욕스러운 괴물에게 잡아먹힐 것이라고 해석하는 것이 더 타당할 것이다. 이러한 다양한 연계성을 찾아볼 수 있음에도 불구하고 레싱의 『풀잎은 노래한다』를 기독교적 관점으로 분석한 연구는 전무한 실정이다. 레싱이 공산주의에 가담한 전력과 사실주의적 좌파성향 때문에 비평가들이 그녀의 글쓰기에서 "정신적, 영적 차원"(Fahim 240)을 고려하지 않았을 수도 있다. 그럼에도 영국의 식민정책의 지배를 받은 남로디지아에서 1925년부터 1949년까지 거주했던 레싱이 의식적이든 무의식적이든 기독교에 노출되었음을 무시할 수는 없다.

사실 레싱이 8살에 남로디지아의 솔즈베리에 있는 수녀원 부속학교에 입학했을 때 레싱의 어머니는 가톨릭계 학교가 "가족의 프로테스탄트 신앙에 영향을 끼치는 것은 아닌가"(Klein 37)하고 걱정한 적이 있었다. 어머니의 우려대로 레싱은 수녀원 학교에 다녔기 때문에 잠깐 동안 가톨릭에 관심을 갖기는 했지만 수녀원 학교의 열악하고 외로운 환경 때문에 오히려 가톨릭에 "적대적"(Klein 145)으로 변했다. 매일 밤 24명의 기숙 학생은 음산하고 냉담한 수녀가 "죄를 저지르면 바로 사망하거나 벌레에 잡아먹힐 수 있다"(Klein 37)고 반복하는 끔찍한 설교를 들어야 했기 때문이다. 그럴 때마다 5살에서 11살에 이르는 학생들은 기숙사의 벽에 걸린 피 흘리는 예수와 사지가 절단되어 화형에 처해진 여성의 그림들을 바라보면서 겁에 질리거나 훌쩍이곤 했다는 것이다. 레싱은 또한 수녀원 학교와 관련해서 일주일에 한 번 허용된 목욕 때문에 학생들 사이에 이가 들끓는 청결 문제를 불평하는 편지를 집으로 보냈다가 "사악하고 불성실한"(Klein 38) 학생으로 낙인 찍히는 불운을 감수해야 했음을 고백하기도 한다.

레싱이 종교를 적대시하게 된 배경에는 가족사와도 연관이 있다. 레싱의 외할아버지 존 맥비(John McVeagh)는 은행가 출신으로 첫 번째 아내 에밀리 플라워(Emily Flower)가 사망하자 영국 국교회 목사의 딸 마리아 마틴(Maria Martyn)과 재혼했다. 사망한 어머니와 동명의 이름을 사용한 에밀리 맥비(Emily McVeagh)는 처음부터 계모와 사이가 그리 좋지 않았고, 대학에 진학하라는 아버지의 뜻을 거스르고 간호사가 되겠다고 하는 바람에 계모와의 사이가 더 멀어졌다. 레싱의 친할아버지 제임스 테일러(James Taylor)는 농부 출신으로 교회에서 오르간을 연주했지만 레싱의 아버지 알프레드 테일러를 구타했다. 알프레드는 딸에게 "주말마다 2번의 일요예배와 주일학교를 참석하는 것이 악몽이어서 독립한 후에는 교회 근처에도 가지 않았다"(Lessing, *Under My Skin* 6)고 고백한 적이 있다. 어머니와 아버지의 기독교에 대한 이러한 부정적 경험과 반감 속에서 레싱은 자연스럽게 기성 종교와 멀어지게 되었을 것이다.

레싱의 종교관에 대해 그녀를 "무신론자"(Holmquist 168)로 규정하는 주장이 있다. 레싱을 무신론자로 보는 이러한 주장은 "제도화된 종교를 따르지 않는다"(Lewin 50)는 레싱의 언급에서 유래했을 수 있다. 레싱은 크리스토퍼 빅스비(Christopher Bigsby)와의 인터뷰에서도 "난 기독교 신자가 되기를 원치 않았어요. 그건 불가능해요"(Ingersoll 79)라며 자신은 기독교인이 아니라고 단호하게 말한 바 있다. 그리고 레싱은 천성적으로 "극단적이고 엄격한 종교"(Klein 56) 제도에 얽매이는 것을 거부했다고 언급한다. 하지만 무신론자라기보다 "범신론자"(Bigsby 80)가 아니냐는 빅스비의 질문에 레싱은 동의하지도 그렇다고 이에 대해 반박하지도 않는다. 장-모리스 몽트레미(Jean-Maurice de Montremy)가 수피즘에 관한 질문을 했을 때, 레싱 자신은 특정한 종교적 도그마나 신비주의적 교리를 주입하려 하지 않는다면 "영적 지도자"에게 의존할 수 있다고 우회적으로 대답한다. 그녀는 외부에서 종교를 강요하는 것이 아니라, 종교 제도권에 종속되지 않으면서 신에 대해 "스스로 깨달아가도록 이끌어주는 방식"에 관심이 있다고 강조한다. 주목할 것은 레싱이 미숙하다는 평을 들을 만큼 제도화된 종교를 싫어하지만 "종교적인 인간 본성"(Ingersoll 199)에 지대한 관심을 지니고 있었다는 것이다.

레싱이 단호하게 제시하는 이러한 "종교적"(religious) 태도는 윌리엄 제임스(William James)가 『종교적 경험의 다양성』(*The Varieties of Religious Experience*)에서 주장하는 "개인적인"(31) 종교적 경험과도 맞닿아 있다. 특정 종교의 교리신학을 철저히 배격하는 제임스는 종교의 제도나 관념이 오히려 종교적 삶을 지속하는 데 방해물이 될 수 있다고 본다. 종교 전통에 얽매이지 않고 성스러운 실재를 느낀다면 그것이 바로 "종교적 경험"(32)이라는 것이다. 여기서 신을 거부하지 않으면서, 신을 이해하고, 신을 자신의 기준에 의해 해석하고자 한 레싱의 자세는 제임스가 말한 종교적 경험을 보여주고 있다.

종교적 경험에 대한 레싱의 생각이 "진정한 예술가라면 종교적인" (Yudhishtar 8) 자세를 지녀야 한다는 D. H. 로렌스(D. H. Lawrence)의 믿음과 연계되어 있음은 우연이 아니다. 레싱은 종교관에 관한 질문을 받았을 때 "신과 나는 다소 건방지거나 완고한 존재"(Ingersoll 216)라고 한 로렌스의 언급을 인용하며 편협한 종교 제도를 비판하는 로렌스의 종교관에 동조한다고 주장한 적이 있기 때문이다. 기존 종교를 따르기보다는 "삶과 죽음 등의 인생의 근본 문제들을 고민하는 것" (손기표 19)에 관심을 지닌 "개신교도"(Inglis 22)였던 로렌스는 하나님이 영적인 것만을 추구하고 육신을 멀리함으로써 생명력을 경시했다고 주장했다. 그는 영적 세계에만 편향된 신을 '화이트 갓'(White God)으로 그리고 이와 대조되는 육의 세계를 '다크 갓'(Dark God)으로 만들고, 이 대조적 세계에서의 생명의 근원이 "피"(손기표 20)에 있다고 강조했다. 레싱은 진정한 생명력을 얻기 위해서는 빛뿐만 아니라 어둠도 존재해야 한다고 보는 로렌스의 주장을 이해하고 또 이에 동조했던 듯하다. 레싱은 문학적으로 로렌스에게서 받은 "친밀한 영향력" (Ingersoll 37)을 언급했고, 얼 잉거솔(Earl Ingersoll)과의 인터뷰에서는 로렌스의 작품에 재현된 "생명력"(231)에 대해 열정적으로 설명했기 때문이다. 이러한 자료에 따르면 레싱은 로렌스가 강조하고자 한 피와 생명력의 상관성을 무의식중에 지지하고 있으며 또 한편으로는 의식적으로 그녀의 작품에 반영하고 있음을 알 수 있다.

『풀잎은 노래한다』에서 생명력 없는 결혼 생활에 지쳐 있던 메리는, 비록 잠깐이기는 하지만, 농장을 감독하면서 생동감을 경험한다. 일꾼 감독과 운영은 양철지붕의 열기, 지지부진한 농장경영, 개선의 여지가 없는 결혼 생활 때문에 도시로 "탈출"(99)까지 했던 그녀에게 새로운 기회로 다가온다. 그래서 채찍으로 피를 흘리게 하면서 만난 모세는 단순히 그녀의 무의식에 억압되어 있는 "자기 증오"(Rubenstein 21)의 구현체가 아니라, 보다 더 심오한 종교적 의미를 함축한 대상으로 바라보아야 할 것이다. 이러한 흑인 원주민 모세에게서 로렌스의 '다크 갓', 즉 '어둠의 신'의 모습을 엿볼 수 있다. 로렌스에게 있어 어둠의 신은 "피, 암흑, 육신"(손기표 20)과 연계되고 이러한 어둠의 측면이 억압된다면 진정한 생명력을 얻을 수 없다. 레싱은『풀잎은 노래한다』에서 생명력이 소진되어가는 메리에게 모세의 "피, 암흑, 육신"을 보게 한다. 그래서 메리가 모세의 "선명한 붉은 피"(119)를 보는 것은 의도적 설정이라고 할 수 있는데, 성경에서 피가 생명을 의미하고 이러한 피흘림을 통해 죄를 용서받도록 하기 위한 것이라면, 메리에게 모세의 피는 의미심장하다. 이어 레싱은 "굵직한 근육질의 검은 몸"(115)을 인식하기 시작하는 메리에게 하얀 셔츠와 반바지 사이로 도드라져 보이는 "억세고 벌어진 [검은] 몸"(142)에 매료당하게 하고, "하얀 비누 거품이 감싼 검은 몸"(143)을 목도하는 것을 거부할 수 없게 만든다. 레싱은 모세가 목욕하는 장면이 로렌스의『체털리 부인의 연인』(*Lady Chatterley's Lover*)에서 코니(Connie)부인이 멜로스(Mellors)가 목욕하는 모습을 본 것을 "차용"(Bertelson 127)했음을 주저 없이 동의하는데, 이는 육신과 연계된 생명력을 강조한 로렌스의 주장을 또한 수용한 것으로 볼 수 있다. 이 과정에서 채찍을 맞은 모세를 "검은 동물"(120)로 바라봤던 메리는 하우스 보이로 재회한 모세의 몸을 응시하면서 "건장한 몸의 아름다움"(King 12)을 인식하기에 이른다.

이러한 피, 암흑, 육신과 같은 어둠의 신적 요소는 메리가 무의식적으로 연상하는 뱀에서도 드러난다. 마치 모세와의 만남을 예상한 것처럼, 메리는 모세와 마주치기 바로 직전에 자신도 모르게 채찍으로 황토 바닥에 "뱀 모양의 무늬"(118)를 그린다. 모세의 몸을 보고 난 후 그녀는 그가 주변에 있는 것만으로도 마치 "뱀"(144)을 만진 듯한 느낌에 소스라치곤 한다. 여기서 모세와 뱀의 연관성은 "진정한 생명성이 몸에 있으며 이러한 생명이 뱀"(손기표 20)으로 대변된다고 하는 로렌스의 주장에 의거한 레싱의 의도적 설정이라 할 수 있다. 성서에서 뱀은 에덴동산의 이브를 유혹하여 하나님의 명령에 불복종하도록 이끄는 사탄으로 대변되지만, 로렌스가 뱀의 검은 생명력을 강조하듯이 레싱 또한 모세와 뱀을 연계시키며 뱀이 상징하는 생명력을 차용한다.

다시 한 번, 예수라면 인간의 살인에 동조했을까라는 모세의 질문을 상기해보면, 모세의 질문은 메리에게 새로운 세계를 접할 수 있는 가능성을 던져주는 질문으로 다가온다. 메리가 모세를 우연히 채찍으로 때리고 피를 흘리게 했을까? 피흘림이 죄를 용서받기 위한 것이라면 누가 용서받을 수 있을까? 모세가 메리를 살해하고 피를 흘리게 한 것은 그녀의 죄를 용서하기 위한 것이었을까?

『풀잎은 노래한다』에서 쇠약하고 정신분열을 겪는 메리를 돌보는 모세를 그녀의 "어머니"(Frampton 18)로 혹은 "아버지"(Sprague 23)로 분석하는 비평이 있었다. 특히, 메리의 아버지와 모세의 동일시를 통해 메리의 억압된 욕망을 읽어내고자 하는 비평도 있었다. 토니의 눈에 메리와 모세가 각별한 관계를 맺은 것처럼 보이지만, 쉴라 로버츠(Sheila Roberts)가 주장하듯이(135), 레싱은 메리와 모세의 성 관계를 묘사하지는 않았다. 그렇다면 빛과 어둠의 양면을 수용하는 '종교적' 작가로서의 레싱이 남로디지아의 느게시라는 소우주에서 벌어진 살인 사건을 통해 편향된 백인 문명의 모순을 폭로하고 비판하기 위해 흑인 원주민 모세를 구원자 또는 "해방자"(Wang 43)로 설정했다고 볼 수 있다. 그래서 이 작품은 표면상으로 흑인에 대한 백인의 포악성을 드러낸 흑백 갈등을 다루는 것처럼 보이지만, 영국인, 아프리카너, 흑인 원주민을 둘러싸고 벌어지는 인간의 문제를 다루고 있다.

III. 평가와 의의

『풀잎은 노래한다』에서 레싱은 아프리카 남로디지아에서 펼쳐지는 백인사회와 흑인 원주민 사이의 인종 문제를 다루는 동시에 백인사회와 리처드와 메리 부부를 중심으로 하는 집단과 개인의 갈등을 첨예하게 드러내어 비판한다. 남로디지아의 백인사회는 아프리카너와 흑인 원주민과 구별하고 영국 백인만의 우월한 집단을 유지하기 위해 따라야 하는 규범이 있다. 레싱은 이러한 규범을 따르지 않은 리처드와 메리의 파멸을 보여줌으로써 백인사회, 나아가 제국주의적 폭력성을 고발한다.

레싱은 빈부차와 개인차가 있음에도 불구하고 백인사회가 내세운 규범을 따라야 하는 상황에서 백인사회의 억압과 폭력에 대항하는 인물로 메리를 제시한다. 직면한 현실을 타파하기 위해 백인사회 체제에 반하는 행동을 취한 메리는 죽임을 당할 수밖에 없는 비운의 인물이자 반-영웅적 인물이다. 레싱은 메리가 "여성운동의 출현과 맞물린 개척자적인 작품"[4]의 여주인공으로서 자신을 희생양으로 삼으려 하는 백인사회에 대항해서 죽음을 긍정하고 복수하는 인물로 차별화하여 제시하고 있는 것이다.

메리의 죽음을 다른 각도로 해석할 수 있는 가능성을 제시하기 위해 레싱은 메리의 살인자 모세를 '미지의 인물'이나 '무의식적 욕망의 투사물'로 묘사하며 자신의 종교관이 투사된 인물로 창조한다. 모세는 '피, 암흑, 육신'과 연계된 어둠의 신으로서 메리의 진정한 생명력을 일깨우는 역할을 수행하는 동시에, 메리를 살해하여 피를 흘리게 함으로써 그녀가 대변하는 백인사회의 죄를 용서받도록 이끄는 구원자로 제시된다. 이러한 비전은 메리와 모세의 관계를 레싱의 종교적 관점으로 읽어냄으로써 시대를 초월해서 레싱의 처녀작에 배태되어 있는 다양한 함의와 주제를 읽어내게 하는 힘이 된다.

Endnotes

1 Doris Lessing, *The Grass is Singing* (London: Harper Perennial, 2007), 9. 이후 이 책의 본문 인용은 면수만 표기한다.

2 『풀잎은 노래한다』에서 언급한 "계약 노동자"(contracted natives, 114)는 흑백 갈등에서 상당한 비중을 차지할 수 있는 논제이다. 계약 노동자는 강제 징모대의 남아프리카판 방식으로 백인들이 노동력 확보를 위해 흑인 원주민들을 강제로 취해서 다른 백인에게 팔아넘기는 방식이었다. 백인들은 일자리를 구하기 위해 길을 걷고 있는 흑인 원주민들을 기다렸다가 트럭에 강제로 태워 백인 농장에 데려가서 "한 사람 당 5파운드씩 1년 계약"(114)으로 팔아 넘겼다. 이 계약으로 인해, 계약 노동자는 백인 농장주의 폭력이나 혹사를 견디는 수밖에 없었고 이를 피하기 위해 일을 중간에 그만둘 수도 없었다. 이 작품에서 찰리와 같은 농장주가 일꾼을 다룰 때 마음대로 채찍을 휘두른 것도 이러한 계약을 염두에 두고 있었다고 볼 수 있다.

3 필자는 메리의 죽음의 원인을 그녀의 의식과 무의식의 갈등으로 보고 이를 에리히 노이만(Erich Neumann)의 투쟁자(Struggler)와 공포의 어머니(Terrible Mother) 관계에 비추어 분석한 적이 있다. 메리는 의식과 무의식의 갈등을 더 이상 극복할 수 없을 때 스스로 죽음을 자초한다고 주장했는데, 이는 공포의 어머니가 투쟁자의 독립을 거세, 죽음 등의 방식으로 억압하는 것으로 설명해

냈다. 물론, 투쟁자 즉, 자아는 어머니로부터 독립해서 성숙한 영웅으로 거듭날 수 있다. 하지만, 영웅 이전의 투쟁자는 필연적으로 어머니에게 굴복할 수밖에 없는 운명을 타고난 존재이다. 죽음을 자초하기도 하고 죽임을 당하는 인물로 해석되는 메리는 이런 점에서 투쟁자로 읽어낼 수 있는 것이다. 박선화. 『도리스 레싱의 작품과 분석심리학의 접목』. 서울: 한국학술정보, 2009 참조.

4 "The Nobel Prize in Literature 2007." <http://nobelprize.org/nobel_prizes/literature/laureatres/2007/index.html>_참조.

인용문헌

손기표. 「성서와 로렌스의 시에 나타난 생명비교」. 『거제대학논문집』 창간호 (1993): 19–45.

Brewster, Dorothy. *Doris Lessing*. New York: Twayne, 1964.

Fahim, Shadia S. *Doris Lessing: Sufi Equilibrium and the Form of the Novel*. New York: St. Martin's, 1994.

Frampton, Edith. "Horrors of the Breast: Cultural Boundaries and the Abject in *The Grass is Singing*." *Doris Lessing: Border Crossing*. Ed. Alice Rideout and Susan Watkins. London: Continuum, 2009.

Greene, Gayle. *Doris Lessing: The Poetics of Change*. Ann Arbor: U of Michigan P, 1994.

Holmquist, Ingrid. *From Society to Nature: A Study of Doris Lessing's Children of Violence*. Gothenburg: U of Gothenburg, 1980.

Ingersoll, Earl G. *Doris Lessing*. New York: Ontario Review P, 1994.

Inglis, A. A. H, ed. *D. H. Lawrence: A Selection From Phoenix*. New York: Penguin, 1979.

James, William. *The Varieties of Religious Experience*. Oxford: Oxford UP, 2012.

King, Jeannette. *Doris Lessing*. New York: Routledge, Chapman and Hall, 1989.

Klein, Carole. *Doris Lessing: A Biography*. New York: Carroll & Graf, 2000.

Lessing, Doris. *The Grass is Singing*. London: Harper Perennial, 2007.

________. *Under My Skin*. New York: Harper Perennial, 1995.

Lewin, Leonard, ed. *The Diffusions of Sufi Ideas in the West*. Boulder, Colorado: Keysign P, 1972.

Roberts, Sheila. "Sites of Paranoia and Taboo: Lessing's *The Grass is Singing* and Gordimer's *July's People*." *Doris Lessing*. Ed. Harold Bloom. PA: Chelsea, 2003.

Rubenstein, Roberta. *The Novelistic Vision of Doris Lessing*. London: U of Illinois P, 1979.

Seligman, D. *Doris Lessing: An Annotated Bibliography of Criticism*. London: Greenwood P, 1981.

Singleton, Mary Ann. *The City and the Veld: The Fiction of Doris Lessing*. London: Associated UP, 1977.

Sprague, Claire. *Reading Doris Lessing*. Chapel Hill: U of North Carolina P, 1987.

Temple–Thurston, Barbara. "Madam and Boy: A Relationship of Shame in Gordimer's *July's People*." *World Literature Written in English* 28.1 (1988): 51–57.

Thorpe, Michael. *Doris Lessing's Africa*. London: Evans, 1978.

Wang, Joy. "White Postcolonial Guilt in Doris Lessing's *The Grass is Singing*." *Research in African Literature* 40.3 (2009): 37–47.

Whittaker, Ruth. *Doris Lessing*. London: Macmillan, 1988.

Yudhishtar, M. *Conflict in the Novels of D. H. Lawrence*. New York: Barnes & Noble, 1969.

출처 : 이 글은 『도리스 레싱의 작품과 분석심리학의 접목』(서울: 한국학술정보, 2009) 그리고 「『풀잎은 노래한다』의 모세에 재현된 레싱의 종교관」(『문학과 종교』 23권 1호 (2018): 69–89) 등 저자의 여러 논문과 저서를 부분적으로 참고하여 수정, 보완했다.

존 파울즈와 『프랑스 중위의 여자』

배현

Ⅰ. 작가와 작품 세계

제2차 세계대전 이후에 활약한 영국의 소설가 가운데 존 파울즈(John Fowles)는 치열한 주제의식과 독창적이고 실험적인 소설기법으로 인해 가장 주목받는 작가 가운데 하나이다. 파울즈의 주제는 인간의 본질과 자신의 진정한 자아에 대한 현대인의 실존주의적 탐색과, 역사 발전과 문명의 진보 및 퇴화에 대한 성찰, 진화의 주체로서의 여성성과 퇴화의 대상인 남성성의 대립, 예술의 생명력과 과학의 비생명적 속성에 대한 관심, 신의 절대적 권한과 인간의 자유의지, 사랑과 소유, 자유와 선택, 인간 내면의 외설적 충동, 소수와 다수의 갈등 등을 망라하고 있다. 소설형식의 측면에서 파울즈는 로맨스 문학 전통을 작품 구조의 일관된 축으로 삼았고, 사실주의 소설의 유용성을 신뢰하는 한편, 사실주의 서술기법을 의도적으로 왜곡하거나 글쓰기에 대한 예민한 자의식을 드러내는 등 포스트모더니즘 시대의 특징적인 표현 양식인 메타픽션의 대표적인 작가로 평가되기도 한다.

파울즈는 영국 남부 에섹스(Essex) 주의 해안 도시 리온씨(Leigh-on-Sea)에서 출생하여 자연친화적인 유년기를 보내고 옥스퍼드대학에서 불문학과 독문학을 전공했다. 대학 졸업 후에는 프랑스와 그리스 등지에서 교사로 일했고, 1952년 귀국하여 런던과 인근의 몇몇 대학에서 영문학을 강의했는데 1954년부터는 여성 전용 교육기관이었던 세인트 고드릭스 대학(St. Godric's College)의 영문학과장을 역임했다.

파울즈는 1950년대부터 소설을 쓰기 시작했다. 그는 뒷날 『마법사』(*The Magus*)라는 제목으로 출판하게 되는 작품을 처음 쓰기 시작했지만 1963년에 『콜렉터』(*The Collector*)를 처녀작으로 발표했고, 이 작품은 곧장 베스트셀러의 대열에 올라 파울즈에게 작가로서의 명성과 교직을 떠나 창작에 전념할 수 있는 경제적 여유를 제공했다. 파울즈의 두 번째 저서는 그의 철학 및 예술 이론을 정리하여 1964년 출판한 『아리스토스』(*The Aristos*)였다. 「사상의 자화상」("A Self-Portrait in Ideas")이라는 부제를 붙인 이 책은 이후 두 차례에 걸쳐 개정되었는데, 파울즈의 작품에 나타나는 주제와 사상을 이해하는 단서를 제공해 준다. 용어사전 형식의 이 책에는 파울즈의 예술 세계를 이해하는 데 핵심적인 '우연'(Hazard), '미스터리'(Mystery), '신들의 유희'(Godgame), '실존주의'(Existentialism), '다수와 소수'(Nemo & Elect) 등의 용어들이 정의되어 있다.

1965년 『마법사』를 발표하여 다시 대중적인 인기를 획득한 파울즈는 런던을 떠나 라임 레지스(Lyme Regis) 지방으로 이주하여 창작에 전념하는데 이곳은 뒷날 그의 대표작으로 평가받은 『프랑스 중위의 여자』(*The French Lieutenant's Woman*)의 중심 배경이 된다. 1969년 발표된 『프랑스 중위의 여자』는 대단한 성공을 거두어 파울즈를 영국 문단의 독보적인 위치에 올려놓는다. 이후 1974년에 네 편의 단편과 한 편의 번역 작품을 묶은 『흑단의 탑』(*The Ebony Tower*)을 발표했고, 1977년에는 600여 페이지에 달하는 방대한 소설 『다니엘 마틴』(*Daniel Martin*)과 10여 년의 각고 끝에 개작한 『마법사』를, 그리고 1981년에 『만티사』(*Mantissa*)와 1985년에 『유충』(*A Maggot*)을 발표하고 2005년 그가 40년 가까이 살아왔던 라임 레지스에서 사망하였다.

파울즈가 2005년 11월 5일 향년 79세를 일기로 타계했을 때, 『가디언』(*The Guardian*)에 추모의 기고문을 쓴 멜빈 브래그(Melvyn Bragg)는 파울즈가 비록 1970년대에 『흑단의 탑』과 『다니엘 마틴』을 발표하기는 했지만 소설가로서의 창작 역량은 1960년대 이후 쇠퇴하기 시작했다고 진단하며 다음과 같이 말한다.

> 어떤 작가의 어떤 작품이 살아남고 또 얼마 동안 생명을 유지할 것인지를 논하는 일은 유쾌하기는 하지만 분명 악의적인 소일거리에 속한다. 그러나 나는 파울즈가 라임 레지스에 머물며 집필한 에세이들이 수 세대를 지나며 살아남는 동안 『프랑스 중위의 여자』가 수십 년 사이에 세월의 물살 속에 가라앉는 일이 일어나지 않는다면 적잖게 놀라게 될 것이다.

브랙의 이러한 언급은 다소 도발적이기는 하지만 파울즈를 이해하는 하나의 유용한 시선을 제공해 준다. 라임 레지스에서 파울즈는 박물학자로서 자연친화적인 삶을 영위했는데, 그 진면목은 1970년대 이후 생산된 논픽션 에세이집들을 통해 드러난다. 이 에세이들은 라임 레지스 지방의 자연과 풍광을 중요한 소재로 삼아 작성된 것들이다. 파울즈는 1974년 『난파선』(*Shipwreck*)을 시작으로 1978년 『섬』(*Islands*), 1979년 『나무』(*The Tree*), 1985년 『육지』(*Land*), 그리고 1998년에 『벌레 구멍』(*Wormholes*)을 발표했다. 이 에세이집들은 전문 사진작가의 사진과 함께 사진에세이집의 형태로 발간되었다.

철학사상집 『아리스토스』가 그의 소설을 관통하는 사상과 주제를 해독하는 지침서의 기능을 한다면 『벌레 구멍』은 파울즈의 삶과 철학, 인생관과 예술론, 한 마디로 총체적으로 인간 파울즈를 이해하는 핵심적인 저작으로 평가된다. 이 책에는 앞서 언급한 에세이들이 사진을 삭제한 상태로 요약되어 수록되어 있고 거기 더하여 파울즈가 평생 동안 쓴 논픽션 저술들이 망라되어 제1부 「자서전」(“Autobiographical: Writing and the Self”), 제2부 「문화와 사회」(“Culture and Society”), 제3부 「문학과 문학비평」(“Literature and Literary Criticism”), 제4부 「자연과 자연의 본성」("Nature and the Nature of Nature"), 제5부「인터뷰」("Interview with Dianne Vipond")로 구성되어 있다.

파울즈의 또 다른 중요한 논픽션 저작은 일기이다. 파울즈는 평생 일기를 써온 것으로 알려졌는데 오랫동안 출판이 예고되었던 그의 일기는 파울즈가 사망하기 2년 전인 2003년에 이르러 찰스 드레이진(Charles Drazin)의 편집에 의해『존 파울즈의 일기』(*The Journals of John Fowles*)라는 제목으로 두 권으로 출간되었다. 제1권은 파울즈가 옥스퍼드대학의 뉴 칼리지에서 신입생으로 불문학을 공부하기 시작한 1949년부터『콜렉터』와『마법사』를 출판하여 명성을 얻고 라임 레지스에 정착한 1965년까지를 다루고 있으며, 제2권은 1966년부터 1990년까지 파울즈의 삶의 궤적들을 기록하고 있다. 한편 100만 단어 이상을 담고 있어서 장편소설 20권의 분량으로 알려진 편집되지 않은 일기 원본은 엑스터(Exeter)대학 도서관에 보관되어 있는 것으로 알려졌으며, 드레이진이 편집한 두 권의 일기는 2010년『나의 마지막 장편소설』(이종인 역)이라는 제목으로 우리말로 번역되었다.

파울즈는 영국 소설가로서는 드물게 대중적인 인기와 전문 학자들의 비평적 관심을 동시에 누린 작가이다. 수사나 오네가(Susana Onega)는 파울즈에 대한 연구의 특징으로 상호모순적인 연구 성과가 제출된다는 점과 연구 주제의 범위가 놀랄 만큼 광범위하다는 점을 지적하였다.

> 또 다른 특징은 각각의 소설에 접근하는 비평적 그리고 총체적 관점이 놀라울 정도로 광범위하다는 점이다. 프랑스 실존주의, 고딕 양식과 감상주의, 그리고 중세의 전통으로 변주되는 로맨스 문학, 전원시, 추리소설과 공상과학소설, 프로이드와 융의 심리분석, 사디즘과

포르노그래피, 선불교, 캠벨과 프레이저의 신화, 고전적 리얼리즘, 누보로망, 포스트구조주의와 해체주의 이론, 역사주의, 습작 소설, 음악과 조형미술 […] 이런 것들이 파울즈에 대한 중요한 비평적 관심이었다. (30)

오네가의 언급이 파울즈 문학세계의 다양성과 다층성에 대한 적절한 평가이기는 하지만 등단 이후 적어도 1990년대 초반에 이르기까지 파울즈에 대한 연구는 '실존주의'와 '메타픽션'이라는 두 개의 축을 중심으로 전개되어 왔다고 말할 수 있다. 파울즈는 1971년 다니엘 핼펀(Daniel Halpern)과의 인터뷰에서 그가 소설을 통하여 표현하고자 했던 지속적인 관심사가 무엇인지에 대한 질문을 받았을 때, '자유'(freedom)와 '선택'(choice)이라는 주제어를 제시했다.

그것은 자유입니다. 인간이 어떻게 자유를 성취하는가 하는 문제 말입니다. 그 주제가 나를 사로잡고 있습니다. 사실 내 모든 작품은 이 주제를 다루고 있습니다. 진정한 자유의지가 존재하는 것일까? 우리는 진정 자유롭게 선택할 수 있는가? 자유롭게 행동할 수 있는가? 선택은 가능한가? 어떻게 선택하는가? (45)

작가 스스로 자신의 문학사상을 이와 같이 밝힌 이후 파울즈에 대한 중요한 연구들은 모두 '개인의 자유' 문제와 '실존적 자아 탐색'이라는 키워드를 중심으로 진행되었다. 파울즈에 대한 최초의 단행본 연구서인 윌리엄 파머(William Palmer)의 『파울즈의 소설–전통, 예술, 그리고 자아의 고독』(*The Fiction of John Fowles: Tradition, Art, and Loneliness of Selfhood*)을 위시하여 피터 울프(Peter Wolfe), 베리 올슨(Barry

N. Olsen), 그리고 제프 랙함(Jeff Rackham)의 저술들이 대표적인 사례들인데, 이들 연구 성과는 모두 1970년대 제출되었다. 파멜라 쿠퍼(Pamela Cooper)는 1991년 출간한 『존 파울즈의 소설-권력, 창의성, 여성성』(*The Fictions of John Fowels: Power, Creativity, Femininity*)에서 "실존적 자유라는 주제"가 파울즈 비평의 중심이었다고 적시하고 "이 주제가 오랫동안 파울즈 전공 학자들이 가장 선호하는 비평적 탐구의 영역이었으며 실존주의 철학에 대한 그의 천착이 줄곧 토론되어 왔다"(7)고 평가하였다.

파울즈 연구의 또 하나의 축은 그를 포스트모더니즘 시대의 특징적인 메타픽션 작가로 자리매김하는 것이었다. 앞서 언급한 연구서에서 파머가 파울즈의 소설 세계를 개관하면서 이미 메타픽션이라는 용어를 사용했지만(3), 그에게 메타픽션의 대표 주자라는 지위를 부여한 것은 1978년 린다 허천(Linda Hutcheon)이 쓴 한 편의 영향력있는 에세이였다. 이후 1982년 출간된 피터 콘라디(Peter Conradi)의 『존 파울즈』(*John Fowels*)를 위시한 많은 연구서들이 파울즈를 아이리스 머독(Iris Murdoch)과 존 바스(John Barth), 토마스 핀천(Thomas Pynchon), 그리고 블라디미르 나보코프(Vladimir Nabokov) 등과 함께 소설의 새로운 전통을 모색하는 실험적인 작가로 평가해 왔다.

이 경우에 파울즈가 소설에서 구사하고 있는 다양한 형식적인 실험의 양상과 그 기능이 연구의 대상이 된다. 현실과 픽션의 경계를 무너뜨리는 현란한 유희, 동일한 사건을 두 당사자가 다른 시각에서 중복 서술하는 방식, 사실주의 소설의 기본적인 전제에 대한 의도적인 왜곡, 작가—내레이터의 노골적인 개입, 복수 결말의 제시와 독자의 참여 유도, 소설과 소설가의 지위에 대한 자의식적인 성찰 등이 그 목록에 해당한다.

1990년대 말에 이르러 파울즈의 사상과 예술에 대한 새로운 평가가 시도되었는데, 그것은 주로 1970년 이후 파울즈의 문필 활동에 주목하여 자연주의자 혹은 박물학자로서 파울즈의 진면목을 조명하려는 노력이었다. 『20세기문학』(*Twentieth Century Literature*)이 1996년 봄 제 42권 1호를 파울즈 특집으로 발행했는데, 그 서문에서 편집자인 제임스 베이커(James R. Baker)는 이 특집호를 기획한 의도를 "소설가와 단편소설 작가로서 뿐 아니라 에세이 작가, 시인, 번역가, 여행자, 자연주의자 등 복합적인 이미지의 파울즈에 대한 연구 성과를 집대성할 계획이었다"고 밝히고 있다(1). 베이커가 "그동안의" 연구 성과를 집대성할 기획 의도를 밝힌 만큼 이 특집호가 발행된 1996년을 파울즈 연구의 새로운 경향이 시작된 시점으로 간주하는 것은 무리일 것이다. 그러나 20세기 후반 영국의 소설 문학을 대표하는 작가로 평가되어 온 파울즈를 소설가 이외의 "복합적인 이미지" 즉 "시인, 번역가, 여행자, 자연주의자"의 면모로 정리하겠다는 의도는 파울즈에 대한 비평의 영역을 크게 변화시키고 확대한 중요한 선언으로 여겨진다.

II. 『프랑스 중위의 여자』 읽기

1. 실존적 자아를 찾는 현대인의 고독한 여정

1867년 3월, 영국 남서부의 작은 해안 마을인 라임 레지스에는 일년 중 가장 사나운 동풍이 불고 있다. 그 거칠고 황량한 바닷가, 유서 깊은 성벽을 따라 몰락한 귀족 가문의 예비 상속자인 찰스 스밋슨(Charles Smithson)과 그의 약혼녀인 부유한 사업가의 외동딸 어네스티나 프리먼(Ernestina Freeman)이 산책하고 있다. 거친 바닷바람에 위협을 느낀 그들이 발길을 돌리려는 순간, 찰스는 바다로 뻗어간 방파제 끝, 폐기된 대포의 총신에 기대고 서있는 검은 옷을 입은 여인을 발견하고, 약혼녀의 만류에도 불구하고 위험을 경고하기 위해 그녀에게 다가간다.

우연한 첫 만남에서부터 찰스는 형언할 수 없는 신비로움을 지닌 여인, 사라 우드러프(Sarah Woodruff)에게 자신도 모르게 매혹된다. 이후 화석을 채집하는 아마추어 생물학자인 찰스와 사회로부터 격리된 채 자신만의 영토를 찾는 사라는 여러 차례 해안 절벽의 외진 숲을 다니며 조우하게 된다. 몇 번의 만남을 통해 찰스는 사라가 난파된 군함에서 이웃 마을로 표류해 온 프랑스 장교와 밀애를 나누었다는 이유로 마을 사람들에게 단죄된 사실과 현재 위선적인 기독교 윤리로 무장한 폴트니 부인(Mrs. Poulteney)의 집에 의탁하여 스스로의 어리석음과 죄를 속죄하는 삶을 살고 있음을 알게 된다. 그녀에게서 비범한 정신적 능력을 발견한 찰스는 사라에게 현실의 질곡으로부터 벗어날 것을 충고하고 자신이 도움을 주겠다고 제안한다. 사라는 금지된 장소를 다닌다는 이유로 폴트니 부인의 집에서 추방되는 곤경에 처하게 되었을 때, 그의 제안을 받아들여 라임 지방을 떠나 엑스터로 간 뒤, 찰스를 자신이 묵고 있는 앤디코트 호텔(Endicott's Family Hotel)로 오도록 청한다.

런던에서 라임 레지스로 돌아가던 찰스가 엑스터 역에 내렸을 때, 하인인 샘(Sam)에게 마차를 준비하게 하여 약혼녀의 곁으로 돌아가 빅토리아조 신사의 의무를 지키는 것이 작품의 첫 번째 결말이다. 이 첫 번째 결말이 제시된 뒤, 곧 바로 작가가 등장하여 이 결말이 거짓이었음을 밝히고 찰스가 엑스터 역에서 라임으로 가지 않고 그곳에서 하루를 유숙하는 두 번째 이야기를 설정한다. 앤디코트 호텔을 찾은 찰스는 사라의 부상으로 그녀를 침실에서 면담하게 되고 그녀의 의도적인 실수에 이끌려 육체관계를 갖게 되는데, 그 결과 그는 사라가 순결을 상실했다는 것도, 다리를 다쳤다는 것도, 모두 거짓이었음을 알게 된다. 찰스가 신사로서의 의무감에서 어네스티나와의 약혼을 파기하고 다시 사라를 찾았을 때, 그녀는 행방을 감춘 뒤였다. 이후 엑스터와 런던 구석구석을 샅샅이 뒤졌지만 사라를 찾지 못한 찰스는 미국으로 건너갔고, 2년이 지나서야 의뢰했던 사설탐정에게서 사라의 행방을 찾았다는 전갈을 받는다. 그가 찾아간 곳은 전위적인 화가 단테 가브리엘 로제티(Dante Gabriel Rossetti)의 집이었고 그곳에서 신여성, 러프우드(Mrs. Roughwood)로 변신한 사라를 만난다. 이 두 사람의 재회가 단 한 번의 육체관계를 통해 얻은 라래쥐(Lalage)라는 아이를 통해 낭만적인 결론에 도달한다는 것이 두 번째 결말이며, 라래쥐를 등장시키지 않고 사라를 통해 찰스가 자신의 삶의 의미에 대해 실존적인 자각을 얻고 스스로의 길을 떠난다는 것이 세 번째 결말이다.

건조하게 요약한 작품의 줄거리를 보면 『프랑스 중위의 여자』는 일차적으로 찰스와 어네스티나, 그리고 사라의 삼각관계를 다룬 애정소설로 읽힌다. 이들 사이의 사랑과 배신, 이별과 재회라는 다소 진부한 바탕 이야기 위에서, 작가는 시대의 변화와 계급 갈등, 개인의 실존적 자유를 향한 고독한 선택 등의 진지한 주제들을 다룬다. 그래서 이 작품은 '번영과 진보'의 시기이면서 동시에 '불안과 고뇌'의 시기였던 영국의 빅토리아 시대에 대한 사회학적 보고서로도 읽힌다. 당대의 영국은 제국의 팽창과 산업혁명의 눈부신 발전, 그리고 과학 기술의 발달로 인해 외형적으로는 역사의 황금기를 구가했으나 과도한 도시화와 빈곤층에 대한 착취 등 자본주의의 폐해로 인해 내부적인 모순과 갈등이 심화되던 시대였다. 작품의 시대적 배경이 되는 1867년은 칼 마르크스의 『자본론』이 출판된 해였고, 1859년 출판된 찰스 다윈의 『종의 기원』은 이천년 동안 서구인의 믿음의 근거가 되어왔던 기독교적 세계관에 심각한 도전을 제기하고 있었다. 이 작품은 이러한 혼란과 갈등의 시대에 영국과 영국인이 겪은 사회적, 경제적, 정신적 충격과 변화를 충실히 그리고 있다.

파울즈는 옥스퍼드대학에서 프랑스 문학을 전공하면서 카뮈와 사르트르에 심취했고 자연스럽게 실존주의 철학과 누보로망의 세례를 받은 것으로 알려졌다. 파머가 『파울즈의 소설』에서 '고독한 자아(Loneliness of Selfhood)의 탐구'를 파울즈 소설을 관통하는 중요한 주제로 적시한 이후 개인의 실존적 탐색과 이에 수반되는 자유와 책임, 그리고 선택의 존재론적 의미 등이 파울즈의 작품을 이해하는 핵심적인 주제로 연구되어 왔다. 랙함은 파울즈의 초기 세 장편소설인 『콜렉터』와 『마법사』, 그리고 『프랑스 중위의 여자』를 "실존주의에 대한 은유적 탐구"(a metaphorical exploration of existentialism, 89)라고 진단하였고, 이 세 작품과 『흑단의 탑』, 『다니엘 마틴』 등 파울즈의 대표작들에 대한 연구서인『존 파울즈』의「서론」에서 올슨은 선택과 변화를 추구하는 인간의 자유의지에 대한 탐구가 파울즈 소설에서 지속적으로 제기되는 중요한 주제라고 정리하였다(11–12).

『아리스토스』의「서문」에서 파울즈는 자신이 이 책에서 표현하고자 했던 가장 중요한 사상은 "이 시대에 우리를 위협하는, 모든 순응하라는 압력에 대항하는 개인의 자유를 보호하려는 것"(7)이라고 선언함으로써, 실존주의적 관심이 자신의 세계관의 기반임을 밝히고 있다. 또한 같은 책의「실존주의」라는 항목에서는 "실존주의는 개인의 개체성을 박탈하려는 모든 사상 체계, 심리학 이론, 그리고 사회적·정치적 압력에 대한 개인의 저항이다"(115), "최고의 실존주의는 자신의 유일무이함(Uniqueness)에 대한 확인, 지적인 자기만족에 대한 해독제로 작용할 수 있는 욕망(Anxiety)의 진정한 가치에 대한 깨달음, 그리고 자기 스스로의 삶을 선택하고 통제하는 방법을 배워야할 필요성에 대한 각성 등을 개인의 의식 속에 재형성하려는 시도이다"(116)와 같은 생각을 피력하고 있다.

파울즈는 또한 실존주의 사상이 자유를 구속하는 압력에 대한 저항일 뿐 아니라 자신의 삶에 대한 적극적인 개입을 의미한다고 정의하였다.

> 실존주의 사상 안에는 도덕적 규범이나 행위 규범을, 이것들이 단지 전통이라는 명분 이외에 어떤 정당한 설명도 없이 오직 권위 혹은 사회적 힘에 의해 강요할 때, 그것을 거부하도록 촉구하는 태도가 내포되어 있다. 실존주의는 동기들(motives)을 점검해보도록 끊임없이 촉구한다. 최초의 실존주의자는 키에르케고르가 아니라 소크라테스였다. 그리고 사르트르 학파는 헌신(commitment)이라는 개념을 개발해 냈다. 그러나 가톨릭 신앙이나 공산주의, 실존사상처럼 종교적 혹은 정치적 도그마에 끊임없이 헌신하는 것은 근본적으로 비실

> 존주의적이다. […] 진정한 실존주의자는 그 구성원으로 소속되기를 강요하는 어떤 조직에도 결코 구속되지 않는다. (116)

이러한 파울즈의 사상은 니체와 하이데거, 사르트르와 카뮈 등으로 대표되는 무신론적 실존주의자들과의 친화성을 드러낸다. 이들의 실존주의 사상은 "하나의 낙관론이고 행동의 이론이다"(사르트르 50). 무신론적 실존주의자들은 인간의 운명을 초월적으로 간섭하는 신의 존재를 부정하고 근본적으로 인간을 고독하며 자유로운 존재로 파악한다. 또한 이들은 인간이 현실 속에서 주체적인 선택을 통하여 행동한다고 보기 때문에 이들의 철학은 낙관주의의 면모를 보인다. 자신의 공허한 삶에 대한 인식이 고독과 허무, 절망 등을 가져오지만, 궁극적으로 그 삶을 부정하고 좌절하도록 작용하지는 않는다. 그 대신 자신의 존재에 대한 진정한 실존적 자각은 인간으로 하여금 자신의 삶을 긍정하고, 그 삶을 성실하게 영위함으로써 참다운 자아를 구축하게 한다.

파울즈 소설의 주인공들은 공통적으로 소설이 시작되는 장면에서 자신의 현실에 대해 회피적인 태도를 보인다. 이는 실존주의 철학자들이 '불안'(Anxiety) 혹은 '자기기만'(Self-Deception)이라고 규정한 징후와 같은 것이다. 그리고 이들이 자신의 자아를 찾는 개인적 탐험을 끝냈을 때, 그들은 자신의 운명을 스스로 선택하도록 강요받는 기로에 선 모습으로 등장한다. 그 선택을 통하여 그들은 자신의 운명의 주인은 바로 자신이라는 것을, 그리하여 자신에게 주어진 현재의 삶 속으로 걸어 들어가 그 삶을 치열하게 살아가야 한다는 사실을 깨닫는다.

많은 연구자들이 파울즈의 소설 세계를 로맨스문학의 전통 속에서 해석하였다. 그리고 로맨스문학의 기본적인 모티브인 탐색(Quest)의 주체와 목표에 대한 도식적인 해석이 다양하게 제출되어 있는 상태이다.『마법사』와『프랑스 중위의 여자』를 등장인물이 자아를 찾아 수행하는 실존적 탐색의 이야기로 해석할 때,『마법사』의 도식은 단순명료하다. 니콜라스(Nicholas Urfe)가 자신의 실존적 정체성을 탐색하는 모험을 수행하고, 소설가와 같은 상상력을 지닌, 혹은 신과 같은 지혜와 능력을 가진 콘시스(Conchis Maurice)[1]는 그의 탐험을 돕는 정신적 스승의 역할을 한다.

한편『프랑스 중위의 여자』에서 이 탐험의 방정식은 조금 복잡한 양상을 보인다. 주인공인 찰스는 니콜라스처럼 자신의 실존적 정체성을 찾아 고독한 탐험을 수행한다. 한편 작품의 여주인공인 사라는 빅토리아 시대의 사회적 편견과 도덕적 위선에 저항하여 자신의 진정한 자아를 찾는 모험을 수행하는 동시에 찰스의 실존적 자각을 견인하는 정신적 스승의 역할을 감당한다.

사라는 수수께끼와 같은 인물이다. 그녀는 가난한 소작농의 딸로 태어났으나 프랑스어를 구사할 정도의 교육을 받았으며 "본능적이라 할 깊은 통찰력"(47)과 인간에 대한 폭넓은 이해력, 풍부한 감수성과 의지력을 소유한 인물이다. 그녀는 빼어난 미모는 아니었으나 신비로운 분위기로 첫 대면에서부터 찰스를 매혹시킨다. 난파당한 프랑스 장교와 사련(邪戀)을 나누었다는 이유로 공동체로부터 추방된 삶을 살고 있는 그녀를 그로건 박사(Dr. Grogan)는 정신분열 혹은 우울증을 앓고 있는 환자로 진단하고 그녀를 경계하라고 찰스에게 경고한다. 그리고 이러한 그녀의 현실, 곧 그녀가 처해있는 현재의 실존적 상황은 모두 거짓으로 드러난다.

사라는 찰스에게 자신이 프랑스 장교와 관계를 가졌던 것이 어리석은 행동이었으며, 자신의 실수를 스스로 응징하기 위해 "치욕과 결혼하는 선택"(142)을 했다고 설명한다. 그리고 찰스가 그녀에게 라임 지방을 떠나 새로운 삶을 개척하도록 충고했을 때, 이곳을 떠나는 것은 자신의 수치와 결별하는 일이 된다고 그 제안을 거부한다. 사라는 웨어커먼스(Ware Commons)로 산책 다니는 일이 폴트니 부인의 충복 패얼리 부인(Mrs. Pairley)에게 발각되어 더 이상 라임에 머무를 수 없게 되었을 때 비로소 찰스의 제안을 받아들인다.

작품을 읽는 동안 독자들은 사라의 동기를 잘 파악할 수 없다. 그녀는 다른 작품의 주인공들과는 달리 지면을 많이 차지하지 않는다. 또한 1인칭 전지적 화자에 의해 진행되는 서술 시점은 시종일관 찰스의 의식을 비추고 있어서 독자가 사라의 내면을 들여다볼 기회를 좀처럼 가질 수 없다. 요컨대 이 작품의 중심 사건이 사라의 기획과 의도에 의해서 전개되고 있지만 "서술하는 카메라의 초점은 찰스에게 맞추어져 있고 독자는 오직 찰스가 그녀를 이해하는 방식으로만 사라를 이해한다. 찰스가 사라를 이해한 결과에 의해 그가 변화를 겪는 것, 이것이 바로 이 소설의 본질"(Hagopian 198)이기 때문이다.

『프랑스 중위의 여자』에서 사라는 빅토리아 시대의 도그마와 제도적 억압, 사회적 편견 등에 저항하여 자신의 실존적 자유를 추구하고, 종국에는 전위예술가 그룹과 공동 생활하는 신여성으로 부활함으로써 그 목표를 달성한다. 이 작품을 사라가 자신의 정체성을 찾아 실존적 탐색을 수행하는 이야기로 해석할 때, 논쟁의 핵심은 그녀가 변모하는가, 탐색의 과정을 통해 실존적 자각에 이르는가, 혹은 처음부터 지혜를 갖고 있었는가하는 점이다.

파머는 "사라는 이 작품이 시작되기도 전에 이미 자아를 획득하였다. 그녀는 자신이 누구인지를 알았고, 스스로 자유를 누리는 상태에서 타인으로 하여금 어떻게 자유를 쟁취하는지 자극할 줄도 알고 있었다"(75)고 단정하였다. 또한 사이먼 러브데이(Simon Loveday)는 "찰스가 성장하고 변화한 것과 같은 방식으로 사라가 변화의 모습을 보여주고 있지 않기 때문에, 그녀는 찰스와 같은 의미에서 작품의 주인공 역할을 수행하지 못한다. 그녀는 수단일 뿐 목표는 찰스다"(71)라고 진단함으로써 파머의 주장을 뒷받침했다.

한편 사라를 『마법사』의 콘시스와 같은 인물로 해석하는 시각도 있다. 올슨은 파울즈가 자신의 작품 속에서 가장 강력한 권력을 행사하는 인물을 작품의 타이틀로 선택했다는 사실에 주목하면서 사라를 『콜렉터』의 프레데릭 클렉(Frederick Clegg), 『마법사』의 콘시스와 함께 다른 등장인물들을 꼭두각시 인형처럼 뒤에서 조정하는 인물들이라고 밝히고 있다(87). 또한 리처드 케인(Richard Kane)은 사라를 일군의 현대영국소설가들의 작품에서 발견되는 "교훈적인 악마"(Didactic Demon)의 일원으로 파악하고 있다(114).

사라가 여러 가지 측면에서 콘시스를 연상시키는 인물인 것은 사실이다. 특히 콘시스가 니콜라스를 자신이 연출한 사이코드라마의 주인공인 동시에 관객으로 선택한 동기가 불분명했던 것처럼, 사라가 어떤 이유에서 자신의 현실을 벗어나기 위해 찰스를 도구로 사용하고, 그에게 파멸이라는 고통스런 과정을 통해 자기 인식의 길에 도달하는 명예를 부여했는지를 논리적으로 설명하기 어렵다.

그러나 사라를 작품이 시작되기 전부터 자신의 자아에 대한 실존적 각성을 획득한, 그리하여 찰스를 상대로 콘시스와 같은 "신들의 유희"를 펼쳐 나가는 "마법사"와 같은 인물로 평가하는 것은 다소 무리라는 것이 필자의 생각이다. 찰스가 2년 만에 그녀를 전위적인 화가들의 거주지에서 찾아냈을 때, 그녀는 찰스에게 가했던 자신의 음모에 대해 다음과 같이 고백한다.

> 당신을 그렇게 만들 의도는 없었어요. 저는 최선의 선택을 하려고 했을 뿐이에요. 저는 당신의 신뢰와 관대한 처사를 악용했어요. 맞아요. 당신에게 약혼자가 있다는 것을 알면서도 저는 당신에게 몸을 던지고 억지로 저 자신을 강요했어요. 그때 저는 광기에 사로잡혀 있었지요. 그 날 엑스터에서는 그런 사실을 명확하게 깨닫지 못했어요. 그 때 당신이 저에 대해 품었던 가장 나쁜 생각이 바로 진실이었어요. (351)

우리가 사라의 이러한 고백을 수용한다면 그녀가 처음부터 완성된 의도를 갖고 찰스를 시험에 빠뜨렸다는 평가는 받아들이기 어렵게 된다. 그보다는 찰스와 마찬가지로 자신의 진정한 정체성을 찾아 실존적 탐색을 수행하는데 단지 찰스보다 몇 걸음 앞서 걸으며 그의 길을 안내하는 역할을 감당하고 있다고 보는 것이 타당할 것이다.

『프랑스 중위의 여자』는 찰스의 이야기이다. 이 작품에서 찰스는 인습과 체면존중이라는 빅토리아조 신사계급의 낡은 껍질을 깨고 자신의 존재의 의미와 자유의지, 그리고 선택의 중요성에 대한 실존적 자각을 체득하는 현대인으로 거듭난다. 그의 탐험을 통하여 자신의 진정한 자아를 찾는 고독한 여정이라는 파울즈의 핵심적인 주제가 완성된다.

『프랑스 중위의 여자』는 마르크스의 『유태인 교리』(*Zur Judenfrage*)에서의 인용을 작품 앞에 모토로 사용하였다. 1844년 쓰인 "모든 해방은 인간 세계와 인간관계를 인간 자신에게 복원시키는 것이다"(Every emancipation is a restoration of the human world and of human relations to man himself)는 마르크스의 텍스트는 인간의 진정한 해방에 대한 역설적인 진리를 규정한 것으로서 이 작품의 실존적 자유 추구라는 주제와 밀접한 관계를 갖는다(Loveday 48). 그리고 이때 자신의 진정한 해방을 추구하는 주체는 찰스이다. 파울즈 자신이 이 작품의 주제를 주인공 찰스가 자신의 자유를 실존적으로 깨달아 가는 과정이라고 밝힌 바 있지만("Notes on an Unfinished Novel" 140–41) 마르크스에서 인용한 제사(epigraph)는 그 과정에서 찰스가 체현하는 역설적인 궤적을 보여주는 것이다.

모든 인간관계를 자신에게 복원시키는 노력은 시대가 요구하는 일관된 사회적 의무로부터의 이탈이라는 점에서 역설적이다. 『프랑스 중위의 여자』에서 찰스는 사회가 그에게 요구하는 도덕적 의무로부터 벗어남으로써 자신이 중심이 되는 진정한 인간관계를 형성할 수 있게 된다. 찰스는 약혼녀인 어네스티나에 대한 혼약의 의무와 가문에 대한 신사 계급의 의무, 그리고 경제적 성공을 보장하는 신흥 자본 계급으로의 편입 등 자신에게 부여된 타율적인 인간관계를 거부하고 그 대신 진정한 자기애와 진실한 사랑을 선택한다. 빅토리아 시대의 완고한 사회적 관습이나 계급의식의 굴레로부터 벗어나 개인의 주체적인 자유의지에 대한 찰스의 각성은 마르크스가 언명한 진정한 인간 해방의 길, 다시 말해서 "인간이 자신의 세계를 회복하는 일이 진정한 해방에 이르는 길"이라는 진리를 구현한 것이다.

2. 적자생존과 자연도태의 법칙

실존주의 사상과 더불어 『프랑스 중위의 여자』를 이해하는 또 하나의 열쇠는 진화론이다. 파울즈는 이 작품의 61개 장마다 한두 개의 제사를 인용하여 총 80개의 제사를 사용하였다. 이 제사들은 대부분 빅토리아 시대 황금기인 1840년대부터 1870년대 사이의 저작에 집중되어 있는데 그 가운데 찰스 다윈의 『종의 기원』에서의 인용이 3번 등장한다. 이 세 개의 제사 뿐 아니라 소설의 플롯이 진행되는 동안 찰스와 그로건 박사 등을 통해 다윈의 사상이 지속적으로 언급되기도 한다.

『프랑스 중위의 여자』 19장에 등장하는 다윈으로부터의 제사는 바로 적자생존의 법칙을 설파한다.

> 생존할 수 있는 수 이상의 개체가 각 종 속에서 태어나고 그 결과 자주 반복되는 생존경쟁이 일어나기 때문에 복잡하고 때로는 다양한 생존조건을 맞아 각 개체는 아무리 미미하더라도 자체에게 유리한 어떤 형식으로 변할 때에 생존할 가능성이 높으며 자연도태에서 벗어난다는 결론이 도출된다. (120)

『프랑스 중위의 여자』가 충실히 그려내고 있는 19세기 중엽의 영국 사회에서는 세 가지 중요한 사회적 변화가 진행되는데, 그것은 다름 아닌 새로운 중산 계층의 출현과 귀족 계급의 몰락 및 여성 해방 운동의 발아였다(올슨 64). 『프랑스 중위의 여자』의 등장인물들은 이러한 사회적 변화의 시대상을 충실히 구현한다. 그리고 이들 등장인물들의 존재와 행위의 좌표를 규정하는 단 하나의 원리는 진화론이다. 찰스와 그의 주변 인물들을 통해 그려지는 귀족계급은 무기력하고 위선적이다. 프리먼이 대표하는 신흥자본계급은 귀족계급을 경멸하는 동시에 선망하는 속물적인 근성을 보인다. 그들 사이에 정략적인 결혼이 성립되고 이 틈바구니에 샘과 매리(Mary)로 대변되는 영악하고 생명력이 강한 하류계층이 개입하여 생존의 게임을 벌인다. 엄격한 기독교 이데올로기를 대변하는 폴트니 부인은 가혹한 사회적 금기를 내세워 사라를 '마녀사냥'의 희생양으로 삼고 자유의지와 본능, 자발적인 사랑으로 무장한 사라는 그에 저항한다.

이러한 시대적 변화의 한 복판에서 몰락한 귀족 계급의 예비상속자인 찰스는 손쉽게 자연 도태될 종으로 분류된다. 찰스가 사라에게 유인되어 정사를 갖고 신사의 명예와 약혼녀에 대한 의무, 그리고 사라에 대한 사랑과 자신의 행위에 대한 책임의식 사이에서 혼란을 겪으며 존재론적 선택의 기로에 서게 된 50장의 제사는 생존에 적합한 적자(The Fittest)의 모델을 다음과 같이 제시한다.

> 시간이 경과하는 동안 새로운 종이 자연도태를 통해 형성되면 다른 종들은 점점 희귀해져서 마침내 멸종하는 결과가 어쩔 수 없이 따라온다고 나는 생각한다. 이렇게 변화와 향상을 감행하는 종과 가장 가까이서 경쟁하는 형태들은 자연히 가장 피해가 크다. (293)

자연도태의 대상인 찰스를 상대하여 그와 경쟁하는 적자는 이론의 여지없이 사라와 샘이다. 이들은 능동적으로 변화를 수용하며 찰스를 이용하고 그를 도태시킨다. 주인을 배신하고 이를 자신의 신분 상승의 전기로 활용하는 샘은 생존에 적합한 신흥 중산계급에 편입되고, 자유로운 영혼과 직관력을 지닌 현대 여성의 상징으로서 사라는 찰스의 맹목적인 사랑을 이용하여 자신의 시대적 굴레를 벗어 던지고 실존적 자유를 성취한다.

러브데이의 지적대로, 직관적인 여성성과 이지적인 남성성의 대결이 남성의 도태와 여성의 생존으로 귀결되는 것은 파울즈의 기본적인 구도 가운데 하나이다(60–61). 그리고 이 여성과 남성의 대립은 예술과 과학이라는 또 하나의 대립 구도와 연결된다. 파울즈는 『콜렉터』에서 미술학도로서 생명을 재생산하는 미란다(Miranda Grey)와 나비 수집가인 클렉의 대비를 통해 이미 이 사상을 구체화하였다. 나비를 수집하고 분류하는 클렉의 과학 정신은 그가 죽은 모습을 재생산하는 사진 찍기에 몰두하는 것을 통하여 다시 한 번 부각된다. 한편『프랑스 중위의 여자』에서 찰스는 그가 수집하는 화석과 같이 생존의 법칙에서 도태되어 죽음의 모습으로 화석화될 운명에 처해 있는 것처럼 보인다(Palmer 25).

32세 아마추어 지질학자인 찰스는 진화론을 숭배하는 과학적 신념으로 무장하고 있으나 여러 가지 측면에서 빅토리아조 후기, 도태의 대상이었던 지주 신사계급을 대표하는 인물이다. 그는 종교적으로는 불가지론자였으며, 당대의 상류계급들이 앓는 보편적인 증상인 '권태'에 시달리고 있었다.

> 나태가 바로 찰스의 가장 두드러진 특징이었다. 19세기 전반부에 팽배했던 자기책임이란 의식이 자기중심이란 의식으로 변천하고 있는 현상을 찰스도 많은 동시대 인간들처럼 직감하고 있었다. […] 지적인 나태자는 그 나태함을 지성의 탓이라고 정당화하기 위해 눈은 높은 곳에 고정시키는 법이다. 찰스도 간단히 말해서 바이런적인 권태를 가지고 있었지만, 천재성과 간통이라는 바이런적 탈출구는 갖고 있지 않았다. (19)

『마법사』가 시작되는 장에서 니콜라스가 그랬던 것처럼, 이 작품의 첫 장면에 등장하는 찰스의 존재론적 상처는 나태함과 권태였다. 그는 시대의 변화, 상업자본가의 득세, 노동의 가치 등에 대해 무지했다. 프리먼 가문이 소유하고 있는 자본과 이윤에 대한 본능이나 샘이 대변하는 하류계층의 신분상승에 대한 강한 열망도 소유하고 있지 않은 찰스는 적자생존의 법칙에 의해 자연도태 되어야 하는 전형적인 빅토리아 시대 인물이었던 것이다.

찰스가 도태되었는가 살아남았는가 하는 진화론적 주제는 이 작품의 복수 결말과 불가분의 관계를 갖고 찰스의 실존적 탐험의 결과를 결정한다. 소위 '가상적 결말' 혹은 '거짓된 결말'이라고 불리는 43장의 결말에서는 자연도태의 법칙이 찰스에게 적용되지 않는다. 그가 엔디코트 호텔로 오라는 사라의 메모를 무시하고 약혼녀에게 돌아감으로써 사라와 샘의 생존 게임은 미처 작동할 수 없었다. 이 작품에 제시된 세 개의 결말이 동등한 미학적 가치를 지니고 있는지에 대한 논쟁이 활발하게 진행되었지만 필자의 생각으로 이 최초의 결말은 거짓이다.

60장에 제시되어 있는, 소위 '낭만적 결말' 혹은 '해피엔딩'으로 불리는 두 번째 결말은 찰스와 사라가 화해와 결합을 이루는 것으로 되어 있다. 이 결말을 이루어내는 중요한 매개체는 라래쥐이다. 작가 스스로가 "소설의 끝머리에 가서 아주 하찮은 역할이 아니라면 새로운 인물을 등장시키지 말아야 하는 것은 소설기법상의 전통적인 법칙이다. 라래쥐의 등장은 용서되어야 한다고 믿는다"(361)라고 변명하지만 독자의 입장에서 이를 용인하기는 어렵다. 20개월 동안 자신을 찾는 찰스의 필사적인 노력을 외면하던 사라가 단 한 번의 정사로 얻은 딸을 안고서 그의 앞에 나타나 재결합을 시도한다는 결말은 논리적 타당성을 결여하고 있는 것으로 보인다. 이 결말에서 찰스의 진화론적 위상과 실존적 자아탐구의 궤적은 분명치 않다. 찰스는 살아남았다고 보기보다 사라에 의해 구제되었다고 하는 편이 타당할 것이기 때문이다. 그리고 이 때 샘은 사라의 거처를 익명으로 찰스에게 통지함으로써 그에게 진 마음의 빚을 보상하는데, 이로써 샘은 최종적이고 완전한 적자의 지위를 획득한다.

『프랑스 중위의 여자』에서 작가가 창조하고 사라가 작동시킨 진화의 법칙과 플롯 전개상의 논리적 타당성에 어울리는 결말은 '현대적 결말' 혹은 '실존주의적 결말'이라고 불리는 최후의 것이다. 이 결말에서 라래쥐의 존재는 배제되어 있다. 찰스와 사라의 마지막 면담은 화해 없이 끝난다. 찰스는 사라에게 "당신은 내 가슴에 비수를 꽂았을 뿐만 아니라, 그 칼을 비트는 데서 기쁨을 느끼고 있소"(362)라고 추궁한다.

> 기억하고 있는지 모르지만, 당신은 나한테 말한 적이 있었소. 당신에게 마지막으로 의지가 되어줄 사람은 나뿐이라고. 내가 당신의 인생에 남아있는 마지막 희망이라고. 이제는 처지가 뒤바뀌었군. 당신은 나한테 내줄 시간조차 없단 말이지. 좋아요. 하지만 변명하려고 애쓰진 마시오. 이미 나에게 준 모욕만으로도 충분한데, 그건 그 상처에 원한을 덧붙일 뿐이니까. (363)

사라는 찰스에 대한 자신의 행위를 변명하지 않았다. 그 대신 찰스가 그녀를 돌아보았을 때, 언젠가 샘과 매리에게 그들의 밀애 장면이 발각되던 순간 사라가 지었던 미소, 그 의미를 헤아리기 어려운 야릇한 미소를 짓고 있는 사라의 모습을 본다.

> 그는 그녀의 눈 속에서 그녀의 진정한 의도를 알 수 있는 증거를 찾아보았지만, 자기 자신을 제외하고는 모든 것을 희생할 각오가 되어 있는 정신—그 정신의 완전무결한 상태를 본래대로 유지하기 위해서라면 진리나 감정, 심지어는 여자다운 정숙함까지도 아낌없이 버리겠다는 정신—만을 보았을 뿐이다. (364)

이 마지막 '실존주의적 결말'에서 사라는 상처받지 않았다. 그녀는 시대가 그녀에게 제공할 수 있는 최상의 안식처인 전위 예술가 그룹에 안착하여 존재론적 자유를 구가한다. 그리고 그녀는 찰스에게 자신의 진화 법칙을 따르도록 요구한다. "자기 자신을 제외한 모든 것을 희생시킬 수 있는 정신"으로 무장하기를 가르친다.

『프랑스 중위의 여자』의 마지막 장인 61장에 나란히 제시되어 있는 두 개의 제사는 진화의 법칙이 작동하는 원리와 주인공 찰스의 실존적 각성의 실체를 규명하는 단서가 된다.

> (나선형 핵산 속에 자연의 광선이 일으키는 임의적인 돌연변이에 불과한) 진화란 우연이란 것이 자연의 법칙과 협동하여 생존에 보다 적응된 생체를 만들어 내는 과정에 불과하다.
>
> – Martin Gardner, *The Ambidextrous Universe* (361)

> 참된 신앙은 아는 것을 실천하는 것이다.
>
> – Matthew Arnold, "Notebooks" (361)

다윈 사상의 변주에 해당하는 가드너의 진술은 사라의 행위를 상식과 합리성에 의해 파악하려고 노력하는 찰스에게 주는 실존주의적 교훈이다. 그것은 진화란 우연과 자연의 법칙이 결합하여 새로운 적자를 만들어내는 과정이라는 것과 자신을 상대로 사라가 작동시킨 게임이 바로 그 생존의 법칙을 따르고 있다는 사실을 각성하라는 교훈이다. 찰스는 사라가 설치한 생존의 법칙이라는 덫에 걸려 시험 당하지만, 도태되는 대신 자신의 존재론적 의미에 대한 각성을 통해 다시 태어난다.

찰스는 그 집을 떠났다. 대문에 이르렀을 때 미래는 현재가 되어 나타나서는 그가 지금 가야 할 곳을 알지 못하는 상황을 목격했다. 그는 세상에 다시 태어난 느낌이 들었다. 모든 성인의 능력과 기억력을 지닌 채 다시 세상에 온 기분이었다. 그러나 갓난아기의 무기력은 그대로 지니고 있어 모든 것을 다시 시작하고 다시 배워야 한다. (365)

사라가 교육하고 찰스가 배운 실존적 교훈이 자아에 대한 각성과 삶에 대한 개입이라면 그 교훈을 체현한 사람은 찰스이다. 로제티의 집을 나서는 순간 찰스는 자신이 오랜 여정의 끝에 성인의 능력과 기억력을 지닌 채 삶을 다시 시작하여 모든 것을 새로 배워야 하는 무력한 갓난아이의 위치에 서게 된 것을 깨닫는다.

『프랑스 중위의 여자』에서 찰스는 사라에 대한 불가사의한 열정과 사회적 굴레 사이에서 갈등과 혼란을 경험한다. 자신을 대상으로 의도적으로 펼치는 사라의 사랑의 유희, 우연을 가장한 접근과 강요된 이별의 과정을 겪으며 찰스는 자신의 존재의 의미를 스스로 깨우쳐야 한다는 사실을 고통스럽게 체득한다. 그리고 그 결과 찰스가 습득하게 된 실존적 자각의 정체는 아놀드에게서 차용한 "참된 신앙은 아는 것을 실천하는 것이다"는 진리이다. 자신의 진정한 자아를 찾기 위한 오랜 여정 끝에 찰스는 바로 아놀드의 격언을 수용하고, 복원할 수 없는 과거를 뒤로 한 채 자신이 아는 것을 행하는 길을 선택한다. 이 작품의 마지막 문단은 찰스의 각성을 다음과 같이 그리고 있다.

그는 마침내 자신 속에서 신념의 작은 입자를 발견한 것이다. 그 위에 자신을 세울 수 있는 진정한 고유성을 찾은 것이다. 자신은 아직 고통스럽게 부정하려 하지만, 그 부정을 뒷받침하듯 그의 눈에서는 눈물이 솟아오르고 있었다. 사라가 비록 스핑크스의 역할이라는 유리한 입장에 있는 것처럼 보인다 하더라도, 인생이란 상징이 아니라는 것, 수수께끼가 아니라는 것, 그리고 그 수수께끼를 푸는데 실패하는 일이 있을 수 없다는 것을 찰스는 이미 깨닫기 시작했다. 인생에는 하나의 얼굴만이 존재하는 것이 아니고, 주사위를 한 번 굴려 내기에서 졌다고 포기해버릴 수 있는 것도 아니다. 인생이 아무리 부적절하고 허망하고 또 절망적으로 도시의 냉혹한 심장부로 끌려 내려갔다 하더라도 우리는 우리의 삶을 견디어 내야 한다. 그리하여 깊이를 알 수 없는 거친 바다로, 찝찔한 소금기가 배어 있는 저, 인간들을 소외시키는 바다로 다시 나아가야 한다. (366)

찰스는 혼자가 되었다. 아놀드의 제사가 최후에 동원된 것은 의미심장하다. 『마법사』의 마지막 장에서 니콜라스가 발견했던 것처럼, 이 지점에서 찰스는 인생을 간섭하는 신의 존재란 없다는 사실을 깨닫는다. 자신의 삶을 간섭하고 고통을 부여했던 사라의 악의적인 의도는 무의미한 것이라는 교훈을 얻는다. 그리고 우리의 인생은 "우연히 주어진 능력 범위 내에서 우리가 우연히 갖게 된 것"(365)이라는 진리를 받아들인다. 그리하여 우리가 선택할 수 있는 유일하고 최상의 대응 방식은 바로 그 "삶을 견디어 내야 한다"는 것, "깊이를 알 수 없는", "거친", "인간들을 소외시키는" 저 바다로 나아가야 한다는 사실을 깨닫는다.

3. 현대 소설가들의 딜레마와 파울즈의 응전

파울즈가 그의 작품들에서 독창적으로 실험한 소설 기법은 연구자들의 특별한 관심과 비평의 대상이 되어 왔다. 파울즈의 소설 기법은 대단히 다양한 스펙트럼을 갖고 있다. 파울즈는 스스로 사실주의 소설 양식의 유용성을 신봉하는 전통주의자임을 표방하였고 로맨스 문학을 자기 작품의 일관된 구조적 축으로 삼기도 하였다. 작가로서의 이력 초기인 1963년, 그는『콜렉터』에 대해 언급하면서 "이제 우리는 영국 소설의 위대한 전통, 곧 사실주의로 복귀할 필요성이 있다" (Newquist 220)고 역설했고, 자신의 중요한 작품을 모두 발표하고 난 뒤인 1984년 한 인터뷰에서, 당시 유행하던 해체주의와 구조주의 이론 등이 지나치게 지성적인 것을 강조하는 경향을 자신이『만티사』에서 조롱의 대상으로 삼았다고 고백하기도 했다(Barnum 198).

파울즈는 소설이 실재를 가장 충실하게 반영하는 문학 장르라는 전통적 견해에 대해 회의를 제기하고, 작가의 창작 행위, 전지적인 소설가의 지위, 그리고 언어의 의미지시 기능 등에 대해 치열한 관심을 보여주었다. 처녀작『콜렉터』는 동일한 사건을 두 개의 상반된 시점을 통해 이중적으로 서술하는 양식을 채택하고 있다. 이 두 개의 서술은 사건의 중요 두 당사자가 1인칭 시점을 통해 주관적으로 서술해 가지만 상호텍스트적인 기능을 수행함으로써 자신의 창작 행위에 대한 작가의 자의식적이고 자기반영적인 태도를 보여준다. 또한『프랑스 중위의 여자』에서 파울즈는 작가-내레이터-등장인물로 이루어진 고차원의 방정식을 통하여 다양한 모습의 작가 개입을 선보이고, 세 개의 복수 결말을 제시하여 독자와의 유희를 시도하기도 한다. 이런 전위적인 실험들은 신과 같은 지위에서 자신이 창작한 소설의 의미를 결정하는 소설가의 권위에 대한 작가 자신의 의심을 반영하는 것이다. 파울즈의 이러한 태도는 그가 사실주의 서술 방식으로의 복귀를 주장하면서도 한편으로는 거대담론이 사라지고 소설 장르의 유용성이 의심되는 현실을 자각하였고, 또한 '주체의 소멸'이나 '저자의 죽음'과 같은 문제로 고민하는 동시대 소설가들과 인식을 같이하고 있음을 보여준다.

19세기의 작가들은 자신이 창조한 픽션의 세계를 현실인 것처럼 내보이고 독자들은 이를 수용하는 신화적 기반을 갖고 있었다. 독자와 공유하는 그러한 신화적 기반이 붕괴된 시대의 작가들은 그들이 가공한 픽션의 세계를 우리의 삶과 일치하는 모습으로, 혹은 일관성 있고 의미 있는 모습으로 재현하는 새로운 서술 방식을 모색해야 하게 되었다.

『프랑스 중위의 여자』는 1867년에 발생한 사건을 100년의 시차를 두고 1967년을 살고 있는 전지적 화자가 서술하는 구조를 가지고 있다. 전지적 작가의 개입은 헨리 필딩과 로렌스 스턴 등 18세기 작가들 이후 찰스 디킨스와 윌리엄 새커리, 조지 엘리엇, 그리고 토마스 하디에 이르는 빅토리아 조 작가들이 즐겨 사용한 서술양식이다. 그러나 헨리 제임스 이후 현대 소설은 독자와의 미학적 거리를 엄격하게 유지하는 이른바 '보여주기' 방식을 작가의 주관적인 견해를 노골적으로 설명하는 '말하기' 방식보다 선호하는 전통으로 굳어져 왔다. 파울즈는 이 작품에서 이렇게 견고하게 구축된 현대소설의 전통을 의도적으로 거스르고 있는 것이다.

소설이 시작되는 장면은 3인칭 관찰자 시점의 서술처럼 보인다.

> 영국 땅이 남서쪽으로 길게 다리를 뻗은 돌출부 아래쪽에서 가장 큰 규모로 안으로 휘어 들어가 있는 라임 만에 부는 바람 중 가장 불쾌한 것은 샛바람(東風)이었다. 1867년 3월 말의 어느 유난히 춥고 세찬 바람이 몰아치는 아침, 라임 만이라는 명칭의 유래가 된 작고 오랜 역사를 간직한 라임 레지스의 부두를 따라 한 쌍의 남녀가 걸어 내려오기 시작했다. (9)

이 장면에서 독자는 현대 소설가들의 것과 다름없는 작가의 주관이 배제된 객관적이고 관찰자적인 서술을 듣고 있다는 느낌을 갖는다. 그러나 이 같은 3인칭 관찰자의 목소리는 일관성을 유지하지 못하고, 내레이션이 이 한 쌍의 젊은이들을 따라 해변에 둘러선 코브(Cobb) 성벽을 묘사하는 장면에서 1인칭 화자의 모습이 등장한다.

> 코브 성벽은 원시적이면서도 복잡하고, 거대하면서도 섬세하여 마치 헨리 무어(Henry Moore)나 미켈란젤로의 조각처럼 미묘한 굴곡과 양감으로 가득 차 있다. 순수하고 깨끗하고 소금기에 절어있는 완벽한 형태의 거대한 금강석과 같은 모습이었다. **내가 지나치게 과장하고 있는 것인가?** 그럴지도 모른다. 하지만 **내가 쓰고 있는 이 소설의 배경**이 되는 시대 이후 코브는 거의 변하지 않았으므로 내기를 걸어도 좋다. 하지만 라임 읍 쪽은 많은 변화를 겪었기 때문에 육지 쪽을 걸고 하는 내기는 공정한 것이 아닐 것이다. (9–10) (필자 강조)

여기 등장한 1인칭 화자는 "내가 쓰고 있는 이 소설"을 언급함으로써 자신이 전지적 시점을 가진 작가–내레이터라는 신분을 밝히는데, 거기 더하여 1867년의 사건을 서술하는 와중에 20세기 조각가인 헨리 무어를 언급함으로써 의도적인 '시대착오'(anachronism) 기법을 드러낸다.

서술시점을 갖고 작가가 벌이는 능수능란한 변용(變容)은 작품 내내 계속되어 독자에게 때로는 혼란을 제공하고 때로는 '소설읽기'의 재미를 선사한다. 그런데 작가의 이와 같은 '1인칭 전지적 작가 시점'의 개입은 이 작품이 표면적으로 채택하고 있는 19세기 리얼리즘 서술양식의 바탕 위에서 이루어진다. 이를테면 파울즈는 61개의 장으로 이루어진『프랑스 중위의 여자』도입부에서 19세기 작가들의 전형적인 수법을 모방하는 전략을 구사하는데, 제1장과 2장에서 찰스와 어네스티나를 등장시킨 후, 제3장 전체를 찰스의 외모와 출신성분, 현재의 심리적 상태 등을 묘사하는데 할애하고 제4장에서는 폴트니 부인의 저택과 사회적 지위, 윤리의식을 설명하며, 제5장은 어네스티나의 장으로서 그녀의 외모와 성격, 가정환경 등을 묘사하는 식의 구성을 채택하고 있다.

그리고 그 와중에 시대착오적인 1인칭 작가–내레이터의 목소리가 불쑥불쑥 끼어든다.

> 어네스티나는 같은 시대 다른 사람들보다 훨씬 오래 살았다. 그녀는 1846년 태어났다. 그리고 히틀러가 폴란드를 침공하던 날 세상을 떠났다. (28)

> 속물을 그런 의미로 국한해서 이야기하면, 샘은 그야말로 전형적인 속물이었다. 그는 1960년대의 '멋쟁이족' 만큼이나 옷차림에 예민한 감각을 갖고 있었다. 그는 유행을 따르는 데 봉급의 대부분을 쏟아부었다. (39)

> 나는 모른다. 내가 지금 하고 있는 이야기는 모두 지어낸 것을 뿐이다. 내가 창조한 이 인물들이 내 마음 바깥에 존재했던 적은 없다. […] 물론 소설가라고 해서 모든 것을 알 수는 없지만 그래도 소설가는 아는 체하려고 노력한다. 그러나 나는 알랭 로브그리예와 롤랑 바르트의 시대를 살고 있다. (80)

이처럼 1867년의 사건을 서술하면서 군데군데 1939년의 폴란드 침공과 1960년대의 남성패션, 그리고 후기구조주의 이론가들을 언급하는 방식은 마치 브레히트의 '소외효과'(Verfremdungseffect)나 러시아 형식주의자들의 '낯설게하기'(Defamiliarization)와 같은 효과를 거둔다. 요컨대 3인칭 서술시점의 작품 속에 재현되어 있는 픽션의 세계가 픽션일 뿐이라고 1인칭 전지 작가가 슬쩍 끼어들어 상기함으로써 독자들이 그 픽션의 세계 속으로 몰입되는 것을 방해하는 기능을 수행한다.

『프랑스 중위의 여자』에서 작가가 구사하고 있는 3인칭과 1인칭 전지적 시점의 교묘한 융합,[2] 그리고 내레이터가 등장인물이 되고, 그 인물이 가끔 작가 자신의 모습으로 나타나는 방식은 그 동안 이 작품의 중요한 연구과제 가운데 하나가 되었고 그래서 많은 비평가들에 의해 수용할 만한 견해가 제출되어 있는 상태이다. 프레드릭 홈즈(Frederick M. Holmes)는 이 작품의 서술양식의 특성을 "전통적인 서사방식"과 "자의식적 서술 장치"의 성공적인 배합이라고 평가한다.

> 『프랑스 중위의 여자』는 다큐멘터리적 사실주의 방식으로 제시된 전통서사와 자의식적 서술 장치의 아주 성공적인 배합이다. 그런데 이 자의식적 서술 장치들은 허구로서의 이 소설의 위상을 점검하기 위해 실재의 환상을 붕괴시킨다. (206)

여기서 홈즈는 자의식적 서술 장치를 허구라는 소설의 위상을 점검하기 위해 리얼리티의 환상을 허무는 방식이라고 설명하고 있다. 러브데이 또한 『프랑스 중위의 여자』에서 파울즈가 일종의 역사소설과 자의식적인 현대적 글쓰기를 융합함으로써 대중적 인기와 예술적 성공을 거두었다고 평가했다(48). 이러한 파울즈의 실험은 『콜렉터』에서 사용한 이중서술양식과『마법사』에서 보여 준 리얼리티를 강화하기 위해 리얼리티와 픽션의 경계를 허무는 수법에 이어 작가가 20세기의 후반 새롭게 인식된 리얼리티를 재현하려는 방식을 찾으려는 노력의 일환으로 읽힌다.

한편 파울즈는 소설가의 지위에 대한 자신의 회의를『프랑스 중위의 여자』제13장에서 다음과 같이 고백한다.

> 독자들은 소설가들이 글을 쓸 때는 나름대로 설정된 계획을 가지고 있어서, 제1장에서 예견된 미래가 언제나 정확한 경로를 밟아 제13장에 이르러 실현될 것이라고 생각할지 모른다. 그러나 소설가들은 저마다 숱한 다른 이유들 때문에 글을 쓴다. […] 우리는 소설가가 창조한 세계는 기계가 아니라 유기체라는 것을 알고 있다. […] 찰스가 절벽에서 사라 곁을 떠났을 때 나는 그에게 곧장 라임으로 돌아가라고 명령했다. 그러나 그는 그렇게 하지 않았다. 그는 자기 멋대로 방향을 돌려 목장으로 내려갔다. (81)

여기서 파울즈는 소설을 쓰는 작가들이 엄밀하게 짜인 기획에 의해 소설을 쓰는 것이 아니며, 일단 소설가가 창조한 세계는 정해진 작동법대로 작동되는 기계가 아니라 살아서 움직이는 유기체라는 견해를 밝히고 있다. 그래서 심지어 자신이 창조한 주인공조차 작가인 자신의 지시를 이행하지 않고 자기 멋대로 행동했다고 말한다. 이러한 파울즈의 언급은 일견 후기구조주의자들의 '주체의 소멸' 혹은 '저자의 죽음'이라는 구호와 맥을 같이 하고 있는 것처럼 보인다. 그러나 파울즈는 곧이어 스스로 이와 모순되는 견해를 밝히기도 한다.

> 가장 우연의 법칙을 따르는 전위소설조차 저자를 완전히 배제하지 못하는 것이 현실인 이상, 소설가는 창조하기 때문에 여전히 신이다. 변한 것이 있다면 오늘날의 소설가는 빅토리아 조의 전지전능하고 명령하는 그런 형상을 한 신이 아니며, 권위가 아니라 자유를 제1원리로 삼는 새로운 신학적 형상을 한 신이라는 사실이다. (82)

파울즈가 같은 장에서 위와 같이 상호 모순된 두 가지 입장을 밝히고 있기 때문에 그 가운데 어느 것이 진정한 파울즈의 생각인지를 식별하기가 어렵다. 드라마의 경우 극작가가 극중 인물을 창조하고 그것을 연기하는 배우라는 중간 매개체가 있기 때문에 형식적으로나마 작가의 주관이 완전히 소멸되는 상황이 가능할 수도 있다. 하지만 '내러티브'를 기본 도구로 사용하는 소설의 경우 작가의 의도로부터 완전히 독립하여 자유의지를 가진 등장인물을 상정하는 것은 말장난에 불과한 것이다. 요컨대 소설가가 픽션의 주인공들에게 완벽한 자유를 부여하는 일은 불가능하기 때문에 소설가는 아직도 신인 것이다. 파울즈가 『프랑스 중위의 여자』에서 반복하여 등장인물의 자유와 작가의 제한적인 권한을 강조하고 있는 것은 현대소설가로서 그가 느끼는 글쓰기 과정과 작가의 지위에 대한 고민과 불안을 반영하고 있는 것으로 판단된다.

작가의 권위에 대한 파울즈의 회의는 그의 독자론과 깊은 관계를 갖는다. 파울즈는 『마법사』의 개정판의 「서문」에서 소설은 단 하나의 정답을 찾는 크로스워드 퍼즐과는 다르다고 주장한다.

> 이 작품보다 훨씬 명확하게 고안되고 통제된 작품이라 할지라도 모름지기 소설은 주어진 힌트를 갖고 단 하나의 정확한 정답을 찾는 크로스워드 퍼즐은 아니다. […] 만약 『마법사』에 "진정한 의미"가 있

다면 그것은 심리학에서 실시하는 '로르사하 검사'[3]의 결과와 같은 것일 뿐이다. 그 "진정한 의미"는 무엇이든지 이 작품이 독자들에게 자아내는 반응이 될 것인데, 내 입장에서 이야기하자면 주어진 "정확한" 반응이란 없다는 것이다. (9)

여기서 파울즈는 한 편의 소설이 지니는 궁극적인 의미는 작가가 제시하는 단 하나의 정답이 아니고 그 작품이 독자들의 마음에 불러일으키는 반응일 뿐이라고 말한다. 소설가가 자신의 창작물에 대해 어떤 결정적이고 최종적인 의미를 부여하는 대신 그 의미의 결정 과정에 독자의 능동적인 개입이 필요하다는 생각을 밝히고 있는 것이다.

파울즈는 독자의 독서 행위가 하나의 창작 과정이라는 신념을 여러 차례 피력하였다. 『아리스토스』에서 파울즈는 "작가가 되는 일은 비밀결사 단체의 회원이 되는 일과는 다르다. 그것은 인류 대부분의 사람들에게 불가사의하게 금지되어 있는 그런 행동이 아니다"(149)고 주장하여 실제로 모든 사람이 본질적으로 소설가라는 견해를 밝히고 있다.

『프랑스 중위의 여자』에서 파울즈는 세 개의 결말을 제시하는 방식으로 독자의 능동적인 독서 행위를 유인한다. 이 작품이 채택하고 있는 "복수 결말"이라는 기법은 이 작품에 대한 가장 치열한 비평적 과제가 되어 왔다. 세 개의 결말은 각각 다음과 같은 방식으로 제시되어 있다.

이렇게 이 소설은 끝난다. 사라가 어떻게 되었는지 나는 모른다. 어찌 되었건 사라는 찰스의 기억 속에 조금 더 머물렀는지는 모르지만 그를 직접 괴롭히진 않았다. […] 찰스와 어네스티나는 행복한 결혼 생활은 아니었지만 어쨌거나 함께 살았다. […] 그들은 많은 자식을 낳았다. 몇 명이었더라? 일곱 명은 되었을 것이다. (264)

여러분이 읽은 마지막 몇 페이지는 실제로 일어난 일이 아니라, 런던에서 엑스터로 오는 도중에 찰스가 심심풀이로 상상해본 것들이다. [⋯] 사라의 편지는 무엇보다도 찰스에게 선택권을 준 것처럼 보인다. 그리고 찰스가 한편으로는 선택해야 하는 상황에 질색한 반면, 다른 한편으로는 선택의 순간이 다가왔을 때 참을 수 없는 흥분을 느꼈다는 사실을 안다면 우리는 그가 라임으로 가는 도중에 겪은 심리 상태의 비밀에 좀 더 가까이 다가갈 수 있다. 그는 비록 실존주의의 세례를 받지는 못했지만 그가 느낀 것은 바로 자유에 대한 불안, 즉, 인간은 자유롭다는 인식과, 자유는 공포의 한 상태라는 인식이었다. [⋯] 그러므로 이제 우리는 샘을 가상의 미래에서 끌어내어 엑스터의 현재로 다시 돌아오게 해보자. (266–67)

그러나 그가 문득 몸을 바로 세운다. 첼시를 이렇게 한가로이 산책하는 것은 그에게는 막간의 여흥 같은 것이지만, 그보다 더 중요한 일이 그를 기다리고 있다. 그는 프랑스의 저명한 시계 제작자 브레게가 만든 회중시계를 꺼내, 두 번째 금사슬에 매달린 많은 열쇠 중에서 작은 열쇠를 하나 골라낸다. 그리고 그 열쇠를 이용하여 시간을 조정한다. 그 시계는 15분쯤 빨리 가고 있었던 것처럼 보인다. (362)

첫 번째 인용문은 작품의 44장에서 첫 번째 결말을 정리한 것이다. 이 첫 번째 결말을 서술하는 작가의 태도는 진지하지 않다. 이 결말을 '빅토리아시대식의 결말'이라고도 하는데 파울즈는 빅토리아 시대 소설이 즐겨 사용했던 '후일담'을 패러디하여 사라와 찰스의 미래를 장난스럽게 그려낸다. 두 번째와 세 번째 인용문은 각각 45장과 61장에 등장하여 사건이 새로운 줄거리로 전환됨을 알리는 기능을 수행하고 있다.

이 세 개의 결말의 논리적 타당성과 미학적 가치에 대해서는 이미 충분한 연구가 진행되었다. 많은 비평가들이 소위 '가상의 결말'로 불리는 첫 번째 결말은 거짓된 것으로 치부하면서 '낭만적 결말'(두 번째 결말)과 '실존주의적 결말'(세 번째 결말)에 대해서는 두 개가 모두 예술적 개연성을 지니고 있다는 주장과 오직 최후의 결말만이 이 작품의 유일한 논리적 귀결이라는 목소리가 엇갈리고 있다.

파울즈는 복수 결말의 제시를 통해 독자와의 게임을 시도한다. 세 개의 결말을 나란히 내어 놓고 독자들에게 취사선택하기를 권한다. 아무래도 두 번째와 세 번째 결말을 독자가 선호할 것을 예상하고, 그 중에서도 최후에 제시되는 결말이 갖게 될 프리미엄을 경계하여 짐짓 동전을 던져 순서를 정하는 공정함을 위장한다. 그러나 파울즈의 텍스트가 최근 유행하는 온라인 게임이나 독자가 마우스를 클릭하여 실제로 플롯의 전개에 개입하는 '하이퍼텍스트'와는 다른 것이기 때문에 파울즈가 제안한 이 게임은 불공정한 게임이라는 것이 필자의 생각이다.

파울즈가 "소설가는 더 이상 신이 아니다"고 주장하던 목소리가 혼란스러웠던 것처럼 복수 결말을 제시하며 독자의 능동적인 참여를 유인하는 태도도 공정해 보이지 않는다. 그러나 비록 혼란스럽고 불공정한 것일망정 파울즈의 이러한 시도는 거대담론이 사라지고 소설 장르의 유용성이 의심받는 현대를 사는 작가로서 파울즈가 새로운 리얼리티를 소설 공간에 재현하기 위한 동시대 소설가들의 문제의식을 공유하고 자신의 글쓰기에 대한 자의식을 반영한 노력으로 이해할 수 있다.

III. 평가와 의의

『프랑스 중위의 여자』는 재미있는 소설이다. 사건의 층위가 다양하여 여러 겹의 의미구조를 만들어낸다. 남녀의 사랑이야기를 바탕으로 빅토리아 시대로부터 현대에 이르기까지 유럽 사회의 변화와 역사의 발전 양상이 그려지고, 낡고 새로운 사상과 이념이 제시되고 충돌한다. 사디즘의 원조 사드가 소환되어 인간의 욕망과 광기를 비추고 마르크스주의와 다윈 사상, 매슈 아놀드와 실존주의 사상이 작품의 밑그림을 만든다. 그리고 그 위에서 등장인물 개인들은 사랑하고 배신하고 신분상승의 욕망을 이루고 자신의 진정성을 찾으려는 고독한 실존적 탐험을 수행하기도 한다. 책임과 방종, 이성과 광기, 본능과 억압, 사회적 금기와 새로운 인간형, 생존과 도태, 구원과 타락, 전통적 가치와 새로운 유행의 주제들이 현란하게 펼쳐진다.

『프랑스 중위의 여자』는 찰스 스밋슨의 이야기이다. 그는 다윈주의와 같은 새로운 과학사상의 세례를 받기는 했지만 빅토리아 시대 신사계급의 의무와 체면 의식 등에서 완전히 벗어나지는 못한 구세대 인물이기도 하다. 신분의 변화와 자본주의 윤리 등 새로운 사상에도 둔감하다. 찰스는 사라라는 팜므 파탈을 만나서 존재론적 혼란을 겪는다. 사라는 그에게 (당대의 기준으로) 여성이 간직해야 할 가장 소중한 미덕인 "처녀성"을 아낌없이 제공하고 홀연히 모습을 감춘다. 우리는 사라의 의도를 모른다. 『주홍글자』(*The Scarlet Letter*)에서 헤스터(Hester Prynne)가 오욕의 도시를 떠나지 않았던 이유는 딤스데일(Arthur Dimmesdale)이 그곳에 있었기 때문이다. 사라는 왜 라임 지방을 떠나지 않았을까? 그녀는 왜 찰스를 선택하여 그에게 실존적 자아를 찾는 여정이라는 고통을 부여했을까? 찰스는 사라에 의해 자신을 둘러싼 시대의 각질을 깨고 진정성을 획득한다. 사회적 굴레를 탈피하고 갓난아이의 상태로 돌아가 자신이 삶의 진정한 주인이 되는 길을 찾아 나간다.

『프랑스 중위의 여자』는 대단히 정교하게 구성되어 있다. 작가가 의도적으로 설정한 세 개의 결말은 찰스의 실존적 여정의 결과와 긴밀하게 얽혀있다. 그리고 그 과정에서 진화론과 실존주의라는 이 작품의 중요한 두 개의 주제가 서로 교응한다. '거짓 결말'로 판정된 첫 번째 결말에서는 사라의 생존 게임은 작동하지 않고 찰스는 빅토리아 시대 전형적인 신사로 남는다. 두 사람이 화해하고 재결합하는 해피엔딩을 그린 두 번째 결말에서 사라는 변화에 적응하여 살아남는 적자로서의 위상을 획득하지만 찰스는 스스로 실존적 각성에 이르렀다기보다 사라에 의해 구원받은 피동적 인물로 남는다. '실존주의적 결말'로 불리는 세 번째 결말에서 사라는 자신의 행위를 변명하는 대신 찰스에게 자신이 모든 것을 바쳐 획득한 현재의 자유를 웅변적으로 내보임으로써 그에게 자신의 진화법칙을 따르도록 교훈한다.

『프랑스 중위의 여자』가 1867년에 발생한 찰스–사라–어네스티나의 스토리를 1967년 작가의 목소리로 서술하는 방식은 대단히 교묘하고 효과적이다. 이렇게 함으로써 파울즈는 빅토리아 시대 후반으로부터 20세기 초 모더니즘 사회를 거쳐 1960년대 포스트모더니즘의 세계관까지를 수월하게 한 목소리로 그려낼 수 있었다. 이 작품에서 작가는 19세기 사실주의 소설의 형식을 모방하면서 동시에 그것을 비틀어 왜곡하기도 한다. 찰스와 사라의 스토리를 19세기 소설의 전통에 입각하여 충실하게 그려내고 독자들이 그 픽션의 세계를 리얼리티로 인식하려는 순간 살짝 작가의 모습으로 등장하여 "아! 이건 다 지어낸 이야기라니까요!"하는 식으로 그 리얼리티를 해체한다. 홈즈의 지적처럼 파울즈의 전지적 화자는—18-9세기 소설가들처럼—사건을 서술하면서 개입하고 의미를 재단하는 전통적 기능과 픽션으로 구축된 리얼리티의 환상을 허물어뜨림으로써 그 리얼리티를 검증하는 자의식적 글쓰기 방식의 교묘한 혼합인 것이다(185). 비유적으로 표현하자면 19세기 시대극을 연출하면서 그 시대의 전형적인 응접실—가구와 벽지, 벽걸이 장식과 양탄자, 벽에 걸린 초상화와 벽난로—을 꾸미고 관객 혹은 시청자가 그 공간을 19세기의 완벽한 현실로 받아들이는 순간, 가구 한쪽 구석에 '보르네오 가구'라는 상표를 드러냄으로써 그 리얼리티를 해체하는 방식이다.

복수결말을 제시함으로써 소설의 의미 창조에 독자의 개입을 유도한 것이나 작가-내레이터-등장인물을 변수로 한 복잡한 고차방정식, 픽션과 리얼리티의 불안한 관계에 대한 예민한 의식 등은 파울즈가 동시대 작가들과 공유했던 문제의식이었다. 이는 또한 '작가의 죽음'과 '소설의 종말'이 운위되는 시대에 소설이라는 문학 장르가 살아남을 수 있는 적자의 유전인자를 지니고 있는지, 어떤 문학형식이 적자로서 살아남을 수 있는지에 대한 파울즈의 자의식의 반영이기도 하다.

Endnotes

1 Conchis를 콘시스로 표기한 것은 작품 속에서 콘시스 자신이 자기 이름을 "영국식으로 읽어주시오. ch를 부드럽게 발음해서"(76)라고 한 것과 프레슬리(Delma E. Presley)가 Conchis를 "human consciousness"로 해석할 수 있다(395)고 한 주장을 수용한 것임.

2 소설에서 한 작품의 시점을 두 개 이상으로 규정하는 것은 일반적이지 않다. 3인칭 관찰자 시점의 문장이 많다 하더라도 1인칭 전지적 시점의 목소리가 등장한 경우 그 작품을 1인칭 시점으로 규정하는 것이 일반적이다. 많은 비평가들이

『프랑스 중위의 여자』를 1인칭 전지적 작가 시점으로 설명하고 있지만 파울즈는 자신이 이 작품을 3인칭으로 썼다고 캠벨과의 인터뷰에서 밝히고 있다(463).

3 스위스 심리학자 허만 로르사하(Hermann Rorschach)가 시작한 심리 검사 방법. 잉크의 얼룩무늬를 해석하게 하여 사람의 성격을 분석하고 검사하는 방법.

인용문헌

사르트르, 장 폴. 『실존주의는 휴머니즘이다』. 방곤 옮김. 서울: 문예출판사, 1999.

Baker, James R. Introduction. *Twentieth Century Literature*. Spec. issue of John Fowles 42.1 (Spring 1996): 1–7.

Barnum, Carol M. "An Interview with John Fowles." *Modern Fiction Studies* 31 (1985): 187–203.

Bragg, Melvyn. "John Fowles will be missed." *Guardian* Nov. 8 2005 <http://www.theguardian.com/books/2005/nov/08/johnfowles>.

Campbell, James. "An Interview with John Fowles." *Contemporary Literature* 17.4 (1976): 455–69.

Conradi, Peter. *John Fowles*. London and New York: Methuen, 1982.

Cooper, Pamela. *The Fictions of John Fowles: Power, Creativity, Femininity*. Ottawa: U of Ottawa P, 1991.

Fowles, John. *The Aristos*. London: Triad Grafton, 1981.

______. *The Magus: A Revised Version*. London: Jonathan Cape, 1977.

______. *The French Lieutenant's Woman*. New York: Signet, 1969.

______. "Notes on an Unfinished Novel." *The Novel Today: Contemporary Writers on Modern Fiction*. Ed. Malcolm Bradbury. London: Fontana–collins, 1977, 136–50.

Halpern, Daniel. "A Sort of Exile in Lyme Regis." *London Magazine* 10 (1971): 34–46.

Hagopian, John V. "Bad Faith in *The French Lieutenant's Woman*." *Contemporary Literature* 23.2 (1982): 190–201.

Holmes, Frederick. M. *The Historical Imagination: Postmodernism and the Treatment of the Past in Contemporary British Fiction*. Toronto: Victoria UP, 1997.

Hutcheon, Linda. "The "Real World(s)" of Fiction: *The French Lieutenant's Woman*." *English Studies in Canada* 4.1 (Spring 1978): 81–94.

Kane, Richard C. *Irish Murdock, Muriel Spark and John Fowles: Didactic Demons in Modern Fiction*. London and Toronto: Associated UP, 1988.

Loveday, Simon. *The Romances of John Fowles*. London: MacMillan, 1985.

Newquist, Roy. "John Fowles." *Counterpoint*. Chicago: Rand–McNally, 1964, 218–25.

Olshen, Barry N. *John Fowles*. New York: Frederick Ungar, 1978.

Onega, Susana. "Self, World, and Art in the Fiction of John Fowles." *Twentieth Century Literature* 42.1 (Spring 1996): 29–56.

Palmer, William. *The Fiction of John Fowles: Tradition, Art, and the Loneliness of Selfhood*. Columbia: U of Missouri P, 1974.

Presley Delma E. "The Quest of the Bourgeois Hero: An Approach to Fowles' *The Magus*." *Journal of Popular Culture* 6 (1972): 394–98.

Rackham, Jeff. "John Fowles: The Existential Labyrinth." *Critique* 13 (1972): 89–103.

Wolfe, Peter. *John Fowles: Magus and Moralist*. London: Associated UP, 1976.

출처 : 이 글은 「존 파울즈의 『프랑스 중위의 여자』에 사용된 에피그라프 연구」(『담론의 질서—원근법으로 본 영문학의 세계』. 문예출판사, 1998. 279–304), 「로맨스 문학 전통과 존 파울즈의 미스테리 사상」(『영어영문학연구』 46.3 (2004): 37–61), 「헌신과 개입—존 파울즈의 실존주의 세계관」(『새한영어영문학』 46.2 (2004): 41–63), 「『프랑스 중위의 여자』—소설의 전지적 시점과 영화적 변용」(『영화로 읽는 영미소설2』. 신아사, 2011. 241–53), 「현대소설가들의 딜레마와 존 파울즈의 응전」(『영어영문학 21』 21.3 (2008): 41–71), 「교차로에 선 소설가: 존 파울즈의 소설 세계」(『영어영문학 21』 32.2 (2019): 151–72) 등 저자의 여러 논문을 바탕으로 재구성하였다.

J. M. 쿳시와 『야만인을 기다리며』

왕은철

I. 작가와 작품세계

J. M. 쿳시(J. M. Coetzee)는 1940년 유럽 식민주의의 교두보였던 남아프리카공화국의 케이프타운에서 태어났다. 아버지는 남아프리카에 정착한 네덜란드계 백인, 즉 아프리카너(Afrikaner)의 후손이었고, 어머니는 현재 폴란드에 편입된 동독 지역에서 남아프리카로 이주한 백인의 후손이었다. '쿳시'라는 성은 남아프리카에서 흔한 아프리카너 성 중 하나다. 그런데 인종적인 구분에서 아프리카너라는 것은 네덜란드어가 변형된 언어인 아프리칸스어(Afrikaans)를 모국어로 사용하는 백인이라는 말인데, 쿳시는 특이하게도 다른 아프리카너들과 달리 모국어가 아니라 영어로 교육을 받았다. 어머니의 영향 때문이었다. 어머니는 그가 영어로 교육을 받을 수 있도록 영어를 쓰는 학교에 보냈다. 그렇게 해서 그는 초등학교에서 대학교에 이르기까지 영어를 사용하는 학교에 다녔고, 결과적으로 영어로 글을 쓰는 작가가 되었다.

그는 대학에서 수학과 문학을 전공했고, 졸업 후에는 런던에서 컴퓨터 프로그래머로 일했다. 컴퓨터가 보급되기 몇 십 년 전인 1960년대 초반의 일이었다. 그는 런던 생활을 마무리하고 풀브라이트 연구기금을 받아 미국 텍사스 주립대학 박사과정에 들어가 문학과 언어학을 전공하고 사무엘 베켓(Samuel Beckett)의 소설을 언어학적으로 분석한 논문을 썼다. 그의 초기 소설에 베켓의 영향이 두드러지는 것은 그래서다. 그는 박사학위를 마치고 뉴욕주립대(버팔로) 교수가 되었지만, 베트남전쟁을 반대하는 시위에 연루되어 비자 연장을 받지 못하게 되면서 남아프리카로 돌아가야 했다. 그리고 1972년부터 2001년 은퇴할 때까지 케이프타운대학 교수로 재직했다. 이 기간이 그에게는 황금기였다. 『어둠의 땅』(*Dusklands*)에서 시작하여 『야만인을 기다리며』(*Waiting for the Barbarians*), 『마이클 K』(*Life & Times of Michael K*), 『철의 시대』(*Age of Iron*), 『포』(*Foe*), 『페테르부르크의 대가』(*The Master of Petersburg*), 『추락』(*Disgrace*)에 이르는 문제작들이 이때 발표되면서 그는 세계문학의 명실상부한 거장이 되었다. 그는 『마이클 K』와 『추락』으로 세계 최초로 부커상을 2회 수상했다.

그는 케이프타운대학에서 퇴직하고 2002년 오스트레일리아로 이주했고 2003년에 노벨문학상을 수상했다. 남아프리카를 떠나 오스트레일리아에 정착한 후에 노벨문학상을 수상한 것이다. 그래서 쿳시의 소설은 오스트레일리아 이주를 기점으로 앞뒤로 나뉜다. 『어둠의 땅』에서 시작하여 『추락』에 이르는 소설들이 남아프리카에 있을 때 발표되었고, 『엘리자베스 코스텔로』(*Elizabeth Costello*)에서 시작하여 『슬로우 맨』(*Slow Man*), 『어느 운 나쁜 해의 일기』(*Diary of a Bad Year*), 『예수의 죽음』(*The Death of Jesus*)에 이르는 소설들이 오스트레일리아 이주 후에 발표되었다.

그의 소설들을 보면 강박에 가까울 정도로 타자의 문제에 집착하고 있다는 것을 알 수 있는데, 이것은 피부색에 따라 상하관계가 결정되는 아파르트헤이트 체제에서 태어나 활동했던 작가로서는 불가피한 일이었다. 타자의 문제는 쿳시의 소설을 관통하는 핵심주제였다. 그를 세계적인 작가로 도약하게 만든 『야만인을 기다리며』도 마찬가지였다.

II. 『야만인을 기다리며』 읽기

1. 상호텍스트성의 이해

쿳시의 소설은 어느 하나도 상호텍스트성과 관련되지 않은 것이 없을 정도로 다른 텍스트와 상호적 관계에 있다. 상호텍스트성은 쿳시의 소설을 특징짓는 서사전략으로 보인다. 그래서 『야만인을 기다리며』에 대한 논의도 상호텍스트성에 관한 논의에서부터 시작할 필요가 있다. 이 소설은 제목부터 다른 작가의 작품에서 빌려온다.

> 어째서 모든 거리와 광장이 그렇게도 빨리 텅 비어 가는가?
> 그리고 모든 사람들이 그렇게도 깊은 상념에 잠겨 다시 집으로 향하
> 는가?
> 저녁이 되었어도 야만인들이 오지 않았기 때문이다.
> 일부 사람들이 변경에서 돌아왔다.
> 그들은 더 이상 야만인들이 없다고 말했다.
> 야만인들이 없다면 이제 우리는 어떻게 될 것인가?
> 그 사람들은 일종의 해결책이었다.

이 시는 그리스계 이집트 시인 C. P. 카바피(C. P. Cavafy, 1863–1933)의 시 「야만인을 기다리며」의 마지막 연인데, 내용을 잘 보면 쿳시가 제목만이 아니라 내용까지 고스란히 빌려왔음을 알 수 있다. 카바피의 시에서처럼, 그의 소설에서도 야만인들은 나타나지 않는다. 어부들과 유목민들이 나타나긴 하지만 그들은 졸(Joll) 대령과 같은 제국주의자

들이 생각하는, 밤에 출현하여 부녀자들을 강간하고 아이들을 죽이며 집에 불을 지르는 야만인들과는 상관이 없는 사람들이다. 카바피의 시에서처럼, 그의 소설에서도 그러한 야만인들은 존재하지 않지만 존재해야만 하는 "일종의 해결책"이다. 그렇다면 쿳시의 소설과 카바피의 시의 상호텍스트성은 불가피한 것이 된다. 이렇듯 쿳시의 소설은 거의 예외가 없을 정도로 상호텍스트성을 전제로 한다. 그 자체만으로 존재하는 소설이 없다고 해도 과언이 아닐 만큼 쿳시의 소설은 다른 텍스트들과 상호적인 관계에 있다.

쿳시의『야만인을 기다리며』가 상호텍스트적인 관계에 있는 것은 카바피의 시만이 아니다. 쿳시가 베켓에게서 지대한 영향을 받았다는 것을 감안하면, 베켓의『고도를 기다리며』(*Waiting for Godot*)와 쿳시의『야만인을 기다리며』가 제목의 일부('기다리며')를 공유하는 것은 우연이 아니다. 블라디미르(Vladimir)와 에스트라공(Estragon)이 기다리는 "고도"는 "야만인"은 아닐지 몰라도 실체가 없으며, 실존적인 고뇌를 토로하고 있다는 점에서는 같은 맥락에 있다. "고도" 또한 쿳시의 야만인처럼 한없는 기다림의 대상이어서 더욱 그렇다.

누군가 혹은 뭔가를 기다리지만 그것이 결국 실체가 없는 기다림이며, 그리고 그 기다림이 때로는 체제를 공고히 하거나 현상을 유지하기 위해 이용된다는 모티브는 문학작품에서 자주 사용되는 것이다. 또한 그것은 현실에서도 정략적으로 이용되는 경우가 허다하다. 있지도 않은 것을 만들어 사람들의 마음에 불안을 조장하는 것은 인류의 역사만큼이나 해묵고 보편적인 것이다. 예를 들어, 2003년에 있었던 이라크 전쟁을 보라. 미국과 영국은 화학무기와 같은 대량살상무기를 찾겠다고 '야만적인' 이라크를 상대로 전쟁을 벌였지만, 거기엔 대량살상무기도 없었고 핵무기를 개발하기 위한 우라늄이나 기초시설도 없었다. 결국 대량살상무기, 즉 야만적인 것에 대한 '기다림'은 아무런 소득도 없이 무위로 끝나고 말았다. 이렇듯 『야만인을 기다리며』가 활용하고 있는 기다림의 모티브는 현실에서도 그렇고 예술적 형상화의 소재로서도 대단히 보편적인 것이다. 『야만인을 기다리며』에 등장하는 비밀경찰 졸 대령이 전권을 위임받고 변경에 와서 유목민이나 어부들을 잡아들여 그들을 야만인들이라고 단정하고 고문하여 죽이며, 급기야 원정을 나가 실체가 없는 야만인들과 전쟁을 벌이다 돌아오는 것은 우리가 흔히 읽거나 듣고 목격하는 것이다.

그런데 『야만인을 기다리며』의 내러티브를 면밀히 살펴보면, 이 소설이 카바피와 베켓의 작품과 맺고 있는 상호텍스트적인 관계는 외면적인 틀을 제공하는 것에 불과하고, 더 중요한 관계가 내재해 있음을 알 수 있다. 앞서 언급한 바처럼 전자가 기다림의 모티브를 중심으로 형성된 상호텍스트성이라면, 후자는 '고백'의 모티브를 중심으로 형성된 상호텍스트성이다. 전자가 외면적인 틀을 제공하는 기능을 한다면, 후자는 그 틀 안에서 내러티브를 심화시키는 기능을 한다.

여기에서 고백의 모티브라고 하는 것은 첫째, 이 소설이 1인칭 화자인 치안판사의 자기고백적인 내러티브로 되어 있다는 의미이고 둘째, 그 고백의 내면적인 형식이 고백에 대한 작가의 사유나 성찰과 맞물려 있다는 의미이다. 고백에 대한 쿳시의 생각은 「고백과 이중적인 생각–톨스토이, 루소, 도스토옙스키」("Confession and Double Thoughts: Tolstoy, Rousseau, Dostoevsky")라는 에세이에 잘 나타나 있는데, 자신의 작품에 대해 언급하는 것을 극도로 자제하는 것으로 유명한 그가 이 에세이를 구체적으로 지칭해 "내 생각에는 『야만인을 기다리며』와 나란히 읽으면 가장 좋다"(*Doubling* 394)라고 밝힌 것은 가볍게 넘길 일이 아니다.

『야만인을 기다리며』가 치안판사의 자기고백적인 내러티브로 되어 있다는 것은 대단히 중요하다. 변방의 행정, 사법권을 관할하는 최고 책임자인 치안판사가 서술하는 내용이 야만인들을 "일종의 해결책"으로 제시하는 제국의 모순만이 아니라, 그러한 모순에 대한 반발과 저항에도 불구하고 제국의 일원으로서 제국에 봉사할 수밖에 없는 자신의 한계를 드러내주기 때문이다. 쿳시의 소설에 일관되게 적용되는 하나의 문법이 있다면 그것은 가해자와 피해자, 식민주의자와 피식민주의자의 이분법에 의존하지 않고, 체제에 순응하기를 거부하는 진보적인 식민주의자를 내세워 식민주의 이데올로기의 실체를 폭로함과 동시에 그것에 대한 자신의 공모성을 부각시킨다는 점이다.

치안판사는 자기고백적인 내러티브를 통해, 그 내러티브가 자신에게 유리한 것이 아님에도 불구하고 자신이 "야만인들"을 억압하고 식민화하는 제국주의 이데올로기와 공모관계에 있다는 것을 부지불식간에 내비친다. 앞서 언급한 외면적인 상호텍스트성의 측면에서 보자면, 피식민주의자들을 동정함으로써 결과적으로 감옥에 갇히게 되는 치안판사는 정의를 표방하는 휴머니스트로서, 야만인들에게 행해지는 제국주의적 폭력과는 거리가 먼 정의로운 자유주의자이다. 그는 제국의 폭력성을 인정할 줄 아는 지식인이자 자유주의자이다. 그런데 그의 내러티브를 자세히 들여다보면, 그 자신도 제국의 이데올로기에 물들어 있음이 드러난다. 졸 대령이 폭력을 통해 제국을 유지하려는 보수주의자라면, 치안판사는 온정적이고 인간적인 통치를 통해 제국을 영속화 하려는 자유주의자이다. 결국 제국을 위해 봉사한다는 점에 있어서는 서로 다를 바가 없는 것이다. 여기에 그의 딜레마가 있다. 그리고 이것은 자유주의의 딜레마이기도 하다.

쿳시가 『야만인을 기다리며』에서 관심을 기울이는 것은 바로 이 부분이다. 그는 섣불리 피식민주의자를 대변하려고 하지 않는다. 그렇게 하는 과정에서 끼어들 수 있는 허위를 차단하기 위해서다. 따라서 치안판사의 문제는 남아프리카 백인작가인 쿳시의 문제다. 치안판사의 내러티브에서 드러나는 공모성은 식민주의자의 후손이면서도, 알베르 메미(Albert Memmy)의 표현을 빌려 말하자면 "식민주의자이기를 거부하는" 반체제 작가인 쿳시의 공모성이다. 그런데 자신이 제국주의 및 식민주의와 공모관계에 있음을 부각시키는 것은 치안판사나 쿳시에게 전혀 이익이 되지 않는다. 제국주의나 식민주의로부터 거리를 벌려야 득이 될 사람들이 오히려 그 거리를 좁혀서 자신도 책임이 없지 않음을 스스로 고백하는 형국이니 그렇다.

그렇다면 왜, 치안판사나 쿳시는 그들에게 득이 될 것이 없는 질문을 하고 거기에 대한 답을 찾으려 하는 것일까? 이 질문을 쿳시 자신의 말로 옮겨 보면 이렇다. "사람은 그렇게 하는 것이 자신의 물질적 이익에 부합되지 않음에도 불구하고 왜 정의의 편에 서려고 하는가?" "나는 왜 진실이 내 이익에 부합되지 않는데 내 자신에 대한 진실에 관심을 가져야 하는가?" 전자는 졸 대령의 편에 서게 되면 여생을 편히 살 텐데, 그걸 마다하고 온갖 고초를 겪은 후 자기고백적인, 아니 자기고백적이어서 자신에게 더욱 득이 될 것이 없는 얘기를 하는 치안판사를 향해 쿳시가 던지는 질문이고, 후자는 앞서 언급한 톨스토이, 루소, 도스토옙스키의 고백 담론에 관한 에세이에서, 자신에게 득이 될 것이 전혀 없음에도 불구하고 고백에 관한 문제를 반추하고 또 반추하는 자신을 향해 쿳시가 던지는 질문이다. 그에 따르면, 전자에 대한 답은 "우리가 정의에 대한 개념을 갖고 태어나기 때문"이고, 후자에 대한 답은 "우리가 진실에 대한 개념을 갖고 태어나기 때문"이다(*Doubling* 394–95). 두 질문에 대한 쿳시의 답변은 왜 쿳시의 소설의 주인공들이 끊임없이 자신의 내면을 파고들면서 때로는 자해에 가까운 고백을 하는지, 그리고 왜 쿳시가 그러한 내러티브에 매달리면서 자신의 고뇌를 투영하는지 그 이유를 알 수 있게 해준다. 정의나 진실에 대한 개념을 갖고 태어났기 때문에 자신의 이익에 부합되지 않는 행위를 할 수 있다는 쿳시의 말은 궁극적으로 그의 글쓰기가 윤리적인 성격의 것임을 말해준다.

2. 제국주의의 폭력성

제국은 그것의 타자가 있어야만 존재할 수 있다. 달리 말하면 제국이 존재하기 위해서는 타자가 존재해야 한다. 없으면 만들어서라도 존재하게 만들어내야 한다. 야만인, 즉 타자에 관한 조작된 정보를 사람들에게 유포시키는 것은 바로 그러한 이유 때문이다. 『야만인을 기다리며』에 나오는 야만인도 그렇게 조작된 정보에 의해서 만들어진 허구적인 타자이다.

그런데 문제는 사실이 아닌 허구가 신빙성을 띠고 사람들에게 현실보다 더 현실처럼 다가온다는 데 있다. 야만인에 대한 공포를 조장하면 야만인들의 존재 여부는 더 이상 중요하지 않다. 그 공포가 이미 현실이기 때문이다. 그래서 "안전한 길을 여행하던 장사꾼들이 야만인들로부터 공격을 받고 약탈을 당"하고 "가축의 도난이 빈번해지고" "통계청 관리들이 행방불명되었다가 얕은 무덤에 매장된 상태로 발견되"고 "순시중인 지방 치안판사에게 총격이 가해졌다"는 소문은 사람들을 히스테리로 몰고 간다. 이것은 치안판사의 말대로 근거가 전혀 없는 "야만인들에 대한 히스테리"임에 분명하지만, 사람들은 그들의 존재 여부를 이성적으로 판단할 수 없을 정도로 불안과 공포에 시달린다. "변방에 사는 여자치고, 침대 밑에서 야만인의 시커먼 손이 불쑥 나와 발목을 잡는 꿈을 꾸지 않은 사람이 없고, 남자치고, 야만인들이 집에 쳐들어와 술에 취해 흥청거리며 법석을 떨고, 접시를 깨뜨리며 커튼에 불을 지르고 자기 딸들을 강간하는 상상을 해보고 두려움에 떨지 않은 사람이 없다."[1] 본국의 경찰청 정보부, 즉 제3국에 근무하는 비밀경찰 졸 대령이 변경에 파견된 것은 바로 그러한 히스테리를 조장하고 "피에 굶주린 애국심"(171)을 고취시키려는 의도 때문이다. 그는 "취조 전문가"이자 "진실의 신봉자"이다(19). 그는 취조와 고문을 통해서 "진실"에 도달하려고 하는데, 여기에서 "진실"이라고 하는 것은 두말할 것도 없이 제국이 "진실"이라고 믿고 싶어 하는 것이다.

비밀경찰인 졸 대령이 변경에 와서 처음으로 하는 일은 야만인들이 연합전선을 펴 제국을 공격할 음모를 꾸미고 있다는 '진실' 아닌 '진실'을 확인하기 위해, 아이의 곪은 상처를 치료해 주려고 의사를 찾아가다가 잡혀온 노인을 아이와 함께 고문하는 것이다. 그에게는 노인과 아이가 "야만인들"이거나 그들과 한통속이 되어 제국을 와해시키려는 음모를 꾸미는 공모자들이다. 따라서 고문은 불가피한 것이 된다. 그에게 "고통은 진실이다. 그 밖의 모든 것은 의심해야 한다"(14). 고문을 하면 진실을 실토하게 된다는 논리다. 그의 경험으로 죄수는 "처음에는 거짓말을" 하고, "압력이 가해지면 더 거짓말을" 하고, "거기에 압력이 더 가해지면 변화가 생"기고, "그러다가 압력이 더 가해지면 그때서야 진실을 얘기"한다(14). 그는 바로 이러한 이유에서 노인의 "회색 수염에 피가 엉겨 있"고 "입술은 짓이겨진 상태에서 말려 있고, 이는 부러"지고 "한쪽 눈은 뒤집히고, 다른 쪽 눈은 피투성이 구멍"이 되게 만든다(17). 그는 고문을 하는 도중에 노인이 죽어도 꿈쩍하지 않는다.

아니, 오히려 시체를 아이가 있는 방에 놓아두라고 지시하며 아이에게 이렇게 말한다. “네 할아버지와 자거라. 할아버지를 따뜻하게 해주거라”(16). 그는 “시신을 싼 천 속에, 같은 천 속에 넣고 봉해버”리겠다고 소년을 위협하기까지 한다(16). 진실을 알기 위해서는 아이도 예외일 수 없다는 발상이다. 실제로 그는 “소년의 몸을 칼로 푹 쑤시고, 그것을 열쇠처럼 왼쪽 오른쪽으로 돌리”며(22) 배와 사타구니를 비롯한 온몸에 “백 군데도 넘는 작은 칼자국”을 낸다(23).

졸 대령이 노인과 소년에게 가하는 고문은 진실 여부와 상관없이 주어진 답을 받아내기 위한 것이다. 이러한 생각은 압둘 잔모하메드(Abdul JanMohamed)의 표현을 빌리면, “‘원주민’이라고 말하는 것은 자동적으로 ‘악’이라고 말하는 것을 의미하는” 식민주의자들의 “마니교적 알레고리”가 작동된 것이다(JanMohamed 84). 여기에서 식민주의자들이 스스로를 영원한 선의 영역에 두고 있음은 물론이다. 피식민주의자들은 식민주의자들이 “그들에게 투사한 자아의 부정적 요소의 수령인”일 뿐이다(JanMohamed 86). 즉, 자아의 부정적인 것들은 모두 원주민들의 것이요, 긍정적인 것들은 모두 식민주의자들의 것이라는 논리다. 따라서 졸 대령의 입장에서는, 자신이 영원히 고착된 선의 영역에 속해 있으니 악의 뿌리를 제거하기 위해서는 수단과 방법을 가리지 않아도 되는 셈이다. 그가 노인과 소년으로부터 원하는 것을 캐낼 수 없게 되자, 상처가 채 아물지도 않은 소년을 안내자로 삼아 원정을 떠나 어부들과 유목민들을 잡아들이는 것도 그 악을 확인하고 그 뿌리를 제거하기 위함이다. 그런데 문제는 그들이 제국과 전쟁을 벌이려고 하는 야만인들이 아니라는 것이다. 그들은 설탕, 빵, 차와 같은 문명의 맛을 보자 너무 좋아서 제정신을 못 차리는 어부들과 유목민들에 지나지 않는다. 그러나 대령을 비롯한 비밀경찰들은 아침부터 저녁까지

쉴 새 없이, 날이 두 개 달린 포크를 석탄불에 달궈 죄수들의 몸을 지지는 고문을 한다. 그들은 "아비가 보는 앞에서"(64) 딸의 발을 망가뜨려 걸을 수 없게 만들고, 석탄불에 달궈진 포크를 그녀의 "얼굴에 아주 가까이 대고" 그녀의 "눈꺼풀이 감기지 않도록 잡고"(70–71) 있어 결국에는 그녀가 앞을 제대로 볼 수 없게 만든다.

졸 대령은 자신이 잡아들인 포로들을 취조하고 고문하고 죽여도 별 효과가 없자, 변경을 떠나 제국의 수도로 돌아간다. 그렇다고 그가 "진실"을 포기한 것은 아니다. 그는 특별한 권한을 행사하는 비밀경찰이지만 이 시점까지는 포로들에 대한 고문을 제외하면, 치안판사의 권한을 제약한 바가 없다. 그것은 심문 중에 노인이 죽었을 때, 그것을 처리하는 과정에서 졸 대령이 사유서를 작성하여 치안판사에게 보내고, 그 상황을 목격한 모든 병사들에게 자신의 보고서에 맞게 "죄수가 통제력을 잃고 방문중인 장교님을 공격"했다고 허위증언을 하라고 압박을 하는 행동에서 잘 드러난다(15).[2] 따라서 졸 대령은 치안판사의 비협조적이고 불온한 정치성향을 상부에 직접 보고하고 그의 직위를 박탈해 자신이 전권을 행사하기 위한 기초 작업을 하려고 수도로 돌아간 것이다.

그런데 치안판사는 졸 대령이 떠나고 없는 사이, 그에게 고문당한 여자를 발견하고 도와주다가 급기야 그녀의 부족이 사는 곳에 데려다 주는 위험천만한 행동을 하게 된다. 그리고 여자를 데려다 주고 돌아온 직후, 적과 내통을 했다는 혐의를 받고 치안판사직을 박탈당하고, 야만인 소녀가 한 때 "아버지의 눈앞에서 고문을 당해 상처를 입었고, 자신의 눈앞에서 아버지가 모욕당하는 모습을 지켜보았"던(134) 바로 그 감옥에 갇혀, 대령이 야만인들에게 행사한 폭력과 다를 바 없는 폭력을 경험하게 된다. 야만인에 대한 폭력이 제국의 일원인 치안판사에게도 가해지는 것이다.

수도에서 돌아온 졸 대령은 이제는 더 공격적으로 일을 추진한다. 그는 전초기지를 떠나 야만인을 상대로 몇 달간 작전을 전개한다. 그가 상대하는 집단은 "평화로운 유목민 집단"이지만, 그는 그들이 "조직이 잘돼 있는 적들"(188)이라고 생각하고 또 그렇게 얘기한다. 그리고 그것을 사람들에게 확인시켜 주기 위해 그들을 무차별적으로 잡아들인다. 그는 포로들의 손바닥과 뺨을 긴 철사로 꿰어 막대기에 묶은 채 끌고 온다. 그들은 "치통으로 괴로워하고 있는 사람들"처럼 손으로 뺨을 감싼 자세로 "양처럼" 순해져 병사들을 따라온다(170). 대령은 그렇게 끌고 온 포로들을 땅바닥에 꿇어앉히고 "그들의 벌거벗은 등에 먼지를 한줌 문지른 뒤, 그 위에 숯으로" 위에서 아래로 적(ENEMY)이라는 말을 쓰게 한 다음, 병사들로 하여금 "단단한 초록색 등나무 회초리"로 그들의 등을 때리게 한다.[3] "그들의 등에 쓰인 글씨가 깨끗이 없어질 때까지" 채찍질을 하게 하는 것이다(174–75). 대령은 병사들이 포로들을 때리는 데 지치자 구경꾼들에게 채찍을 넘겨주고 때리게 한다. 그러자 사람들은 "회초리를 잡으려고 너도나도 아우성이다. 군인들이 통제를 할 수 없을 정도다"(175). 대령의 가학적인 면이 사람들에게 전이된 것이다.

폭력은 거기에서 끝나지 않는다. 대령은 "천막의 말뚝을 박는 데 사용되는 평범한 사 파운드짜리 망치"를 "머리 위로 들어올려 사람들에게 보여준다"(175). 그 망치로 포로들을 때리려는 것이다. 바로 이 부분에서 감방을 몰래 빠져나온 치안판사가 앞으로 나서며 "짐승에게도 망치는 사용해서는 안 되는 거다! 짐승에게도!"(176)라고 말하며 졸 대령에게 항의한다. 군인들은 몽둥이로 치안판사의 온몸을 두들겨 패, 코가 부러지고 광대뼈가 깨지고 팔이 부러지고 결국 정신을 잃게 만든다.

치안판사는 이 사건을 계기로 전보다 심한 모욕과 형벌을 감수해야 한다. 졸 대령이 또 다른 원정을 떠난 후, 그의 권한을 위임받은 그의 부하 만델(Mandel) 준위는 졸 대령보다 한술 더 떠 모욕적인 방법으로 치안판사를 괴롭힌다. 치안판사는 사람들이 지켜보는 가운데 회초리를 맞으며 벌거벗은 몸으로 구내를 빙빙 돌기도 하고, 무릎 높이의 밧줄 위로 줄넘기를 하기도 하고, 여자 속옷을 입고 목에 올가미가 걸린 상태에서 나무에 매달려 "비행"을 하기도 한다. 그는 "여자 속옷을 입고 살려달라고 아우성을 치던 날, 마지막 남은 권위의 흔적마저 잃어버리고 늙다리 광대가 되어 버린 상태다. 게다가 손을 사용할 수 없게 됐기 때문에 일주일 동안이나 바닥에 놓인 음식을 개처럼 지저분하게 핥아먹어야"(204) 한다. 이러한 야만적인 폭력이 야만인과 내통했다는 이유로 변경의 책임자인 치안판사에게도 무차별적으로 가해진다.

그러나 그들이 폭력을 정당화하는 명분으로 삼는 야만인들은 그 실체를 드러내기는커녕, 여전히 미지의 대상으로 있을 뿐이다. 베켓의 고도처럼, 그들은 아무리 기다려도 오지 않는다. 아니, 찾아가도 나타나지 않는다. 졸 대령이 원정군을 이끌고 "야만인들을 계곡에서 내쫓고 그들과 그들의 자식들과 손주들에게 결코 잊지 못할 교훈을 주기 위해 깃발을 휘날리며 트럼펫을 불고 빛나는 갑옷을 입은 채 의기양양한 모습으로 말을 타고 출정한 후로"(202) 3개월이 넘었지만, 야만인들은 나타나지 않는다. 결국 그는 대부분의 병사를 잃은 채 귀환하고 만다. 야만인들을 만난 것도 아니고 그들과의 전투에서 진 것도 아니다. 그들은 그저 산속과 사막을 헤매다가 추위와 굶주림에 죽어갔을 뿐이다.

3. 공모성의 의미

『야만인을 기다리며』의 자기고백적인 내러티브는 "야만인들에 대한 히스테리"가 생기고 조장되는 시점에서 치안판사가 제국의 일원으로 겪어야 했던 심적 갈등에 대해 많은 것을 시사해 준다. 이 소설의 내러티브는 그 중에서도 "히스테리"가 일어난 시점에서 행동을 개시하는 제국주의자의 모습이 어떠하며, 그것이 평화로운 시기의 제국주의자와 어떻게 대비되는지에 각별한 관심을 할애한다. 치안판사는 이렇게 말한다. "왜냐하면 나는, 내가 생각하고 싶어하는 것처럼, 냉혹하고 엄격한 대령과 정반대인 관대하고 쾌락을 좋아하는 탐닉적인 사람이 아니었다. 나는 편안한 시절에 제국이 스스로에게 얘기하는 거짓말이고, 대령은 거친 바람이 불며 세상을 험악해질 때 제국이 얘기하는 진실이다. 그건 제국의 통치술의 양면이며, 그 이상도 그 이하도 아니다" (223). 즉, "고문 전문가"인 졸 대령은 "야만인들에 대한 히스테리"가 요구될 때 제국이 동원하는 제국주의자이고, 진보주의자인 치안판사는 그 "히스테리" 없이도 모든 게 잘 돌아갈 때 제국이 동원하는 제국주의자라는 말이다. 여기에서 치안판사가 자신을 "거짓말"로, 대령을 "진실"로 지칭하는 것에 주목할 필요가 있다. 결국 대령이 "진실"이라는 말은 제국의 본모습이 폭력이라는 말이며, 제국의 존속을 위해서는 "거짓말"과 "진실"이 동시에 필요하다는 말이기도 하다. 또한 이것은 치안판사를 선으로, 대령을 악으로 규정하게 되면, 자칫 제국의 양면성을 간과하고 흑백논리적인 이분법으로 제국의 성격을 규정하고 왜곡할 우려가 있다는 말이기도 하다.

치안판사는 내러티브의 처음부터 끝까지, 폭력을 구사해서 통치를 하려는 졸 대령으로부터 거리를 지키고 싶은 욕구와, 폭력에 대한 입장은 현저히 다르지만 제국에 봉사한다는 의미에서 보면 한솥밥을 먹는 제국주의자일 수밖에 없고, 따라서 졸 대령으로부터 거리를 지키는 것이 전혀 무의미한 현실 사이에서 고민하고 갈등한다. 그는 졸 대령의 폭력적인 방식이 마음에 들지는 않지만, "고통은 진실"이라는 명목 하에 죄수들을 고문함으로써 야만인들에 대한 "진실"을 캐내려 하는 졸 대령이 그의 직무를 수행할 수 있도록 최대한의 편의를 제공하는 사람이 바로 자신이라는 것을 모르지 않는다. 또한 그는 노인과 소년을 졸 대령에게 넘겨줘 극단적인 방식으로 고문하게 하는 것도 궁극적으로는 자신이며, 노인이 죽은 뒤 소년을 찾아가서 밧줄을 풀어주고 자신의 손으로 그의 손을 감싸고 비벼주며, 졸 대령에게 "진실"을 얘기하라고 부드럽게 충고하는 것도 자신이라는 것을 모르지 않는다. 그는 자신이 "격노한 아버지에게 야단맞은 아이를 위로하는 어머니 역할 이상은 그에게 해줄 수 없다는 걸 의식하지 않을 수 없다"(17). 또한 그는 "심문관이 두 개의 가면을 쓰고, 두 개의 목소리로 얘기한다는 사실을 모르지 않는다. 한 쪽은 거칠고 다른 쪽은 사근사근하고"(17-18). 졸 대령과 치안판사는 제국을 위해 "각자의 임무를 수행"(15)하며 나름대로 제국에 봉사하고 있는 것이다. 그들은 결국 같은 편이라는 말이다.

치안판사가 저항하는 것은 제국 자체가 아니라 잡혀온 사람들을 "거칠게" 다루는 방식일 따름이다. 야만인들을 잔인한 약탈자들이라고 생각한다는 점에서는 그도 졸 대령을 비롯한 다른 제국주의자들과 마찬가지다. 다만 지금 잡혀온 사람들이 그러한 야만인들이 아니라 어부나 유목민에 지나지 않은 사람들이기 때문에 그들을 인간적으로 대해야 한다고 생각할 따름이다. 그런데 이것은 그의 말대로 무력하기 짝이 없는, "잡혀온 적들을 신사적으로 대하라는 케케묵은 규범"(178) 외에는 아무 것도 아니다. 졸 대령이 치안판사의 불온한 행적을 보고하기 위해 본국으로 돌아가자마자, 치안판사가 병사들에게 내리는 첫 번째 명령은 비누와 물을 이용해 모든 것을 깨끗이 청소하라는 것인데, 이것은 졸 대령이 포로들에게 행한 극단적인 고문을 생각하면 너무나 미미하고 무력하며 "거의 희극적인"(Newman 131) 몸짓에 가깝다. 인간적인 얼굴을 한 제국주의라고나 할까.

치안판사의 이중성과 모순을 더 적나라하게 보여주는 예는 졸 대령에게 고문을 당해 발이 망가지고 눈이 잘 보이지 않게 된 야만인 소녀와 관련된 것이다. 특히 이 야만인이 여성이라는 사실은 치안판사의 모순적이고 이중적인 특성을 보다 선명하게 드러내준다.

제국주의자(식민주의자)들은 그들이 식민화하는 대상을 정복의 대상인 여성으로 간주하는 게 보통이다. 러디어드 키플링(Rudyard Kipling)의 「남아프리카」("South Africa")라는 시를 예로 들어보면 이 점은 분명해진다. 키플링은 이 시에서 남아프리카를 "단순하지도, 친절하지도, 그렇다고 진실하지도 않은 / 굉장한 여인"이라고 부르고, 그 여인이 영국의 기독교도 신사들을 "거세게 끌어들였다"고 노래하면서, 그 땅을 "*우리의* 남아프리카"라고 선언한다. 남아프리카라는 공간이 결국 남자(영국)에게 정복당하거나, 남자를 자기한테 "거세게" 끌어들이는 여자로 비유되어 있는데, 이처럼 정복의 대상은 거의 언제나 여성으로 비유된다. 이런 맥락에서 보면, 치안판사와 야만인 소녀의 관계는 식민주의자와 피식민주의자 사이의 다면적인 관계를 파악하는 데 중요한 단서가 될 수 있다. 여기에서 두 사람 사이의 관계가 다면적이라 함은 첫째, 그들의 관계가 남성과 여성에 비유될 수 있는 식민주의자와 피식민주의자의 관계라는 말이고, 둘째, 식민주의가 가한 고통과 비극적 상처를 보상해주고자 하는 자유주의적인 식민주의자와 그러한 몸짓 자체를 궁극적으로 거부하는 피식민주의자의 관계라는 말이고, 셋째, 그들이 실제로 남성과 여성으로서 관계를 맺고 있다는 말이다. 여기에서 유의할 점은 첫 번째 관계가 나머지 두 관계에 절대적인 영향력을 행사한다는 사실이다. 이 말은 치안판사와 같은 온정적인 사람이 졸 대령과 같은 제국주의자들의 폭력과 야만성을 제아무리 털고 씻어내려 해도, 그리고 그러한 과정에서 야만인 여성을 향한 동정이 사랑의 감정으로 바뀐다고 해도, 그가 제국주의자이기를 그만두지 않고 제국이 존립기반을 상실하고 소멸되지 않는 한 실패로 끝날 수밖에 없는 운명이라는 말이다.

치안판사가 졸 대령에게 당한 고문의 후유증으로 몸을 잘 가누지 못하고 구걸을 하거나 몸을 팔아서 연명을 하는 야만인 소녀를 식당 설거지와 자신의 방 청소를 하도록 배려하는 행위는 분명히 그녀의 딱한 처지에 대한 현실적인 동정에서 비롯된 것이다. 그리고 그가 그러한 현실적인 도움을 주는 단계에서 한 걸음 더 나아가, 그녀의 발에 생긴 상처를 어루만지고 따뜻한 물로 씻겨주는 것은 졸 대령을 비롯한 비밀경찰들이 저지른 잘못에 대한 일종의 '의식'을 거행하기 위한 것이다. 여기에서 발을 씻기는 "의식"은 맥락이 약간 다르긴 하지만, 성경에서 라자루스의 누이인 마리아가 예수의 발을 향유로 씻겨주고, 예수가 최후의 만찬 이전에 제자들의 발을 씻겨주는 의식을 연상케 한다. 그러나 이 상호텍스트적인 "의식"은 시간이 지날수록 본래의 성스러운 종교적 의미를 상실하고, 세속적이고 에로틱한 의식으로 변질되어 버린다. 치안판사는 처음에는 상처 때문에 자주색을 띠고 있는 야만인 소녀의 두 발만을 씻김으로써 "의식"의 차원에 머무르지만, 시간이 지나면서 발만이 아니라 다리, 허벅지, 엉덩이, 배, 가슴, 목, 머리까지 씻겨준다. 그는 그녀의 몸 구석구석을 씻기고 닦은 다음, 아몬드 기름을 발라주고 자신도 알몸이 되어 옆에 누워서 잔다.

기이한 것은 그러한 에로틱한 행위에도 불구하고, 치안판사가 그녀와 성행위를 하지 않는다는 것이다. 그는 그녀의 젖가슴을 어루만지며 자면서도 그녀와 성행위를 하지 않는다. 그는 여관의 여자를 정기적으로 찾아가 자신의 성욕을 만족시키면서도, 정작 옆에 있는 여자에게는 그렇게 하지 않는다. "상처받고 손상된 몸"(95)을 가진 그녀가 불완전하다는 생각 때문이다. 즉, 그는 자신이 거행하는 "의식"에도 불구하고 졸 대령이 가한 고문의 흔적을 그녀의 몸에서 씻어낼 수 없으며, 자신도 그녀에게 일종의 폭력을 행사하고 있다는 자의식 때문에, 다른 여자와는 그렇게 할 수 있어도 "그녀의 몸 속"으로는 들어갈 수가 없는 것이다. 그것은 식민주의자와 피식민주의자의 관계가 남성과 여성의 관계에 선행하고 있다는 말이기도 하다. 그가 "이 여자한테는 몸속이 존재하지 않고, 내가 이리저리 들어갈 곳을 찾아 헤매는 표면만이 있는 것 같다"(74)라고 생각하는 것도 무리는 아니다. 그리고 그가 "그녀의 불완전한 몸을 통해서 다가갔던 이상한 황홀경을 생각해" 보고 "메마른 혐오감"을 느끼며, 마치 자신이 "짚과 가죽으로 된 물건과 섹스를 하며 여러 날 밤을 보내기라도 한 듯"(80)한 느낌을 받는 것도 무리는 아니다. 물론 이것은 마음속으로는 그녀를 원하면서도 그녀의 몸에 배어 있는 폭력의 흔적 때문에 무기력해지는 자신의 마음 상태를 반어적으로 표현한 것이긴 하지단, 두 사람 사이의 관계가 정상적인 남녀관계가 될 수 없다는 것을 여실하게 드러내주는 대목이다.

치안판사는 자신이 그녀의 몸을 씻겨주고 어루만지며 자긴 하지만, "똑같은 의미에서 그녀를 의자에 묶고 그녀를 두들겨 팰 수도 있다"고 생각한다(74). 이것은 졸 대령이 행한 폭력과 그가 행하는 폭력이 방식은 다르지만 결국 동전의 앞뒤에 지나지 않을 수 있다는 자의식이다. 과거에 일어났고 현재에도 일어나는 폭력에 대한 강박관념이 그로 하여금 그녀를 온전한 여자로 대할 수 없게 가로막고 있는 것이다. 그가 여자에게 어떠한 고문을 받아 그런 상처를 입게 됐는지 끝없이 질문을 하는 것도 같은 맥락에서다. 그러한 강박관념이 있는 한, 그는 그녀를 여자로 대할 수가 없다. 그의 "마음은 그녀를 향해 가건만" 그가 "할 수 있는 건 아무 것도 없다"(93). 그녀도 마찬가지다. 그녀는 모욕감을 느끼지만, 그렇다고 그의 아파트를 "떠날 수도 없는 처지다. 비틀대고 더듬거리지 않고서는 옷도 입을 수 없는 처지다. 그녀는 전과 마찬가지로 죄수일 뿐이다"(94). 그들은 식민주의자와 피식민주의자의 일방적이고 상호배타적인 관계에 갇혀 있다.

바로 이것이 치안판사가 야만인 소녀를 그녀가 사는 곳으로 데려다 주기로 결정한 주된 이유이다. 아니, 그곳에 데려다 주기로 결정했다기보다는 그곳에 당도해, 그녀로 하여금 그곳에 남든지, 변경으로 다시 돌아오든지, 양자택일을 하도록 하기 위해서다. 물론 치안판사의 속마음은 그녀가 자신과 함께 돌아와 같이 살아줬으면 하는 것이다. 그렇다고 치안판사의 행동을 전면적으로 "그녀의 환심을 사기 위한 책략으로 보는 것은 너무 안이한 것이다." 그러기에는 그가 "덜 계산적이고, 덜 자기통제적이고, 그 여행이 그렇게 보는 것이 암시하는 것보다 더 위험하다"(Attwell 81–82). 그는 그녀를 제국의 밖으로 데리고 나옴으로써 졸 대령과 정면으로 대치되는 행동을 한 것이며, 그것 때문에 치안판사 지위를 박탈당하고 고문까지 당해야 한다. 그러나 자신을 돌봐준 것도 그러려니와 자신을 데리고 사막을 건넌 것이 비록 선한 마음에서 비롯된 것이긴 하지만, 그것이 자신의 의사와는 전적으로 무관하게 상대방의 의지에 따라 행해진 것이라는 걸 너무나 잘 알고 있는 야만인 소녀는 고개를 저으며 그의 제안을 단호하게 거부한다. "싫어요. 저는 그곳으로 돌아가고 싶지 않아요"(119). 그녀는 "자신이 그의 제안을 받아들이는 순간, 자신의 자유가 훼손될 것이라는 걸 알고 있다”(Attwell 81). 치안판사는 그녀가 자신의 제안을 거부하고 나서야 지금까지 자신이 뭔가를 베풀면서 베푸는 자로서의 우월감에 빠져 있었다는 걸 깨닫게 된다. 그는 그녀를 그곳까지 데려다 주는 것을 일종의 선행으로 생각했고, 그녀가 그것을 알아주고 자신의 사랑을 받아들이며 자신과 함께 돌아가 주기를 바랐지만, 결국 그것이 자기만족과 자기도취를 위한 허위적 태도였다는 사실을 깨닫게 된다.

치안판사가 야만인 소녀를 떠나보내면서 느끼는 “공허함”과 “황량함”을 제대로 이해하게 되는 것은 그녀를 데려다주고 돌아온 즉시, 졸 대령으로부터 치안판사직을 박탈당하고 감옥에 갇혀 고통을 겪는 과정에서다. 그는 그녀가 졸 대령에게 당한 고통과 모멸감을 직접 경험하고 나서야, 압도적인 권력의 힘을 피부로 느끼고 그녀의 마음을 헤아리게 된다. 그는 그녀와 다른 죄수들이 고문당했던 방에 갇혀 “짐승”같은 취급을 당하면서, 그곳에 “끌려와 아버지의 눈앞에서 고문을 당해 상처를 입었고, 자신의 눈앞에서 아버지가 모욕당하는 모습을 지켜보았”던(134) 야만인 소녀가 받았음직한 모멸감과 무력감을 조금이나마 짐작할 수 있게 된다. 야만인 소녀가 졸 대령으로부터 모진 고문을 당한 후, 망가진 몸을 끌고 사람들한테 손가락질을 당하며 구걸을 하고 몸을 팔았던 것처럼, 치안판사는 여자의 속옷을 입고 나무에 대롱대롱 매달려 치부를 드러내면서 사람들의 눈요깃감이 되거나 몽둥이로 얻어맞아 팔과 얼굴이 으깨지는 폭력을 당한 후, 사람들에게 아첨하고 애원하며 구걸을 해 먹고 살면서, 그녀가 느꼈음직한 것들을 체험한다.

치안판사는 야만인 소녀가 겪은 바와 유사한 경험들을 통해서, 자신이 그렇게 보이지 않기를 당시에는 바랐지만, 결국 자신도 졸 대령과 다를 바 없는 제국주의자였다는 사실을 깨닫는다. 졸 대령이 그녀에게 보여준 것은 "제국이 얘기하는 진실"이었고, 그가 그녀에게 보여준 것은 그 폭력적 진실의 발톱을 안으로 감춘 온정적인 "거짓말"(223)이었다는 사실을 깨닫게 된 것이다. 그는 비로소 그녀가 그를 끝내 받아들이지 않으려 했던 이유를 이해하게 된다. 그가 그녀에게 접근한 것은 "관능적 동정심" 즉 "동정심"으로 무장한 "관능" 때문이었고, 그녀는 자신에게 그렇게 접근해 오는 그의 "속내를 알아차리고 그걸 받아들이기를 거부했"던 것이다. 그녀는 처음부터 "자신을 조여오는 허위의 독기를 느낀 게 틀림없다". 그녀가 그의 "침대에서보다 채소의 껍질을 벗기면서 더 행복해했던 것도 놀라운 일은 아니다." 그녀에게는 "달궈진 인두"(222)를 갖고 그녀의 눈을 상하게 한 졸 대령이 "허위"가 없다는 점에서는 더 편한 상대일 수도 있었다. 졸 대령은 "제국을 수호하기 위해서라면 어떤 희생이 따르든 모든 수단을 동원하라는 지침"(66)을 무자비하게 고수하는 사람이어서, "관능적 동정심"으로 사람을 대할 이유가 없었다. 그에게 그녀는 여자가 아니라 야만인이었다. 그래서 그녀의 입장에서 보자면, 그는 폭력을 날것으로 드러내는 전형적인 제국주의자이기 때문에 두 번 다시 생각해 볼 필요가 없는 사람이었다. 그에 반해 치안판사는 어설픈 "동정심"으로 위장하고 있지만 결국은 자신과 수직관계에 있는 제국주의자라는 점에서는 다를 바 없는 사람이기 때문에 더 어려운 상대였다. 그녀를 부족에게 돌려보내는 치안판사의 행위도 겉으로 보이는 것처럼 그렇게 이타적인 행위가 아니었다. 그가 후에 솔직하게 고백하는 바처럼, "부족사람들이 그녀에게 아무리 친절하게 대해준다고 해도, 그녀는 정상적인 방식으로 구애를 받지 못하고 결혼도 하지 못할 것이다. 그녀는 영원히, 이방인의 소유물이었다는 낙인이 찍힐 것이다"(222). 그렇다면 그녀를 돌려보내는 행위도 어느 정도까지는 "허위"적이었다는 말이다. 떠나온 곳으로 다시 돌아가자는 그의 제안을 그녀가 단호히 뿌리치는 것도 바로 이 "허위" 때문이다. 그녀는 메울 수 없는 자신과 그의 거리를 이미 알고 있었고, 자신이 부족에게 돌아가서 따돌림을 받는다고 해도 그것만이 치안판사의 자기만족적인 허위를 뿌리치고 자유를 얻는 유일한 길이라는 것을 인식하고 그에게서 등을 돌린 것이다.

치안판사는 제국의 폭력성에 대해 회의하고 거기에서 일탈하려고 하는 몸짓을 하는 과정에서 자신도 제국의 희생자가 되긴 하지만, 야만인 소녀와의 관계에서는 제국주의자일 수밖에 없다는 태생적 한계를 안고 있다. 물론 그는 제국의 변방을 관할하는 치안판사인 자신에게 주어진, 자신의 "변덕에 맞춰 그 여자를 아내, 첩, 딸, 노예, 혹은 그 모든 것을 아우른 존재, 혹은 아무것도 아닌 존재로 만들 수" 있는 "무제한적인 자유"(130–31)를 행사하지 않고, 그녀를 인간적으로 대하면서 결국 부족에게 데려다주며, 그렇게 한 대가로 "국가의 적이 되어 폭행을 당하고 감옥에 갇"히는(179) 신세가 된다는 점에서, 내러티브에 등장하는 어떤 인물보다도 따뜻하고 인간적인 사람임이 확실하다. 그러나 그의 따뜻하고 인간적인 품성이 제국의 타자인 야만인들에게 적용될 때는 허위적인 것이 되어버린다는 데 문제가 있다. 야만인 소녀와의 관계는 그것을 결정적으로 증언해 준다. 그가 고백하는 것처럼, 제국에 대한 "감염"의 정도가 졸 대령보다 덜한 건 아니기 때문이다. 그 스스로도 자신이 졸 대령과 마찬가지로 "감염"돼 있다는 사실을 부정하지 않는다. 야만인들이 약탈과 강간과 살인을 저지른다는 생각이 "말도 안 되는 미친 상상"(220)이라고 해도, 치안판사와 같은 자유주의적인 사고의 소유자마저도 그것에 "감염"되어 있는 것이다. 그는 비록 졸 대령에게 "당신이 오기 전에는 국경 문제 같은 건 전혀 없었소"

(188)라고 얘기하지만, 자신도 날조된 재앙의 이미지로부터 자유롭지 못하다.

정도야 어쨌든, 치안판사는 자신도 모르게 제국의 논리에 물들어 있고 그 폭력에 감염되어 있다. 그는 "제국이 백성들에게 강요하는, 아니 행방불명된 백성들에게조차 강요하는 역사의 바깥에 살고 싶었"고, "야만인들에게 제국의 역사를 강요하는 걸 원치 않았다"(254)라고 생각하지만, 그가 제국의 관리라는 사실은 변하지 않는다. 그는 졸 대령만큼이나 제국이 존속하는 데 기여하고 있는 것이다. 그래서 그가 자신이 졸 대령보다 "덜 감염된 건 아니다"(220)고 말하는 건 그가 어느 정도의 자기인식에 도달하고 있다는 증거이기도 하다.

이렇게 보면 야만인 소녀에 대한 "속죄의 몸짓"(223)은 그 테두리가 이미 정해져 있었던 셈이다. 게다가 그 "속죄의 몸짓"이 남성과 여성 사이의 모호한 관계로 변질되면서, 억압의 사슬을 풀어주려고 시작했던 "몸짓"이 야만인이자 여성인 그녀를 이중의 억압 속으로 밀어 넣는 아이러니한 상황이 되어 버렸다. 그녀의 아픈 곳을 어루만지고자 하는 "속죄의 몸짓"이 미완의 것으로 끝나버리는 이유가 바로 여기에 있다.

그런데 여기에서 한 가지 더 짚고 넘어가야 할 것은, 야만인 소녀를 향한 "속죄의 몸짓"이 제국의 이데올로기에 감염되어 있기 때문에 미완의 것이라면, 치안판사는 왜 자기고백적인 내러티브를 통해서 자신의 치부를 드러내는가 하는 문제다.

첫째, 그것은 그의 내러티브가 자신의 행동과 사고에 정당성을 부여하려는 의도에서 출발한 것이기 때문이다. 쿳시에 따르면, "자서전이란 자기 이익(self-interest)에 의해 지배된다"(*Doubling* 392).[4] 고백을 하는 사람이 한편으로는 "고백"을 하면서, 다른 한편으로는 "구실"을 내세우니 이기적일 수밖에 없다. 치안판사는 "자신이 살았던 시대를 기록으로 남기고, 동시에 자신이 식민주의자로서 한 역할을 변명하고자 하는 것이다"(Kossew 88). 이것은 예기되는 반대나 항의 따위를 미리 반박하여 예방선을 쳐두는 일종의 예변법(豫辨法)으로, 제국의 야만성으로부터 자신을 분리시키고자 하는 전략이다(Kossew 89). 야만인 소녀에 대한 "속죄의 몸짓"에 대해 얘기하는 것도 그렇고, 외삼촌을 잃고 고문을 당한 소년에게 인간적으로 대해줬다고 얘기하는 것도 모두 그런 이유 때문이다. 그리고 자신이 제국의 야만성으로부터 책임이 없지 않음을 깨닫고 그것을 고백하는 것도 그렇고, 야만인 소녀를 향한 "속죄의 몸짓"에 "허위"가 있었음을 고백하는 것도 같은 이유에서다. 자신이 제국과의 공모성을 완전히 떨쳐낼 수는 없었지만, 적어도 자신이 "마음속에서는 야만인이 아니었던 자"라는 것을 훗날 누군가가 알아줬으면 하는 것이다. 쿳시가 장 자크 루소(Jean-Jacques Rousseau)의 고백에 대해서 얘기한 바와 같이, 치안판사의 고백도 "사랑과 승인을 얻고 싶은 목적"(*Doubling* 267)에서 행해진 것일 수 있다. 여기에서 쿳시가 말하는 "사랑과 승인"은 "모든 고백의 종착지"인 "사면"이라는 말과 통하는 것이다. 사면이란 "에피소드의 끝이요, 닫힘이요, 기억의 압박으로부터 해방되는 것이다"(*Doubling* 251-52).

둘째, 치안판사가 그렇게 하는 것은 쿳시의 말대로, 그에게 "진실을 향한 압도적인 의지"가 있기 때문이다(Penner 재인용 38). 치안판사의 고백이 "이기적인 것"이고 자기변명을 위한 것이라는 것은 어느 정도 사실이지만, 그가 자신의 공모성을 비롯한 모든 걸 묻어버리지 않고 드러내는 것은 "진실을 향한 압도적인 의지"가 있기 때문에 가능한 일이다. 그의 고백을 살펴보면, 치안판사도 자신에 대해서 완벽하게 알지 못하고 있다는 것이 드러난다. 이것은 그가 내러티브의 마지막에서 "바보 같은 느낌"을 받는 것과 무관하지 않다. 그러나 이보다 더 중요한 것은 그의 고백이 "진실을 향하고 있다는 것"(truth–directedness)이다. 쿳시가 말했듯이, "진실성의 조건은 완벽한 자기이해가 아니라 진실을 향하고 있다는 것이다"(*Doubling* 261). 치안판사와 같이 의식이 과잉된 사람은 언제나 자의식의 덫에 갇혀 있는 사람이다. 그는 자기변명을 하더라도, 그것에 대해 생각하고 또 생각하며 의심의 눈길을 거두지 않는다. 이런 점에서 그는 도스토옙스키의 『악령』(*The Possessed*)에 나오는 스타브로긴(Stavrogin)과 흡사하다. 스타브로긴이 자신의 치욕스러운 과거를 고백하면서, 동시에 그렇게 하는 자신의 동기와 속마음을 향해 회의의 눈길을 거두지 않듯이, 치안판사도 자신의 행동이나 말의 동기를 끊임없이 회의하고 또 회의하는 사람이다. 그러나 치안판사를 스타브로긴으로부터 분리해 주는 것은 그러한 의심과 회의에도 불구하고, "진실을 향한 압도적인 의지"를 갖고 있다는 것이다. 쿳시가 말한 바와 같이, "자의식은 넘어설 수 있는 것이고, 자기의심의 회귀성은 진실을 향한 압도적인 의지로 따라잡을 수 있는 것"(Penner 재인용 38)이라면, 치안판사의 고백은 그 예에 해당한다.

이처럼 "진실을 향한 압도적인 의지"와 '예변법'은 치안판사의 고백에서 갈등을 일으키며 내러티브를 끌고 가는 두 가지의 서로 다른 힘이다. 치안판사가 고백을 하면서 자신에게 불리한 것까지 드러내는 이유는 바로 이 힘의 갈등에서 찾아야 한다.

III. 평가와 의의

에마뉘엘 레비나스(Emmanuel Levinas)가 '타자의 철학자'라 불리는 것과 흡사하게 쿳시는 '타자의 작가'라 불릴 자격이 있는 작가다. 그가 지금까지 발표한 소설들 중 타자의 문제를 형상화하지 않은 소설은 없다. 첫 소설『어둠의 땅』에서 시작하여『야만인을 기다리며』,『마이클 K』,『포』,『철의 시대』,『추락』 등을 거쳐 최근작『예수의 죽음』에 이르기까지 쿳시의 소설들은 거의 예외 없이 타자의 문제를 중심에 놓고 스토리를 전개한다. 세계 문학사에서 그처럼 집요하게 '나'와 타자의 관계를 형상화한 예를 찾기 힘들 정도로 타자의 문제는 쿳시 문학의 핵심을 이룬다. 이는 남아프리카공화국의 아파르트헤이트 정책이 타자, 즉 흑인들의 인권을 유린하는 모습을 보면서 그가 갖게 된 윤리적 강박에서 기인한 것이었다. 쿳시는 그러한 현실 속에서 태어나 성장하고 성년이 되었다. 그것은 식민주의 역사가 백인식민주의자의 후손인 그의 어깨에 지운 짐이었으나 역설적으로 바로 그 짐이 그를 위대한 '타자의 작가'로 만들었다.

『야만인을 기다리며』의 특이한 점은 남아프리카라는 공간을 의도적으로 배제하고 제국의 변경을 주된 배경으로 설정하고 있다는 사실이다. 쿳시를 무명에서 세계적인 작가로 발돋움하게 만든『야만인을 기다리며』는 그의 소설들 중에서도 특별히 타자의 문제를 깊고 심오하게 사유한 작품으로 꼽힌다. 이 소설은 남아프리카공화국이 아닌 미지의 공간을 배경으로 한다. 타자에 대한 폭력과 억압이 남아프리카공화국에 제한된 것이 아니라 세계의 곳곳에서 일어나는 보편적이라는 것을 강조하기 위해서다. 작가는 "남아프리카의 상황을 식민주의, 탈식민주의, 신식민주의와 관련이 있는 더 넓은 역사적 상황의 한 표현"으로 인식한다. 그는 "유럽의 상황과 남아프리카의 상황을 가르는 선이 있다는 데 회의적이며" 남아프리카의 상황을 보편적인 '식민지'의 상황으로 인식하고 있다. 즉, 쿳시는 아파르트헤이트 이데올로기와 그것에 관련된 남아프리카의 현실을 하나의 "변종"으로서가 아니라 "식민주의, 탈식민주의, 신식민주의"에서 으레 나타나는 보편적인 현상으로 인식한다는 말이다(Watson 13). 그래서 이 소설 속의 타자는 일본에 유린당한 조선일 수도, 영국에 유린당한 아일랜드나 인도, 아프리카 국가들일 수도, 미국에 유린당한 이라크일 수도 있다. 그리고 지금 이 순간 이스라엘에 유린당하고 있는 팔레스타인일 수도 있다. 이 소설을 알레고리 소설로 볼 수 있는 이유가 여기에 있다.

이 소설의 또 다른 특이한 점 중 하나는 작가가 타자의 입장을 대변하려는 섣부른 시도를 하지 않는다는 사실이다. 보통의 작가 같으면 식민주의 및 제국주의로부터 억압을 당하는 타자를 전면에 내세움으로써 그들이 인권의 사각지대에 처한 상황을 부각시키려 할 것이다. 『야만인을 기다리며』를 예로 들면, 보통의 작가는 치안판사보다는 야만인 소녀를 내러티브의 중심에 설정하고 그녀를 대변하려 할 것이다. 그러나 쿳시는 타자를 대변하는 것이 필요함에도 불구하고 그것이 얼마나 위험한 일인지를 의식하고, 타자를 대변하는 대신 지배이데올로기를 안으로부터 해체하는 길을 택한다.

그가 리얼리즘을 주조로 하지 않는 것도 그러한 이유에서다. 그는 피아를 명확히 구분하여 저항적인 리얼리즘 계열의 소설을 쓰는 작가가 아니라, 오히려 그러한 구분 자체를 회의하면서 자신의 공모성을 부각시키고 지배 이데올로기의 허구성을 폭로하는 작가다. 남아프리카 학자 마이클 머래(Michael Marais)가 적절하게 지적한 바와 같이,

"리얼리즘 소설에서 독자는 희생자와 자기동일시를 하면서 도덕적 위안을 느끼고, 정치적 잔학행위의 가해자로부터 의도적으로 거리를 지킴으로써, 우월한 윤리적 입장에서 그들의 행동을 자기만족적으로 비난할 수 있게 된다. 그런데 쿳시의 소설을 읽는 독자에게는 그러한 자기만족이 주어지지 않는다"(Marais 81). 오히려 쿳시 소설의 독자는 치안판사가 자신의 경험을 서술하는 내러티브를 읽으면서, 피해자보다는 오히려 가해자와 동일시를 하면서 공모성과 죄의식을 느끼게 된다.

남아프리카에서 태어난 백인의 원죄를 쿳시만큼 성실하게 인식하고 그 갈등을 심도있게 주제화한 작가도 찾기 힘들다. 그리고 그 원죄를 남아프리카에 국한시키지 않고 보편적인 것으로 만들어 호소력 있게 만든 작가도 찾기 힘들다.

Endnotes

1 J. M. 쿳시, 『야만인을 기다리며』, 왕은철 옮김. 서울: 문학동네, 2019, 19쪽. 이후의 인용은 *Waiting for the Barbarians* (New York: Penguin, 1980)의 우리말 번역본 쪽수만 본문에 표기한다.

2 장 필립 웨이드(Jean-Phillipe Wade)는 졸 대령이 제출한 보고서와, 1977년에 흑인의식운동의 지도자였던 스티브 비코(Steve Biko)가 고문을 당해 죽었을 때 비밀경찰이 제출한 보고서는 아주 유사한 바가 있다고 밝힌 바 있다(Wade 281). 1975-1976년에 일어났던 소웨토(요하네스버그 남서쪽 흑인지역, Soweto) 폭동과 아울러 비코의 죽음은 남아프리카의 인권과 고문의 문제점을 국제적으로 부각시키는 계기가 되었다(Head 76). 1979년에 집필되어 1980년에 발표된 『야만인을 기다리며』는 비록 남아프리카를 구체적으로 언급하고 있지는 않지만, 고문의 문제를 구체적으로 다루고 있다는 점에서 비코의 죽음으로 촉발된 고문의 문제에 대한 쿳시 나름의 응답이라고 볼 수 있다(Gallagher 118). 쿳시에게 예술은 "그것이 (예를 들어 정치적인 문제들처럼) 특수한 것이든, 혹은 (예를 들어 삶과 죽음의 문제처럼) 일반적인 것이든, 혹은 그 매체의 내면적인 것이든 가장 중요한(burning) 문제들, 깊이 느껴진 문제들에서 탄생하는 것이다"(Begam 431).

3 이는 프란츠 카프카(Franz Kafka)의 단편소설「형벌의 식민지에서」("In the Penal Colony")와 상호텍스트적인 관계를 이루는 대목이다(Attwell 83). 카프카의 소설은 사형수의 몸에 죄목에 합당한 문구를 써넣고 그를 처형하는 방식에 관련된 것인데, 여기에서는 상급자에 불경죄를 범한 사람의 몸에 "HONOUR THY SUPERIORS!"라는 문구를 써넣고 처형한다(Head 76–77). 쿳시가 카프카로부터 영향을 받았다는 건 잘 알려진 사실이다. 쿳시의『야만인을 기다리며』가 카프카의 소설과 상호텍스트적인 관계를 이루는 바와 흡사하게, 그의『마이클 K』(*Life & Times of Michael K*)도 카프카의『심판』(*The Trial*)과 상호텍스트적인 관계에 있다. 쿳시의 소설의 주인공(Michael K)이 카프카의 소설의 주인공(Josef K)과 K라는 이름을 공유하는 것은 우연이 아니다(Head 95).

4 여기에서 쿳시가 말하는 "자서전"은 루소나 몽테뉴의 고백록만이 아니라, 톨스토이의『크로이처 소나타』(*Kreutzer Sonata*), 드포우의『록새나』(*Roxana*)와『몰 플랜더스』(*Moll Flanders*), 도스또옙스키의『지하생활자의 수기』(*Notes from Underground*) 등과 같이 자서전적인 형식으로 된 소설을 총칭하는 말이다. 그리고『악령』(*The Possessed*)에 나오는「스타브로긴의 고백」처럼 그 일부가 자서전적인 고백으로 되어 있는 경우도 이에 포함된다.

인용문헌

J. M. 쿳시.『야만인을 기다리며』. 왕은철 옮김. 서울: 문학동네, 2019.

Attwell, David. *J. M. Coetzee: South Africa and the Politics of Writing*. Berkeley: U of California P, 1993.

Begam, Richard. "An Interview with J. M. Coetzee." *Contemporary Literature* 33.3 (1992): 419–57.

Bhabha, Homi. "Difference, Discrimination and the Discourse of Colonialism." *The Politics of Theory*. Ed. Francis Barker. Colchester: U of Essex P, 1983. 194–211.

Cavafy, C. P. "Waiting for the Barbarians." *Collected Poems*. Trans. Edmund Keeley and Philip Sherrard. London: Chatto & Windus, 1990. 14–15.

Coetzee, J. M. *Doubling the Point: Essays and Interviews*. Ed. David Attwell. Cambridge: Harvard UP, 1992.

______. "The Novel Today." *Upstream* 6 (1988): 2–5.

______. *Waiting for the Barbarians*. New York: Penguin, 1980.

Gallagher, Susan VanZantern. *A Story of South Africa: J. M. Coetzee's Fiction in Context*. Cambridge: Harvard UP, 1991.

Head, Dominic. *J. M. Coetzee*. Cambridge: Cambridge UP, 1997.

JanMohamed, Abdul R. "The Economy of Manichean Allegory: The Function of Racial Difference in Colonialist Literature." *Race, Writing and Difference*. Ed. Henry Louis Gates Jr. Chicago: U of Chicago P, 1986. 78–106.

Kossew, Sue. *A Post–Colonial Reading of J. M. Coetzee and AndrBrink*. Amsterdam–Atlanta: Rodopi, 1996.

Marais, Michael. "The Hermeneutics of Empire: Coetzee's Post–colonial Metafiction." *Critical Perspectives on J. M. Coetzee*. Ed. Graham Huggan & Stephen Watson. New York: St. Martin's, 1996. 66–81.

Newman, Judie. "Intertextuality, Power and Danger: *Waiting for the Barbarians* as a Dirty Story." *Critical Essays on J. M. Coetzee*. Ed. Sue Kossew. New York: G.K. Hall, 1998.

Penner, Dick. "Sight, Blindness and Double–Thought in J. M. Coetzee's *Waiting for the Barbarians*." *World Literature Written in English* 26.1 (1986): 34–45.

Wade, Jean–Phillipe. "The Allegorical Text and History: J. M. Coetzee's *Waiting for the Barbarians*." *Journal of Literary Studies* 6.4 (Dec. 1990): 275–88.

Watson, Stephen. "Colonialism and the Novels of J. M. Coetzee." *Critical Perspectives on J. M. Coetzee*. Ed. Graham Huggan & Stephen Watson. London: Macmillan, 1996. 13–36.

출처 : 이 논문은 「J. M. 쿳시의 소설에 나타난 식민주의 및 제국주의–『야만인을 기다리며』의 상호텍스트성에 관하여」(『영어영문학』 50권 1호(2004): 292–317)를 기본으로 하고, 저서 『J. M. 쿳시의 대화적 소설』(태학사, 2004)과 역서 『야만인을 기다리며』(문학동네, 2019)와 『소년시절』(문학동네, 2018)에 수록된 옮긴이의 말을 두루 참조하였다.

가즈오 이시구로와『남아있는 나날』

박종성

I. 작가와 작품 세계

가즈오 이시구로(Kazuo Ishiguro)는 일본에서 출생하여 해양학자였던 부친을 따라 1960년에 영국으로 건너와 런던의 외곽인 써리(Surrey) 지역의 길포드(Guilford)에 정착했다. 그의 부친은 북해 유전개발에 참여하기 위해 주재원 자격으로 영국에 왔다. 그 때문에 그의 가족의 영국행은 이른바 '윈드러쉬 세대'(Windrush Generation)로 불리는 영국 식민지 출신의 이민자들의 영국행과는 큰 차이가 있다. 이시구로는 본래 싱어송 라이터 지망생이었다. 1960년대 젊은 세대의 반항문화의 영향을 받아 장발과 청바지 차림을 하고 다녔다. 이시구로는 1974년에 켄트대학교(University of Kent)에 진학하여 1978년 영어학과 철학 학사과정을 마쳤다. 소설 습작과 사회복지사로서 활동을 마친 후 1980년에는 이스트앵글리아대학(University of East Anglia)에서 창작문학으로 석사학위를 받았다. 여기서 그는 소설가이자 평론가인 말콤 브래드버리(Malcolm Bradbury)와 앤절라 카터(Angela Carter)를 만나 지도를 받았다. 1983년 그란타(Granta) 출판사의 문학상을 받으면서 젊은 영국 작가로 성장했다. 1986년에 사회복지사였던 로나 맥두걸(Lorna MacDaugall)을 만나 런던의 노팅힐(Notting Hill)에서 결혼했다. 1989년에 일본인이 쓴 '가장 완벽한 영문소설'로 평가받는『남아 있는 나날』(*The Remains of the Day,* 1989)로 부커상을, 2017년에 노벨문학상을, 2018년에 영국 왕실에서 기사 작위(MBE)를 받았다. 일본계-영국인 작가로서 눈부신 성취다.

이시구로는 혼종의 정체성을 지닌다. 혈통은 일본인이나, 만 5세 때부터 영국식 교육을 받은 영국 작가이다. 일본식 이름을 유지하고 있지만 거의 영국화된 사람이다. 그는 영국에 도착한 이후 30년 동안 일본을 방문하지 않았다. 1989년 35세 때 일본을 방문했을 때도 일본재단 초청 단기방문객 자격이었다. 일본계-영국인이란 정체성을 지닌 그는 '하이브리드'형 인간에 속한다. 영국 문단이 그를 '별종'(a rare being), '별난 혼종'(a weird mix), '주변인'(a marginal)으로 간주하는 것은 그리 놀라운 일이 아니다. 흥미롭게도 그는 일본과 영국 양국으로부터, 구체적으로 말해 일본과 영국의 제국주의로부터 비판적 거리를 유지하는 아웃사이더에 가깝다. 일본의 과거사에 대한 이시구로의 입장은 무라카미 하루키의 입장과 사뭇 다르다. 부친이 제국주의 시절 군인으로 징병되어 중일전쟁에 참전했던 하루키에 비하면, 이시구로는 일본의 과거사를 자국 밖, 즉 영국에서 자유롭게 비판할 수 있는 유리한 입장에 놓인다. 그가 노벨문학상을 받았을 때 일본 문부성이 그에게 훈장을 수여하지 않았던 것도 이런 그의 비판적 역사의식과 무관하지 않아 보인다.

이시구로는 일본적 소재를 다루는 것으로 작가 생활을 시작했다. 첫 소설 『창백한 언덕 풍경』(*A Pale View of Hills,* 1982)은 그의 부모가 들려준 나가사키에 미국 B29 폭격기가 원폭을 투하하여 생긴 상흔과 전후 일본에서의 삶을 형상화한 것이다. 물론 이 소설에서 그려진 일본과 일본인은 실제의 경험이 아니라 그의 상상의 산물이다. 첫 소설의 성공 이후 이시구로는 점차 코스모폴리탄 작가로 변모한다. 그는 국제적 분쟁과 폭력, 전쟁에 반대하는 목소리를 내며 국가 간 이동과 소통을 적극 지지하는 세계인임을 자처했다. 이런 그가 브렉시트를 적극적으로 반대한 것은 지극히 당연하다.[1] 또한 그의 소설의 배경이 런던, 상하이, 베니스, 나가사키 등으로 확장되는 것은 그의 국제주의적 작가로서의 면모를 잘 보여준다.

그런데 '이시구로를 탈식민주의 작가계열에 포함하는 것이 가능한가?'하는 한 가지 중요한 질문이 남는다. 1993년 피터 아이어(Pico Iyer)는 『타임』(*Time*)지 기사에서 식민지 출신 작가들이 영국 문단에서 두각을 나타내는 것에 주목했다.[2] 그럼에도 일부 비평가들 사이에서 일본계 영국작가인 이시구로를 탈식민계열의 작가로 분류하는 것이 타당한가에 대해서는 이견이 있다. 그런데 개인적인 생각으로는 지금까지 출간된 그의 작품이 제국주의와 침략전쟁을 적극적으로 비판하고, 충성이데올로기의 허망함과 제국주의자의 자기기만을 일관되게 비난했던 것을 고려한다면 그를 탈식민계열 작가 군에 넣는 것도 별반 무리는 아니다. 또한 그는 저항보다는 거리두기 방식을 택한다. 즉, 부끄러운 과거사에 대한 직접적인 비판보다는 전쟁범죄를 저지른 인물들의 '자기기만'(self–deceit)을 들춰내는 방식, 즉 아이러니의 거리를 유지하는 간접적인 방식을 취한다.

이시구로의 첫 소설인 『창백한 언덕 풍경』은 나가사키 원폭투하가 남긴 상흔을 다룬다. 두 번째 소설인 『떠도는 세상의 예술가』(*An Artist of the Floating World,* 1986)는 원자폭탄 투하로 패망한 일본에서 펼쳐진 제국과 천황을 위한 충성 이데올로기의 허망함과 신일본 건설에 앞장선 화가의 '자기기만'을 다룬다. 『남아 있는 나날』은 『떠도는 세상의 예술가』를 영국적 배경과 인물로 대체한 느낌이다. 『남아 있는 나날』에서는 주인과 하인 간의 충성 이데올로기의 허망함이란 주제를 다루면서 영국 제국주의의 몰락을 조명한다. 『위로받지 못한 사람들』(*The Unconsoled,* 1995)에서는 노마드(nomad)적 삶을 사는 유명 음악가가 상실한 삶의 소중한 가치를 다룬다. 『우리가 고아였을 때』(*When We Were Orphans,* 2000)에서는 영국–중국–일본의 교차 공간인 상해의 외국인 거주 구역인 조계(租界)를 중심으로 영국과 일본 제국주의의 어두운 측면을 들춰낸다. 이 작품에서 이시구로는 중일전쟁과 영국기업이 중국 내 군벌과 아편을 거래했던 역사를 소환하면서 팽창 제국주의를 비판한다. 『나를 보내지 마』(*Never Let Me Go,* 2005)는 장기이식을 목적으로 복제되어 온 클론들의 사랑과 성, 슬픈 운명을 다룬다. 최신작 『파묻힌 거인』(*The Buried Giant,* 2015)에서는 먼 과거 색슨족(The Saxons)족의 켈트족(The Celts) 대량학살의 문제를 다룬다. 색슨족 전사인 윈스턴(Winston)은 유년 시절에 당한 브리튼(Britain)족의 학대를 복수하려 한다.

이시구로는 다작하는 작가가 아니다. 평균 4년 혹은 5년마다 작품을 출간한다. 『나를 보내지 마』 출간 이후 『파묻힌 거인』의 출간까지는 꼬박 10년이 걸렸다. 물론 중간에 『녹턴: 음악과 황혼에 대한 다섯 가지 이야기』(*Nocturnes: Five Stories of Music and Nightfall,* 2009)라는 단편집을 출간했다. 놀랍게도 그는 매번 다양한 장르를 선보였다. 첫 소설 『창백한 언덕 풍경』과 두 번째 소설 『떠도는 세상의 예술가』는 회고록이다. 첫 소설과는 달리 두 번째 소설에서는, 그가 노벨문학상 수상연설문에서 밝혔듯이, 마르셀 프루스트의 『잃어버린 시간을 찾아서』에서 영감을 얻어 서로 다른 두 개의 시간을 병치시키는 방식으로 인물의 복잡한 내면을 드러냈다. 즉, 단선적인 연대기적 서술을 지양하고 자유연상법에 의해 서로 다른 일화를 연결하는 방식을 차용하여 첫 소설의 회고록 서술 방식을 진전시킬 수 있었다. 『남아있는 나날』은 그에게 국제적인 명성을 안겨준 작품이다. 『우리가 고아였을 때』는 긴장감과 반전이 있는, 흡인력을 지닌 탐정소설이다. 사설탐정인 영국인 고아 크리스(Chris)가 중국 상하이에서 실종된 부모의 생사와 과거사를 추적한다. 『나를 보내지 마』는 클론의 슬픈 운명을 다룬 SF 소설이다. 『녹턴』은 음악과 황혼에 대한 다섯 가지 이야기로 꾸며진 단편집이다.『파묻힌 거인』은 판타지 장르에 속한다. 몽환적 분위기, 안개로 덮인 공간, 먼 과거의 이야기 소환이 한데 섞여 있다. 이시구로는 소설쓰기의 기본기가 탄탄한 작가이다. 입체적인 인물제시, 플롯 구성, 인물과 거리 유지 등 소설의 기본 양상을 잘 구사하는 작가이다.

II.『남아있는 나날』 읽기[3]

『남아있는 나날』은 1989년 부커상 수상작으로 전 세계 28개 국가의 언어로 번역되었고 영화(앤서니 홉킨스, 에마 톰슨 주연)로 만들어져 널리 보급되었다. 영화는 전원적이며 귀족적인 영국 분위기를 물씬 풍기며, 남녀 간, 부자 간, 그리고 주인과 하인 간의 인간관계에 초점을 맞춘다. 다만 대영제국의 죽음이란 역사적 측면을 제대로 부각하지 못한 점이 아쉽다. 반면에 원작 소설『남아있는 나날』에는 여러 가닥의 이야기들이 얽혀있다. 집사장과 하녀장 사이의 억압된 로맨스, 귀족 주인과 집사장 하인 사이의 의리와 충성의 관계, 집사장의 삶의 허망함에 대한 인식, 대영제국의 몰락 등 다양한 스펙트럼이 존재한다. 이시구로가 이 소설에서 5개의 상호 연관된 장르, 즉 여행기, 정치적 회고록, 저택에서 로맨스, 소극(광대극), 가치(믿음)에 관한 에세이를 다루면서 스티븐스 씨(Mr. Stevens)의 서사에 담긴 주제를 강화하고 있다(Ekelund 72)는 주장은 타당한 것으로 보인다.

화자인 집사장 스티븐스의 서사는 기본적으로 애국적 논조를 유지한다. 그는 전원적 잉글랜드를 예찬하고, 귀족 주인인 달링턴 경(Lord

Darlington)의 판단과 인격을 신뢰한다. 하지만 이시구로는 '위대한' 영국과 주인 예찬이 구성하는 국가적·계급적 본질주의 담론을 비판한다.[4] 이시구로는 '영국적인 것'(좁은 의미로 '잉글랜드적인 것', Englishness)에 대한 향수가 대영제국의 해체라는 위기의식에서 촉발되었고, 시대착오적인 영국적 전통과 이상주의에 집착한 결과 제국의 몰락이 가속화되었다는 시각을 지닌다. 따라서 이시구로가 화자의 애국적 서사로부터 일정한 비판적 거리를 유지하고 있다는 점에 주목할 필요가 있다.

이시구로는 영국과 일본 두 제국에 대한 충성 이데올로기의 허망함이란 주제에 천착한다. 샐먼 루시디(Salman Rushdie)는 "영국과 일본이 달라 보이는 불가사의한 표면 아래서는 오히려 서로 아주 다르지 않을지도 모른다"는 견해를 피력한 바가 있다(Rushdie 246). 일본이 원자폭탄 투하라는 극적인 방식으로 패망했던 반면에, 영국은 서서히 몰락해가는 과정을 밟았다는 점이 다르다. 『남아있는 나날』은 일본제국의 패망 원인을 염두에 두고 대영제국의 죽음을 초래한 원인을 규명하려는 시도로 보인다. 첫 소설 『창백한 언덕풍경』에서 이시구로는 원자폭탄 투하로 패망한 일본에서 제국과 천황을 위한 충성 이데올로기의 허망함이란 문제의식을 개진했다. 일본인 에츠코(Etsuko)(이시구로의 모친의 페르소나)는 10세 소녀 때 원폭 파편의 피해자로서 남편 지로(Jiro)가 직장생활에 적응하지 못하여 자살하자 영국인과 재혼하여 영국에 정착한다. 딸 니키(Niki)는 영국에서 주체적인 삶을 산다. 두 번째 소설 『떠도는 세상의 예술가』는 일본의 패전 직후인 1945년 8월부터 1950년 6월까지 덧없는 세상을 경험한 일본인 화가 마수지 오노(Masuji Ono)의 3대에 걸친 삶을 다룬다. 중일전쟁(1937–1945) 선언서 작성에 참여한 오노는 신일본 건설을 위해 중일전쟁에 앞장섰다가 만주서 아들 겐지(Genji)를 잃고도 전쟁범죄에 연루된 자신의 과거를 다음처럼 자기기만으로 일관한다.

> 우리 제국을 영국이나 프랑스처럼 강하고 부유하게 만들어야 할 때야. 외국으로 확장하기 위해 우리의 힘을 사용해야 해. 일본이 세계 열강들 가운데서 정당한 위치를 차지할 때가 되었어. (174)

이시구로는 독자가 오노의 '자기기만'에 주목할 것을 주문한다. 이와 마찬가지로 『남아있는 나날』에 나타난 스티븐슨 씨의 자기기만도 주목할 가치가 있다. 이 글에서는 『남아있는 나날』을 읽는 몇 개의 스펙트럼을 제시하고자 한다. 특히 작품을 구성하는 보다 큰 이슈인 역사성과 이데올로기를 살펴보고자 한다.

1. 제국 몰락의 서곡, 수에즈 운하 위기와 보어전쟁

『남아있는 나날』의 프롤로그에서 시간적 배경이 영국이 수에즈 운하에서 철수한 1956년 7월로 설정되어 있다는 점에 주목할 필요가 있다.[5] 영국의 수에즈 운하 통제권 상실은 대영제국의 죽음을 상징하는 역사적 사건이다. 물론 소설의 상당 부분은 이보다 앞서 일어났던 1차 및 2차 세계 대전으로 인한 영국의 손실과 파산에 관한 내용, 그리고 새로운 제국인 미국의 등장을 다루고 있다. 또한 남아프리카에서 벌어진 보어전쟁(The Boer War, 1899-1901)도 언급된다. 영국은 보어전쟁에서 보어족의 게릴라 전술로 인해 곤욕을 치렀다. 『남아있는 나날』은 대영제국의 몰락 시작과 현주소를 보여준다.

보어전쟁은 대영제국 해체의 시발점이었다. 『남아있는 나날』에서 이시구로가 보어전쟁과 연관된 스티븐스의 가족사의 비극을 끌어들이는 것도 대영제국의 해체란 주제를 조명하기 위한 것으로 보인다. 스티븐스의 형은 보어전쟁에 참전하여 영국인 지휘관의 작전 실패로 죽음을 맞는다. 그의 아버지는 아들의 죽음을 몹시 비통해하며 지휘관을 증오한다. 아버지 스티븐스(Stevens Senior)는 아들의 죽음이 국왕과 제국을 위한 숭고한 희생이 아니라 어처구니없는 죽음이라는 사실을 떠올리면서 제국주의 이념에 강한 의문을 제기한다. 아버지의 이야기를 전하는 스티븐스의 이야기를 인용해보자.

> 하나뿐인 형인 레오나드는 내가 소년이었을 때 남아프리카 전쟁[보어전쟁]에서 전사했다. 물론 아버지는 뜻하지 않은 자식의 죽음을 몹시 비통해 했다. 더욱 안타까운 점은 아버지의 슬픔을 어느 정도 위로해주었던 위안감, 말하자면 아들이 국왕과 조국을 위해 목숨을 바쳤다는 믿음이 아주 수치스럽고 무능한 군사작전으로 인해 죽었다는 사실로 인해 허망하게 깨졌다는 점이다. 믿을만한 근거에 따르면 그 작전은 보어족 정착지에 가한 아주 비신사적인 공격이었고, 군사작전의 기초적인 예비조치를 무시된 채 무책임하게 이루어져서 형을 포함한 전사자들이 아주 불필요하게 죽었다는 굉장한 증거가 나왔다. (41)[6]

보어전쟁은 1870년 이후 진행된 영국제국의 팽창과정에서 벌어진 가장 당혹스러운 사건이었다. 영국은 6만 명의 보어인을 상대로 44만 명의 병력을 투입했고, 전쟁은 몇 주면 끝날 것이라는 예상과는 달리 3년 동안 지속되었다. 보어인의 게릴라 전술에 영국이 고전을 면치 못했다. 이 전쟁은 불명예스러운 실패한 군사 기동 작전이었다. 영국의 해외

식민지 관리에 오작동이 있다는 징후였다.

스티븐스의 아버지는 제국주의를 비판한다. 그의 비판은 아들의 죽음으로 끝나지 않는다. 그가 존 실버즈 씨(Mr. John Silvers)를 주인으로 모실 당시 저택을 방문했었던 손님이 바로 아들의 죽음에 책임이 있는 무능한 지휘관이었다. 그가 이 지휘관의 시중을 드는 일은 참을 수 없는 굴욕이었다. 그런데도 그는 증오심을 억누르고 집사장으로서 자신의 본문을 다함으로써 위엄을 지닌다. 하지만 마음속으로는 지휘관에 대한 문책이 이루어지지 않는 현실을 다음처럼 개탄한다.

> 결국 그 작전을 지휘했던 장군을 면직시키라는 요구가 잇달았고 심지어는 군사재판에 회부하라는 여론도 강했으나, 어찌된 이유인지 군 당국은 그를 옹호했고 그가 군 작전을 끝낼 수 있도록 용인했다. 그리고 일반 사람들에게는 거의 알려지지 않았지만 남아프리카 분쟁이 끝나자 그 장군은 현명하게 퇴역한 후 남아프리카에서 오는 선적물들을 거래하는 사업에 뛰어들었다. (41)

스티븐스의 아버지는 작전에 실패한 지휘관을 문책하지도 않고, 영국의 경제적 이익 추구를 위해 불명예스러운 지휘관이 무역 거래를 할 수 있도록 허용하는 제국의 시스템에 환멸을 느낀다. 더구나 실패한 지휘관이 자식을 잃은 사람 앞에서 무용담을 꾸며내자 스티븐스의 아버지는 역겨워한다. 임종 시 그가 아들인 스티븐스에게 "좋은 아버지였기를 바란다"라고 말하는 것은, 제국을 위해 헌신과 봉사를 하다가 아버지 노릇을 잘하지 못한 점에 대한 속죄인 동시에 제국을 위한 봉사와 희생의 허망함으로 읽힌다.

2. 자민족 우월주의와 인종 차별주의

영국인의 자민족 우월주의도 주된 비판의 대상이다. 스티븐스는 영국의 자연, 영국의 집사장, 영국 귀족이 '영국적인 것'을 구성하는 중요한 요소라고 확신한다. 그런데 이런 확신은 편협성과 배타성을 지닌 자민족 우월주의에서 생겨난다. 그가 영국의 아름다운 자연경관을 예찬하는 대목을 살펴보자.

> 아침에 언덕에 서서 발밑에 펼쳐진 경치를 처음 봤을 때, 나는 매우 드물게 느낄 수 있는, 가슴 벅찬 전율, 위대한 뭔가에 휩싸였을 때 느낄 수 있는 진한 감동을 받았다. 우리는 이 '위대한 땅'을 대영제국이라 부른다. 물론 이렇게 부르는 것을 주제넘은 짓으로 여기는 사람들도 있으리라 생각한다, 하지만 나는 내 나라의 경치가 '위대한'이라는 고매한 형용사를 받을 자격이 있다고 생각한다. (29)

전원적 잉글랜드를 예찬하는 화자의 목소리는 애국적 서사를 구성한다. 그는 영국의 자연이 위대한 이유가 '과시 성향'이 아니라 '차분함'과 '자제력'을 지니고 있기 때문이라고 생각한다. 또한 그는 이런 '영국적인 것'이 바로 위대한 집사장을 결정짓는 요소라고 확신한다. 그래서 그는 영국에서만 전문성을 지닌 '집사장'(butler)이 나올 수 있으며, 영국 밖의 나라에서는 허드렛일을 하는 단순한 '하인'(manservant)만이 존재한다고 생각한다. 자민족 우월주의를 감지할 수 있다.

스티븐스의 편협성도 비판의 대상이 된다. 그는 달링턴 저택 밖의 세상에 대해 별반 알지 못한다. 그 자신은 '속 좁은 잉글랜드주의'(Little Englandism)의 구현물이다. 자동차 여행을 통해서 비로소 자신이 모셨던 주인의 평판이 좋지 않다는 사실을 처음으로 인식할 정도로 그는 외부세계의 흐름에는 둔감하다. 이시구로가 소설의 공간을 저택에서 선창가로 옮기는 것은 매우 시사적이다. 즉, 스티븐스는 열린 세계로, 자유로운 공간으로 나아가면서 인식을 확장한다. 그의 인식 속에는 자기기만과 허망함이 뒤섞여 있다. 이시구로는 독자에게 화자와 작가 사이의 비판적 거리 및 서술의 틈새를 볼 것을 주문한다.

달링턴 경이 나치즘, 파시즘, 반유대주의와 잠시 연루된 장면이 소설 속에 언급된 것도 (영국과 독일 및 이탈리아의) 자민족 우월주의와 인종차별주의를 비판하기 위한 장치로 보인다. 자민족 우월주의는 배타성과 폭력성을 지닌다. 예를 들면, 나치스의 범게르만주의는 유대인 대학살을 초래했고, 반유대주의는 불관용과 증오의 표현이었다. 달링턴 경은 영국 파시스트동맹(BUF: The British Union of Fascists. 일명 검은 셔츠단 Black shirts)에 잠시 연루된다. 달링턴 저택을 정기적으로 방문했었던 캐럴린 바넷 부인(Mrs. Carolyn Barnet)은 파시스트 동맹의 일원이었으며, 영국 파시스트 동맹 지도자인 오스왈드 모슬리(Sir Oswald Mosley) 경도 이 저택을 방문했던 적이 있었다. 달링턴 경은 유대인의 본질을 잘못 이해하여 자신의 저택에 고용된 유대인 하녀인 루스(Ruth)와 사라(Sarah)를 해고한 적이 있다. 이런 이유로 달링턴 경은 나치스의 공모자, 파시스트, 반유대주의자, 인종차별주의자라는 평판을 얻는다.

하지만 스티븐스는 달링턴 경을 적극적으로 변호한다. 그 근거로서 그는 주인이 파시스트 동맹의 추악성을 인식한 후 그 단체와 관계를 끊었으며, 유대인 하녀들을 해고한 것은 잘못된 결정이었다고 인정하고 이에 대해 속죄하는 것을 보았다고 증언한다. 달링턴 경은 자신의 신념과 이상주의가 나이브한 것으로 판명되면서 그 대가를 치른다. 나치스의 배신에 농락당하는 꼭두각시로 전락한 주인은 영국 내에서 반역자로 취급당한다. 후에 주인은 법정에서 자신을 반역자로 취급한 한 일간지를 상대로 명예훼손 소송을 제기했으나 자신에게 호의적이지 않았던 당시의 분위기 때문에 패소하고 낙담하여 죽는다. 불명예의 낙인이 찍힌 그의 저택은 미국인 구매자가 등장하기 전까지 팔리지 않는다.

3. 귀족 엘리트주의 맹신

스티븐스는 유대인 하녀를 해고하라는 주인의 명령에 순응한다. 반면에 하녀장 켄튼 양(Miss Kenton)은 유대인 하녀들을 해고하는 것은 부당한 처사라며 이의를 제기하고 일자릴 그만두겠다고 강하게 반발한다. 스티븐스 그러한 결정을 내리는 것은 자신들의 몫이 아니라고 말하면서 귀족 엘리트주의를 지지한다.

> 켄튼 양, 당신은 그러한 숭고하고 중대한 사안에 판단을 내릴 처지가 아닌 것 같아요. 사실 오늘날 세상은 매우 복잡하고 위험한 곳이요. 말하자면 유대인의 속성과 관련해서 그저 당신이나 나나 이해할 수 있는 것이란 많지 않아요. 하지만 감히 말씀을 드리자면 주인께서는 무엇이 최선인지를 판단하는 데 다소나마 더 유리한 입장에 있지요. (157)

스티븐스는 자신의 계급적·지적 한계를 스스로 인정한다. 그의 비판의식의 결여는 대영제국의 몰락을 초래한 요인이기도 하다. 이런 관점에서 그가 주인을 위한 봉사가 자랑스러운 일이며 자신의 인생에서 커다란 성취라고 생각하는 장면은 그의 왜곡되고 뒤틀린 의식구조의 한 단면을 보여준다. 관련 대목을 자세히 살펴보자.

> 그런데도 내가 그곳[달링턴 홀]에서 서서 보낸 시간은 수년이 지나도록 내 마음에 생생하게 남아 있다. 처음에는 부인하지 않겠지만 내 기분은 좀 의기소침했다. 그러나 계속해서 거기 서 있을 때 이상한 일이 일어났다. 깊은 승리의 감정이 내 안에서 솟아오르기 시작했다. 그 순간 내가 어느 정도까지 이러한 감정을 분석했는지를 기억할 수 없지만 돌이켜보면, 오늘날 설명하기 그다지 어렵지는 않은 것 같다. 결국, 나는 무척이나 힘든 저녁 시간을 겪어냈고, 그것을 통해 '내 [집사장] 지위에 걸맞은 위엄'을 어떻게 해서든지 지켜냈다. 더군다나 내 부친까지도 자랑스러워하셨을 태도로 해냈다. (238)

스티븐스는 "신분 간의 위계질서가 유기적으로 자연스럽게 어우러지고, 불평등하지만 신뢰와 의무와 사랑이 담겨있는 그 이상적인 사회" (박지향 60)에서 위안과 행복을 찾는다. 하지만 이런 그를 비판적 시각에서 바라볼 필요가 있다. 이시구로는 충성 이데올로기가 비인간적인 집단주의라는 사실을 환기한다.

달링턴 경과 스티븐스가 외부현실에 대해 둔감하고 자기기만에 빠져있지만 달링턴 경의 대자(代子)이며 칼럼니스트인 레지날드 카디널 씨(Mr. Reginald Cardinal)는 스티븐스에 대해 "주인은 지금 깊은 수렁에 빠져있습니다"(232)라고 말하고, "주인이 그처럼 절벽으로 떨어지는 것은 지켜보는 것이 흡족합니까?"(235)라고 묻는다. 적어도 레지날드는 달링턴 경의 잘못된 이상주의와 스티븐스의 맹신주의의 위험성을 정확히 인식한다. 레지날드는 후에 벨기에 전투에서 죽는다. 그를 포함하여 전쟁에 참전한 지배층의 많은 인명 손실은 전후 영국의 몰락을 촉진했던 또 다른 요인이기도 하다.

귀족 엘리트주의는 개개인의 충성과 순종을 요구한다는 점에서 문제가 있다. 스티븐스는 “세상은 이 명문가들을 중심축으로 돌아가는 하나의 바퀴였다”(122)고 생각하고 달링턴 저택에서 일하는 것에 큰 자부심을 지닌다. 스티븐스는 소수 엘리트의 지배를 당연한 것으로 받아들인다는 점에서 독립성과 비판의식이 결여되어 있었다고 할 수 있다. 그의 의식구조를 살펴보자.

> 누구든 하나의 필연적인 진리를 받아들일 수밖에 없을 겁니다. 그 진리란 저처럼 평범한 사람들은 오늘날 세계를 지배하는 거창한 일들을 다 이해할 수 없기 때문에 최선책은 존경할만하고 현명한 신사분을 신뢰하고, 그분을 모시는 일에 열정과 정성을 모두 쏟아 붓는 것이죠. (211)

이시구로는 스티븐스의 충성 이데올로기를 비판한다. 그는 영국인과 일본인한테서 공통으로 발견되는 충성 이데올로기의 허망함에 주목한다.

이시구로는 귀족주의 혹은 엘리트주의를 ‘풀뿌리 민주주의’와 병치시켜 귀족주의의 시대착오성과 폐쇄성을 지적한다. 달링턴 경은 나라와 인류의 운명을 결정하는 데 소수 귀족의 중대한 판단과 결정이 절대적으로 필요하다고 확신한다. 그의 친구 스펜서 씨(Mr Spencer)가 풀뿌리 민주주의에 바탕을 둔 의회제도의 비효율성에 대해 언급하자 달링턴 경은 그의 말에 전적으로 동의한다. 귀족 엘리트의 입장에서 보면, “민주주의는 흘러간 시대의 유물”(208)이다. 이들은 소수의 지배 엘리트의 강력한 지도력이 필요하다고 주장한다. 이런 논리를 신봉하는 스티븐스는 자신의 본분이 "문명의 운명이 위대한 분들의 손에 놓여있기에 이런 분들을 가능한 한 최선을 다해 모시는 것에 관심을 쏟은 것"(209)에 있다고 믿는다. 하지만 이시구로는 대영제국이 몰락을 촉진한 주인의 엘리트주의와 하인의 맹신주의를 비판한다.

귀족주의와 의회 민주주의를 둘러싼 논쟁이 스티븐스가 테일러 씨(Mr. Taylor) 집에서 하룻밤을 머무를 때 벌어진다. 이들의 논쟁은 귀족주의와 풀뿌리 민주주의 사이의 대립이다. 지역민인 해리 스미스(Harry Smith)는 스티븐스에게 "위엄은 신사의 전유물이 아니고 보통 사람들의 노력으로 얻을 수 있는 것이다"(195)라고 주장한다. 그는 "독재자 히틀러의 노예가 되면 위엄을 잃는 것이며, 그 위엄을 얻고자 [평범한 사람들이] 히틀러와 맞서 싸워 승리한 것이다"(196)라고 계속 주장하면서 스티븐스가 생각하는 '위엄', 즉 주인을 위해 봉사하는 것이란 견해를 정면으로 반박한다. 방으로 돌아온 후 스티븐스는 해리 스미스의 주장에 의문을 제기하며 자신의 방식이 옳다고 합리화한다. 그러나 이것은 잘못된 확신이며 자기기만이다. 스티븐스의 견해를 살펴보자.

> 어떻게 평범한 사람들이 모든 방식에 있어서 '강한 의견'을 가질 수 있다고 기대할 수 있겠는가? 해리 스미스 씨는 이곳 마을 사람들이 그럴 수 있다고 자기 멋대로 주장한다. 이러한 기대를 하는 것은 비현실적일 뿐 아니라 바람직하지도 않으리라 생각한다. 결국 평범한 사람들이 배우고 아는 데에는 분명 현실적인 제약이 있으며 그들 하나하나가 국가의 중대사를 논의하는 데에 '강한 의견'을 내어놓겠다고 주장하는 것은 분명히 현명하지도 못하다. 어떤 경우든 모두가 개인의 '위엄'을 이런 용어로 감히 정의한다는 것은 터무니없다. (204)

스티븐스가 평범한 사람들이 자신들의 의견을 강하게 피력하는 것은 불가능할 뿐만 아니라 국가의 효율적 운영에 도움이 되지 않는다고 생각하는 것은 일종의 우민주의를 인정하는 것이다. 이시구로는 스티븐스의 이런 태도를 굴욕으로 여긴다. 맹목적 애국주의와 귀족주의는 개인의 희생과 순응을 강요한다는 점에서 비인간적인 집단 이데올로기다.

4. 새로운 제국, 미국의 등장

달링턴 경의 나이브한 이상주의를 강하게 비판하고 나선 사람은 바로 미국인 루이스 씨(Mr. Lewis)이다. 그 후 그는 패러데이 씨(Mr. Farraday)란 이름으로 달링턴 저택의 새 주인이 된다. 1923년 달링턴 저택에서 열린 비공식 국제회합에 참석한 루이스 씨는 "오늘날 세상은 선하고 고매한 본성이 지배하기엔 너무 추잡한 곳이 되었죠"(234)라고 말하면서 달링턴 경의 이상주의를 "탁상공론"으로, 그리고 그의 노력을 "아마추어 정신"으로 일축한다. 그의 비판의 목소릴 들어보자.

> 이 자리에 계신 신사분들께 죄송하지만, 당신들은 순진한 몽상가들 집단입니다. 만약 여러분들이 이 세계정세에 영향을 끼치는 중요한 일들에 끼어들길 고집하지 않으신다면, 여러분들은 매력적일 수 있습니다. 이 자리에 계신 훌륭하신 주인이 어떤 분입니까? 물론 흠잡을 데 없는 신사죠. 이점에 대해선 이의를 제기하실 분이 없을 줄로 압니다. 그분은 전형적인 영국 신사죠. 고결하고, 정직하고, 선한. 하지만 주인은 아마추어에 불과합니다. […] 지난 이틀 동안 여기서 탁

상공론이 벌어졌습니다. 선의의 나이브한 탁상공론이. 이곳 유럽에서 나랏일을 운영하려면 프로들이 필요합니다. 만약 이 점을 인식하지 못한다면, 곧 여러분들은 파국으로 치닫게 되는 겁니다. 신사 여러분, 제가 건배를 제안하겠습니다. 프로정신을 위하여. (106–07)

미국인 루이스는 '현실정치'를 직시해야 한다고 강조하면서 달링턴 경의 이상주의를 나이브하며 시대착오적인 것으로 일축한다. 미국인의 힘이 느껴지는 뼈있는 충고다. 사실 달링턴 경은 독일과 접촉할 때 공식적인 외교 채널이 아닌 비공식적인 회합을 통해 접근한다. 영국 왕의 베를린 방문을 주선하기도 하고, 독일 대사를 자신의 저택으로 초청하기도 한다. 그의 유화책 모색은 평화정착이라는 고매한 이상을 실현하기 위한 것이지만, 결국 독일의 배신과 탐욕에 의해 실패로 끝난다. 루이스가 영국 귀족을 공개적으로 질타하고 나중에 달링턴 저택의 새 소유주가 되는 것은, 2차 대전 이후 미국의 증대된 국력과 자본력을 상징한다.

달링턴 경의 이상주의 패배와 죽음과 더불어서 스티븐스의 아버지의 죽음도 영국적 가치와 전통의 상실 및 대영제국의 죽음을 상징한다. 노쇠한 그는 잦은 실수를 저지른다. 청소하다가 힘이 들자 빗자루와 쓰레받기를 계단에 놔둔다든지, 음식을 서빙 하는 중 콧물이 콧등에 대롱대롱 매달린다든지, 장식품인 대형 중국제 항아리가 잘못된 곳에 놓여 있는 장면은 달링턴 저택, 좀 더 넓은 의미에서 대영제국이 제대로 정돈되어 있지 않으며 잘 관리도 되지 않는다는 점을 보여주기 위한 치밀한 장치로 보인다. 스티븐스의 아버지는 찻잔이 담긴 은쟁반을 들고 가다가 돌부리에 걸려 넘어진 후 이런 실수를 반복하지 않기 위해서 부단히 연습한다. 이런 그의 모습을 본 켄튼 양은 스티븐스에게 보낸 편지에서 "그가 그곳에서 소중한 보석을 찾고 있는 것 같았다"고 회상한다. 여기서 소중한 보석은 왕관 속에 박힌 보석, 즉 보석처럼 화려한 대영제국을 상징한다. 이처럼 스티븐스의 아버지는 영국의 위대한 전통을 지켜내려고 무진 애를 쓴다. 임종을 앞둔 시점에도 아들에게 아래층에서 "모든 일이 잘 되어가고 있는가?"(101)라고 물을 정도로 대영제국의 질서 유지에 집착한다.

스티븐스한테서도 활력과 역동성을 찾아보기가 어렵다. 부친도 죽고, 주인도 죽고, 켄튼 양(노년의 벤(Mrs Benn) 부인)을 달링턴 저택의 하녀장으로 다시 데려오는 일도 성사되지 않는다. 이제 남은 일은 저택과 하인들을 일괄적으로 인수한 미국인을 모시는 것이다. 스티븐스는 마땅히 갈 곳이 없고 독립적인 삶을 살 수도 없다. 더구나 미국인 새 주인의 비위를 맞추며 살아가야 한다. 미국인 새 주인은 관대하고, 격식을 따지지 않으며, 직설적이며, 농담을 즐긴다. 한 예를 들면, 패러데이 씨는 스티븐스에게 "당신 나이에 여자 친구[켄튼 양]가 있는가?"(14)라고 직설적으로 묻는데, 이런 격의 없는 미국식 농담은 스티븐스를 몹시 당혹스럽게 한다. 생존전략으로 '농담'(bantering)의 기술을 배워야 한다는 것도 그에게는 몹시 자존심이 상하는 일이다. 그가 처한 궁지, 즉 쓸쓸한 남아있는 나날은 영국이 처한 현주소를 여실히 보여준다.

스티븐스는 한때 자부심을 느끼고 집사장으로서 주인과 국가와 제국을 위해 일했다. "이 지붕 아래서 역사가 만들어질 수도 있다"(81)라고 생각하고 "마치 전투를 지휘하는 장군처럼"(81) 준비성과 경계심을 갖고서 하인들을 통솔했다. "유럽의 미래가 우리 손에 달려있다"라고 믿고 자신의 직분에 최선을 다했다. 그런데 이제 모든 일 처리가 예전과는 다르다. 새 주인을 모시면서 스티븐스는 은제품의 광택 내기를 소홀히 한다든지 직원 수가 부족하여 저택관리를 제대로 하지 못한다. 위대한 영국식 전통의 유지가 어렵다는 뜻이다. 더구나 주인과 원활한 의사소통을 위해서 농담의 기술도 익혀야 한다. 새로운 변화에 적응해야만 하는 처지에 놓인다. 이제 그는 미국인 자본가에 의해 고용된 영국 하인으로서 역할을 전환해야 하는 운명에 처한다. 이건 우울한 성찰이다. 그래서 이 소설은 기본적으로 비가(悲歌)가 된다. 그런데 이런 우울한 성찰이 달콤한 향수보다 낫다는 것이 이시구로의 생각이다.

III. 평가와 의의

이시구로의『남아있는 나날』은 대처 총리가 집권할 당시였던 1989년에 출간되었다. 대처 총리는 1982년 포클랜드 전쟁에서 승리함으로써 영국민들에게 자긍심을 회복시켜 주었으며 영국이 여전히 건재하다는 점을 전 세계에 과시했다. 애국주의에 불을 지핀 대처 총리의 인기는 급상승했다. 이시구로는 이런 영국사회의 분위기뿐만 아니라 대처 총리의 신보수주의 정책이 지니는 위험성도 간파했다. 한 비평가는 "만약 이시구로 같은 전후 영국 소설가들이 대처 총리 집권 시절에 절정에 달했던 민족주의에 대해 비판적이었다면, 많은 작가는 영국적 특성을 완전히 버리는 데 마음이 내키지 않았다"고 주장한다(Su 571). 이시구로는 일본과 영국 두 제국의 몰락 원인을 예리하게 통찰한다. 이시구로는 영국의 민족주의를 구성하는 제국주의, 귀족주의, 자본주의, 애국주의가 개인을 도구로 전락시키는 비인간적인 집단 이데올로기라는 점을 강조한다. 아울러서 그는 영국의 보수성과 폐쇄성 및 복고성을 대영제국의 몰락을 초래한 요인으로 꼽는다.

2017년 스웨덴 한림원은 이시구로에게 노벨문학상을 수여했다. 좀 때 이른 수상이었다. 개인적 생각으로는 이시구로가 영국의 브렉시트를 반대하는 목소리를 꾸준히 낸 점, 유럽연합(EU)의 해체를 반대해온 점, 그리고 코스모폴리탄 정신을 대변해온 점을 높이 평가한 것 같다. 그의 작품을 관통하는 일관된 문제의식이 있다. 그는 집단학살, 전쟁, 폭력, 편협하고 추악한 민족주의에 반대하는 세계인이자 국제적 소설가이다. 그의 소설의 출발점은 부모의 고향인 나가사키였다. 원자폭탄 투하로 인한 비극의 기록은 색슨족의 브리튼족 집단학살을 다룬 최신작『파묻힌 거인』으로 다시 연결된다. 그는 인간의 폭력성에 주목하며, 문학을 통해 세계 평화를 도모하고자 한다. 이것이 그가 생각하는 소설가의 중요한 책무이다.[7] 이런 문제의식을 소설로 형상화하는 과정에서 그는 은유적인 방식을 선호하며, 화자와 작가 사이의 서술 틈새 혹은 거리를 설정한다. 이시구로는 동시대의 전쟁과 폭력, 혐오와 분노의 문화와 정치에 주목하며, 이를 역사적 사건과 연결해 경계를 넘어 인류의 평화와 공존을 모색하는 작가이다. 이시구로는 2017년 노벨문학상 수상 연설에서 "좋은 글과 좋은 독서는 장벽을 없애줄 것이다"라고 말한 바 있다. 문학의 효용성과 위대성을 확인시켜주는 말이다.

Endnotes

1 2016년 6월 23일 보수당의 데이비드 캐머런(David Cameron) 총리는 브렉시트(Brexit)의 운명을 결정하기 위해 국민투표를 했다. 결과는 투표율 72.2%에 탈퇴 51.9%, 잔류 48.1%였다. 브렉시트 이슈는 영국을 분열시켰다. 이시구로는 브렉시트가 유럽연합 내 자유로운 국경이동과 단일시장 접근을 방해하고, 영국 내

'외국인 혐오증'이 심해질 수 있다는 이유로 브렉시트를 공개적으로 반대해왔다. 그는 의회에서 논의를 통해 결정하지 말고, 다시 한 번 국민투표를 하는 대안을 제시한 바 있다. 영국은 현재 2019년 10월 31일까지 유럽연합과 결별 결정 시안을 연장한 상태이다. 2019년 5월 24일 테리사 메이(Teresa May) 총리가 브렉시트를 관철하지 못한 책임을 지고 사임을 발표한 후 7월 24일 보리스 존슨(Boris Johnson)이 새 총리가 되었다. 영국은 아직도 혼란과 교착 상태에 처해있다.

2 Pico Iyer, "The Empire Writes Back", *Time* (8 Feb, 1993)를 보라. 이 기사는 영국의 식민지 출신의 작가들의 영국 문단에서 두드러진 활약상을 커버스토리로 다루었다. 아이어는 1992년까지 11년 동안 부커상 수상자이거나 후보에 오른 작가 중 9명이 다국적 문화를 접한 외국계 작가들이라는 점을 지적했다. 여기에는 티모씨 모(Timothy Mo), 치누아 아체베(Chinua Achebe), V. S. 나이폴(V. S. Naipaul), 가즈오 이시구로, 비크람 세쓰(Vikram Seth) , 벤 오크리(Ben Okri), 데릭 월코트(Derek Walcott)가 포함되었다. 그 이후로도 외국계 작가로서 마이클 온다체(Michael Ondaatje)와 아룬다티 로이(Arundhati Roy)가 부커상을 수상했다. 아이어는 이들이 공통적으로 보여준 국외자의 시선, 독특한 언어 감각, 식민지 시대 이후의 문학적 특성에 주목했다. 이들 작가의 성공은 앵글로색슨 혈통 위주의 영국 문단에 일대 지각변동을 가져왔다. 여기서 식민지 출신이 아닌 작가로서 '외톨이' 이시구로가 포함된 점이 흥미롭다.

3 제목 '남아 있는 나날'이 오역인가란 논쟁이 국내에서 벌어진 바 있다. '그날의 흔적', '그날의 잔영', '그날의 기억', '그날의 유물'(『연합뉴스』 전 편집국장 서옥식), '지난날의 잔재'(서강대 김영주 교수), '그의 남은 인생'(원어민) 등 다양한 번역이 존재한다. 일본어 제목은 '日の名殘り'(그날의 잔영), 중국어 제목은 '長日留痕'(장일유흔: 긴긴날의 남겨진 흔적)이다. 주한 영국문화원장이었던 마틴 프라이어(Martin Fryer)는 remains라는 단어를 두 의미(폐허, 남은 것)를 절묘하게 살린 희언법(戱言法), 즉 언어유희를 사용한 것으로 보았다. 이렇게 되면 제목은 '주인공의 남은 인생과 등장인물들이 속한 더 큰 사회로부터 남은 것'이라는 중의적 의미를 지니게 된다. 필자는 집사장이 변화된 현실 속에서 살아가야 할 막막한 앞날을 의미하는 '남아 있는 나날'이란 번역을 선호한다.

4 김영주는 마거릿 대처 총리가 사라지는 '영국성'을 지키기 위해 시행한 거대한 '향수산업'(Nostalgia Industry), '영국 문화유산 운동'(English Heritage Movement), 새로운 '영국국적법'(the British Nationality Act) 등 일련의 신보수주의 정책을 예로 제시하면서, 이시구로가 신화로 미화된 영국을 만들려는 시도의 허구성을 비판하려 했다고 주장한다. 필자도 이런 주장에 동의한다. 이 논문은 이 작품의 의미를 당대의 사회적·정치적·문화적 맥락과 연결 지어 논의하고 있다는 점에서 의의가 있다. 자세한 논의는 「"영국보다 더 영국적인"—카주오 이시

구로의 『지난날의 잔재』(『영어영문학』 50.2 (2004): 447–68쪽) 참조.

5 The 1956 Suez Crisis: 이집트 군대가 영국군이 행사해오던 이집트 수에즈 운하 통제권을 대체한 시점이 1956년 6월이며, 영국군이 철수한 시점은 같은 해 7월이다. 영국의 입장에서는 해상권 확보와 제국건설을 위해 수에즈 운하 통제권을 획득하는 것이 전략적으로 대단히 중요했다. 이런 판단에서 1875년 영국 정부는 프랑스와 이집트가 갖고 있던 운하회사의 주식을 매입했으며, 1936년에 수로에 대한 통제권을 갖게 되었다. 하지만 이집트 민족주의자들의 반발이 거세지면서 1954년에 영국군의 점진적 철수가 합의되었다. 그런데 1956년 7월 영국과 미국은 이집트가 체코슬로바키아와 소련에 친화적이란 정치적 이유로 이집트의 아스완(Aswan) 댐 건설비용 원조계획을 철회했다. 그러자 나세르(Nasser) 대통령이 이끄는 이집트 정부가 수에즈 운하를 장악하여 국유화했다.

6 이후 이 텍스트에서 인용은 괄호 속에 페이지만 표시하기로 한다. 번역은 황봉득 옮김, 『남아있는 나날』(세종서적, 1994)을 참조하여 윤문을 했다.

7 종교도 세계 평화를 위해 존재한다. 예를 들면, 2017년 북한의 연이은 대륙 간 미사일 발사로 인해 핵전쟁의 위협이 대두되자 프란치스코 교황은 2018년 1월 신년카드에 이례적으로 원폭 피해 소년의 흑백 사진(미 해병대 소속 조 오도넬(Joe O'Donnell)이 촬영)을 담았다. 1945년 나가사키 원폭으로 숨진 동생을 업고 화장터 앞에서 순서를 기다리는 한 장의 사진이었다. 카드 뒷면에는 교황의 서명과 「전쟁의 결과」("The Fruit of War")란 문구가 실렸다.

인용문헌

김영주. 「"영국보다 더 영국적인"—카주오 이시구로의 『지난날의 잔재』」. 『영어영문학』 50.2 (2004 여름): 447–68.

박종성, 편저. *The Remains of the Day.* 가즈오 이시구로 지음. 서울: 신아사, 2007.

박지향. 『영국적인, 너무나 영국적인—문화로 읽는 영국인의 자화상』. 서울: 기파랑, 2006.

손영도, 옮김. 『떠도는 세상의 예술가』. 가즈오 이시구로 지음. 서울: 예문, 1988.

송은경, 옮김. 『남아있는 나날』. 가즈오 이시구로 지음. 서울: 민음사, 2009.

황봉득, 옮김. 『남아있는 나날』. 가즈오 이시구로 지음. 서울: 세종서적, 1994.

Ekelund, Bo G. "Misrecognizing History: Complicitous Genres in Kazuo Ishiguro's *The Remains of the Day.*" *The International Fiction Review* 32 (2005): 70–90.

Ishiguro, Kazuo. *An Artist of the Floating World.* London: Faber & Faber, 1986.

______. "My Twentieth Century Evening and Other Small Breakthroughs." *The Nobel Prize*. Nobel Lecture. 7 December 2017.<https://www.nobelprize.org/prizes/literature/2017/ishiguro/25124-kazuo-ishiguro-nobel-lecture-2017/>

______. *The Remains of the Day*. London: Faber and Faber, 1989.

Iyer, Pico. "The Empire Writes Back." *Time* (8 Feb 1993): 54–59.

Rushdie, Salman. "Kazuo Ishiguro." *Imaginary Homelands: Essays and Criticism 1981–1991*. London: Granta, 1992. 244–48.

Su, John J. "Refiguring National Character: The Remains of the British Estate Novel." *Modern Fiction Studies* 48.3 (2002): 552–80.

출처 : 이 글은 저자의 이전 논문 「『남아있는 나날』에서 '대영제국의 죽음' 형상화(『현대영미소설』 13.2 (2006): 39-61)」를 수정 및 보완한 것이다. 특히 I. 작가와 작품 세계와 III. 평가와 의의는 새로 썼다.

이언 매큐언과 『속죄』

김일영

I. 작가와 작품 세계

1948년 영국 햄프셔(Hampshire) 주 올더숏(Aldershot)에서 군 장교의 아들로 태어난 이언 매큐언(Ian McEwan)은 아버지가 군인으로 주둔하였던 독일, 싱가포르, 리비아, 북아프리카 등 여러 지역에서 살았다. 어린 시절을 해외에서 보내다 12살 되던 해 영국으로 돌아온 그는 서식스에 있는 울버스톤 스테이트 보딩스쿨(Woolverstone State Boarding–School)을 1966년까지 다닌 뒤, 서식스대학(University of Sussex) 영문과에서 수학하여 1970년도에 문학 학사 학위를 받았고, 이스트앵글리아대학(University of East Anglia)에서는 문학 석사 학위를 받게 된다. 이때 학위 취득 조건의 일부분으로 영국의 작가이자 문학 비평가인 말콤 브래드버리(Malcolm Bradbury)의 지도 아래 문예 창작 과목을 듣는다. 이때 문예 창작에 보다 큰 관심을 갖게 된 매큐언은 석사 학위 취득 후 작품 창작 활동에 매진하게 된다.

현재까지도 왕성한 창작활동을 보이고 있는 매큐언의 창작 시기를 그의 작품의 특성에 따라 대략적으로 구분하자면, 그의 첫 단편소설 모음집이자 서머셋 모옴 상(Somerset Maugham Award)을 수상한 『첫 사랑, 마지막 의식』(*First Love, Last Rites*)이 출판된 1975년부터 1986년까지를 그의 초기 작품 활동기로 들 수 있을 것이다. 이 시기에 출판된 그의 작품의 일반적인 특징은 그 내용이 충격적인 것이라는 것이다. 그의 첫 작품인 『첫 사랑, 마지막 의식』은 학대당하는 아이들과 추악한 성욕에 관한 이야기를 다루었으며, 매큐언이 1978년에 두 번째로 출판한 단편소설 모음집인 『시트 사이에서』(*In Between the Sheets*) 역시 원숭이를 애인으로 데리고 있는 여자에 관한 이야기나 간호사들에게 거세당하는 남자에 관한 이야기 등 비관습적이고 기이한 내용을 담고 있기 때문이다.

이는 이 시기에 출판된 그의 장편 소설도 마찬가지였다. 1978년에 출판된『시멘트 정원』(*The Cement Garden*)과 1982년에 출판된『이방인의 위안』(*The Comfort of Strangers*) 역시 기이하고 공포스런 인간의 내면세계 묘사를 그 특징으로 하고 있다. 특히『시멘트 정원』은 죽은 부모를 지하실에 넣고 시멘트를 발라 시체를 감추는 자녀들과 남매간의 근친상간을 그리고 있고, 피터 차일즈(Peter Childs)가 '충격의 문학'이라고 칭한『이방인의 위안』은 성도착과 신체 훼손, 마조히즘, 사디즘적인 살인 등의 충격적인 이야기를 담고 있어, 이언 매큐언은 이들 작품으로 인해 '이언 마커버'(Ian Macabre), 즉 '섬뜩한 이안'이란 별칭을 얻게 된다.

단편소설과 엽기적이고 섬뜩한 내용이 주를 이룬 매큐언의 초기 작품들은 사회적 이슈보다는 개인의 (이상) 심리에 초점을 맞추고 있는데, 이 시기 이후부터 매큐언은 점차 정치적이며 동시에 역사적인 주제들을 다루어 그의 작품 영역을 확장한다. 그 시기는 바로 1987년도에서 2007년 사이로 이 기간 동안 매큐언의 대표적인 작품들이 많이 나오기 시작한다. 이 시기에 출판된 주목할 만한 작품으로는 1987년에 출판된『시간 속의 아이』(*The Child in Time*)가 있는데, 외동딸을 납치당한 뒤 서로 소원해졌던 두 부부가 새로운 아이의 탄생으로 다시 화합하는 내용을 다루고 있다. 정치적, 사회적 문제를 본격적으로 다루고 있는 이 작품은 그 작품성으로 휘트브레드 올해의 소설상 (Whitbread Novel of the Year Award)을 수상하여 그 문학적 가치를 인정받았다.

매큐언의 정치적 성향은 1987년 유럽 핵무기 완전철폐운동의 단원으로 소련을 방문한 다음부터 보다 확실해진다. 1990년에 출판된 『순수한 사람들』(*The Innocent*)은 독일 베를린의 소련 관할 구역에 감시 터널을 세우려는 서방 스파이의 이야기를 그리고 있고, 1992년에 출판된 『검은 개들』(*Black Dogs*)은 나치즘이 유럽에 어떤 영향을 미쳤는지 혹은 베를린 장벽의 붕괴가 공산주의를 미래 사회가 나아갈 방향이라 생각했던 사람들에게 어떠한 영향을 미쳤는지를 파헤치고 있다.

이처럼 매큐언이 이 시기에 쓴 작품에는 냉전 시대의 혹은 냉전 시대 직후 사회의 모습이 나타나, 그의 관심사는 이념적 갈등을 묘사하는 데에 국한되지 않았다. 그는 개인과 개인의 신념의 차이에 의한 충돌에도 관심을 보였기 때문이다. 1997년에 출판된 『인내하는 사랑』(*Enduring Love*)이 그 대표적인 예다. 비평가들의 특별한 주목을 받은 이 작품은 개인 간의 신념의 충돌로 인한 인식의 변화를 다루고 있으며, 사랑의 지속성과 원치 않는 사랑을 어떻게 감당해야 하는지, 위기를 맞고 있는 결혼 생활 등 지극히 개인적인 문제도 다루고 있다. 매큐언에게 부커상을 가져다 준 1998년에 출판된 『암스테르담』(*Amsterdam*)도 이와 비슷한 맥락에서 살펴 볼 수 있는 작품이다. 어느 여류 사진작가의 장례식에 온 그녀의 세 명의 애인들 사이의 관계, 좀 더 구체적으로 여 사진작가의 애인들이던 작곡가와 신문 편집자간의 경쟁적 관계와 이 경쟁 관계가 이들을 어떻게 파국으로 이끌게 되었는지를 그린 작품으로, 이들의 관계를 통해 사회적 이슈를 잘 부각시켰다는 점에서 높은 평가를 받았다.

하지만 독자들의 뇌리에 매큐언을 중요 현대 영국 작가로 각인시킨 작품은 2001년에 출판된 『속죄』(*Atonement*)다. 일반 독자들뿐만 아니라 비평가들로부터 커다란 호평을 받았고, 『타임 매거진』(*Time Magazine*)도 2002년도 최고의 소설이라고 극찬한 이 소설은 어린 소녀의 잘못된 편견에 의해 무고하게 범죄자로 몰린 어느 젊은 남자의 비극적 이야기와 자신의 잘못을 뒤늦게 깨달은 어린 소녀가 죄책감에 속죄를 구하는 내용을 담고 있는데, 차일즈가 이 작품을 통해 매큐언이 "사무엘 리처드슨(Samuel Richardson), 제인 오스틴(Jane Austen)에서부터 헨리 제임스(Henry James)까지 이어지는 주류 문학 전통"(Childs 2)에 확고한 자리를 차지하였다고 평가할 정도로 매큐언의 문학적 위상을 공고히 해 준 작품이다.

『속죄』 이후에 나온 주목받을 만한 매큐언의 소설은 2005년에 출간된 『토요일』(*Saturday*)이다. 미국의 이라크에 대한 침공에 항의하는 대규모 시위가 벌어진 2003년 2월 런던을 배경으로 한 소설로 헨리 퍼론(Henry Perowne)이라는 신경외과 전문의에게 하루 동안 벌어진 사건과 사고를 다루고 있다. 테러리즘과 전쟁, 이것이 삶에 어떠한 영향을 미치며 그 의미는 무엇인가에 대한 성찰을 하게 하는 이 작품은 그 문학적 가치를 인정받아 제임스 테이트 블랙 기념상(James Tait Black Memorial Prize)을 받는다. 이 이외에도 이 시기에 매큐언이 쓴 주목할 만한 소설은 2007년 부커상 최종 후보자 명단에 오른 『체실 비치에서』(*On Chesil Beach*, 2007)이다.

매큐언의 그 다음 창작 시기는 2008년부터 현재까지 이어지는데, 이 시기의 매큐언의 작품은 정치적 사회적 색채를 좀 더 강하게 드러낸다. 2010년에 출판된 『솔라』(*Solar*)는 태양 에너지 아이디어를 훔치고, 결국 파멸에 이르는 마이클 비어드(Michael Beard)란 노벨상 수상 과학자의 이야기를 다루고 있으며, 2012년에 출판된 『스위트 투스』(*Sweet Tooth*)는 '스위트 투스'란 암호명을 가진 비밀 계획을 둘러싼 이야기로 1970년대 냉전시대를 배경으로 한 작품이다.

사회문제에 좀 더 다가선 매큐언의 다음 작품은 2014년에 출판된

『아동법』(*The Children Act*)이다. 존경받는 고등법원 여판사와 종교적 이유로 수혈을 거부하는 미성년자 백혈병 환자를 중심으로 벌어지는 이 소설은 종교와 윤리, 그리고 법의 문제를 심도 있게 다루고 있어 매큐언의 관심이 사회 전반에 걸쳐 있음을 보여준다. 2016년에 출판된 매큐언의 가장 최근 소설인『넛셸』(*Nutshell*) 또한 사회전반의 문제뿐만 아니라, 인간의 근원적인 문제를 파헤친 작품이다. 자궁 속 태아를 화자로 삼아 셰익스피어의『햄릿』(*Hamlet*)을 재해석한 이 작품에서 매큐언은 삶과 죽음에 대한 존재론적 고뇌를 보여주고 있으며, 인간이 갖고 있는 이기심과 욕망의 문제를 다루고 있다.

매큐언의 작품 세계에 대해선 결론적으로 이야기 할 수 없다. 오랜 세월 동안 그는 많은 변신을 해왔고 또 앞으로도 그의 창작 활동은 계속될 것이라 예측되기 때문이다. 하지만 확실한 것은 여태까지 그가 출판한 뛰어난 작품들로 인해 그가 주요 현대 소설가로서의 확고한 위치를 차지하고 있다는 것은 분명하며, 그의 작품에서 엿보이는 우리가 살고 있는 시대와 사회에 대한 그의 관심과 질문은 앞으로도 유효할 것이란 것이다.

II.『속죄』 읽기

1. 믿는 것이 아는 것

이 작품의 핵심 주제어는 작품의 제목이 암시하듯 속죄다. 그렇다면 속죄를 해야 할 잘못이 우선 되어야 할 것이다. 그 잘못은 근원적으로 잘못된 판단이나 오해에 의한 것일 수도 있고, 혹은 이기심이나 비겁함에 의한 것일 수도 있으며, 의도하지 않은 잘못일 수도 있고, 의도적인 잘못일 수도 있다. 하지만 이 소설의 경우엔 의도하지 않는 잘못, 즉 잘못된 판단이나 오해로 인해 무고한 사람에게 피해를 끼친 것에 대해 속죄를 하고자 하는 브라이오니(Briony)가 등장하고, 이 글이 그녀의 속죄의 일환으로 쓰였다는 사실로 미루어 볼 때, 이 소설의 핵심을 이해하기 위해선, 우리는 왜 잘못된 판단을 하게 되는지, 또 우리의 잘못된 판단이 어떻게 속죄해야 할 죄악으로 이어질 수 있는지에 대한 고찰이 있어야 할 것이다.

매큐언은 속죄해야 할 죄악을 저지르게 하는 잘못된 판단이나 오해의 근원적인 원인제공 요인이 무엇인지, 『속죄』의 출판 후 『가디언』(*The Guardian*)과 가진 인터뷰에서 제시한다.

> 그녀[브라이오니]는 자기 머릿속에 있는 이야기에 모든 것을 맞추려고 하죠. 그 이야기는 아직 쓴 것은 아닙니다. 그것은 그녀가 쓰려고 계획한 이야기입니다. 하지만 그녀는 평생 동안 그 이야기를 쓰게 될 거라는 것, 그리고 그것은 그녀의 속죄가 되리라는 것은 모릅니다. 하지만 내 생각에 그녀는 우리 모두가 어떤 방식으로든 하는 것을 합니다. 저는 『인내하는 사랑』을 쓸 때에도 이 점에 흥미를 느꼈습니다. 바로 "믿는 대로 본다는 것"이죠. 만약 당신이 특정한 방식으로 생각하기로 했다면, 당신은 그 특정한 방식으로 사물들을 보게 될 겁니다.

믿는 대로 본다는 것은 그 대상을 있는 그대로 보지 않고, 그 믿음의 틀 안으로 대상을 끌어들여 왜곡시킨다는 사실을 뜻한다. 즉 자신의 믿음이라는 폐쇄적인 틀 안에서, 혹은 그 틀을 통해서만 대상을 바라보기 때문에, 인식의 대상은 자연히 제한적 틀에 의해 통제되고, 그 의미는 왜곡 될 수밖에 없다. 따라서 자신의 틀을 가진 인식의 주체는 필연적으로 자기 본위 적으로 대상을 읽고, 그 틀에 따라 대상을 해석하게 되는 것이다. 그런데 이 소설이 브라이오니란 13세 소녀가 자신의 제한된 혹은 폐쇄적인 시선을 통해 타자를 오해하고 왜곡함으로써 그를 비극적 상황에 이르게 하는 내용을 담고 있다는 점에서, 왜곡된 시선 혹은 폐쇄적인 인식의 틀이 작품의 중심 소재를 차지하고 있는 것이다.

이러한 사실은 이 작품의 제사(epigraph)로 매큐언이 오스틴의『노생거 사원』(*Northanger Abbey*)의 한 대사를 선택했다는 사실에서도 엿보인다.

> "몰랜드 양, 당신이 품어온 의심이 얼마나 무서운 것인가를 생각해 보세요. 도대체 무슨 근거로 그런 판단을 내린 겁니까? 우리가 살고 있는 나라와 시대가 어떤지 명심하세요. 우리는 영국인이고 기독교인이라는 것을 명심하세요. 당신 주변에 어떤 일이 일어나고 있는지 한번 생각해 보고, 당신의 이성에 따라 무엇이 가능한지 한번 따져 보세요. 그런 잔혹 행위가 일어날 수 있다고 교육받았습니까? 우리 나라의 법이 그런 잔혹 행위를 묵인해 주고 있나요? 사교적인 교류나 문필을 통한 교류가 확고히 구축된 이런 나라에서, 모든 사람들이 이웃이라는 자발적인 스파이에 둘러 싸인 이런 나라에서, 도로와 신문 덕분에 세상에 비밀이란 남아 있지 않게 된 이 나라에서, 그런 잔혹 행위가 은밀하게 행해질 수 있다고 생각했습니까? 몰랜드 양, 무슨 생각을 했던 겁니까?" 그들은 어느새 복도 끝에 다다라 있었다. 그녀는 수치심으로 눈물을 흘리며 자기 방으로 뛰어 들어갔다.

평소 고딕소설에 깊이 심취하였던 17세의 캐서린 몰랜드(Catherine Morland)는 바쓰(Bath)에서 만난 헨리 틸니(Henry Tilney)로부터 노생거 사원에 초대받았을 때, 자신이 평소 읽던 고딕소설에서 벌어지는 살인이나 무서운 음모가 주로 사원에서 벌어졌다는 사실을 상기하며 사원에 가는 것을 이국적인 경험이자 동시에 두려운 일로 생각한다. 그런데 이곳에 며칠 머물던 중 이 집에 아무도 들어가지 않는 방이 있다는 것을 알게 된 캐서린은 그 방들이 9년 전에 세상을 떠난 틸니 부인의 방이었다는 설명을 듣는다. 고딕소설을 통해 사원하면 살인이나 잔혹 행위를 연상하던 캐서린은 노생거 사원의 주인인 틸니 장군(General Tilney)이 자신의 아내의 죽음에 대해 별로 애도하지 않는 것 같다는 생각에, 장군이 자신의 아내를 살해했거나, 방에 감금시켰을지 모른다는 생각을 한다. 캐서린의 이러한 의심을 알게 된 틸니 장군의 아들 헨리는 캐서린이 고딕소설에 빠져 현실을 왜곡하고 있으며, 자신의 아내를 사랑했던 틸니 장군을 엉뚱하게 아내 살인범으로 의심하는 캐서린의 황당한 행동을 지적하는 데 이 발언이 바로 매큐언이 사용한 제사다.

캐서린의 이러한 행동과 면모는 바로 『속죄』의 주요 화자로서 혹은 작가로서 이 소설의 중심을 차지하고 있는 브라이오니와 이 소설 플롯의 중심에 있는 브라이오니의 왜곡된 시선과 긴밀하게 연관되어 있다. 캐서린이 틸니 장군을 살인범이라고 생각하였듯이, 브라이오니는 자신의 언니 세실리아(Cecilia)의 연인인 로비(Robbie)에 대해 잘못된 생각을 갖고 그를 성 폭행범으로 생각하기 때문이다. 즉 고딕소설에 빠져 모든 것을 고딕적으로 판단하는 『노생거 사원』의 캐서린처럼, 『속죄』의 브라이오니도 있는 그대로를 보는 것이 아니라, 자신이 믿는 대로 보아 타인을 왜곡하였고, 그에 따라 속죄를 해야 하는 상황에 처하게 되는 것이다. 마틴 자코비(Martin Jacobi)의 지적처럼 "사람들은 각자의 의도라는 렌즈를 통해 세상을 바라보고, 자신들이 보기 기대하는 것을 보는 것이다"(67).

캐서린과 브라이오니의 공통점은 여기서 그치지 않는다. 캐서린이 고딕소설의 세계에 몰입하여 고딕소설에 등장하는 전형적인 악당과 그 악당에 의해 희생되는 힘없는 여자의 관계 하에서 틸니 가족 관계를 보았듯이, 13세의 어린 소녀인 브라이오니도 자신이 읽었던 "낭만적인 멜로드라마의 렌즈"(Jacobi 59)로 바라보며, 이 세상을 동화의 세계처럼 선과 악의 대결로 파악한다. 그런 의미에서 둘 다 "공상을 바탕으로 한 각본에 사로잡힌 사람"(Puschmann–Nalenz 194)인 것이다. 즉 캐서린이나 브라이오니는 실생활에서 벌어지는 사건을 있는 그대로 보는 것이 아니라, 그들이 믿고 있는 문학적 틀을 통해 바라보고, 그 틀에 맞추어 타인을 평가하고 규정한다.

어린 브라이오니가 동화의 틀을 통해 타인을 바라보고 이에 근거하여 타인을 규정하고 판단하는 주요 이유 중 하나는, 동화 세계는 선과 악이 명확히 구분되는 질서정연한 세계로 브라이오니가 갖고 있는 질서와 통제에 대한 욕구를 충족시킬 수 있기 때문이다. 브라이오니의 질서와 통제에 대한 욕구는 그녀의 방의 모습을 통해서 제시된다. "접지 않은 옷, 개지 않은 침대, 비우지 않은 재떨이"[1](5)가 있고, 책들은 여기저기 널려있는 너저분한 세실리아의 방과 달리 브라이오니의 방은 "통제의 수호신의 신전"(5)과 같이 잘 정돈되어 있으며, 이 방에 있는 모형 농장의 동물 인형들은 모두 브라이오니를 향해 한 방향으로 배치되어 있다.

브라이오니가 글쓰기에 관심이 많은 이유도 같은 맥락에서 이해될 수 있다. 글쓰기는 마치 모델 농장과 여기에 질서 정연하게 배치된 동물 인형처럼, 세상을 하나의 틀로 재구성하여 세상을 혹은 진실을 "축소화 시키는 즐거움"(7)을 제공하며, "그녀의 정돈에 대한 열정"(7) 또한 충족시킬 수 있기 때문이다. 동화와 같은 문학적 세계의 틀을 통해 세상을 바라보고, 또한 글쓰기의 바탕이 되는 (문학적) 상상력을 통해 모든 대상을 자신의 이야기 틀에 맞추어 짜 넣으려는 브라이오니는 캐서린처럼 타자를 왜곡하는 오류를 저지르게 된다. 브라이오니에게 타인은 자신과 똑같이 진정한 의미에서 살아 있는 존재가 아니며, 자신과 동등한 인격체를 지닌 존재가 아닌 것이다. "모든 다른 사람들은 그녀[브라이오니]처럼 진실로 살아있는 것일까? 예를 들어 그녀의 언니는 그녀 자신에게 중요한가? 브라이오니처럼 그녀[세실리아]는 스스로에게 가치가 있는 것인가? 세실리아가 되는 것이 브라이오니가 되는 것처럼 분명한 일인가?"(34).

타인을 자신과 동등한 존재로 보지 않는 브라이오니에게 그들은 브라이오니가 생각하는 문학적 세계에 혹은 브라이오니의 이야기에 등장하는 등장인물에 지나지 않는다. 따라서 브라이오니는 타인들, 특히 그녀의 의식 세계를 지배하게 되는 로비와 세실리아가 자신이 만들어낸 플롯에 잘 들어맞는 역할을 하기 바라며, 실제로 자신이 구상한 이야기 틀로 이들을 왜곡한다. 특히 브라이오니는 자신의 틀에 따라 (자신이 믿고 싶은 대로) 로비를 규정하고 그 틀에 맞추어 로비를 왜곡 재현하게 되는 것이다.

브라이오니가 자신이 바라보는 것을 자신이 믿는 대로 보는 장면, 특히 그녀가 강박처럼 갖고 있던 동화적 플롯에 맞추어 로비와 세실리아의 관계를 해석하는 장면은 여러 번에 걸쳐 작품에 제시된다. 브라이오니의 이런 모습이 우선적으로 잘 드러나는 장면은 로비와 세실리아가 분수대에서 벌이는 일을 브라이오니가 집 2층 유아 방(nursery room) 창문을 통해 바라볼 때이다. 세실리아가 화병에 물을 넣기 위해 분수대로 갔을 때, 로비는 자신이 화병에 물을 넣어 주겠다고 제안한다. 그러나 화병을 넘겨주지 않으려는 세실리아와 로비가 화병을 서로 잡아당기다 화병의 한 쪽 모서리가 떨어져 분수대 바닥에 떨어지자, 로비는 옷을 벗고 분수대 물 안으로 들어가, 떨어져 나간 화병 조각을 주워오려 하나, 세실리아가 먼저 옷과 신발을 벗고 분수대에 들어가 화병조각을 꺼낸 뒤, 머쓱해 하는 로비를 뒤로 하고 떠난다. 하지만 창문이 닫혀 있었기 때문에 이들의 대화를 들을 수 없었던 브라이오니는 로비가 세실리아를 위협해 세실리아가 옷을 벗고 분수대로 뛰어 들었을 거라는 엉뚱한 해석을 내린다. "도대체 언니를 마음대로 움직일 수 있는 힘이 그의 어디에 숨어 있었던 것일까? 공갈을 했을까? 아니면 협박?"(36). 서로에 대한 애정이 있으면서도 이를 감추며 벌이는 남녀 간의 묘한 긴장을 이해하지 못하는 나이 어린 브라이오니는 동화세계에서처럼 악당과 힘없는 여자의 이야기로 이들의 관계를 곡해하여 이런 해석을 내렸던 것이다. 즉 브라이오니는 상징적으로 폐쇄적인 인식의 틀/시선을 의미하는 닫힌 창문을 통해, 이들의 모습을 왜곡하였고 로비를 점차 악인으로 보기 시작하였던 것이다.

이렇게 형성된 로비에 대한 브라이오니의 편견은 로비가 세실리아에게 쓴 편지를 보고 더욱 심해진다. 로비는 세실리아에게 자신이 맨발로 그녀의 집에 들어간 것과 화병의 모서리를 깬 것에 대한 사과 편지를 쓴 뒤, 곧이어 세실리아에게 보낼 의도는 없지만, 세실리아에 대한 열정을 표현하기 위해 여성의 성기를 지칭하는 용어를 사용한 또 다른 편지를 쓴다. 하지만 탤리스 집안의 저녁 식사자리에 참석하러 가던 도중 만난 브라이오니에게 로비는 보낼 의도가 없던 편지를 잘못 건네주며, 세실리아에게 전달해 줄 것을 부탁한다. 분수대 일을 목격한 뒤 로비에 대한 편견을 갖게 된 브라이오니는 편지를 전달하기 전 몰래 그 편지를 읽고, 거기에 쓰인 단어에 충격을 받는다. 심지어 브라이오니는 사랑하는 남녀 사이가 아니라면 이해할 수 없고, 더 나아가 몹시 외설적으로 보일 수 있는 편지 내용 때문에 로비를 사악한 미치광이라고 생각하기에 이르게 된다.

이때부터 로비에 대한 편견이 강하게 싹트기 시작한 브라이오니는 어두운 서재에서 격렬하게 애무와 포옹을 하는 로비와 세실리아를 흘끗 보고는 그들의 행동의 의미를 이해하지 못하고 엉뚱하게도 로비와 세실리아가 "육탄전"(116)을 벌이고 있다고 생각하며, 로비를 세실리아를 해치려고 하는 악당으로 간주하기에 이른다. 동화에 힘없는 여자를 괴롭히는 악당이 등장하듯이, 브라이오니의 이야기 세계에도 힘없는 세실리아를 위협하는 악당과 같은 로비가 존재하는 것은 당연하기 때문이다.

자신의 이야기 틀로 로비를 왜곡하며, 그에게 악당의 역을 부과하는 브라이오니의 이러한 면모는 단순히 브라이오니 생각에 그치는 것이 아니라 결국은 로비에게 심각한 결과를 가져다주게 된다. 부모의 악화된 관계 탓에 잠시 탤리스 집으로 피신 차 온 브라이오니의 사촌 언니 롤라(Lola)가 집 밖 어두운 수풀 속에서 강간을 당하는 일이 벌어진다. 뭔가 이상한 느낌을 받으며, 이들을 향해 다가가던 브라이오니는 강간범의 뒷모습을 흘끗 보게 된다. 날도 어둡고 순식간에 벌어진 일이라 브라이오니는 그 강간범의 얼굴을 볼 수 없었지만, 그가 로비임에 틀림 없다고 확신하기에 이른다. 여태까지 자신이 생각해 온 로비는 그런 일을 저지를 충분한 사람이었기 때문이다.

롤라를 집안으로 데려온 브라이오니는 집안사람들과, 이 일로 찾아온 경찰과 형사들에게도 롤라를 강간한 사람을 보았는데 로비가 분명하다고 증언을 한다. 하지만 후에 이 글의 작가로서의 브라이오니가 고백하듯이 "그녀[브라이오니]가 본 것은 그녀가 이미 알고 있었던 것 혹은 그녀가 알고 있다고 믿었던 것에 의해 부분적으로 형성된 것이다"(115). 즉 브라이오니는 눈으로 보아서 그가 로비라는 것을 아는 것이 아니라, 브라이오니의 믿음이 로비를 그렇게 보도록 한 것이다. 즉 브라이오니는 자신의 믿음, 동화적 세계의 틀에 따라, 악당인 로비가 그런 일을 저질렀다고 확신한 것이다. 따라서 브라이오니가 "그를 봤어요"(155)라고 했을 때의 의미는 실제로 보았다는 말이 아니라 "그가 범인이라는 사실을 알았다"(160)는 의미로 해석될 수 있다. "본다"는 의미와 "안다"는 의미를 'see'라는 단어는 동시에 갖고 있기 때문이다.

브라이오니가 그렇게 보도록 한 그녀의 믿음, 정확히 말해 브라이오니가 오해/ 오독을 하도록 만든 것은 그녀가 갖고 있는 폐쇄적인 사고의 틀이다. 후에 브라이오니가 로비에 대한 잘못된 믿음으로 인해, 롤라의 강간범을 제대로 보지도 못하였으면서도 강간범이 로비라는 것을 분명히 보았다고 스스로 믿게 되었다고 고백한 것이 바로 그 증거다.

> 그녀[브라이오니]의 눈은 그녀가 알고 있고 최근에 경험했던 모든 것들이 맞는다고 확인해 주었다... 진실이 그녀의 눈을 이끌었던 것이다. 그래서 그녀가 여러 번에 걸쳐 나는 그[로비]를 보았어요라고 말했을 때 그녀는 진심으로 그렇게 말한 것이며, 열정적이면서도 절대적으로 정직했었다. (158-59)

브라이오니는 보아서 믿게 된 것이 아니라, 자신이 진실이라고 믿는 것에 자신의 눈을 맞추었던 것이다. 조르주 레티시에(Georges Letissier)의 말처럼, "시각적 인식"이 브라이오니의 "앎과 이해하고 있다고 생각한 것을 보장해 준 것이다"(216). 즉 브라이오니가 지은 잘못은 그녀가 갖고 있는 잘못된 믿음, 선입견이었던 것이다. 결론적으로 브라이오니의 눈이 진실로 이끈 것이 아니라 이미 정해진 "진실이 그녀의 눈을 이끌었던 것이다."

2. 계급의식과 사회적 병폐

이 작품의 중심에는 부유한 탤리스 집안의 딸인 세실리아와 이 집안 청소부의 아들인 로비사이의 애정이 자리하고 있다. 로비는 그의 부친이 아무 말도 없이 집을 떠난 뒤, 탤리스 집안에서 마련해준 집에서 거주하며, 탤리스 집안의 자녀들과 어린 시절부터 알고 지낸다. 게다가 세실리아 부친의 경제적 도움으로 대학까지 마칠 수 있었지만, 로비는 신분상 이들 상류층에 편입될 수 없는, 탤리스 집안의 관점에서 보았을 때 일종의 아웃사이더일 뿐이다. 로비가 롤라의 강간범이라는 누명을 쓰게 된 시발점은 로비를 자신의 이야기 틀에 맞추어 악당으로 규정한 브라이오니의 잘못된 증언이었지만, 명확한 증거가 없음에도 불구하고 브라이오니의 진술에 의존하여 로비를 범인으로 확정짓고 선고를 내린 당대 영국 사회에 내재한 왜곡된 계급의식에 의해 로비는 희생이 되었던 것이다.

매큐언은 이 소설에서 브라이오니로 대변되는 왜곡된 인식과 편견뿐만 아니라, 상류층이나 사회가 갖고 있는 하층민에 대한 잘못된 계급의식도 타자에게 씻지 못할 죄악을 저지를 수 있음을 보여준다. 브라이오니의 왜곡된 인식의 틀은 사회적 차원에서 보면 계급주의와 상통하기 때문이다. 하지만 이런 계급의식은 상류층 뿐만 아니라 거의 모든 등장인물들도 갖고 있다. 어린 시절부터 서로 알고 지냈고 또한 서로에게 이성적으로 끌리면서도 로비와 세실리아는 계급차로 인해 서로를 편히 대하지 못하고, 심지어 오해조차 한다. 집을 떠나 케임브리지 대학으로 진학한 로비가 길에서 세실리아를 우연히 만나게 될 때, 미소를 짓지만 서로 어색해 하면서 인사를 건네지는 않는다. 로비는 세실리아가 같이 걷던 그녀의 친구들에게 자신을 가리키며 "우리 집 청소부 아들이야"(74)라고 말했을 거라 상상하며, 실제로 자신과 걷던 동료에게 세실리아를 가리키며, "우리 어머니의 고용주의 딸이야"(74)라고 말하기도 한다. 로비는 이처럼 세실리아를 대할 때 그녀가 계급의식을 갖고 있다고 생각하며 그녀를 대할 때 어색한 태도를 취하지만, 세실리아 자신은 자신의 집안이 우월하다고 생각하지 않는다. 세실리아는 자신의 할아버지가 단순한 열쇠공으로, 특허를 받아 번 돈으로 이 탤리스 저택을 산 뒤 대단한 가문인 것처럼 행세하였던 사실을 의식하며, 본래부터 계급이란 하나의 허상임을 인식하고 있기 때문이다.

하지만 이 작품에서 계급의식은 분명히 자리하고 있으며 이들의 삶을 지배한다. 이러한 계급의식을 분명히 갖고 이를 드러내는 사람은 세실리아의 부친인 잭 탤리스(Jack Tallis)와 그녀의 어머니 에밀리(Emily)다. 세실리아의 부친 잭은 이 집안의 정원사였던 로비의 아버지가 어느 날 아무 말 없이 가족을 버리고 떠난 것을 알고는 로비의 어머니 그레이스 터너(Grace Turner)에게 살 집을 마련해 주고, 일자리를 주었으며, 더 나아가 로비의 학비를 대학까지 대준다. 이렇게 보면 세실리아의 아버지는 신분에 따른 차이를 전혀 인정하지 않고 모든 사람을 평등하게 보는 인물처럼 보인다. 하지만 세실리아의 어머니 에밀리가 "그[로비]는 잭의 취미며, 그[잭]가 수년간에 걸쳐 추구해 온 계급 타파 원칙의 살아있는 증거였다"(142)고 한 말을 통해, 잭의 경제적 지원이 단순히 시혜적 차원의 배품이었다는 사실을 짐작할 수 있다. 잭이 로비에게 대학 학자금을 대주었던 것은 자신이 계급의식을 타파하려고 한다는 사실을 과시하려는 의도에서 나온 것에 지나지 않는 것이다. 그가 근본적으로 중하층민에 대해 편견을 갖고 있음은 브라이오니의 잘못된 증언으로 로비가 강간범으로 몰리게 되었을 때, 이를 바로잡을 어떠한 노력도 하지 않으며, 로비에게 불리하게 상황이 돌아가는 것을 방관하는데서 드러난다.

브라이오니의 어머니 에밀리는 자신의 계급의식을 보다 노골적으로 드러낸다. 브라이오니가 로비를 보았다며 로비를 롤라의 강간범으로 지목하면서 로비가 세실리아에게 보낸 편지를 그 증거로 제시하자, 이 편지와 롤라의 강간과는 아무런 연관이 없지만, 에밀리는 이를 명백한 증거로 받아들이며 로비가 롤라의 강간범이라고 확신을 하게 된다. 따라서 이 어처구니없는 상황에 이의를 제기하며 세실리아가 로비를 두둔하자 오히려 세실리아를 못마땅하게 생각한다. 하지만 로비의 편지가 로비가 강간범이라는 증거가 될 수 있다고 생각하는 사람은 에밀리에 국한되지는 않는다. 이 편지를 증거물로 제시한 브라이오니는 물론 세실리아의 오빠 레온(Leon)과 이곳에 모인 형사들도 이 편지를 로비가 강간범임을 나타내는 증거로 여기고 있기 때문이다. 하지만 그 이면에는, 즉 로비를 강간범이라고 생각하고, 로비의 편지를 로비가 강간범임을 증명하는 증거물로 생각하는 데에는, 근본적으로 로비가 이 집안에서 일하는 청소부의 아들이었기 때문이다. 즉 하층민만이 이러한 범죄를 저지를 거란 생각에 브라이오니의 진술과 로비의 편지를 그 증거물로 보았던 것이다.

하층민에 대한 이러한 편견은 이 사건의 피해자인 로비뿐만 아니라, 가문이라는 것이 하나의 허상이라고 생각하였던 세실리아도 갖고 있다. 롤라가 성폭행 당했을 당시 이 집안의 하인 대니 하드만(Danny Hardman)은 그의 아버지와 함께 있었다는 알리바이가 있어 범죄의 용의선상에서 제외되었지만, 로비가 범인일 리가 없다고 생각하는 세실리아는 별다른 증거 없이 대니가 범인임을 확신하였고, 심지어 같은 계층인 로비조차도 대니 하드만이 실제 범인이라고 생각하여, 후에 브라이오니가 폴 마샬(Paul Marshall)이 실제 범인임을 알려주었을 때 충격을 받는다.

하층 사람들에 대한 이런 부정적 선입견, 더 나아가 계급의식은 상류층 사람들이 이들을 자신의 안위나 이득을 위해 이용하면서도 아무런 죄의식을 느끼지 않는데서 엿보인다. 강간범으로 몰린 로비가 감옥에 들어가고 감형을 목적으로 전쟁에 참여하다 결국 죽음을 맞이하게 되었다는 점에서, 롤라를 실제로 강간한 마샬은 로비를 죽음으로 이끈 장본인이라 말할 수 있지만, 마샬은 자기 대신 죄를 뒤집어쓰고 결국엔 전쟁터에서 목숨을 잃은 로비에 대해 전혀 죄책감을 느끼지 않는다. 오히려 로비를 희생시킨 그는 전쟁 중인 군인들에게 자신이 만든 초콜릿 바를 판매함으로써 엄청난 부를 축적하였고, 브라이오니의 잘못된 진술을 묵인함으로써 실제로 마샬의 공모자가 되었던 롤라와 결혼하여, 사회적으로 성공한 부부의 표본이 된다. 더 나아가 마샬 부부는 전쟁이 끝 난 뒤, 그동안 축적한 막대한 부의 일부를 투자해, 재단을 설립하고 "의학연구를 위한 좋은 일"(336)과 자선 단체에 돈을 기부함으로써, 사회적 명성을 얻고, 급기야 "마샬 경과 레이디 마샬"(337)이 된다.

로비를 희생시키고 전쟁 중 초콜릿을 팔아 부와 명성을 쌓은 이들은 단순한 개인으로서가 아니라, 사회적 약자를 희생물로 삼아, 즉 계급주의를 이용해 계급주의를 보다 견고하게 한 사회악을 상징한다. 이러한 사실은 이 작품의 종결부에서, 이제 77세가 된 브라이오니가 전쟁 기념관에서 목격한 레이디 마샬 즉 롤라의 모습을 통해서 제시된다.

> 야윈 모습, 검은 코트, 붉은 입술에는 무대 위의 악당의 면모가 있었다고 난 생각했다. 담배 파이프를 들고 겨드랑이엔 애완용 강아지를 낀 그녀는 크루엘라 드 빌이 될 수 있었을 것이다. (338)

크루엘라 드 빌은 도디 스미스(Dodie Smith)의 소설 『101 마리의 달마시안』(*The Hundred and One Dalmatians*)에 등장하는 여자로 '잔인한 여자'라는 의미의 '크루엘라'(Cruella)라는 단어와 '악마'라는 의미의 '드빌'(de–vil)을 합성하여 만든 이름이라는 사실이 시사하듯, 악녀를 지칭한다. 개 가죽으로 된 코트를 만들기 위해 99마리의 달마시안을 납치한 크루엘라 드 빌은 디즈니사에서 제작한 애니메이션에서 깡마른 체구에 늘 담배 파이프를 물고 자신의 부를 과시하는 안하무인의 여인의 모습으로 등장한다. 깡마르고 안하무인의 뻔뻔한 태도를 보이며 자신의 잘못을 전혀 인정하지 않는 롤라를 보며 브라이오니가 크루엘라 드 빌을 떠올리는 건 이런 의미에서 당연한 것이다. 드 빌, 즉 악마라는 이름이 시사하듯, 그녀는 계급의식에 편승해 로비와 같은 사회적 약자를 희생시켜 자신의 사회적 지위와 부를 향유하고 있는 전형적인 사회악, 사회적 병폐를 보여주고 있는 인물이기 때문이다.

브라이오니는 어리석은 편견과 선입견을 통해 이런 계급의식에 기반을 둔 사회적 병폐가 지속되는데 자신도 협조하였다는 사실을 의식하고 있다. 브라이오니는 로비가 유죄 판결을 받도록 직접적으로 행동한 사람은 자신이지만 "폴 마샬, 롤라 퀸시, 그리고 그녀, 브라이오니 탤리스가 무고한 사람을 감옥에 보내기 위해 침묵과 허위로 공모하였다"(306)고 고백함으로써 로비를 희생시킨 것은 단순히 자신의 잘못된 편견이 아니라, 계급의식으로 왜곡된 사회적 편견이라는 사실을 말하고 있는 것이다.

매큐언이 계급의식에 대해 궁극적으로 비판적 시각을 가진 이유는 계급의식이 사회적 병폐이기도 하지만, 사회적 신분이 개인의 도덕성이나 개인의 가치와는 아무런 상관이 없기 때문이다. 로비는 하인의 아들이지만 케임브리지 대학을 수석으로 졸업하였으며, 누구보다도 지성과 타인에 대한 공감능력을 갖춘 인물이다. 됭케르크(Dunkirk) 퇴각 시에 드러나듯이, 로비는 잠자다 폭격을 맞아 죽은 소년의 절단된 다리를 보고 마음 아파했으며, 독일군의 슈투카(Stuka)에 의해 흔적도 없이 사라진 어느 플랑드르(Flemish) 모자를 살리지 못했다는 사실에 죄책감마저 느끼는 따스한 마음을 가졌다. 이런 의미에서 로비야말로 타인의 고통에 공감할 줄 아는 가장 인간적이고 도덕적인 인물이지만, 그가 자신의 가치를 인정받지 못하고 범죄자로 생을 마감하였다는 사실은 계급주의와 계급주의를 옹호하는 사회 전반에 대한 비판으로 이어질 수밖에 없는 것이다.

3. 트라우마와 트라우마 극복으로서의 글쓰기

브라이오니의 속죄하고자 하는 마음은 그녀의 잘못으로 인해 피해를 입은 타인에 대한 씻을 수 없는 죄책감, 즉 타인에게 상처를 입혔고 다 나아가 죽음으로 몰았다는 트라우마적인 죄책감의 관점에서 살펴볼 필요가 있다. 따라서 속죄의 근간에는 속죄하고자 하는 브라이오니의 트라우마적 경험이 자리 잡고 있기 때문에 속죄를 논할 때 브라이오니의 트라우마적 경험을 논하지 않을 수 없다.『속죄』에 나타난 트라우마의 원인과 성격을 규명하고, 트라우마가 어떻게 개인적인 경험이면서도 동시에 사회성을 갖게 되는지, 그리고 트라우마의 극복을 위해 글쓰기가 어떤 역할을 할 수 있는지, 트라우마적 경험에 대한 치유가 과연 글쓰기를 통해 가능한지를 이 소설은 그 주제로 삼고 있기 때문이다.

● 트라우마

트라우마(Trauma)라는 용어는 본래 그리스어의 기원에 따르면 "신체에 가해진 상처"이지만, 트라우마에 대한 본격적 논의를 하였던 지그문트 프로이트(Sigmund Freud)에 의해 "육체에 가해진 것이 아니라 정신에 가해진 상처"(Caruth 3)의 의미로 사용되었고, 이를 기점으로 정신분석학의 관점에서 트라우마를 논할 때 이 용어는 정신적 외상을 의미하게 된다. 매큐언의 이 소설에는 상처의 의미로서의 트라우마가 작품 전반에 걸쳐 나타난다.

이 소설의 1부는 1935년 여름 영국 서리(Surrey)에 있는 탤리스 가족의 시골 저택에서 벌어지는 일을 다루고 있는데, 겉으로는 평화로운 이 시골저택에서 브라이오니의 집을 찾아온 브라이오니의 사촌 롤라가 레온의 초대로 역시 이 집에 손님으로 온 마샬에 의해 준 강간을 당하는 일이 벌어진다. 하지만 브라이오니는 로비를 롤라의 강간범으로 오인하고, 경찰에 거짓 진술하여, 로비는 경찰에 체포되어 결국 감옥살이를 하게 된다. 세월이 흘러서야 자신의 잘못을 깨달은 브라이오니는 죄책감에 시달리며 속죄할 방법을 찾으려 한다. 즉 1부에 나타나는 트라우마는 죄의식에 사로잡히게 되는 브라이오니가 겪는 트라우마인 것이다.

이 소설의 2부는 1부의 사건이 일어난 지 5년이 지난, 1940년에 벌어진다. 강간죄로 수감생활을 하던 로비는 감형을 조건으로 2차 세계 대전에 군인으로 참전하게 된다. 하지만 당시 프랑스에 주둔하던 로비는 됭케르크로 퇴각하라는 명령을 받고, 몇 동료 병사들과 함께 됭케르크로 퇴각한다. 퇴각 당시 로비는 이미 몸에 파편이 박혀 심각한 '상처'를 입고 있었지만 이를 동료들에게는 숨긴 채 행군을 강행하면서 독일 폭격기에 의해 죽은 사람들과, 포격으로 죽어가는 사람들의 참혹상을 목격하며, 전쟁이라는 트라우마적 사건을 몸으로 실감한다.

3부 역시 1940년대를 배경으로, 대학 진학을 포기하고 세실리아처럼 간호사로서 병원에서의 근무를 자처하며 이곳에서 생활하는 브라이오니의 관점으로 진행된다. 따라서 3부의 주된 내용은 브라이오니가 병원서 목격하게 되는, 부상을 입거나 신체 일부가 떨어져 나간 병사들의 육체적, 정신적 '상처'와 고통—이런 의미에서 병사들은 육체적 상처이자 정신적 외상인 트라우마를 겪고 있는 셈이다—과, 이들과 함께 고통을 같이하며, 자신의 과거 잘못에 의해 고통 받는 라이오니의 모습이 주를 이룬다.

이 작품의 '종결부'에 해당하는 마지막 섹션은 그 뒤로부터 59년이 흐른 즉, 1999년도의 브라이오니의 모습과 그녀의 주변 상황을 담고 있다. 종결부에서 눈여겨 보아야 할 중요한 점은 이제 77세가 된 브라이오니가, 문자 그대로 육체적이자 정신적 '상처'인 '혈관성 치매'에 걸렸다는 것이다. 의사의 말대로라면, 브라이오니는 이 혈관성 치매에 의해 점차 기억을 상실하다가 결국 모든 기억을 잃게 될 것이다.

이처럼 매큐언은 여러 형태의 트라우마를 이 소설의 각 파트마다 제시하고 있지만, 궁극적으로 이는 브라이오니의 트라우마이거나 브라이오니와 직결된 트라우마다. 1부에서 제시된 브라이오니의 죄의식과 종결부에서 언급된 브라이오니의 치매는 각각 브라이오니의 개인적 트라우마이지만, 2부에서 묘사된 전쟁이라는 트라우마적 사건과 이 전쟁으로 인한 상처를 겪고 있는 부상병들을 그린 3부의 트라우마도, 브라이오니의 편견과 잘못으로 인해 로비가 전쟁이라는 트라우마의 희생자가 되고, 그 전쟁으로 인해 로비가 치명적 상처를 입었다는 사실을 상기해 보면, 이 역시 브라이오니의 트라우마와 분리해서 생각할 수 없는 것이다. 즉 이 소설이 궁극적으로 묘사하는 것은 이 책을 쓴 저자로 판명되는 브라이오니의 트라우마인 것이다.

프로이트는『쾌락 원리를 넘어서』(*Beyond Pleasure Principle*)에서 예기치 못한 끔찍스런 상황이나 위험에 갑작스럽게 직면하게 되면 우리는 "경악"(fright)을 느끼게 되며 그 사건은 트라우마를 일으킨다고 한다(*Beyond* 11). 예기치 않은 사건이 갑자기 닥치면, 당사자는 그 사건의 의미를 알 수 없기 때문에, 그 사건은 후에 트라우마가 된다는 것이다. 따라서 트라우마를 겪는 사람은 트라우마가 된 사건을 자신이 대비할 수 있는 사건으로 변환하여야 트라우마에서 벗어날 수 있기 때문에, 무의식적으로 트라우마를 야기한 사건을 반복적으로 경험한다고 프로이트는 주장한다.

트라우마를 겪는 사람이 트라우마를 일으킨 사건을 반복적으로 경험하거나, 그 사건을 몸으로 반복해서 수행한다는 사실은, 그가 트라우마를 일으킨 사건에 고착되어 있고, 그의 시간은 트라우마를 일으키게 되는 과거의 시간에 고정되어 있음을 시사한다. 카이 에릭슨(Kai Erikson)의 말처럼 "트라우마를 겪는 사람은 (트라우마적 사건을 접하는) 그 순간에 매달려서 그 순간이 과거라는 적절한 시간적 위치로 돌아가는 것을 막는 것이다"(185). 따라서 트라우마를 겪는 사람의 삶에는 과거의 "그 순간"만이 존재하며, 그의 과거는 레티시에의 주장처럼 "과거가 되지 않는 과거"(213)가 된다.

트라우마를 겪는 브라이오니의 시간과 생각도 과거의 '그 일'에 고착되어 있다는 사실은 그녀가 쓴 이 소설이 오랜 세월에 걸쳐 여러 차례 조금씩 달리하여 반복적으로 쓰여 왔다는 점에서 확인된다.

> 나[브라이오니]는 내 첫 번째가 되었어야 할 내 마지막 소설에 대해 생각하고 있다. 최초의 버전은1940년도 1월에 나온 것이고 가장 최근의 버전은 1999년 3월에 나온 것인데 그 사이에 6개의 다른 초고를 썼다. (349)

로비와 관련된 브라이오니의 트라우마의 기록인 이 소설의 초고가 1940년에 나왔으며, 이 소설의 완성된 버전이 나온 1999년까지 브라이오니가 6개의 다른 버전의 이야기를 썼다는 사실은, 1940년 6월 로비가 사망하기 이전부터 브라이오니가 77세가 된 현재 즉 1999년까지, 그녀의 삶은 잘못을 저지른 과거 그 순간에 고착되어 있으며, 그 과거의 사건이 그녀의 삶을 계속 지배하고 있었다는 사실을 시사한다. 즉 브라이오니는 자신의 편견과 오해로 로비를 범죄자로 몰았던 과거의 "그 순간"으로부터 자유로운 적이 없었던 것이다. 브라이오니에게 "그 순간"은 해결할 수 없는 영원한 트라우마[2]이기 때문에, 그녀가 치매로 더 이상 아무 기억도 하지 못할 때까지, 심지어 자신이 누구인지도 기억하지 못하게 될 때까지, "그 순간"은 브라이오니에게 영원한 현재로 남게 될 것이다.

• 트라우마 극복으로서의 글쓰기[3]

트라우마는 트라우마를 일으킨 사건의 의미를 사건 당시 이해하지 못한데서 비롯되기 때문에, 트라우마를 겪는 사람은 사후라도 그 사건의 의미를 규정하고 이해함으로써 그 사건이 자신의 현재의 삶을 더 이상 지배하지 못하게 하여야만 트라우마에서 벗어날 수 있다. 브라이오니가 여러 차례에 걸쳐 여러 개의 버전으로 글을 쓴 것은, 그녀의 시간이 사건이 벌어진 그 과거의 시간에 고정되어 있기 때문이기도 하지만, 동시에 자신이 모르고 저지른 사건의 의미를 사후에라도 이해하고 규정함으로써 그 사건이 가져오는 트라우마에서 벗어나고자 하는 시도인 것이다. 즉 브라이오니가 이 글을 쓰는 이유는 로비를 강간범으로 몬 자신의 실수를 고백하고, 진짜 롤라의 강간범이 누구인지를 밝힘으로써 속죄하고자 하는 시도일 뿐만 아니라, 자신의 트라우마가 된 사건을 다시 재조명하고 그 사건의 참 의미를 밝힘으로써, 트라우마에서 벗어나기 위한 것이다.

트라우마를 일으킨 사건의 의미를 규정하고 밝힌다는 것은 자신이 겪는 트라우마의 본질을 언어로 표현한다는 의미다. 하지만 1부에서 브라이오니가 앞으로 겪게 될 트라우마의 원인은 제시되었지만, 브라이오니가 겪는 트라우마의 본질과 그 트라우마로 인해 브라이오니가 겪는 고통은 구체적으로 언어화 혹은 표현되지 않는다. 트라우마는 언어로 규명, 즉 언어화되어야만 벗어날 수 있지만, 그 속성상 트라우마는 언어로 표현 내지 규명될 수 없기 때문이다. 트라우마의 이런 속성을 이해하기 위해선 프랑스 정신분석학자 자끄 라캉(Jacques Lacan)이 설명하고 있는 트라우마의 비언어적인 측면을 살펴볼 필요가 있다.

라캉은 기호 즉 언어로 구성되고 이를 통해 체계화된 "상징계"

(Symbolic Order)와 대립되는 개념으로 "실재"(The Real)를 설명한다. 라캉에 따르면 실재는 "상징계 바깥에 존재하는 영역"(*crits* 388)으로 "절대적으로 상징화를 거부"(*Seminar I* 66)하고 상징화(symbolization)될 수 없다. 즉 실재는 상징계를 구성하는 문자나 언어 혹은 기호로 표현내지 규정될 수 없는 영역, 상징계 너머의 영역인 것이다. 그런데 라캉에 따르면 이런 "실재가 그 안에서는 동화될 수 없는 형태, 즉 트라우마의 형태로 자신의 모습을 드러낸다"(*Semina XI* 55). 트라우마는 실재가 스스로의 모습을 드러내는 하나의 형태이자 실재를 나타내는 표식이라는 것이다. 따라서 상징화 내지 언어화될 수 없는 실재처럼 트라우마도 언어로 규정내지 표현될 수 없는 것이다. 폴 벨하게(Paul Verhaeghe)가 지적하였듯이, "트라우마의 트라우마적인 영향은 트라우마가 발생했을 때 그것을 말로 표현할 수 없다는 사실에 기인한다"(122)는 점은 트라우마가 본질적으로 언어로 표현될 수 없다는 것을 시사하기 때문이다.

트라우마가 갖고 있는 이런 역설적인 사실은 트라우마에서 벗어나기 위해선 트라우마를 불러일으킨 사건을 언어로 표현 내지 규정 혹은 라캉적 관점에서 말하자면 "상징화"하여야 하지만, "실재"의 한 형태로서 제시되는 트라우마는 결코 언어화 내지 상징화될 수 없다는 데에 있다. 바로 이런 점에서 브라이오니는 자신이 겪고 있는 트라우마의 의미와 그 트라우마로 인해 자신이 겪는 고통을 언어로 규정할 수 없기 때문에, 전쟁터에서 부상당한 병사들의 참혹한 정신적 신체적 모습을 시각적으로 그림으로써 자신의 트라우마를 간접적으로 제시하는 것이다. 브라이오니가 언어의 의미 전달 기능에 초점을 맞추기보다는, 자신이 목격한 병사들의 절단되거나 훼손된 신체 부위를 시각적으로 극대화하여 세밀하게 묘사하는 이유는 이 때문이다. 심각하게 훼손된 신체 묘사는 트라우마의 의미 혹은 트라우마가 불러일으키는 공포가 어떤 것인지 규정은 하지 못하지만 시각적으로는 나타낼 수 있기 때문이다.

> 신체의 모든 비밀이 드러났다. 살을 뚫고 나온 뼈, 내장이나 시신경의 신성모독적인 일견. 이 새롭고도 친숙한 관점에서 보았을 때, 그녀[브라이오니]는 그녀가 항상 알아왔고 모든 사람들이 알아왔던 단순하면서도 명백한 사실, 즉 사람은 무엇보다도 쉽게 찢어지나, 쉽게 수선될 수 없는 물질이라는 사실을 깨달았다. (286–87)

부상병들을 통해 신체 내부에 있어야 할 내장기관이나 시신경이 그 부위를 감싸고 있던 살이 떨어져 나감으로써 바깥으로 노출된 것을 보게 된 브라이오니는 자신이 인간을 영적 존재로서 생각하는 것이 아니라, 살로 구성된 몸, 더 나아가 물질로 보게 되었다는 사실을 깨달으며, 동시에 보여지지 않아야 될 것을 보았다는 생각에 자신도 모르게 신성모독죄를 저지른 기분이 든다. 이는 인간에 대한 모독으로 간주될 수 있기 때문이다.

밖으로 노출된 신체 부위를 목격할 때 갖게 되었던 브라이오니의 이러한 느낌은 포탄 파편에 맞아 머리 한 면이 떨어져나가 "스펀지 같은 심홍색 뇌 덩어리"(290)가 노출된 프랑스 병사 룩 코넷(Luc Cornet)을 보았을 때와 얼굴 한 쪽 면이 포탄에 맞아 사라진 라티머(Latimer)란 병사를 보았을 때도 반복된다.

> 그녀[브라이오니]는 그[라티머]의 사라진 뺨 안에 있는 그의 위와 아래 어금니, 그리고 끔찍스럽게 긴 반짝거리는 혀를 볼 수 있었다. 그녀가 쳐다 볼 엄두가 나지 않는 그 위에는 그의 눈구멍 주변의 근육

이 드러나 보였다. 너무나도 친숙한 것이지만 결코 보여 져서는 안 될 것이. 라티머 일등병은 괴물이 되었다. (284)

브라이오니는 두개골 속에 들어있는 뇌뿐만 아니라, 얼굴 내부에 들어 있어 바깥에서는 보이지 말아야 할 눈구멍 주변의 근육까지 보게 되고는 인간은 물질로 이루어진 하나의 덩어리라는 사실을 다시 한 번 실감하게 된다. 그런 뒤 이러한 사실은 새삼스러울 것은 없지만, 입안의 혀처럼 노출되어서는 안 될 사실이란 점도 역설한다. 바로 이런 점에서 브라이오니가 부상당한 병사들을 통해 목격하게 되는 인간의 물질성은 라캉이 말하는 트라우마의 시각적 상징적 재현이다.

폴 크로스웨이트(Paul Crosthwaite)도 언급했듯이, 손상당한 신체는 신체의 "역겨운 물질성"(55)을 드러내는데, 이 물질성은 "상징화 이전에 존재하는 물질성"(Homer 82)으로 라캉이 말하는 실재[4]다. 상징화 이전에 존재하는 물질성이란 상징화되기 이전의, 즉 언어화/상징화 될 수 없는 실재를 지칭하기 때문이다. 이런 의미에서 상징화 이전의 물질성을 보여주는 훼손된 신체는 언어화 될 수 없고, 언어로 표현할 수도 없는 트라우마의 객관적 상관물이 되는 것이다. 브라이오니의 트라우마는 라캉적 실재, 보다 구체적으로 실재와의 직면으로 야기된 것이기에 언어로 표현할 수 없고, 따라서 브라이오니가 목격한 훼손된 신체나, 뒹케르크로 퇴각할 당시 때 로비가 목격한 손상된 신체, 특히 나무에 걸려 있는 어느 소년의 다리를 통해서만이 시각적으로 제시될 수 있는 것이다. 이런 점에서 신체를 훼손당한 부상병을 접하게 되는 브라이오니는 실재, 트라우마의 실체를 접하는 셈이 된다. 브라이오니가 자신의 트라우마가 무엇인지 구체적으로 규명하지 않고, 부상병들의 훼손된 신체를 구체적으로 묘사하는 이유는 여기에 있다.

이 소설은 이런 의미에서 브라이오니의 트라우마에 대한 기록이며 더 나아가 인류의 트라우마인 전쟁에 대한 기록 내지 증언이다. 이는 브라이오니가 “퇴역 군인들의 회고록”(353)과 전쟁 박물관(Imperial War Museum)에서 빌린 제2차 세계대전과 관련된 서적과 문서를 참고하고, 또한 브라이오니의 원고를 읽고 영국군에 관련한 사항을 사실에 입각하여 수정 보완해 준 영국 제 3연대 보병 연대의 대령과 됭케르크로의 퇴각 상황을 편지로 알려준 네틀(Nettle)의 도움으로 2부와 3부을 집필했다는 점에서 짐작할 수 있다. 따라서 브라이오니는 이 글이 실제 일어났던 사실을 기록한 일종의 역사적 기록물이라고 주장하는 것이다.

> 나는 아무것도, 이름, 장소, 정확한 상황 같은 것들을 숨기지 않는 것이 내 의무라고 생각해 왔다.나는 그것 모두를 역사적 기록으로서 거기에 적었다. (349)

브라이오니는 자신이 쓴 글이 실제 인물의 이름과 실제 정황을 담고 있어 역사적 기록물, 즉 역사적 증언이라고 말한다. 하지만 브라이오니의 이 글은 사실만의 기록은 아니다. 3부에서 브라이오니는 병원으로부터 외출허가를 받아 세실리아의 집을 방문하고 그곳에서 잠시 휴가 나온 로비를 만난다. 두 행복한 연인의 재회를 목격한 브라이오니는 안도하며, 이들에게 용서를 구하고, 로비의 누명을 벗기기 위해 부모를 만나 진실을 밝히겠다고 하고는 이들과 헤어진다. 하지만 종결부에서 브라이오니는 3부에서 자신이 로비와 함께 있던 세실리아를 만난 것은 사실이 아니라 자신이 지어낸 이야기임을 고백한다. 실제로 로비는 1940년에 있던 됭케르크 퇴각 당시 패혈증으로 이미 숨을 거두었고, 세실리아도 같은 해 공습에 의해 런던 지하철에서 사망했으며,

자신은 용기가 나지 않아, 그 당시에는 살아있던 세실리아의 집을 찾아가지 못했다는 것이다. 이런 점에서 브라이오니의 글은 역사적 사실과 허구가 결합된 글이다.

하지만 허구와 결합하였다고 해서 브라이오니의 글이 역사에 대한 증언이 되지 못하는 것은 아니다. 브라이오니는 세실리아와 로비가 다시 만나지 못하고 죽게 되었다는 것을 알리는 "냉혹한 사실주의"(350) 대신 두 사람이 살아남아 결합하는 행복한 허구를 선택하였지만, 그녀 스스로 말했듯이 자신이 이 글을 쓴 목적이 로비의 무죄를 입증하고 진실을 밝히기 위한 것[6]이기 때문에, 세실리아와 로비의 결합에 관한 브라이오니의 허구가 이 이야기가 본래 담고자 하였던 진실을 훼손시키는 것은 아니다. 브라이오니의 이 글은 분명 전쟁이라는 역사를 정확하게 증언하였고, 로비의 무죄와 실제 범인을 명확하게 밝혔기 때문이다.

브라이오니는 자신의 잘못을 증언함으로써 속죄하고, 이를 통해 죄의식이란 트라우마에서 벗어나고자 이 글을 쓴다. 하지만 자신의 잘못을 증언하는 것은 선택의 문제가 아니라 반드시 해야 할 도덕적이며 사회적 문제다. 자신의 잘못으로 촉발된 트라우마는 자신의 과오를 받아들였던, 더 나아가 부추겼던 사회의 문제이기도 하기 때문에 진실에 대한 증언은 개인이 아니라 사회적 차원에서 이루어져야 하는 것이다. 브라이오니가 로비에게는 아무 잘못이 없고, 롤라를 강간한 사람은 마샬이라는 사실을 입증하기 위해 자신의 부모에게 편지를 보내는 대신, 모든 사람/독자들이 읽을 수 있는 소설의 형태로 증언한 이유는 바로 여기에 있다. 그녀의 이 소설은 특정인이 아니라 모든 사람들 앞에서 한 일종의 증언이며, 이런 형태의 증언은 브라이오니가 얻은 도덕적 각성을 널리 공유하는 최상의 방법이기 때문이다.

하지만 브라이오니는 소설의 형태로 쓴 자신의 증언은 영구히 미완의 상태로 남을 수도 있다는 사실을 인식하고 있다. "나는 폴 마샬보다는 오래 살지 모른다. 하지만 롤라는 분명히 나보다 오래 살 것이다. 그 결과는 분명하다. 이 문제는 몇 년간이나 우리에게 남아있었다. 내 편집자가 일전에 말했듯이, 출판은 곧 소송으로 이어질 것이다"(338–39). 브라이오니의 책이 출판되면 사회 저명인사이자 전쟁을 반대하는 박애주의자로서 널리 알려진 마샬 부부는 심각한 도덕적 비난을 당하게 될 것이기에, 이들은 브라이오니의 글이 출판되는 것을 막기 위해 자신들이 갖고 있는 막강한 힘과 영향력을 행사하며 명예 훼손이라는 명분하에 법정 소송까지 불사하고, 결국 브라이오니는 그들이 살아있는 동안에는 책을 출판할 수 없게 될 것이다. 게다가 치매에 걸린 브라이오니는 자신이 마샬보다 오래 살진 몰라도, 자신의 건강관리에 신경을 써 온 롤라보다는 오래 살지 못할 것이라고 확신하기 때문에 "내[브라이오니] 생전에 나는 (이 책을) 출판하지 못할 것이다"(341)라고 말한다. 즉 브라이오니의 글은 모두가 세상을 떠난 뒤에야 출판이 가능하게 될 것이기에, 브라이오니가 쓴 글의 진위를 보증해 줄 수 있는 사람은 아무도 남지 않게 되므로, 브라이오니의 글은 불완전한 증언으로서 남을 수밖에 없게 될 것이다.

브라이오니의 이 글이 불완전한 혹은 미완의 증언으로 남을 수밖에 없게 될 이유는 또 있다. 현재 77세의 브라이오니는 혈관성 치매를 앓고 있어 설령 마샬 부부보다 더 오래 산다하더라도 조만간 브라이오니는 "이해할 수 있는 능력"을 상실하게 될 것이고, 더 나아가 모든 기억을 상실하고 "망각"(oblivion, 350)에 빠지게 될 것이기 때문이다. 레티시에도 독자들의 딜레마가 바로 여기에 있다고 말한다. "종결부는 주요 증인이 곧 아무것도 모르는 상태에 빠지게 될 것이고 그녀[브라이오니]의 증언도 완결될 수 없다는 것을 분명하게 보여주기 때문에 독자는 이러지도 저러지도 못하는 상황에 빠지게 된다"(222). 브라이오니가 트라우마에서 벗어나는 유일한 방법은 역설적으로 말해, 모든 기억을 앗아가는 치매에 의해서만 가능하다. 트라우마는 사회적으로 공유되고 공감되어야 할 이슈이지만 여기서 벗어날 수 있는 긍정적인 방법은 글쓰기라는 증언을 통해 진실을 알리는 이외에는 별다른 방법이 없기 때문이다. 작품의 말미에서 브라이오니는 자신이 59년 동안 고민해 왔던 속죄의 문제에 대해 이렇게 털어놓는다. "결과를 결정할 수 있는 절대적 힘을 가지고 소설가가 어떻게 속죄를 할 수 있는가?"(350). 이 말은 이 글을 통해 자신은 세실리아와 로비에게 해피엔딩이란 허구를 선물하였지만, 실제로 이 세상 사람이 아닌 그들에게 자신은 진정한 의미에서 결코 속죄할 수 없다는 고백이다. 여기서 우리는 작가 매큐언의 궁극적인 메시지를 유추해 볼 수 있다. 브라이오니가 결코 로비에게 속죄할 수 없듯이 트라우마는 해결될 수 있는 것이 아니지만, 트라우마를 일으키는 사회적 병폐를 인식하고 그 인식을 서로 공유하여야 한다는 것이다. 그런 의미에서 브라이오니의 글은 미완이지만 최상의 트라우마에 대한 증언이 될 수 있는 것이다.

III. 평가와 의의

매큐언은 9/11테러가 발생한 직후 『가디언』지에 다음과 같은 칼럼을 실으며 현대 사회에서 더욱 중요한 의미를 갖는 공감의 필요성을 역설한다.

> 만약 비행기 납치범들이 상상을 통해 승객들의 생각과 감정을 가졌다면, 그들은 일을 진행하지 못했을 것이다. 일단 희생자의 마음속에 들어가면 잔혹해지기란 어려운 것이다. 자신이 아닌 다른 사람이 되는 것이 어떠할지 상상하는 것은 우리 인간성의 핵심에 자리한다. 그것은 연민의 본질이며 윤리의 시작이다. (11)

매큐언은 9/11테러가 타인의 입장을 헤아리지 않고 자신만의 인식과 생각의 틀에 갇혔기 때문에 벌어진 일이라고 말한다. 즉 타인에 대한 배려나 공감의 결핍이 사회적 비극을 낳는다는 것이다. 따라서 타인이 되어보는 것이, 보다 정확히 말해 감정이입을 통해 타인의 입장이 되어 보는 것이, 타인을 억압하지 않고 타인과 더불어 살아가야 하는 우리 모두의 윤리의 근본이 된다고 하는 것이다.

타인의 입장이 되어보면 타인에게 죄를 지을 수 없을 것이며, 이것이 도덕의 근간이라는 매큐언의 이 말은 브라이오니가 절실하게 깨달은 교훈이기도 하다. 동화와 같이 선악이 분명하게 대립하는 폐쇄적 세계관에 몰입된 어린 브라이오니는 로비라는 타인을 그 틀을 통해 왜곡하며, 자신이 생각하는 정체성, 즉 악당으로서의 정체성을 로비에게 부여함으로써 그를 파멸시켰기 때문이다. 브라이오니가 자신의 닫힌 서사적 세계에서 벗어나 로비의 입장과 시선에서 로비를 보았더라면, 그녀는 로비를 곡해하지도, 더 나아가 비극을 맞도록 하지 않았을 것이다.

브라이오니가 갖고 있던 폐쇄적이고 이분법적인 서사적 세계가 브라이오니의 인식을 제한하고 브라이오니로 하여금 타자를 있는 그대로 보지 못하게 하는 부작용이 있었지만, 브라이오니가 자신이 갖고 있던 폐쇄적인 인식의 틀에서 벗어나 타인의 입장이 되어 타인을 바라볼 수 있게 하는 열린 세계로 인도하는 것 또한 서사의 세계다. 성인이 되어 자신의 실수를 깨닫게 된 브라이오니는 그러한 사실을 이렇게 표현한다.

> 그녀[브라이오니]는 판단할 필요가 없다. 교훈이 있어야 하는 것도 아니다. 그녀는 자신과 똑같이 살아있는 다른 사람들의 마음을 보여주기만 하면 된다. […] 사람을 불행하게 하는 것은 사악함과 음모만이 아니었다. 혼동과 오해, 그리고 무엇보다도 다른 사람들 역시 우리와 마찬가지로 실재한다는 단순한 진실을 이해하지 못하는 것이 불행하게 만드는 것이다. 그리고 오직 이야기 속에서만이 우리는 다른 사람들의 마음속으로 들어갈 수 있고 그들의 마음도 어떻게 똑같은 가치를 지니고 있는지 보여줄 수 있었다. 이것이 이야기가 가져야 할 유일한 교훈이다. (38)

자기중심적 사고로 인해 타인을 오도했던 브라이오니가 반드시 해야 할 일은 타인의 마음속에 들어가 그들의 내면세계를 생생히 그려냄으로써 "각각의 사람이 그녀 자신과 마찬가지로 복잡하고 개별적인 의식을 가진"(Mathews 156), 살아있는 인간임을 보여주는 것이다. 그렇게 해야 "스스로를 타인의 감정과 생각에 대입 시켜보기"(Finney 81)를 할 수 있고 자신의 독단적 폐쇄적 인식의 틀에서 벗어나, 타자를 오도하지 않을 수 있기 때문이다.

바로 이런 의미에서 브라이오니는 소설가가 된 것이다. 여러 인물이 등장하는 소설을 쓰기 위해서 작가는 각각의 등장인물들의 마음속에 들어가 그들도 역시 자신만의 생각과 느낌을 갖고 있는 살아있는 인간임을 독자들에게 보여주어야 하기 때문이다. 즉, 소설가는 타인과 공감하고 타인에 자신의 감정을 이입을 할 수 있을 때만 진정으로 소설을 쓸 수 있기에, 소설은 가장 윤리적인 예술이며, 자신의 편협한 세계에 빠져 타인을 이해하지 못하였던 브라이오니가 속죄하기 위해 선택할 수 있는 최상의 매체인 것이다. 이런 점에서 『속죄』는 글쓰기 자체의 윤리적 의미와 중요성을 역설하고 있는 작품인 것이다.

Endnotes

1 Ian McEwan. *Atonement* (N.Y.: Anchor Books), 2003. 5. 앞으로 이 책에서 인용하는 것은 괄호 안에 쪽수만 명기하겠음.

2 브라이오니는 오류를 범한 과거의 순간을 항상 생각하고 거기에 사로잡혀 왔다는 사실을 이렇게 말한다. "죄의식이 스스로에게 가하는 고통의 수단을 어떻게 다듬어 왔는가, 세세한 사항을 엮어 영원한 고리, 즉 평생 만지작거릴 묵주로 만들면서"(162).

3 트라우마로 『속죄』를 접근한 이 섹션은 2015년 『근대영미소설』에 발표한 「속죄에 나타난 트라우마적 오독/"놓친 읽기"와 트라우마에 대한 (미완의) 증언으로서의 글쓰기」에서 주로 발췌하여 이를 각색한 것이다.

4 슬라보예 지젝(Slavoj Zizek)은 『향락의 전이』(*The Metastases of Enjoyment*)에서 라캉적 실재의 정의 중 하나는 "살갗이 벗겨진 신체이며 껍질이 벗겨진, 피부가 없는 붉은 살의 고동"(116)이라고 말한다. 즉, 브라이오니가 목격한 노출된 신체 기관은 상징적 의미에서 라캉적 실재인 것이다.

5 브라이오니는 로비가 잘못을 저지르지 않았다는 사실을 자신의 부모에게 편지를 써 알리는 것은 불충분하다고 생각하며, 로비에게 속죄하기 위해선 그간의 이야기를 하나의 자세한 이야기로 써야 한다고 생각한다. "그녀[브라이오니]는 자신에게 무엇이 요구되는지 알았다. 단순한 편지가 아니다. 새로운 초고, 속죄가 필요하다. 그녀는 시작할 준비가 됐다"(330).

인용 문헌

Caruth, Cathy. *Unclaimed Experience: Trauma, Narrative, and History*. Baltimore and London: The Jones Hopkins UP, 1996.

Childs, Peter. *The Fiction of Ian McEwan*. New York: Macmillan, 2006.

Crosthwaite, Paul. "Speed, War, and Traumatic Affect: Reading Ian McEwan's *Atonement*." *Cultural Politics* 3.1 (2007): 51–70.

Erikson, Kai. "Notes on Trauma and Community." *Trauma: Explorations in Memory*. Ed. Cathy Caruth. Baltimore and London: The Jones Hopkins UP, 1995.

Finney, Brian. "Briony's Stand Against Oblivion: The Making of Fiction in Ian McEwan's *Atonement*." *Journal of Modern Literature* 27.3 (2004): 68–82.

Freud, Sigmund. *Beyond the Pleasure Principle*. Trans. C. J. M. Hubback. The International Psycho–Analytical P, 1922.

Homer, Sean. *Jacques Lacan*. London and New York: Routledge, 2005.

Jacobi, Martin. "Who Killed Robbie and Cecilia? Reading and Misreading Ian McEwan's *Atonement*." *Critique* 52.1 (2010): 55–73.

Lacan, Jacques. *Ecrits*. Paris: Seuil, 1966.

______. *The Seminar of Jacques Lacan: Book 1*. New York: Norton, 1991.

______. *The Four Fundamental Concepts of Psychoanalysis*. Ed. Jacques–Alain. New York: Norton, 1998.

Letissier, Georges. "The Eternal Loop of Self–torture: Ethics and Trauma in Ian McEwan's *Atonement*." *Ethics and Trauma in Contemporary British Fiction*. Eds. Susana Onega and Jean–Michel Ganteau. New York: Rodopi, 2011. 209–26.

Mathews, Peter. "The Impression of a Deeper Darkness: Ian McEwan's *Atonement*." *English Studies in Canada* 32.1 (2006): 147–60.

McEwan, Ian. *Atonement*. New York: Anchor, 2003.

______."Only Love and Then Oblivion." *The Guardian* 15 September 2001.

Puschmann–Nalenz, Barbara. "Ethics in Ian McEwan's Twenty–Fist Century Novels. Individual and Society and the Problem of Free Will." *Ian McEwan: Art and Politics*. Ed. Pascal Nicklas. Universitatsverlag, 2009. 187–212.

Sutherland, John. "Life was Clearly too Interesting in the War." *The Guardian* 3 January 2009.

Verhaeghe Paul. "Lacan's Answer to the Classical Mind/ Body Deadlock: Retracing Freud's Beyond." *Reading Seminar XX*. Eds. Suzanne Barnard and Bruce Fink. New York: State U of New York P, 2002.

Zizek, Slavoj. *The Metastases of Enjoyment*. London and New York: Verso, 2005.

앤절라 카터와 『피로 물든 방』

이귀우

I. 작가의 생애와 작품 세계

작가로서 한창 전성기였던 1992년 쉰한 살의 아까운 나이로 세상을 뜬 앤절라 카터(Angela Carter)는 전복적 사고를 타고난 작가였다. 그녀는 사람들이 자연스러운 진실이라고 믿고 있는 것들을 뒤집어서 그것들이 사회적, 문화적으로 구성된 것이라는 점을 꿰뚫어 볼 수 있었다. 비교적 짧은 생애에도 그녀는 다양한 매체로 많은 글을 발표하여, 아홉 권의 소설과 네 권의 단편 소설집 외에 동화, 시, 라디오 극본, 영화 각본, 텔레비전 대본, 그리고 많은 에세이와 신문 잡지 기사를 남겼다.

카터의 문학 작품은 마술적 사실주의 경향이 강하고 전래 동화, 고딕적 주제, 폭력, 성(sexuality), 에로티시즘에 대한 관심이 강했기 때문에 비평가들은 그녀를 '여자 에드거 앨런 포'(Edgar Allan Poe)라 불렀고, 영국의 탐미주의 화가 오브리 비어즐리(Aubrey Beardsley)에 비교하기도 한다.

카터의 삶은 그녀의 작품과 매우 밀접한 관계를 갖고 있어 자세하게 살펴볼 필요가 있다. 카터는 주류가 아니라 경계선에 위치한 삶을 살았다. 1940년 영국에서 제2차 세계대전이 발발하기 직전 그녀의 어머니는 열 한 살짜리 맏아들과 런던에서 이스트본(Eastbourne)으로 피신하여 있던 중에 앤절라를 출산했으며, 이어 외할머니는 독일의 공습을 피해 손녀를 외가인 요크셔로 데려가 5년 동안 보살폈다. 요크셔 탄광촌 출신으로 의지력이 강했던 외할머니는 독일군의 폭격으로부터 외손녀를 보호해주는 마술적인 존재이자 현실세계에 굳건하게 기반을 둔 구심점이기도 했으며, 그녀의 좌파적인 정치 성향은 손녀에게 큰 영향을 끼쳤다. 또한 앤절라는 자신이 태어나기 이전에 돌아가신 외할아버지에게서도 영향을 받았다. 인도에서 군인으로 7년간 복무했던 외할아버지가 남긴 유품을 통해 영국의 제국주의적 면모에 관심을 갖게 되었고, 군대에서 학력을 높여 신분을 상승시킨 외할아버지의 교육열과 급진주의적 성향에 깊은 인상을 받았다. 카터의 어머니는 노동자 계층의 외할머니와 달리 런던 남부 영어를 구사하며 세련되게 옷을 입을 줄 알았는데 급진주의적 경향은 전혀 없었으며, 장학금을 받을 정도로 공부를 잘 했으나 열다섯 살에 학교를 그만두고 백화점 점원으로 일하다가 열여덟 살에 스코틀랜드 출신의 중산층 언론인 휴 알렉산더 스토커(Hugh Alexander Stalker)와 결혼했다. 노동자층에서 중산층으로 이동한 외가와 친가의 배경 때문에 카터는 계급의 유동성에 대해 민감했고, 안과 밖의 경계에 있는 주변인으로 겪는 역설과 모순을 경험하게 되었는데 이것은 그녀 작품의 마술적 사실주의와도 연결된다.

전후 런던 남부로 돌아와 유년기를 보낸 카터는 여섯 살 때부터 글쓰기를 좋아했다. 성적인 면에 있어서 청교도적으로 보수적이었던 어머니는 딸을 과보호하는 경향이 강했고 단 것을 많이 주어 비만아로 만들었다. 어머니의 과잉간섭에 반발하여 급속도로 체중을 줄이는 과정에서 십대에 거식증을 앓기도 했다. 보수적인 부모에 대항해 자아를 주장하기 위하여 거친 말을 하고 담배를 피우기 시작했으며 야한 의상을 골라 입기 시작했다. 카터의 작품에서 어머니는 별로 등장하지 않는데, 이는 교육을 통한 자기실현의 기회를 저버리고 일찍 결혼하여 가정에 안주한 어머니에 대한 반발심을 가졌기 때문일 것이다. 그러나 카터의 어머니는 독서를 좋아하고 셰익스피어를 애호하여 딸에게 지적, 문화적인 영향을 주었다. 늦게 얻은 딸을 애지중지하던 아버지는 딸이 하자는 대로 다 들어주었고, 가부장제도의 무서운 아버지와는 거리가 멀어서 '아버지'라는 단어는 늘 자신에게 미소를 떠올리게 한다고 카터가 말한 바 있다. 그러나 그녀는 아버지에 대해 알 수 없는 부분이 있다는 것을 발견하고 거리감을 느끼기도 해서 작품에서 가족 간의 연대란 무엇인가라는 주제는 자주 등장한다. 아버지는 딸을 영화관에 자주 데려갔기 때문에 영화의 화려함과 환상성에 매혹되었고, 장 뤽 고다르(Jean Luc Godard)의 실험적인 영화에 충격을 받았다고 한다. 영화는 그녀 작품의 시각적 상상력과 환상적 요소에 일조했다.

1950년대 후반은 반항의 시대로서, 구태의연한 영국의 사회체제를 비판하는 '성난 젊은이들'(Angry Young Men)의 시대였다. 반문화적 성향을 가진 카터는 열아홉 살에 아버지의 권유로 수습기자가 되기도 했지만, 부모로부터 탈출하기 위하여 일 년 뒤 폴 카터(Paul Carter)와 결혼을 한다. 결혼 후 브리스톨에 정착한 그녀는 잠시 가정주부로만 지내다가 우울증 경향이 있는 남편과의 결혼 생활에 억압을 느끼고 브리스톨대학에 입학하여 중세문학을 전공하며 인류학, 사회학, 심리학 관련 서적을 섭렵했다. 이때의 중세, 고딕 서사전통, 전래 동화에 대한 관심은 그녀의 작품세계에 결정적인 영향을 미쳤다.

1960년대 중반부터 1970년대 중반 까지는 카터 작품 세계의 초기에 해당한다. 카터는 1960년대 대부분을 브리스톨에서 지냈으며, 이 보헤미안적 장소는 초기소설의 배경이 되었다. 『그림자 댄스』(*Shadow Dance*, 1966), 『여러 관점들』(*Several Perceptions,* 1968), 『사랑』*(Love,* 1971)은 브리스톨 삼부작이라고 불린다. 1967년에 나온 두 번째 소설 『매직 토이숍』(*Magic Toyshop*)으로 존 루엘린 라이스 문학상(John Llewellyn Rhys Prize)을 수상하여 좀 더 이름을 알렸으며, 이때쯤 여성으로서의 자신에 대한 의식이 강해졌고 '여성성'이라는 개념은 보편적인 것이 아니라 사회가 만들어 놓은 허구라는 생각을 하게 되었다고 한다.

낭만적이라고 생각했던 결혼이 억압이 될 수도 있다는 것을 경험한 카터는, 두 편의 소설이 더 나온 뒤 남편과 헤어질 것을 고심하던 중, 1969년 『여러 관점들』로 서머셋 모옴 문학상(Somerset Maugham Award)을 받아 그 상금으로 일본에 간다. 서양 기독교 문화와 전혀 다른 나라에서 타문화를 이방인의 눈으로 경험한 카터는 영어권 문화를 낯설게 다시 보게 되었다. 남편과 이혼 후 일본에서 작가지망생인 연하의 일본 남성과 만나고, 그와 결별 후 훨씬 더 어린 한국남성과 동거하면서 처음으로 남녀 관계에서 지배적인 역할도 경험해보며 카터는 자신이 "여성으로 산다는 것이 무엇인지 깨닫고 급진적인 페미니스트가 되었다"고 말했다(Carter, *Nothing* 28).[1] 또한 그녀는 1968년 프랑스 5월 혁명의 여파로 일본에 건너온 프랑스 지식인들을 만났고, 레비 스트라우스(Claude Lvi-Strauss), 롤랑 바르트(Roland Barthes), 미셸 푸코(Michel Foucault) 등 프랑스 구조조의 철학자들의 이론은 그녀의 미학을 밑받침해줄 이론적 무기가 되어주었다. 약 2년간의 일본 생활에서 경험한 문화적, 개인적, 철학적 경험에 의하여 카터는 매우 다른 작가로 재탄생했으며, 이 때 집필한 『호프만 박사의 지옥의 욕망기계』(*The Infernal Desire Machines of Doctor Hoffman*)와 단편집 『불꽃놀이』(*Fireworks*)는 카터의 새로운 예술적 자유가 반영된 작품들이다.

1970년대 중반부터 1980년대 중반까지는 카터의 전성기이다. 1977년에 나온 『새로운 이브의 수난』(*The Passion of New Eve*)은 초현실주의적 실험의 걸작으로서 여자로 성전환한 인물을 통해 여성성과 남성성의 개념을 해체하는 작품이다. 당시 제2물결 여성운동에 관심을 가지게 된 카터는 『사드적 여성』(*The Sadeian Woman*)에서 사드(Sade)를

'도덕적 포르노 작가'의 가능성을 가진 작가라고 주장하여 페미니스트 사이에 큰 논란을 일으켰다. 『피로 물든 방』(*The Bloody Chamber*)과 『서커스의 밤』(*Nights at the Circus*)은 신화와 동화의 요소를 성공적으로 차용한 작품들이다. 『피로 물든 방』에서 늑대를 소재로 한 세 개의 단편을 영화화한 <늑대 친구들>(*The Company of Wolves*, 1984)로 그녀의 독특한 작품세계가 더 많은 사람들에게 알려졌다. 영국 귀국 후 1974년 열 다섯 살 연하인 두 번째 남편을 만나고 마흔 셋의 나이에 아들을 출산한 이후 카터의 작품세계는 다소 부드러워졌으며, 마지막 소설이 된 『현명한 아이들』(*Wise Children*)은 새로운 영역을 개척하고 있지는 않지만 이전 작품들의 주제들을 더 세련되게 다루고 있다. 이 소설은 셰익스피어 작품을 연기하는 배우 가족의 이야기를 사생아인 쌍둥이 딸의 시점에서 풀어감으로써, 환상적이고 카니발적인 요소를 통하여 영국의 가부장제와 제국주의적 주류문화를 비판하고 있으며 낙관적이고 유머러스한 작품이다.

생전에 카터는 부커상이니 휘트브레드상 같은 영국의 유명한 문학상을 수상하지 못했다. 사라 갬블(Sarah Gamble)이 지적하듯이 카터는 1983년 부커상 심사위원으로 활약했지만 정작 본인 작품은 하나도 최종 후보자 명단에 오른 적이 없을 정도로 "주류 문학상을 수상하기에는 그녀의 작품이 영국인들에게 편안한 작품이 아니었을"(202) 것이다. 제2차 세계대전 이후 영국 문단 주류는 사회적 사실주의였던 반면에, 유럽 문학 전통에 경도 되었던 카터는 고딕적 공포 이야기, 공상 과학, 동화 등의 비주류 장르를 사용하여 초현실주의적이고 환상적인 분위기의 작품을 발표했기 때문이다. 아이러니하게도 카터의 작품은 그녀의 사망 직후에 큰 관심을 받았고 재평가를 받아 문학교육과 연구의 대상이 되는 정전의 반열에 올라갔다. 2009년에는 런던의 영국 국립

도서관의 카터의 일기, 편지, 에세이, 시 등을 망라한 컬렉션이 카탈로그화 되어 더 심도 깊은 연구가 가능하게 되었다.

II. 카터의 페미니즘과 『사드적 여성』

카터는 환상적이고 시적인 문체에도 불구하고 매우 정치적인 의식을 가진 작가로서 유물론적 토대에 기반을 둔 사회의 권력 구조 문제에 큰 관심을 가졌다. 그녀는 유럽의 고딕 문학, 프랑스 초현실주의 문학과 사드의 철학 등 과거의 문학과 전통에서 영감을 받아 이를 탈신화하여 독자적인 미학을 만들어냈다. 신화란 우리가 확신하고 있는 사회적, 문화적, 심리적 구조로서 진실이라고 믿고 있는 것을 말한다. 그녀는 '탈신화'(demythologizing) 작업을 통해 반문화적, 페미니스트적 시각으로 신화가 성스러운 것이 아니며 인간 마음의 산물이고 사회적으로 구성된 허구라고 보았다. 신화는 사회적, 문화적으로 구성된 허구를 보편적이고 자연스러운 진실로서 제시한다. 사람들을 통제하고 구속하려는 목적으로 사용되는 거짓된 신화를 파헤치기 위하여 카터는 종교, 정신분석학, 자본주의, 가부장제도, 특정한 종류의 페미니즘을 거리낌 없이 분석했다. 본질적 여성성을 신화화하는 급진적 페미니즘이나 남성 중심적 성역할과 성규범에 관한 신화를 비틀고 조롱하고 다시 쓰기 위해 다양한 장르(동화, 포르노 문학, 고딕 소설, 디스토피아 소설, 마술적 사실주의 등등)의 형식을 사용하거나 변용하여 사용했다. 카터에게는 영원히 성스러운 것은 하나도 없다. 그러나 카터의 이런 해체 작업은 문제점만을 폭로하는 것이 아니라 사람들을 자유롭게 해방시키는 새로운 신화를 만들어내는 작업이라는데 의미가 있다.

카터의 작품 중에서 가장 큰 영향력을 가진 『피로 물든 방』을 분석하기 전에 그녀의 탈신화 작업에 영감을 준 사드 후작(Marquis de Sade)의 철학을 살펴보고자 한다. 카터는 사드와 그에게 큰 영향을 받은 프랑스 초현실주의 작가를 자주 인용하여 사용했는데, 이로써 그들의 작품에 담긴 여성 혐오 또는 여성 대상화 경향을 공유하는 것 같이 보였기 때문에 페미니스트 진영에서 많은 비판을 받았다. 1979년 『사드적 여성』과 『피로 물든 방』이 각각 3월과 5월에 잇따라 출판되자 청교도적 성향이 농후한 미국의 안티-포르노 페미니스트들은 카터가 여성 혐오적 포르노 작가인 사드를 옹호하는 것으로 오해하고 『사드적 여성』을 "사이비 페미니스트 문학 에세이"(pseudo-feminist literary essay, Dworkin 84)라고 매도했다. 또한 『피로 물든 방』의 사드적인 폭력적 성행위 묘사, 예를 들어 '백설 공주'(Snow White)의 변주인 「눈의 아이」("The Snow Child")에 등장하는 시체강간 같은 장면은 대중에게 충격을 불러일으켰다. 그러나 카터가 『사드적 여성』 의 서문에서 말하듯 그녀는 사드를 분석하거나 설명하려는 것이 아니라, 사드가 제기한 문제, 즉 사회적으로 구성되고 결정된 여성성, 그리고 이에 기인한 남성과 여성의 관계를 현대적으로 해석하려고 하는 것이다.

카터가 『사드적 여성』 의 서문에서 사드의 포르노그래피적 작품이 여성을 위해 사용될 수 있다고 도발적으로 주장하는 이유는, 그가 여성의 섹슈얼리티를 출산 기능과 분리시켜 볼 수 있는 가능성을 보여줌으로써 여성을 성적으로 해방시킬 수 있다고 생각했기 때문이다. 또한 카터가 그에게 '도덕적 포르노 작가'(moral pornographer)의 잠재성이 있다고 본 이유는 사드가 남녀의 성행위를 단순한 생물학적인 살과 살의 접촉으로 보지 않고 정치적인 권력 관계로 보았기 때문이다. 남녀 중 한 쪽이 다른 쪽에게 경제적으로 의존한다면 둘 사이에 성적 억압이 일어나고 이것이 성적인 감정 표현에도 영향을 준다는 것이다. 다시 말해 카터에게 "남성과 여성의 성적 관계는 그 관계가 일어나는 사회 속에서의 남녀의 사회적 관계를 명백하게 드러나게 하고, 그것이 명백하게 설명되면 그 사회적 관계에 대한 비평이 될 수 있다. 비록 그것이 포르노 작가의 의도가 아니었다고 할지라도 말이다."[2] 다시 말해 카터는 사드가 에로틱한 성행위 기반에 깔려있는 정치적인 관계를 노출시킨다는 점을 높게 평가한 것이다. 그러나 사드의 주요 관심사와 카터의 주요 관심사에는 차이가 있다. 이 점을 이해하면 카터가 사드를 '도덕적 포르노작가'의 모델로 본 것이 아니며, 오히려 그가 어떤 점에서 그 잠재성을 끝까지 발전시키지 못하고 실패했다고 비판하는지 알 수 있을 것이다.

사드 작품의 역사적 맥락을 살펴보면 그의 주요 관심사는 남성중심주의와 가부장제 전통의 전복이 아니라 전통 신학과 종교로부터의 해방이다. 그의 '리베르탱'(libertine) 소설은 17세기 까지 거슬러 올라가는 기존의 전통, 즉 종교에 대한 자유사상가를 뜻하는 '리베르티나주(libertinage)' 전통 속에 있다. 사드 작품에 난무하는 충격적인 성도착 행위와 가학적인 잔혹한 성행위는 신성모독에 목적이 있다. 그는 종교와 법제도, 그리고 도덕 등 기존의 규범에서 해방되고자 했다. 사상가 사드의 무신론은 영혼이나 내세에 대한 믿음을 거부하고 자연과 인간이 모두 물리적 운동 법칙에 종속되는 존재이며 그 유일한 존재 목표가 쾌락이라고 보았다. 사드에 의하면 신은 죽었고, 아무런 초월적인 제1 원인 없이 움직이는 자연이 모든 인간의 행동을 자연의 의지에 종속시키기 때문에 인간은 자신의 행동에 대해 도덕적 책임을 질 수 없다. 이는 루소의 낭만적 자연관과 정반대되는 것으로 인간 본성을 이기적이며 잔혹한 것으로 본다. 존 필립스(John Philips)는 사드가 자연의 힘과 파괴력에 대한 매혹과 동시에 자연의 맹목성에 대한 증오를 가졌다고 말하며, 자연에 대한 이런 양가적 태도가 여성에게도 투영된다고 본다. 사드 소설에서 여성 신체가 욕망의 대상이면서도 강한 혐오감을 불러일으키는 것은 그가 여성 신체의 특징을 부재로 보기 때문이라는 것이다. "부재는 자연 그 자체의 특징이기도 한데, 자연이 확실한 동기가 없이 임의적인 방식으로 작동한다는 점에서 리베르탱들이 그것을 싫어하는 것과 동일한 이유다. 사드적 인간에게서 자연과 여성 신체는 하나이며, 같은 이유에서 매혹의 대상이자 역겨움의 대상이 된다. 여성 신체는 매달 피를 흘리며, 자연의 재생산 목적을 수행한다. 여성 신체는 긍정적이기 보다는 부정적이며, 여성 성기는 존재라기보다는 부재다"(필립스 149).

사드의 "성스러운 처녀" 쥐스틴(Justine)은 선하고 순종적이고 고통당하는 인물로서 재생산에 충실한 어머니를 상징하는 인물이며, 언니인 쥘리에트(Juliette)는 정반대로 "불경한 창녀"(*SW* 115)로서 강압적이고 남에게 고통을 야기하는 사드적 여성이다. 쥘리에트와 유사한 사드적 여성 인물인 외제니가 자신의 어머니를 증오하고 잔혹하게 변태적인 방식으로 살해하는 것은 출산이라는 재생산 행위와 자연에 대한 반감에서 온다. 카터가 지적하듯이 쥐스틴을 입으로 들어가 음문을 관통해나가는 벼락에 맞아 죽게 하는 사드의 장치도 출산 행위에 대한 패러디다(*SW* 115). 그는 신과 자연에 대한 반항심에서 여성의 재생산 행위를 증오의 대상으로 삼는다. 신도 없고 적대적인 우주에 인간을 낳아 떨어뜨려 두는 자연도 용서할 수 없고 자연과 공범인 여성도 용서할 수 없다고 보는 것이다.

사드가 전통적인 종교와 교회로부터 해방되기 위한 수단의 하나로 성도덕으로부터 해방된 리베르탱 소설을 썼다면, 카터는 여성 섹슈얼리티를 억압하는 여성에 대한 신화를 탈신화하기 위해 초현실주의와 초현실주의 미학에 영감을 준 사드에게 관심을 갖게 되었다. 흔히 오해하듯이 사드의 쥘리에트는 남성중심주의와 가부장제 전통을 전복시키는 인물이라고 할 수 없다. 순종적인 쥐스틴과 달리 희생자로서의 여성상을 버리고 섹슈얼리티를 이용하여 다른 인물에게 권력을 행사하는 능동적인 인물이기는 하지만 쥘리에트의 권력은 남성 귀족에게 허락받은 것에 불과하기 때문이다. 카터가 지적하듯이 사드적 여성은 "신과 왕과 법률이 규정한 사회적 역할만 전복할 뿐" 사회 자체를 전복하지는 못한다(*SW* 155). 아버지가 여전히 권력의 유일한 근원이며 권리를 분배해주는 존재로 남아있기 때문이다.

카터가 『사드적 여성』에서 염두에 두고 있는 주된 비판 대상은 1970년대 일부 영미 급진적 페미니즘에 나타난 '여신 페미니즘'(Goddess Feminism)이다. 메리 델리(Mary Daly)나 수잔 그리핀(Susan Griffin)은 여성이 모성과 육아 역할에 수반되어서 나온 덕스럽고 양육적이고 평화적인 특성을 갖기 때문에 여성성이 남성성보다 더 긍정적이라고 보았다. 그러나 카터는 이처럼 여성이 본질적으로 수동적이며 순교자 같은 특성을 타고 났다고 믿는 것은 여성을 희생자로 만드는 것이며, 이런 견해를 받아들이는 여성은 여성 억압에 동조하는 것과 다름없다고 주장한다. 이런 맥락에서 카터는 사드가 모성과 관련 없이 능동적이고 적극적으로 섹슈얼리티를 발휘 할 수 있는 여성상을 보여준다는 면에서 그의 혁명성을 높이 평가했다.

그러나 카터는 사드가 '도덕적 포르노 작가'가 될 수 있는 잠재력이 있었지만 결과적으로 실패했다고 본다. 사드 작품에서 딸이 해방되기 위해서 먼저 어머니가 살해되어야하기 때문이다. 사드는 외제니(Eugenie)를 통하여 여성의 성적 사회적 해방으로 이르는 유일한 길이 재생산하는 신체로부터 해방이라는 것을 보여주려 한다. 어머니가 섹슈얼리티를 재생산에만 국한하려한다면 딸의 자유분방한 성을 통제하려고 할 것이기 때문에 "모녀 관계는 적대적일 수밖에 없다"(*SW* 144). 자신의 재생산 기능을 상징하는 어머니 살해를 통해 외제니는 어머니의 통제에서 벗어나 자유를 얻기는 하지만 그녀는 여전히 아버지의 권위 아래에 종속되어있다. 아버지의 편지로 지시를 받아 어머니를 살해한 것이기 때문에 딸의 자율성은 제한적인 것이 된다. 앞으로 논의하겠지만 카터의 『피로 물든 방』은 전혀 다른 모녀 관계를 보여준다. 또한 카터는 사드가 어머니의 성적 욕망이라는 금기를 끝내 위반하지 못했다고 비판한다. 외제니가 어머니를 남근 대용품을 사용하며 강간할 때 어머니가 오르가즘에 도달하기 직전 기절하도록 만든 사드의 장치는 정숙한 어머니가 타락하여 성적 쾌락을 경험하고 해방된다면 '리베르탱'의 모든 계획이 무너지기 때문에 필요하다. 사드는 딸과 함께 어머니를 해방시키는 가능성을 상상할 수 없다. 외제니의 행동은 억제되어야하는 것이 딸의 성적 관심이 아니라 어머니의 성적 관심이라는 점을 나타내며, 사드의 여성 해방과 성해방은 오로지 남성의 쾌락을 위한 것임을 보여준다. 이와 대조적으로 카터의 『사드적 여성』이 가진 가장 급진적인 점은 '욕망하는 어머니'의 귀환이라 할 것이다.

사드의 세계에서 상호적인 사랑이 불가능하기 때문에 카터는 『사드적 여성』의 결론 부분에서 그의 에로티시즘을 비판한다. 사드에게 성적 관계는 상호 동등하게 감정을 교환하는 관계가 될 수 없다. 사드의 리베르탱에게는 "능동적/수동적, 선/악의 이항 대립이 절대적으로 필요하며, 더구나 변할 수 없다고 여겨지는 만고불변의 계급 차이가 필요하다”(*SW* 166). 사드에게 성적 관계는 잡아먹느냐, 아니면 먹히느냐의 관계이다. 이 관계에서 상대방의 육체는, 전통적으로 특히 여성의 육체는, 살아있는 인간의 “살”(flesh)이 아니라 먹잇감인 “고기”(meat) 토막에 불과하다(*SW* 161–62). 카터는 자기중심적인 리베르탱이 성관계 대상을 연인이 아니라 “공범자”로 둔다고 지적한다(*SW* 171). 진정한 연인은 쾌락을 지성적으로 경험하게 하는 게 아니라 감정적으로 느끼도록 만들기 때문에 쾌락을 감소시키며, 오르가즘 이후에 남성에게 소진과 허약함을 느끼게 하는 여성은 경멸의 대상이 된다. 이러한 태도는『피로 물든 방』에 등장하는 후작에게서 잘 볼 수 있다.

이러한 자기중심적 성관계는 사드가 섹슈얼리티를 사랑과 분리하고 위반해야할 죄악으로 보기 때문에 나오는 것이라고 카터는 설명한다. 사드의 “뿌리 깊은 청교도적 정신” 때문에 그가 섹스를 죄악으로 본다는 것이다(*SW* 172). 리베르탱에게 쾌락은 관능적인 것이 아니라 두뇌적인 것이다. 그의 지성이 자극 받고 쾌락을 경험하기 위해서는 자신이 금지된 행동을 한다는 것을 알아야하므로 그에게는 금기가 필요하다. 리베르탱의 모순은 종교와 도덕과 법으로부터 해방되고자 하면서도 금기와 부도덕으로부터만 쾌락을 느끼기 때문에 법과 규범이 반드시 존재해야한다는 것이다. 그리고 섹스에서 상대방은 공범자로서 자신이 “범죄를 저지르고 있음을 확인”해주는 역할을 할 뿐이다(*SW* 172).

프랑스 초현실주의 시인 기욤 아폴리네르(Guillaume Apollinaire)는 쥘리에트를 “신여성”(New Woman)으로 보고 그녀가 미래에 나타나서 세상을 새롭게 할 것이라고 기대하지만(*SW* 90) 카터는 이에 동의하지 않는다. 카터도 여성해방을 가로막는 억압적 상부구조를 제거하는데 쥘리에트 같은 인물이 필요했었음을 인정하기는 하지만 쥘리에트가 아이러니한 의미에서만 신여성이라고 하는 이유는 아무리 그녀가 희생자 위치에서 지배적 위치로 변신했어도 그 게임을 지배하는 "왕"의 존재가 아직 남아있기 때문이다. 카터에게 쥐스틴과 쥘리에트는 모두 희망이 없는 인물상으로서, 그녀가 이상적으로 보는 여성 인물은 "순종적이지도 않고 공격적이지도 않으며 감정과 함께 사고 능력을 모두 갖춘 인물"이다(*SW* 91).

카터는 사드적 여성에게서 신여성 상을 볼 수 없었기 때문에 『사드적 여성』에 후기로 무정부주의 페미니스트인 엠마 골드만(Emma Goldman)의 글을 첨부하여 상호적인 사랑의 비전을 보여준다. 카터는 사드의 경우처럼 사랑받는다는 것이 노예가 되거나 종속적인 존재가 되는 것이라면 완전하고 진정한 해방이 될 수 없다고 말한다.

> 남성과 여성을 이분법으로 나누는, 다시 말해 남자와 여자는 서로 적대하는 두 세계를 각각 대변한다는 식의 잘못된 관념을 없애야 한다. […] 남녀의 진정한 관계는 정복자와 피정복자의 관계를 허용하지 않을 것이다. 한 가지 위대한 사항만 알아야한다. 자신을 더 풍요롭고 심오하고 더욱 더 좋게 만들기 위해서는 무한히 자신을 내주어야 한다. 이것만이 공허함을 채울 수 있고 여성 해방의 비극을 기쁨으로, 무한한 기쁨으로 바꿔줄 것이다. (*SW* 177–78)

아나 왓츠(Anna Watz)가 분석하듯이 골드만의 자유 개념은 사드와 "정반대"이다(132). 사드에게 자유는 남녀(강자/약자) 이항대립이 필요하며 한 쪽의 자유는 다른 쪽의 자유를 박탈함으로써 가능하다. 그렇기 때문에 그는 상호적 사랑을 거부하고 고립적으로 독자적 쾌락을 추구한다. 골드만에게는 정복자와 피정복자의 대립적 개념이 완전히 사라져야 자유가 가능하다. 그리고 이러한 사랑은 서로에게 영향을 주어 자아를 변화 시키며 계층구조를 없애는 공간이 된다. 다음 장에서는 이와 같은 시각에서『피로 물든 방』이 전통 동화와 다른 남녀 관계와 사랑을 어떻게 보여주고 있는지 살펴보고자 한다.

III.『피로 물든 방』 읽기

카터의 작품 중에서『피로 물든 방』이 가장 영향력이 큰 작품이라는 데 대해서는 이의가 없다. 전통 동화와 달리 잔혹하고 폭력적인 포르노그래피적 요소 때문에 출판 초기에는 이 작품이 기존 젠더 관계를 고착시킨다는 부정적 평가도 받았으나, 매혹적인 문체와 혁명적인 성 정치학적 내용이 평가를 받게 되면서 대중에게 널리 읽히고 학술적인 관심도 많이 받았다. 2009년 이 작품의 출판 30주년을 기념하여 카터가 한 때 가르쳤던 이스트앵글리아대학(University of East Anglia)에서「앤절라 카터 이후의 동화」("The Fairy Tale after Angela Carter")라는 제목의 학술대회가 개최되어 동화 장르에 깊은 영향을 미친 카터의 영향에 대한 평가가 이루어졌으며, 현재까지 학술연구서가 꾸준히 나오고 있다

앞에서 살펴본『사드적 여성』이 사드의 작품을 통하여 포르노그래피와 젠더와의 관계를 분석해 보았다면, 이와 같은 시기에 구상되

고 집필된『피로 물든 방』은 사드를 염두에 두는 동시에 샤를 페로(Charles Perrault)의 작품을 포함한 전통적 동화를 다시 쓰는 작업을 통해 전통 동화에 나타난 성 정치학적 이데올로기를 탈신화하는 작품이다. 동화는 포르노그래피와 유사하게 시간이 흐르면서 신화적 보편성을 갖게 되고 그 이면에 있는 구체적 남성과 여성의 특수성과 권력 관계가 가려지게 된다. 카터는 동화에 가려져 잠재해있는 성 정치학을 드러내 보이고자 했다.

마가렛 애트우드(Margaret Atwood)가 '요정 대모'(fairy Godmother)라고 부를 정도로 카터는 동화에 강한 관심을 갖고 있었다. 그녀는 1970년에 두 개의 동화를 써서 발표했고, 1977년에 페로의 동화집을 영어로 번역한지 이 년 만에『피로 물든 방』을 출판했다. 고전적인 동화를 새롭게 다시 쓴 카터의 의도는 단순하게 동화를 다시 써서 페미니스트 동화, 성인용(에로틱) 동화, 또는 편견 없이 공정한(politically correct) 판본으로 만들어 내는 것이 아니다. 고전적 동화에 은폐되어 있는 성적인 암시와 이를 통한 젠더 이데올로기를 노출시키는 것을 목적으로 한다. 동화란 영원히 변치 않는 보편적인 인류의 집단 무의식에서 나온 것이 아니며, 실생활과 관련이 없는 환상적인 세계를 보여주는 것이 아니라 역사 속 특정한 시점의 문화적, 정치적, 경제적인 상황을 반영하기 때문이다. 카터는 17세기 프랑스 동화 작가 페로의 동화집을 번역하는 과정에서 원래 있었던 구전 민담과 페로의 동화 사이의 차이에 주목하고, 남성작가에 의해 구성된 고전 동화를 탈신화하고자 했다.

카터는 수천 년 전의 구전민담(folk tales)과 18세기 이후 아동을 위한 문학 장르로 확립된 동화(fairy tale)를 구분한다. 구전민담은 지은이가 미상이며 유동적이고, 이야기를 하는 사람에 따라 계속 다시 만들어지는 가난한 자들의 여흥거리였다. 구전 민담은 아이들을 위한 이야기가 아니었고 주로 여성에 의해 농민층에서 어른들이 어른들에게 입으로 전해지던 이야기로서, 카터에 의하면 약자의 위치에 있던 여성들이 자신들이 처해있던 상황에 대처하기 위해 적극적으로 만들어낸 "책략과 플롯"인데, 시대가 바뀌면서 가치 없고 시시한 아낙네들의 얘깃거리로 경시받게 된다(Carter, "Introduction" xiv). 민담과 달리 동화는 구전되던 이야기에서 성적인 암시나 배설 장면 같은 불편한 내용을 없애고 이를 문자 텍스트로 바꾸어 책으로 출판된 것으로 중산계층에 유통되는 상품이 되었다. 17세기 프랑스의 페로는 구전되어오던 민담을 채록하여 궁중 귀족들에게 수용되는 공식적 동화로 출판하면서 당시 가부장적 귀족사회에서 중요시된 여성의 순결과 정절의 성규범을 강조하고자 구전민담의 내용을 순화했다. 또한 19세기 독일의 그림 형제는 구전민담을 아동 보다는 성인을 대상으로 하여 정통 독일 정신을 보존하는 목적으로 중산층의 가부장적 가치관을 담은 동화로 문자화하였다.

카터는 이와 같이 오래전 주로 농민계층 민중들의 입을 통해 전해내려오던 민담이 권력을 가진 남성들에 의해 출판된 텍스트로 변하는 과정에서 이야기에 담긴 가치관, 특히 섹슈얼리티와 성역할에 대한 가치관이 바뀌는 것에 주목했다. 구전민담에서는 기지와 용기로 위기를 헤쳐 나가고 성적 욕망을 감추지 않는 독립적인 소녀/여성 인물들을 볼 수 있는 반면, 페로의 동화에서는 성적으로 순진하고 순종적인 여성은 좋은 여성으로 이상화되며, 성적으로 호기심 많고 체제에 반항적인 여성은 나쁜 여성으로 처벌받는다.

카터가 사드 작품에서 높이 평가한 것은 쥘리에트를 통해 적극적이고 능동적인 여성상을 제시했다는 점이지만, 카터는 이 인물 역시 남성적 가치관을 가진 인물로서 가부장제 테두리 안에 있는 인물로 보았다. 카터는 『피로 물든 방』에서 페로, 그림 형제, 르프랭스 드 보몽 부인(Madame Leprince de Beaumont)의 고전 동화에 나오는 좋은 여자/나쁜 여자, 다시 말해 사드의 쥐스틴/쥘리에트 이분법을 탈피하여 다양하고 복합적인 면모를 가진 입체적인 여성 인물을 그린다. 더구나 남녀의 성역할이 고정된 것이 아니라 유동적이며, 한 개인에 있어서도 때에 따라 다를 수 있음을 보여준다. 이와 같이 『피로 물든 방』은 전통적인 동화와 상호텍스트적인 관계에 있을 뿐 아니라, 카터가 관심을 가진 고딕 문학, 초현실주의 문학, 정신분석학, 그리고 같은 전통 안에 있는 고전 음악과 회화에 담긴 여성관과의 대화 내지 비판이기 때문에 상호텍스트성이 매우 풍부한 작품이다.

앞에서 논한 바와 같이 카터는 사드의 작품에 나타난 젠더 관계를 포식자와 먹잇감의 관계라고 분석했는데, 애트우드는 『피로 물든 방』에 실린 열 개의 이야기 구조를 포식자인 육식 동물의 분류에 따라 고양이, 초자연적 인물, 늑대 이야기의 세 부분으로 나누었다. 처음 세 편은 "고양이 이야기"(cat family stories), 그리고 그 다음에 나오는 「장화 신은 괭이」("Puss–in–Boots")는 고양이 이야기의 코믹한 종결부(comic coda), 중간 부분의 세 편은 초자연적인 인물(마왕, 눈의 아이, 여자 뱀파이어) 이야기, 마지막 세 편은 "늑대 이야기"(wolf family stories)로 나누어 설명한 것이다(138). 아래 글에서는 이 순서를 따라 열 편을 소개하되 가장 풍부하게 카터의 미학을 잘 보여주는 첫 번째 이야기이자 표제작인 「피로 물든 방」을 맨 마지막에 소개하고자 한다.

1. 고양이 이야기

표제작 다음에 나오는 세 편의 이야기는 고양이과 동물인 사자, 호랑이, 고양이가 등장하는 이야기다. 「리용 씨의 구혼」("The Courtship of Mr Lyon")과 「타이거의 신부」("The Tiger's Bride")는 '미녀와 야수'("Beauty and the Beast") 이야기를 다른 방식으로 변주하고 있으며, 「장화 신은 괭이」는 '장화신은 고양이'("Puss in Boots") 이야기를 코믹하고 그로테스크하게 풍자한 이야기이다. 앞의 두 이야기에서 여성 인물은 '아버지의 법'이 지배하는 가부장 사회에서 남성과 남성 사이에 교환되는 대상이라면, 「장화 신은 괭이」에서 여주인공은 이보다 더 적극적으로 '아버지의 법'이 지배하는 가부장 사회를 뒤흔드는 주체적인 여성이다.

「리용 씨의 구혼」에서 뷰티는 아버지가 야수의 정원에서 장미 한 송이를 훔친 대가로 교환되는데 이에 대해 아무런 불만 없이 순응하는 여성이다. 스스로를 "흠 없는 희생양"[3]으로 보는 뷰티는 사드의 쥐스틴처럼 아버지에게 순종하는 '완벽한 딸'로서, 잡아먹을 줄 모르는 "초식동물"(*SW* 163)처럼 무지하고, 왜 희생되는지 모르기 때문에 자발적으로 야수에게로 간다. 그러나 후반에는 희생양의 위치를 벗어 날 수 있다는 약간의 가능성을 보여준다.

먼저 카터의 이야기는 보몽의 이야기에 약간의 변형을 가하여 야수가 가진 남성적 시각을 강조하고 이를 비판한다. 야수가 뷰티를 소유하고자 한 것은 그녀의 사진을 보고나서인데 처음에는 "퉁명스럽게"(*BC* 44) 아버지가 내민 사진을 받더니 뷰티의 아름다움에 시선을 집중하고 자세히 보고 나서는 딸을 보내라고 요구한 것이다. 이렇게 남성의 일방적 시각에 의해 선택되고 교환된 뷰티이지만, 카터 이야기에서 뷰티는 전통적 동화의 뷰티와 달리 남성의 시선에 맞대응해 야수의 눈을 맞바라볼 수 있는 능력이 있다. 야수가 다정히 대화를 건네며 헤어질 때 손에 키스를 하자 야수에게 "동정심"(*BC* 47)을 느끼고 뷰티는 두려움 없이 야수의 눈동자에 비친 자신의 모습을 본다. 하지만 아직 남성의 눈에 반영된 주체가 아닌 대상으로서의 자기 모습만 볼 수 있을 뿐이다.

카터는 결말에서 뷰티가 그녀에게 내재된 남성적 시각을 벗어나게 함으로써 전통적 동화와 간격을 둔다. 런던의 아버지에게 돌아온 뷰티는 여전히 가부장제의 가치관에 따라서 화려한 옷을 입고 거울을 보고 만족하면서 사교계의 꽃 역할을 수행한다. 그러나 거울에 비친 자신의 미모에 빠져있던 뷰티는 야수의 전령인 스파니엘 개가 도착했을 때 정신을 차리고 야수에게 주체적으로 구애하기 위해 달려간다. 그 이전에 이미 뷰티는 아버지의 딸로 머무르는 것에 만족하지 않고 해방을 원하고 있었다. 뷰티는 야수에게 장미 꽃 한 다발을 보내면서 마음의 빚을 갚아서 후련하고 그에게서 벗어난 것에 대해 "알 수 없는 위험"에서 벗어난 것처럼 자유로움을 느낀다. 그러나 동시에 이 위험에 의해 가능했을 "변화"의 기회를 놓친 것처럼 "쓸쓸한 허전함"(*BC* 48)을 느낀다. 자신을 에워싸고 있는 가부장제와 부르주아적 시회 구조에서 벗어나고 싶어 하며, 외부에서 어떤 변화의 기회가 오기를 갈망하고 있기 때문이다. 결말에는 전통적인 결혼의 이야기로 안착하는 면이 있기는 하지만 카터의 이야기는 뷰티의 변화를 약간이나마 암시하고 있다.

「리용 씨의 구혼」은 육식동물인 사자 주인공이 사랑에 의해 초식동물로 변하는 것을 보여주지만 「타이거의 신부」는 정반대로 미녀가 야수로 변하는 것을 보여준다. 카터는 좀 더 급진적으로 전통적인 미녀와 야수 이야기를 변형시킨다. 우선 이 이야기는 여성 인물이 일인칭 시점으로 자신의 이야기를 하는 형식을 취하고 있다. 그녀는 첫 마디에 단도직입적으로 자신이 가부장제 사회에서 교환되는 물건이라고 적나라하게 표현한다. "아버지는 야수와의 카드 게임에서 나를 잃었다"(*BC* 51). 밤새 진행된 도박 카드 게임에서 더 이상 내 놓을 판돈이 없어지자 딸을 내기에 걸었다는 것은 딸을 소유물로 보았다는 것이다. 「리용 씨의 구혼」에 나오는 아버지는 딸에게 장미를 따다 주고 싶은 마음에 일이 시작된 반면, 이 이야기의 아버지는 빼앗기게 된 딸을 오셀로의 구절을 인용하며 "귀한 진주"(*BC* 55)에 비유하며 아쉬워하지만 결과적으로 그에게 딸은 그가 소유하는 보물일 뿐이다. 야수와의 계약은 결혼 제도에 내재된 경제적 교환 과정을 상징한다.

「타이거의 신부」에서도 야수는 남성의 시각적 권리를 주장하여 시종을 통해 여주인공에게 나신을 보여 달라고 요청한다. "주인님의 유일한 소원은 옷을 입지 않은 아름다운 아가씨의 알몸을 보는 것입니다. 단 한 번이면 되고 그 이후에는 손 하나 안 대고 부친에게 도로 돌려보내질 것입니다. 부친께서 카드 게임으로 잃은 액수만큼의 은행 정기 지급 명령서와 함께요, 그리고 모피나 보석이나 말 같은 고급 선물도 "(*BC* 58). 타이거의 이러한 페티쉬적 욕망은 그의 남성적 시선이 여성을 대상화하고 있음을 보여준다.

여주인공은 순종적인 뷰티와 전혀 다른 인물로서 타이거의 요구에 대해 강력하게 대응한다. 그녀는 가면을 쓰고 있는 타이거의 눈을 마주보아 눈길을 피하게 만들고서 메두사 같이 "무자비한 폭소"(*BC* 58)를 터뜨리며 다음과 같은 대안을 내놓는다. 자신은 "창문 없는 방"에서 하반신만 노출할 것이며, 돈을 주고 싶으면 일상적인 창녀의 화대와 "똑같은 액수만" 달라는(*BC* 59) 그녀의 제안은 이 대면이 인격적인 대면이 아니며 경제적인 교환이라고 분명하게 규정하려는 데 목적이 있다.

카터는 경제적으로 불평등한 남녀의 관계를 상호적인 사랑으로 변화시킬 수 있는 가능성이 있음을 다음 장면에서 보여준다. 여주인공은 말을 타고 나간 황무지에서, 야수도 여성과 같이 이성이 없다고 여겨지는 존재이기 때문에 그들 사이에 공통점이 있다는 생각을 하게 된다. 그들 모두 아버지의 법에서 주변으로 밀려난 존재들이다. 이런 상황에서 타이거가 먼저 가면과 옷을 다 벗고 나신을 드러내자 그녀는 그가 자신과 상호적이고 동등한 관계를 원하고 있음을 이해하게 된다. 이에 그녀는 자신이 희생양이 아니며 타이거와 동등하게 되려면 자신도 "호랑이와 같이 달리는 법을 배워야"함을 깨닫고 스스로 옷을 벗어 나신을 타이거에게 자발적으로 보여준다. 그리고 "태어나서 처음으로 자유롭다"고(*BC* 64) 느낀다.

타이거는 이로 인해 두 사람 사이의 경제적인 채무 관계가 해결되었다고 생각하고 여자를 아버지에게 돌려보내려한다. 하지만 카터는 여주인공이 다시 아버지의 딸로 돌아가기를 거부하게 함으로써 전통적인 이야기와 전혀 다른 결말을 제시한다. 마술 거울에서 타이거가 보낸 돈으로 다시 부자가 된 아버지를 보며, 그 세계로 돌아간다는 것은 자율적인 존재가 되지 못하고 자신의 옆에서 시중들고 있는 소녀와 같이 자동인형 같은 존재가 되는 것과 같다고 생각하기 때문에 그녀는 딸 노릇 하기를 거부하고 타이거와 함께 남기로 결정한다. 그녀는 문명의 굴레 같은 옷을 다 벗어 던지고 완전히 나체가 되어, 자신처럼 가발과 가면과 옷을 다 벗고 야수의 본성을 드러내고 있는 타이거의 방으로 간다. 그녀는 남녀 관계가, 사드가 주장하는 것처럼, 반드시 포식자와 먹잇감의 관계가 될 필요는 없다고 생각하며, 타이거의 욕망이 "내 죽음이 될 필요는 없다"(*BC* 67)라는 것을 확신하고 그에게 손을 내밀며 먼저 다가간다. 보몽의 이야기에서처럼 결말에 야수가 인간으로 변신하는 대신, 타이거가 혓바닥으로 여주인공의 세속적 피부를 벗기고 가죽과 털을 드러내어 야수로 변신시키는 장면은 두 인물 모두 상호적 욕망에 의하여 가부장적 질서를 벗어나는 주체적인 인물로 변했음을 보여주는 것이다. 결말에서 주인공이 타이거의 그르렁거리는 소리에 벽과 지붕이 흔들리는 것을 느끼고 집이 무너질 것을 예감하는 것은 가부장적 권력을 구성해 온 문명이 해체됨을 상징한다.

「장화 신은 괭이」도 앞 두 이야기와 비슷하게 동화 속 결혼 이면에 있는 경제적이고 계급적인 기반을 파헤치고 있다. 매우 직설적으로 말하는 고양이가 일인칭 화자인 이 작품은 인간의 원초적인 섹슈얼리티와 결혼의 유물론적 현실을 가감 없이 보여준다. 카터는 이 작품에서 유일하게 이름을 가진 인물인 판탈레오네(Panteleone)가 부자로서 권력을 가진 가부장이지만 성적으로 무능하며 어린 부인을 억압하는 인물로 설정하여 가부장의 권위가 허구임을 보여준다. 그는 아내에게 오후에 딱 한 시간만 창문 셔터를 열어 창밖을 내다보게 허락하며 감시인을 붙여 밖을 보며 미소도 못 짓게 감시하고, 그 시간 동안 자신의 금고 안 보물들을 들여다보는데 이는 아내를 소유물로 보는 그의 태도를 보여준다.

자신을 피가로(Figaro)라고 부르는 화자 고양이는 그가 모시는 가난한 청년 주인이 판탈레오네 부인과 사랑에 빠졌으나 계층 차이 때문에 접근하지도 못하고 상사병에 빠진 것을 보고 기지와 전략으로 판탈레오네를 공략한다. 판탈레오네씨 집에 사는 암고양이를 통해 마음씨 좋고 젊은 마님이 남편에게서 성적인 만족을 얻기는커녕 질투에 찬 감시를 받고 있음을 알게 되었기 때문에 그녀를 억압적인 가부장에서 해방시켜, 그녀를 진정으로 사랑하는 주인님과 맺어주고자 하는 것이다.

사드의 성에 관한 태도와 달리 이 작품에서의 섹스는 잡아먹고 먹히는 관계가 아니라 동등한 남녀 사이의 건강하고 유쾌하고 해방적인 관계이다. 판탈레오네가 외출한 사이에 속임수를 통해 감시인을 따돌리고 두 남녀가 만났을 때 계층의 차이를 뛰어넘은 그들의 섹스 장면은 성적 주도성과 자율성을 가진 두 주체의 건강한 만남으로 그려진다.

> "두 사람이 그렇게 목마르게 달려드는 것을 난 본적이 없습니다. 마치 손가락이 핑핑 돌듯이 순식간에 상대의 옷을 벗겨내고, 마님이 침대에 누워서 과녁을 보여주자 주인님은 화살을 드러내고 즉시 과녁 중심에 딱 꽂습니다. 브라보! 그 침대가 여태까지 그렇게 격렬하게 흔들린 적은 없습니다. 그리고 달콤하게 목이 메어 중얼거립니다. 불쌍한 양반들! '난 여태까지 한 번도', '내 사랑', '좀 더…', 기타 등등. 가장 괴로운 마음도 녹여버리기에 충분한 말들"(*BC* 78).

고양이의 목소리로 아무런 낭만적 수사와 미화 없이 그려진 이 장면은 카터가 말한 해방적 포르노그래피라 할 만하다. 사드가 임신에 대해 혐오감을 갖는 반면, 이 단편에서 판탈레오네 부인과 주인님의 성적 쾌락과 이어지는 임신은 판탈레오네의 인색하고 청교도적이며 억압적인 가부장 권력을 무너뜨릴 수 있는 강력한 수단이 된다. 고양이의 계략으로 계단에서 미끄러져 죽은 판탈레오네의 시체가 놓여있는 침대 옆에서 두 번째 벌어지는 정사 장면은 그로테스크하기는 하지만 장의사와 관을 메고 도착한 두 일꾼에게서도 응원과 박수를 받을 만큼 성적 욕망과 사랑의 승리로 받아들여진다.

2. 초자연적 인물 이야기

「마왕」("The Erl–King")은 자연을 소재로 하는 영국 낭만주의 시 전통, 그리고 괴테의 「마왕」("Der Erlknig")과 상호 텍스트적 관계에 있다. 자연을 여성화하여 이상화하는 낭만주의 전통과 달리 「마왕」에서의 자연은 괴테의 시에 나오는 매혹적이지만 위험한 남성적 자연에 더 가깝다. 「마왕」의 일인칭 화자인 어린 소녀에게 숲은 남성화된 자연으로 의인화되어 나타난다. 소녀는 10월 말 미로 같은 숲 속에 들어가며 위험을 예감하면서도 모든 식물과 동물을 관장하는 마왕에게 강력한 성적 매혹을 느낀다. 그는 소녀에게 "육체의 가치가 사랑이라는 것을 보여준 다정한 백정"(*BC* 87)이다.

낭만주의 전통에서 남성 시인들은 여성화된 자연과의 합일을 이상으로 여기지만, 카터는 이것이 여성의 주체성을 박탈하고 대상화하는 위험이 있음을 알고 있다. 피리 불기로 모든 새들을 유인하여 지휘하듯이 마왕은 소녀와의 관계에서도 주도권을 갖고 있다. 소녀는 마왕에게 이끌려 스스로 온 것이지만 그가 자신을 알몸으로 만들어 포옹할 때 물로 비유된 관능적인 포옹이 자신을 "물에 빠져 죽게 할 능력"(*BC* 89)이 있음을 감지한다. 결국 소녀는 마왕이 자기를 가둘 새장을 만들고 있음을 알아내고 분노한다. 주목할 것은 자기중심적인 마왕은 새장에 가두는 것이 소녀에게 구속이 된다는 것도 모른다는 점이다. "그의 포옹은 유혹적이었지만, 그러나, 오 그러나 그 자체로 엮어지면 덫이 되는 나뭇가지였다. 그러나 그는 순진한 사람이었으므로 자신이 내게는 죽음이 될 수도 있다는 것을 전혀 몰랐다"(*BC* 90). 소녀는 이 덫에서 벗어나기 위해 마왕의 머리카락으로 줄을 꼬아 그의 목을 졸라 죽일 계획을 세운다.

이 장면 직후 갑자기 일인칭 화자가 사라지고, 소녀를 "그녀"라고 지칭하는 화자가 다음과 같은 일이 일어날 것이라고 예언한다. "그녀"(소녀)가 모든 새장을 열어 새들을 풀어주면 새들이 소녀들로 환생할 " 것이고, 또한 소녀가 마왕의 칼로 그의 머리카락을 잘라서 바이올린 줄로 사용하면 이 악기가 저절로 연주되면서 "'엄마, 엄마, 당신이 날 죽였어요!'라는 소리가 울려 날 것이다"(*SW* 90). 소녀와 소녀의 더블인 어머니가 겹쳐진 것인데, 그렇다면 이 화자는 프로이드의 오이디푸스 콤플렉스에서 아버지의 법에 들어가기 위해 아들이 살해했던 어머니가 귀환한 것이 아닐까 추측해 볼 수 있을 것이다.[4] 소녀는 마왕의 조종을 받는 수동적 존재이지만 소녀의 다른 자아, 또는 귀환한 어머니는 마왕의 세력을 압도할 수 있는 힘을 가진 존재이다.

'백설 공주'에 기반을 둔 「눈의 아이」에 나오는 소녀는, 전통 동화에서처럼 어머니의 소원에 의해서 탄생한 것이 아니라, 아버지의 욕망에 의해 탄생된 존재로 등장한다. 중세 유럽을 배경으로 하고 있는 이 이야기에서 남성은 절대 권력을 쥐고 있기 때문에 백작은 자신의 욕망에 따라 여자 아이를 만들어 내고 백작 부인과 눈의 아이 모두를 소유하려고 한다. 말만 하면 그대로 실현이 되는 백작과 달리 무력한 백작부인은 남편에게 의존할 수밖에 없기 때문에 생존하기 위해 눈의 아이를 제거할 책략을 부릴 수밖에 없다.

한 쪽밖에 안 되는 짧은 이야기에서 카터는 단순한 플롯으로 억압적 가부장제를 부각시킨다. 이 이야기에서 의상은 권력과 문화의 주인인 남성이 여성에게 문화적 지위를 부여해주기 위해 하사하는 선물이다. 백작의 말에 따라 의상은 백작부인에게서 눈의 아이에게로 이동되지만, 이 소녀는 백작부인의 질투심을 상징하는 장미가시에 찔려 죽고 백작에 의해 강간을 당한 뒤 녹기 시작하여 자연으로 돌아간다. 이는 남성의 억압된 욕망, 즉 사드 작품에서 볼 수 있듯이 무력한 여성에게 성적 욕구를 느끼는 소아 성애적 또는 시체 성애적 욕망을 드러내고 있다. 그러나 맨 끝에 소녀가 남긴 장미가 이빨이 있어서 "깨무는"(92) 장미로 나오는 것은 여성이 무력한 존재로 남아있지 않을 것이라는 것을 암시한다고 할 것이다.

「사랑의 집에 사는 귀부인」("The Lady of the House of Love")은 남성이 아니라 여성 포식자가 주인공인 이야기다. 카터는 이 이야기의 상호텍스트로 '잠자는 미녀' 동화와 고딕 뱀파이어 이야기를 차용하여 주인공 여백작에게 쥐스틴/쥘리에트 같은 양면성을 부여함으로써 가부장적 문화가 만들어 놓은 이분법적인 여성관을 전복한다. 여백작은 루마니아의 황폐한 성에서 "수세기 동안 시체를 먹어서"(*BC* 94) 이빨과 손톱이 날카로워진 뱀파이어로서 쥘리에트형 여성이지만 낮에는 햇빛을 피해 커튼을 내린 방에서 관 속엔 누워 잠만 자는 쥐스틴적인 수동적 여성이다.

낮 동안의 여백작은 '잠자는 미녀'로서 순종적인 면이 극대화된 여성상을 보여준다. 페로와그림형제가 쓴 동화에는 순화되고 은폐되어 있지만, 17세기 작가 지암바티스타 바질(Giambattista Basile)의 버전에는 "잠자는 미녀와 성관계를 하는 내용"이 나오며(Lau 103), 이는 죽은 시체같이 순종적이고 말이 없는 여성에 대한 남성의 성적 욕망을 보여준다. 사드의 작품에 나오는 소아성애와 시체성애 역시 수동적인 여성에 대한 욕망에서 나온 것이다. 반면에 밤 시간의 여백작은 공격적인 흡혈귀로서 하녀인 벙어리 노파가 성으로 유인한 남자들을 성적 매력을 무기로 침실로 유혹하여 흡혈의 대상으로 삼는다. 그녀의 관능적인 면은 어머니의 유산인 정원의 장미 담장이 상징한다. 크고 붉은 색의 장미는 관능적인 진한 향기를 내뿜으며 성을 둘러싸고 있다. "아이"

같은 면모와 함께 "창녀" 같은 육감적 입술(*BC* 100–01)을 가진 그녀의 외모는 수동성과 공격성의 조합을 보여준다. 하지만 여성 뱀파이어로서 남자의 피를 빨아 먹고 사는 것은 그녀의 선택이 아니라 선조로부터 물려받은 혈통 때문이다. 그녀는 흡혈귀 노스페라투(Nosferatu) 백작의 유일한 후손으로서 이 "아름다운 몽유병자는 어쩔 수 없이 가문의 범죄를 계속"(*BC* 93)하고 있으나 이 전통으로부터 탈출하고 싶어 한다.

여백작이 전통의 굴레에서 벗어나는 계기는 상호적 사랑의 가능성에서 오게 된다. 이 단편에 '잠자는 미녀'로부터 두 번 인용된 문장은 "단 한 번의 키스가 숲 속의 잠자는 미녀를 깨웠다"(*BC* 97, 103)이다. 카터는 이런 일방적 키스를 상호적인 것으로 변용한다. '잠자는 미녀'의 키스는 구원자인 남자가 시체 같이 깊은 잠에 빠진 여성에게 일방적으로 하는 키스인데 반하여, 카터의 작품 속에서 키스는 깨진 안경유리에 찔려 피가 흐르는 여백작의 손가락에 희생 제물로 들어온 청년이 동정심에서 우러나서 하는 키스이다. 하지만 "사악한 마법"을 깨뜨린 것은 청년의 키스보다도 여백작이 이미 청년에게 사랑의 가능성을 기대하고 있어서 뱀파이어에게 필요한 냉혹함이라는 "심적 메커니즘"이 망가졌기 때문이다. 청년에 대한 동정심으로 마음이 흔들려서 떨리는 손으로 옷을 벗다가 안경을 깨뜨리게 되는데 전통적인 플롯에 어긋나는 이런 "즉흥성"(*BC* 105)이 "사악한 마법을 완전히 깨뜨렸고"(*BC* 106) 그 결과로 여백작의 눈물과 청년의 부드러운 키스가 가능해진 것이다. 상호적 사랑이 마법을 깨뜨리기는 했지만 그 결과는 여백작의 죽음이다. 뱀파이어의 마법이 깨지면 죽음이 예정되어 있기 때문이다. 하지만 상호적 사랑이 여백작을 혈통의 굴레에서 해방될 수 있게 해주었다는 점에서 상호적 사랑이 가부장적 지배 질서를 위협하여 전복시킬 가능성이 있음을 보여준 작품이다.

3. 늑대 이야기

세 편의 늑대 이야기는 구전 민담인 '빨간 모자' ("Little Red Riding Hood")를 차용하여 전통적인 남녀 관계에 질문을 던진다. 앞의 이야기들이 19세기를 배경으로 하고 있는 반면 늑대 이야기는 가부장 전통이 굳어지기 이전의 중세시대를 배경으로 대안적 남녀 관계를 모색하고 있다.

「늑대 인간」("The Werewolf")은 척박한 북쪽 고지 지방을 배경으로 흡혈귀, 마녀, 늑대 인간의 이야기를 미신적으로 믿는 사람들을 보여준다. 전통적인 '빨간 모자'와 달리 용감한 소녀는 숲 속에서 만난 늑대에게 속아 넘어가지 않고 즉시 "아버지의 사냥칼"(*BC* 109)로 늑대 앞발을 잘라 물리치고 할머니 집에 도착한다. 또한 그곳에서 할머니 옷을 입고 누워있는 늑대에게 속아 넘어가는 것이 아니라 할머니가 바로 그 늑대라는 것을 알아채고 마을 사람들과 함께 "잠옷 차림의 노파"(110)를 밖으로 내쫓아 돌팔매질로 죽인다. 이 이야기는 소녀가 가족을 떠나 할머니 집에서 독립하여 잘 사는 장면으로 끝나며 대안적 동화의 결말을 보여준다.

「늑대 친구들」에 나오는 소녀는 '빨간 모자'의 소녀와 달리 순종적인 소녀가 아니다. 페로와 그림 형제의 '빨간 모자'이야기에는 무력하게 늑대에게 잡아먹히거나 남자 사냥꾼에게 구출되는 가부장적 젠더 관계가 반영되어 있다. 하지만 그 이전에 나온 구전 민담 속의 소녀는 기지를 발휘하여 늑대를 속이고 탈출하는 적극적인 소녀로서 카터는 이 소녀상을 복원하고 있다.

「늑대 친구들」은 소녀가 늑대 인간의 야수성이 가진 해방적 가능성을 이해하고 그 타자성을 포용하게 됨으로써 성장하는 과정을 보여준다. 이야기 초반에 나오는 늑대 인간 전설은 기독교와 문명이 억압한 인간의 야수성이 늑대로 투사된 것임을 설명한다. 할머니가 만들어준 빨간 숄은 소녀의 성숙한 육체를 상징하며 숫처녀인 그녀는 욕망의 대상으로 그려지는데 이것은 문화가 만들어 놓은 여성상으로서 늑대는 여성을 먹이로 하려는 남성의 성적 리비도를 상징한다. 전통적 '빨간 모자' 이야기와 달리 카터의 소녀는 성적으로 매우 적극적인 인물이다. 멋진 사냥꾼 옷을 입고 매혹적으로 등장한 늑대 인간에게 소녀는 매력을 느끼기 때문에 키스 내기에서 지려고 일부러 느릿느릿 걸어간다. 할머니는 이 늑대 인간의 야수성을 전통적인 시각에서만 보는 인물로서, 종교와 가족 전통을 상징하는 성경과 앞치마를 던지며 공격하지만 무력하게 잡아먹힌다. 늦게 도착한 소녀는 이 사실을 알아차리지만 할머니와 다르게 반응한다.

소녀는 처음에는 할머니를 잡아먹은 늑대에게 반감을 느끼고 공격을 시도하지만 할머니와 달리 늑대의 야수성을 포용하면서 마음의 변화가 일어난다. 창밖의 늑대 무리들이 추위 속에서 슬픈 노래를 부르고 있는 것을 보고 소녀는 늑대 인간이 인간 중심적 편견에 갇혀있음을 깨닫고 늑대에게 공감을 느낀다. 소녀는 두려움을 버리고 스스로 숄과 모든 옷을 벗어 태워버린 후 늑대 인간에게 다가가서 내기의 상으로 약속 했던 키스를 자발적으로 해준다. 성적 주도권을 가진 소녀는 잡아먹겠다는 늑대 인간의 협박에 메두사처럼 웃음을 터뜨린다. 앞에서 논한 바와 같이 카터는『사드적 여성』에서 생명과 의지를 가진 능동적인 인간 육체의 "살"(flesh)과, 대상화되어 수동적으로 잡아먹히는 죽은 "고기"(meat) 덩어리를 구분한바 있는데, 소녀가 웃음을 터뜨리는 이유도 자신이 누군가에게 잡아먹힐 "고기" 덩어리가 아니라는 것을 잘 알고 있기 때문이다. 그녀는 늑대인간의 "면전에 대놓고 웃으면서"(BC 118) 늑대 인간의 옷을 벗겨내어 난로 불에 던져버린다. 늑대 인간의 옷을 태워버린다는 것은 늑대 인간이 야수에서 다시 인간으로 돌아갈 수 있는 길을 차단하는 행위인 동시에, 남성과 여성을 주체와 객체, 사냥꾼과 먹잇감의 관계로 규정하는 가부장적 문화를 거부하는 행위로 볼 수 있다. 앞에 나온 「타이거의 신부」와 유사하게 소녀가 야수성을 포용하고 "부드러운 늑대"(*BC* 118)의 품안에서 곤하게 잠들어 있는 마지막 장면이 과연 억압적인 성역할에서 벗어난 새로운 남녀관계를 제시한 것인지 논란이 있을 수 있다. 그러나 가부장적 전통의 젠더 개념이 인간의 성적 리비도를 두려워하여 억압하고 그것을 여성에 투사하는 것에서 시작되었다고 본다면 이 마지막 장면은 최소한 그런 두려움을 극복한 치유의 장면이라고 볼 수 있을 것이다.

카터는 「늑대-앨리스」("Wolf-Alice")에서 인간의 언어와 문화 체계에 아직 들어오지 않은 소녀를 상정하여 여성이 아버지의 법 안에서 차별받는 열등한 위치에 있다고 보는 지그문트 프로이트(Sigmund Freud)와 자끄 라캉(Jacques Lacan)의 남근 중심적 정신 분석 이론에 대항하는 시도를 한다. 늑대에 의해 길러진 이 소녀는 인간의 언어도 배우지 못하고 네 발로 기어 다녔기 때문에 인간의 남성 중심적 문화에 전혀 영향을 받지 않은 인물이다. 말을 배우지 않았으므로 가부장적 권력이 무엇인지 모르며, 시각 대신에 후각에 의존해 살아가는 야행성 동물인 늑대의 성향을 배워서 남성의 시선(gaze)이 가진 위력을 알지 못한다. 인간의 공격을 받고 죽은 늑대 수양 엄마로부터 구출되어 수녀원에서 지내게 되지만 소녀는 고마워하기는커녕 일방적으로 소녀의 야수성을 없애 버리고 문명화하려는 수녀원장에 반발하여 늑대 상태로 되돌아가려한다. 사람들이 소녀를 포기하고 역시 마을 제도 밖으로 몰려난 어느 공작의 성으로 소녀를 보낸다. 시체를 파먹고 사는 이 공작은 "거울에 모습이 비치지 않는"데(*BC* 120) 이것은 그도 역시 인간의 법 안으로 들어오지 않은 좀비 같은 존재임을 나타낸다. 성 안에서 생활하며 스스로 거울을 통해 언어 밖의 주체 개념을 갖게 되고 주기적인 달의 변화와 월경을 통해 시간 개념을 갖는 소녀를 통해 카터는 소녀가 상징계로 들어오지 않고도 성장이 가능함을 보여준다.

인간 문명의 편견이 없는 소녀는 자신처럼 문명에서 밀려난 공작을 도와주면서 그를 좀비에서 인간적인 존재로 변신시킨다. 공작이 마을 사람들의 총격을 받아 어깨를 다치자 소녀는 "이상한 상태로 중간에 갇힌" 공작에게 동정심을 갖고 "망설임도 혐오감도 없이" 그의 상처를 핥아내어 치유해준다. 핥는 과정이 반복되자 공작의 얼굴이 거울에 천천히 나타난다는 것은 언어가 아니라 "혀에 의해"(*BC* 126) 그의 존재가 드러날 수 있다는 것을 보여준다. 이것도 상호적 사랑이 갖는 혁명적인 힘을 암시한다.

4.「피로 물든 방」

표제작이자 맨 처음에 등장하는「피로 물든 방」은 이 단편집 거의 모두에 들어 있는 '푸른 수염' 이야기를 가장 풍부하고 섬세하게 변주한 작품이다. 거의 중편이라고 할 수 있는 길이의 이 작품은 소녀의 일인칭 시점으로 '푸른 수염'에 대한 여성의 복잡하고 섬세한 반응을 잘 보여주고 있다. 단편집에 실린 작품 중에서 시기적으로 가장 현재에 가까운 19세기 프랑스가배경이기 때문에 남자 주인공 후작이 물려받은 귀족 가문의 성채에는 유럽 문화의 정수가 많이 모여 있고, 그가 소유한 문학적 예술적 작품들과 서재에 있는 포르노 서적과 그림, 그리고 그가 즐겨 인용하는 샤를르 보들레르(Charles Pierre Baudelaire)의 시는 가부장 문화에 나타난 여성의 섹슈얼리티와 남녀의 권력 관계를 반영하고 있다.

앞에서 논한 바와 같이 『사드적 여성』과 비슷한 시기에 작성된 『피로 물든 방』은 전자의 철학적 논의가 문학적으로 표현된 것이라 볼 수 있는데 열 개의 단편 중에서 사드의 모습을 가장 잘 형상화한 작품이 이 표제작이다. 따라서 「피로 물든 방」에 나오는 후작을 '사드적 남성'이라고 부를 수 있다. 후작의 가장 큰 특징은 사드와 같이 여성을 동등한 사랑의 대상으로 여기지 않으며, 이기적으로 자신이 위반의 쾌락을 경험하는 데 필요한 공범자로 여긴다는 점이다.

후작이 쥐스틴같이 순진한 소녀와 결혼한 이유는 그녀와 상호적인 사랑을 나누기 위해서가 아니다. 소녀에게 포르노적 쾌락을 경험하게 함으로써 성적으로 눈을 뜨게 한 후, 그녀가 위반할 수밖에 없는 금기를 내어주고 마치 자신이 신적인 존재가 되어 이브를 처벌하듯 소녀가 명령을 어겼다고 처벌하기 위해서이다. 후작은 여성을 동등한 사랑의 대상으로 여기지 않기 때문에 자신이 근본적으로 변화되는 진정한 사랑의 경험을 하지 못한다. 그렇기 때문에 가면을 쓴 것 같은 후작의 얼굴은 언제나 평정을 유지한다. 소녀가 결혼을 승낙했을 때도 "여전히 그의 육중하고 살집 좋은 평정"(*BC* 9)을 잃지 않았고, 결혼 후 성에 도착하여 아직 성에 무지하여 순결하기만 한 신부의 옷을 벗길 때도 "식욕부진에다 낯익은 요리를 대하듯"(*BC* 15)하며, 나중에 그녀가 명령을 어겼음을 확인하고 열쇠를 건네받을 때에도 이미 예측하고 있었기 때문에 평정을 유지한다(*BC* 36).

후작이 평정을 잃는 경우는 두 번이 있는데 그것은 모두 이기적으로 혼자만의 쾌락을 경험할 때이다. 첫 번째는 소녀에게 서재에서 포르노적인 그림과 서적을 보게 하여 성적으로 흥분시킨 뒤에 그녀와 처음

섹스를 나누었을 때이다. 소녀는 마치 싸우는 것 같은 폭력적인 섹스를 다음과 같이 묘사한다. "일방적인 싸움에서 난 그의 죽음 같은 평정심이 벽에 던져진 도자기 꽃병처럼 산산이 부서지는 것을 보았다. 난 그가 오르가슴의 순간에 소리 지르고 욕하는 것을 들었다"(*BC* 18). 그가 욕을 하는 것은 사드의 리베르탱처럼 오르가즘의 순간에 에고의 경계가 흔들리고 자아가 약해진다고 보기 때문이다. 후작이 두 번째 평정을 잃은 때는 소녀가 명령을 어기고 금지된 방에 들어가서 전 부인들의 시체를 보았다는 것을 확인했을 때이다. 후작이 "냉정을 잃고 이제 억누른 흥분으로 가득 차 있는" 이유는 소녀가 "죄를 지었다는 것을 확인하면서 느끼는 끔찍한 죄스러운 기쁨"때문이다(*BC* 35–36). 소녀는 이런 후작에게서 극도의 외로움을 간파한다.

그러나 소녀는 자신이 죄를 지었다고 생각하지 않는다. 그녀는 후작과의 결혼으로 자신에 대한 무지를 벗어나게 되고, '피로 물든 방'에 들어가 봄으로써 후작의 정체를 알고 성장하게 되었음을 회고하며 성찰한다. 후작과 결혼 한 것은 사회적 지위와 경제적인 부유함에 대한 욕심 때문이었는데 이런 경제적 불균형에 의한 결혼은 사실 매우 "외설적"(*BC* 15)인 관계이다. 이런 불균형 관계는 후작이 보여준 롭스(Rops)의 에칭 그림에 잘 나타나있다. 양복을 다 차려입은 남자가 "알몸의 소녀를 구석구석 자세히 뜯어보는"(*BC* 15) 그림에서 남성의 시선에 무방비로 노출되어 성적으로 대상화된 자신의 모습을 보며 소녀는 자신이 그런 불균형한 남녀관계에 공범이라는 것을 자각한다. 또한 자기를 "고기 토막"(*BC* 11)으로 대상화시키는 후작의 시선에서 자신도 욕정을 느낀다는 것을 깨닫고 놀라며 스스로에게도 타락의 잠재성이 있음을 인정하게 된다. 열쇠의 핏자국에서 그녀의 이마로 옮겨간 붉은 마크는 무지의 상태에서 벗어나 지식을 얻었다는 징표이다. 소녀는 피로 물든 방의 비밀을 알고 난 후 후작이 자신을 경제적으로 의존하게 할 뿐 아니라 감정적으로도 의존하게 하여 절대적 복종을 요구하려는 것임을 인식하게 된 것이다.

카터의 '푸른 수염' 버전이 전통 동화와 가장 다른 점은 강한 어머니의 귀환이다. 페로나 그림 형제의 동화에서는 오빠들이 와서 소녀를 구해주지만 카터의 버전에서는 어머니가 구원자이다. 주인공은 결혼함으로써 어머니와 분리되었는데 어머니와의 정신적 유대는 소녀를 살리는 계기가 된다. 남편이 여행을 떠난 직후 어머니에게 전화를 걸어 수도꼭지가 황금으로 되어있다고 말하며 울었을 뿐인데 어머니는 "모성적 텔레파시"(*BC* 40)를 통해 무슨 문제가 있음을 직감하고 즉시 기차를 타고 말을 타고 달려와서 딸을 참수하려는 후작의 머리에 단 한 방의 총알을 쏘아서 처형한다.

또한 카터는 장님 피아노 조율사 장 이브(Jean-Yves)라는 인물을 설정하여 후작의 일방적 사랑과 전혀 다른 상호적 사랑의 가능성을 보여준다. 앞에서 논한 바와 같이 『사드적 여성』에서 카터는 사드의 일방적 사랑에 대한 대안으로 서로에게 "무한히 자신을 내주어"(*SW* 178) 같이 성장하는 상호적 사랑을 제시한 바 있다. 소녀의 피아노 실력을 높이 평가하고 존경하는 장 이브는 소녀가 참수를 당할 만큼 잘못하지 않았으며, 단지 남편이 아내가 위반할 것을 예상하고 내린 부당한 명령에 복종하지 않았을 뿐이라고 상황을 명확하게 정리해준다. 그는 시각 대신 청각과 후각으로 사태를 파악하여 소녀가 후작의 귀가에 대비하게 하며, 대문의 빗장을 열어서 어머니가 성 안으로 들어 올 수 있게 해주는 중요한 조력자의 역할을 한다. 장 이브가 시력이 없는 것으로 설정한 것은 후작처럼 시선으로 여성을 지배할 가능성을 차단해주어서 동등한 관계를 지속할 것이라는 예상을 가능하게 한다.

IV. 평가와 의의

카터는 『피로 물든 방』에서 전통 동화에 담겨있는 여성의 섹슈얼리티와 성역할을 재고해보고 있다. 그러나 우리에게 쉬운 해결책을 주지는 않는다. 전통적인 성역할을 단순히 전복하여 공격적인 여성과 수동적인 남성으로 변화시킨다면 현실과 유리된 또 하나의 신화가 될 것이며, 한 쪽이 열등한 억압적 관계 구조는 그대로 남아있게 된다. 「사랑의 집에 사는 귀부인」에 나오는 구절처럼 남성과 여성 모두 전통적으로 배워온 "노래 가락"(*BC* 93, 103)이 억압적인 줄 알면서도 계속 반복하고 있고, 새로운 노래를 만들어 내기는 힘들다. 카터는 『피로 물든 방』에서 인간과 동물 사이의 변신과 수용을 통해서 상대방의 근본적인 이질성을 서로 인정해주며, 고정된 자아를 고집하지 않고 변화를 두려워하지 않는다면 상호적 사랑이 가능함을 보여준다.

카터 작품의 주요 주제 중 하나는 우리의 자아가 고정된 것이 아니며 우리가 맡아서 수행하는 역할들이라는 것이다. 카터는 여성성이 사회적으로 구성된 허구이며 문화적으로 구성된 신화라는 점을 선구적으로 역설했다. 신화를 바꾸는 작업은 문화를 아주 벗어난 문명 이전의 상태로 돌아가거나 초월적 유토피아로 가지 않는 한 어려울지 모른다. 그러나 『피로 물든 방』에서 카터가 치열한 상상력으로 시도했던 탈신화 작업은 우리가 젠더를 보는 방식을 급진적으로 재검토할 수 있게 해 준다. 이런 점에서 『피로 물든 방』은 보편적이라 믿어지는 신화를 점검하고 전복하는 정치적이고 혁명적인 작품이다.

Endnotes

1 2016년에 출판된 에드먼드 고든(Edmund Gordon)의 카터 전기는 일본에서의 경험을 상세하게 설명한다. 그는 카터가 일본 여성의 인형 같은 억압 상태를 관찰하고, 성적인 자유를 누리며 연하남과의 남녀관계에서 지배적인 성역할 등을 경험해보기도 하면서 급진적인 페미니스트가 되었다고 말한다(Gordon 163–64).

2 Angela Carter, *The Sadeian Woman* (London: Virago, 2006), 23쪽. 이하 본문에서 이 작품에 대한 인용은 괄호 안에 *SW*로 약기하고 쪽수를 표기한다.

3 Angela Carter, *The Bloody Chamber* (London: Penguin, 1979), 45쪽. 이하 본문에서 이 작품에 대한 인용은 괄호 안에 *BC*로 약기하고 쪽수를 표기한다.

4 「마왕」을 프로이트의 오이디프스 콤플렉스 이론에 대한 비판으로 보는 견해는 Kimberly J. Lau 참조(92–93).

인용문헌

카터, 앤절라.『피로 물든 방』. 이귀우 옮김. 서울: 문학동네, 2010.

필립스, 존.『HOW TO READ 사드』. 김병화 옮김. 서울: 문학동네, 2008.

Atwood, Margaret. "Running with the Tigers." *Flesh and the Mirror: Essays on the Art of Angela Carter*. Ed. Lorna Sage. London: Virago, 2007. 133–50.

Carter, Angela. *The Bloody Chamber*. London: Penguin, 1979.

______. *Nothing Sacred. Selected Writings*. London: Virago, 1982.

______. *The Sadeian Woman: An Exercise in Cultural History*. London: Virago, 1979.

______. "Introduction." *The Virago Book of Fairy Stories*. Ed. Angela Carter. London: Virago, 1991. ix–xvii.

Dworkin, Andrea. *Pornography: Men Possessing Women*. New York: Perigee, 1981.

Gamble, Sarah. *Angela Carter: A Literary Life*. Basingstoke: Palgrave, 2006.

Gordon, Edmund. *The Invention of Angela Carter: A Biography*. London: Chatto & Windus, 2016.

Lau, Kimberly J. *Erotic Infidelities; Love and Enchantment in Angela Carter's* The Bloody Chamber. Detroit, Michigan: Wayne State UP, 2015.

Watz, Anna. *Angela Carter and Surrealism: A Feminist Libertarian Aesthetic*. Abingdon: Routledge, 2016.

출처 : 이 글은『피로 물든 방』(이귀우 역. 서울: 문학동네, 2010)의 해설 부분을 참고하여 수정 보완했고, 후반부는 대부분 새로 썼다.

한국근대영미소설학회

필진 소개

전수용

이화여자대학교 영어영문학과를 졸업하고 미국 앤아버 소재 미시건대학교 대학원에서 영어영문학 석사학위, 동대학교 대학원에서 영어영문학 박사학위를 취득하였으며 이화여자대학교 영어영문학과 교수로 재직하였고 현재는 동학과의 명예교수이다. 한국현대영미소설학회에서 회장, 한국영어영문학회에서 회장을 역임하였다. 저서로 『포스트모던 영국소설의 역사성 읽기』, 『신화적 상상력과 문화』(공저), 역서로 『결정론과 문학』, 『범죄소설』(공역), 『켈트신화와 전설』(공역), 『미국문화』(공역), 『경계선 다시 긋기』(공역), 『열정적인, 너무나 열정적인』(공역)이 있다. 이외에도 영미 소설에 관한 다수의 논문을 발표했다.

길혜령

연세대학교 화학과를 졸업하고 앨라배마대학교 대학원에서 역사학 석사학위, 영남대학교 대학원에서 영문학 박사학위를 취득하였으며 현재 영남대학교 교양학부 교수로 재직 중이다. 한국영어영문학회 이사, 한국제임스조이스학회 회장 등을 역임했다. 저서로 『커리어 잉글리시』, 『조지프 콘래드』(공저)가 있다. 이외에도 영미 소설에 관한 다수의 논문을 발표했다.

남기헌

연세대학교 영어영문학과를 졸업하고 연세대학교 대학원에서 영문학 석사, 털사대학(University of Tulsa)에서 영문학 박사학위를 취득하였으며, 현재 서울과학기술대학교 영어영문학과에서 부교수로 재직 중이다. 한국제임스조이스학회 회장, 현대영미소설학회, 영어영문학회 등에서 이사로 활동하였다. 저서로 『"더블린 사람들" 다시 읽기』, 역서로 『신비한 나라의 앨리스』가 있다. 이외에도 영미 소설에 관한 다수의 논문을 발표했다.

이주리

서울여자대학교 영어영문학과를 졸업하고 서울대학교 대학원에서 영문학 석사학위, Texas A&M 대학교 대학원에서 20~21세기 영국소설로 영문학 박사학위를 취득하였으며 현재 전남대학교 영어영문학과 조교수로 재직 중이다. 한국영어영문학회에서 연구이사 등을 역임했고 영미문학페미니즘학회와 제임스조이스학회에서 편집위원으로 활동 중이다. 저서로 『틈새 비평: 버지니아 울프 연구의 빈 곳을 찾아서』(공저)가 있다. 이외에도 영미 소설에 관한 다수의 논문을 발표했다.

고영란

서울대학교 영어과를 졸업하고 서울대학교 대학원에서 영문학 석사학위, 충남대학교 대학원에서 영문학 박사학위를 취득하였으며 현재 수원대학교 영어영문학과 교수로 재직 중이다. 미국 예일대 영문과에서 방문교수로서 활동했고, 한국로렌스학회 회장을 역임했으며 현재 근대영미소설학회 회장으로 활동 중이다. 저서로 『해설이 있는 영국문학 개관』, 『하디와 로렌스 다시 읽기』, 『영미소설의 서술방법과 구조』, 『에밀리 브론테의 <폭풍의 언덕>』, 『토마스 하디의 <무명의 주드>』, 『영국소설과 서술기법』(공저), 『미국소설과 서술기법』(공저), 『영화로 읽는 영미소설 1: 사랑 이야기』(공저), 『영화로 읽는 영미소설 2: 세상 이야기』(공저), 『페미니즘 시각에서 영미소설 읽기』(공저), 『영미 모더니즘 문학의 전개』(공저) 등이 있고, 역서로 『영국소설사』(공역), 『미국소설사』(공역)가 있다. 이외에도 영미 소설에 관한 다수의 논문을 발표했다.

황정숙

성균관대학교 영어영문학과를 졸업하고 New York University에서 영문학 석사학위, SUNY Buffalo에서 영문학 박사학위를 취득하였으며 현재 성균관대학교 영어영문학과 조교수로 재직 중이다. 한국비평이론학회에서 학술이사로 활동 중이며, A&HCI와 KCI에 등록된 저널에 영미소설에 관한 다수의 논문을 발표했다.

박선화

아주대학교 영어영문학과를 졸업하고 동대학원에서 박사학위를 취득했으며 영국 이스트앵글리아대학교와 그리니치대학교에서 박사후 연구 과정을 이수했고 현재 건국대학교 글로컬캠퍼스 교양대학 부교수로 재직 중이다. 한국영어영문학회, 한국현대영미소설학회, 한국근대영미소설학회, 한국문학과종교학회에서 이사로 활동하고 있다. 저서로는 『도리스 레싱의 작품과 분석심리학의 접목』, 『영국소설 명장면 모음집』(편저), 『조지프 콘래드』(공저), 『상처와 치유의 서사』(공저), *Women's Utopian and Dystopian Fiction*(공저), 『부커상과 영소설의 자취 50년』(편저) 등이 있고, 역서로 『위대한 어머니 여신』이 있다. 이외에도 영미 소설에 관한 다수의 논문을 발표했다.

배현

서강대학교 영어영문학과를 졸업하고 동 대학원에서 문학석사 학위와 문학박사 학위를 취득했으며 현재 국립목포대학교 영어영문학과 교수로 재직 중이다. 한국영어영문학회, 한국현대영미소설학회, 한국근대영미소설학회의 임원을 역임했고 현재 21세기영어영문학회 회장으로 활동 중이다. 저서로 『서양 문화의 이해』, 『알기쉬운 영미문학』(공저), 『영문학 교육과 연구의 문제들』(공저), 『담론의 질서』(공저), 『영국소설명장면모음집』(공저), 『영화로 읽는 영미소설2–세상이야기』(공저) 등이 있다. 이외에도 영미 소설에 관한 다수의 논문을 발표했다.

왕은철

전북대학교 영어영문학과를 졸업하고 Clarion University of Pennsylvania 대학원에서 영문학 석사학위, University of Maryland 대학원에서 영문학 박사학위를 취득하였으며 현재 전북대학교 영어영문학과 교수로 재직 중이다. 저서로『타자의 정치학과 문학』,『애도예찬』,『트라우마와 문학, 그 침묵의 소리들』,『J.M. 쿳시의 대화적 소설』,『문학의 거장들』,『환대의 서사』 등이 있고 역서로『야만인을 기다리며』,『철의 시대』,『피의 꽃잎들』,『주저하는 근본주의자』 등 40여 권이 있다.

박종성

충남대학교 영어영문학과를 졸업하고 서강대학교 대학원에서 영문학 석사학위, 런던대학교(퀸메리 칼리지) 대학원에서 영문학 석사학위와 박사학위를 취득하였으며 현재 충남대학교 영어영문학과 교수로 재직 중이다. 한국근대영미소설학회에서 회장을 역임했고 한국영어영문학회에서 회장으로 활동 중이다, 저서로『탈식민주의에 대한 성찰』, 역서로『탈식민주의 길잡이』가 있다. 이외에도 영국 소설에 관한 다수의 논문을 발표했다.

김일영

University of South Carolina 영문학과에서 박사학위를 취득하였으며 현재 성균관대학교 영문학과 교수로 재직하고 있다. 한국영어영문학회 연구이사, 한국18세기영문학회 회장, 한국근대영미소설 학회 회장을 역임하였고, 현재 한국18세기영문학회 고문과 한국근대영미소설학회 고문으로 활동 중이다. 저서로는『영미해설 총서: 트리스트람 샌디』,『18세기 영국소설 강의』(공저),『공포와 일탈의 상상력』(공저),『상처와 치유의 서사』(공저),『기억과 회복의 서사』(공저) 등이 있으며, 역서로는『업둥이 탐 존스 이야기』,『주석달린 드라큘라』,『퍼레이즈 엔드』 등이 있고, 이외에 18세기 영국소설과 영미고딕 소설, 20세기 영미포스트모더니즘 소설에 관한 다수의 논문을 발표했다.

이귀우

서울여자대학교 영어영문학과를 졸업하고 서울대학교 대학원에서 영문학 석사학위, 미국 뉴욕주립대학교(빙엄턴) 대학원에서 영문학 박사학위를 취득하였으며, 현재 서울여자대학교 영어영문학과 명예교수로 재직 중이다. 한국영미문학페미니즘학회, 한국현대영미소설학회, 한국버지니아울프학회 회장을 역임했다. 저서로『페미니즘 어제와 오늘』(공저),『20세기 미국소설의 이해』(공저), 역서로『경마장의 함정』,『피로 물든 방』,『버지니아 울프 단편소설 전집』(공역),『버지니아 울프 문학 에세이』(공역)가 있다. 이외에도 영미 소설에 관한 다수의 논문을 발표했다.